böhlau

Europäische Diktaturen und ihre Überwindung
Schriften der Stiftung Ettersberg

Herausgegeben von
Jörg Ganzenmüller
Anke John
Christiane Kuller

in Verbindung mit
dem Wissenschaftlichen Beirat
der Stiftung Ettersberg

Die revolutionären Umbrüche in Europa 1989/91
Deutungen und Repräsentationen

Herausgegeben von
Jörg Ganzenmüller

Redaktion
Cornelia Bruhn

BÖHLAU VERLAG KÖLN WIEN

Gefördert durch die Thüringer Staatskanzlei

Bibliografische Information der Deutschen Nationalbibliothek:
Die Deutsche Nationalbibliothek verzeichnet diese Publikation in der
Deutschen Nationalbibliografie; detaillierte bibliografische Daten sind
im Internet über http://portal.dnb.de abrufbar.

© 2021 Böhlau, Lindenstraße 14, D-50674 Köln, ein Imprint der Brill-Gruppe
(Koninklijke Brill NV, Leiden, Niederlande; Brill USA Inc., Boston MA, USA;
Brill Asia Pte Ltd, Singapore; Brill Deutschland GmbH, Paderborn, Deutschland;
Brill Österreich GmbH, Wien, Österreich)
Koninklijke Brill NV umfasst die Imprints Brill, Brill Nijhoff, Brill Hotei,
Brill Schöningh, Brill Fink, Brill mentis, Vandenhoeck & Ruprecht,
Böhlau, Verlag Antike und V&R unipress.

Umschlagabbildung:
Abmontiertes Emblem am Zentralkomitee der SED in Berlin, Februar 1990
© Unter Verwendung eines Fotos von Gerhard Gäbler.

Alle Rechte vorbehalten. Dieses Werk ist urheberrechtlich geschützt.
Jede Verwertung in anderen als den gesetzlich zugelassenen Fällen
bedarf der vorherigen schriftlichen Einwilligung des Verlages.

Umschlaggestaltung: Michael Haderer, Wien
Korrektorat: Volker Manz, Kenzingen
Satz: büro mn, Bielefeld
Druck und Bindung: ⊕ Hubert & Co. BuchPartner, Göttingen
Printed in the EU

Vandenhoeck & Ruprecht Verlage | www.vandenhoeck-ruprecht-verlage.com

ISBN 978-3-412-52270-4

Inhalt

Einführung

Jörg Ganzenmüller
›Freiheit‹ und ›Nation‹
Zwei Meistererzählungen von ›1989/91‹
in europäisch-vergleichender Perspektive 9

Ralph Jessen
›Revolution‹ und ›Wende‹, ›Anschluss‹ und ›Volk‹
Begriffsgeschichtliche Annäherungen an 1989/90 31

Visualisierungen und Bedeutungszuschreibungen

Axel Doßmann
Wer soll ›das Volk‹ gewesen sein?
1989/90 als Geschichte visueller Interpretationen 59

Petra Mayrhofer
Bilder vom Runden Tisch
Visualisierungen von Systemtransformationen
im europäischen Vergleich 97

Martina Baleva
Menschen in der Reihe
Ein visueller Topos des Umbruchs 117

Repräsentationen und Erinnerungsorte

Rainette Lange
Leerstellen des Postsozialismus
Nach-Wende-Narrationen in der deutschen
und tschechischen Gegenwartsliteratur 137

Ekaterina Makhotina
Das ›Eigene‹ und das ›Fremde‹
Orte des Gedenkens an die nationale Unabhängigkeit
in Litauen im Kontext des erinnerungskulturellen Wandels nach 1990 161

Daniel Logemann
Wie zeigt man lokale Weltgeschichte?
Das Europäische Solidarność-Zentrum in Gdańsk 181

Umdeutungen und Deutungskämpfe

Alexander Leistner · Anna Lux
Von der Uneindeutigkeit des Widerstands
Um- und Neudeutungen der ›Friedlichen Revolution‹ seit 1989 207

Florian Peters
»Nach 1989 wurde nur die Dekoration geändert«
Polens postsozialistische Transformation
und der Kampf um ihre Deutung 237

Martin Jung
Eine ›echte‹ oder eine ›gestohlene Revolution‹?
Die fortdauernde Auseinandersetzung um die Deutung
des Endes der kommunistischen Herrschaft in Rumänien 265

Autorinnen und Autoren 291
Abbildungsverzeichnis 299
Personenregister 301

Einführung

Jörg Ganzenmüller

›Freiheit‹ und ›Nation‹

Zwei Meistererzählungen von ›1989/91‹ in europäisch-vergleichender Perspektive

Die revolutionären Umbrüche zwischen 1989 und 1991 sind Teil der europäischen Erinnerungskultur. Sie markieren als Epochenwende das Ende des Kalten Krieges und den Zusammenbruch des sowjetischen Imperiums einschließlich seines Vorfeldes in Ostmittel- und Südosteuropa. Schon die Zeitgenossinnen und Zeitgenossen waren sich des Zäsurcharakters der Ereignisse bewusst. Sie waren die ersten, die das Geschehen mit Sinn aufluden. Deutungen und Sinnstiftungen haben in der Folgezeit nicht abgenommen. Auch nach 30 Jahren sind die Umbrüche von 1989/91 Gegenstand von öffentlichen Debatten und politischen Instrumentalisierungen. Aus heutiger Sicht stellt sich die Frage, inwieweit die mediale Darstellung der Ereignisse und frühe Deutungen der Mitlebenden unser Gedächtnis geprägt und in welcher Weise sich ursprüngliche Sichtweisen durch Neu- und Umdeutungen verändert haben. Zudem wirft eine europäisch-vergleichende Perspektive auf die postsozialistischen Gesellschaften die Frage auf, welche Gemeinsamkeiten und Unterschiede sich in den überwiegend national verfassten Erinnerungskulturen beobachten lassen.

Grundlegende Unterschiede in der erinnerungskulturellen Verortung der revolutionären Umbrüche von 1989/91 ergeben sich allein daraus, dass sich das Ende des Staatssozialismus auf jeweils unterschiedliche Art und Weise vollzog. In der DDR und in der Tschechoslowakei führten Massenproteste, welche die Legitimation und Autorität der Herrschenden untergruben, zu deren Abtreten. Doch während sich die SED nach kurzem Zögern gegen die Anwendung von Gewalt entschied,[1] den Forderungen der Protestierenden nach Reisefreiheit durch die Maueröffnung nachgab und sich zu Verhandlungen am Runden Tisch bereit erklärte, ging die Kommunistische Partei der Tschechoslowakei (Komunistická strana Československa, KSČ) gegen die Demonstration am 17. November 1989 noch äußerst brutal vor, was landesweit Empörung hervorrief und eine breite Oppositionsbewegung überhaupt erst auslöste. Es folgte eine Zeit der

---

1 Vgl. MARTIN SABROW: »1989« und die Rolle der Gewalt in Ostdeutschland. In: DERS. (Hrsg.): 1989 und die Rolle der Gewalt. Göttingen 2012, S. 9–31.

Massendemonstrationen und Generalstreiks, bis die KSČ dem Druck der Straße nachgab: Am 29. Dezember wählte die kommunistische Nationalversammlung Václav Havel zum Präsidenten, womit der Übergang zu einer demokratischen Ordnung eingeleitet war.[2]

In Polen und Ungarn war der Bruch mit dem Staatssozialismus die Folge eines Reformprozesses mit revolutionärem Gehalt, der auf dem Wege von Verhandlungen beschritten wurde. Timothy Garton Ash prägte hierfür die Wortneuschöpfung »Refolution«.[3] Doch auch hier gab es Unterschiede. In Polen überwältigte eine starke Opposition eine letztlich erschöpfte sozialistische Partei in einer »reglementierten Revolution«.[4] Die im Herbst 1988 aufgenommenen Verhandlungen der Regierung mit der Solidarność mündeten 1989 in der Etablierung eines Runden Tisches. Dort vereinbarte man, ein Drittel der Sitze im Sejm durch freie Wahlen zu bestimmen. Diese Wahlen vom Juni 1989 brachten einen Triumph für die Solidarność: Sie gewann alle frei gewählten Sitze im Sejm und 99 von 100 Sitzen im Senat, der ebenfalls gewählt wurde. Auch wenn die Polnische Vereinigte Arbeiterpartei (Polska Zjednoczona Partia Robotnicza, PZPR) noch die Mehrheit im Sejm besaß, hatte dieser Erdrutschsieg das alte Regime diskreditiert und delegitimiert. Nach wochenlangem Tauziehen wurde schließlich Tadeusz Mazowiecki vom Sejm zum neuen Ministerpräsidenten gewählt, der damit die erste nicht kommunistisch dominierte Regierung im gesamten Ostblock seit 1945 anführte. Auch in Ungarn wurde das Ende kommunistischer Herrschaft durch Reformen erreicht, allerdings ging hier die Dynamik von Reformkräften innerhalb der Ungarischen Sozialistischen Arbeiterpartei (Magyar Szocialista Munkáspárt, MSZMP) aus.[5] In Budapest wurde 1989 ebenfalls ein Runder Tisch eingerichtet, an dem Regierung, gesellschaftliche Organisationen und Opposition gemeinsam eine neue Verfassung aushandelten, die am 23. Oktober 1989 verabschiedet wurde. Damit war Ungarn eine parlamentarische Demokratie.

---

2   Zu den Ereignissen siehe BERNARD WHEATON/ZDENĚK KAVAN: The Velvet Revolution. Czechoslovakia, 1988–1991. Boulder 1992; MICHAL PULLMANN: Gewalt in der Umbruchszeit der ČSSR. In: SABROW (Hrsg.): 1989 und die Rolle der Gewalt (wie Anm. 1), S. 337–356; eine europäisch-vergleichende Einordnung bei OLDŘICH TŮMA: Der verschwundene Schatten. Der Regimekollaps der ČSSR im Vergleich. In: Osteuropa 59 (2009), 2–3, S. 85–96.
3   TIMOTHY GARTON ASH: Refolution. In: DERS.: The Uses of Adversity. Essays on the Fate of Central Europe. Cambridge 1989, S. 276–288.
4   Vgl. ANTONI DUDEK: Reglamentowana rewolucija. Rozkład dyktatury komunistycznej w Polsce 1988–1990 [Die reglementierte Revolution. Der Zusammenbruch der kommunistischen Diktatur in Polen 1988–1990]. Krakau 2004.
5   Vgl. ANDREAS SCHMIDT-SCHWEIZER: Vom Reformsozialismus zur Systemtransformation. Politische Veränderungsbestrebungen innerhalb der Ungarischen Sozialistischen Arbeiterpartei (MSZMP) von 1986 bis 1989. Frankfurt am Main u. a. 2000.

In Rumänien und Bulgarien wiederum erfolgte der Sturz des kommunistischen Regimes sehr viel zögerlicher, und hier bestimmte auch nicht eine drängende Opposition den Lauf der Ereignisse. In Rumänien kam es weniger zu einem Sturz des alten Regimes als zu einem putschartigen Machterhalt. Nachdem sich der Protest im Westen des Landes, der von der ungarischen Minderheit ausgegangen war, immer weiter ausgedehnt hatte und es im Dezember 1989 zu gewaltsamen Zusammenstößen gekommen war, erklärte eine ›Front der Nationalen Rettung‹ Staatspräsident Nicolae Ceaușescu für abgesetzt und übernahm die Macht. Der Fluchtversuch Ceaușescus scheiterte. Ihm wurde der Prozess gemacht, der mit einem Todesurteil und der sofortigen Hinrichtung endete. Der Verlauf der rumänischen Revolution bildet den dramatischen Kontrastpunkt zu den gewaltfreien Umbrüchen in Ostmitteleuropa. Nach wie vor sind die Ursachen der Gewalt nicht restlos geklärt.[6] Da die putschartige Machtübernahme aus dem Kern des alten Regimes heraus erfolgte, werden die Ereignisse weniger als Systembruch denn als zynisch inszenierter Regimewechsel gedeutet. Dem Austausch der Regierung folgte erst im Anschluss ein mehrjähriger stiller Transformationsprozess. Ganz ähnlich war die Entwicklung in Bulgarien.[7] Ein innerparteilicher Putsch im November 1989 führte zum Sturz von Staatschef Todor Živkov. Erst danach bildeten sich neue politische Organisationen und Parteien heraus. Auch hier erfolgte der Systembruch als ein langsamer Transformationsprozess.[8]

Trotz all dieser Unterschiede im Übergang von der Diktatur zur Demokratie haben sich in den postsozialistischen Gesellschaften Meistererzählungen herausgebildet, die auf mindestens einen von zwei Fluchtpunkten zulaufen: das Erringen der Freiheit und das Erfüllen der Nationalgeschichte. Fallen beide Fluchtpunkte zusammen, entsteht ein nationales Befreiungsnarrativ. Die unterschiedlichen Konstellationen und Ereignisse, die zu den jeweiligen revolutionären Umbrüchen führten, werden dabei in ähnliche Narrative gefasst. Aus diesem Befund ergibt sich eine Reihe von Fragen. In welcher Weise werden die jeweiligen Meistererzählungen komponiert? Welche Auslassungen gehen

---

6   Vgl. PETER ULRICH WEISS: Traumatische Befreiung. Die rumänische Revolution von 1989/90 als unbewältigte Gewalterfahrung. In: SABROW (Hrsg.): 1989 und die Rolle der Gewalt (wie Anm. 1), S. 304–336.
7   Eine vergleichende Perspektive auf die Umbrüche in Rumänien und Bulgarien bei BOGDAN C. IACOB: A Transition to What and Whose Democracy? 1990 in Bulgaria and Romania. In: JOACHIM VON PUTTKAMER/WŁODZIMIERZ BORODZIEJ/STANISLVA HOLUBEC (Hrsg.): From Revolution to Uncertainty. The Year 1990 in Central and Eastern Europe (Routledge Histories of Central and Eastern Europe, 4). London/New York 2020, S. 117–141.
8   Vgl. STEFAN TROEBST: Bulgarien 1989. Gewaltarmer Regimewandel in gewaltträchtigem Umfeld. In: SABROW (Hrsg.): 1989 und die Rolle der Gewalt (wie Anm. 1), S. 357–383.

damit einher, welche Elemente wurden symbolisch aufgeladen? Wie verhalten sich die liberale (Freiheit) und die nationale Narration (Nationalgeschichte) jeweils zueinander? Welche Gegenerzählungen haben sich herausgebildet? Und inwieweit stehen die etablierten Meistererzählungen einer Historisierung der revolutionären Umbrüche von 1989/91 entgegen? Im Folgenden sollen diese Fragen zunächst am deutschen Beispiel diskutiert werden, ehe der Blick auf das östliche Europa geweitet und abschließend Perspektiven für die Zukunft entwickelt werden.

1. ›Friedliche‹ oder ›deutsche‹ Revolution?
Die Konkurrenz von liberalem Erfolgsnarrativ und nationaler Meistererzählung in Deutschland

Die Erzählung von der ›friedlichen Revolution‹ ist eine in Wissenschaft und Öffentlichkeit oft reproduzierte Geschichte von Emanzipation und Souveränität.[9] Das liberale Erfolgsnarrativ beschreibt ›1989‹ als glücklichen Endpunkt einer 200-jährigen europäischen und einer 150-jährigen deutschen Freiheitsgeschichte.[10] Nicht zuletzt der damalige Bundespräsident Joachim Gauck stellte die Leipziger Montagsdemonstrationen zu ihrem 25. Jahrestag in diese Tradition:

> Und mit diesem Ruf knüpften die Ostdeutschen an eine lange Geschichte demokratischer Revolutionen an. Sie stellten sich – ob bewusst oder unbewusst – in eine Reihe mit den Aufbegehrenden, die genau 200 Jahre zuvor in Frankreich »liberté, egalité, fraternité« durchsetzten und in den Vereinigten Staaten mit dem Satz »We the people« zum Souverän wurden. Sie stehen auch in einer Linie mit der deutschen Freiheitsbewegung von 1848 und dem demokratischen Aufbegehren von 1918. Heute erinnern wir uns voll Dankbarkeit daran, dass in der Geschichte unseres Landes, die im 20. Jahrhundert von so viel Unrecht, Verbrechen und Versagen geprägt ist, auch Widerstand und Freiheitswillen und Zivilcourage existierten. Wir können gemeinsam stolz darauf sein, im Osten und im Westen.[11]

---

9   SEBASTIAN KLINGE: 1989 und wir. Geschichtspolitik und Erinnerungskultur nach dem Mauerfall. Bielefeld 2015, S. 170–193.
10 MARTIN SABROW: »1989« als Erzählung. In: *Aus Politik und Zeitgeschichte* 35–37 (2019), S. 25–33.
11 Rede Joachim Gaucks beim Festakt *25 Jahre Friedliche Revolution* am 9. Oktober 2014 in Leipzig. Abgerufen unter der URL: https://www.bundespraesident.de/SharedDocs/Reden/DE/Joachim-Gauck/Reden/2014/10/141009-Rede-zur-Demokratie.html, letzter Zugriff: 21.06.2021.

Das liberale Erfolgsnarrativ ist in Deutschland eng mit der Bezeichnung ›friedliche Revolution‹ verknüpft und beruft sich auf Hannah Arendt, der zufolge das Ziel jeder Revolution die Freiheit ist.[12] Es zeichnet eine Linie von den Protesten der DDR-Bürgerrechtlerinnen und Bürgerrechtler in den 1980er Jahren über die Massenproteste im Herbst 1989 und die Arbeit der Runden Tische bis zu den Volkskammerwahlen im März 1990 und der Bildung der ersten demokratischen Regierung der DDR. Es ist eine Erzählung von der Rückgewinnung der Volkssouveränität – symbolisch verdichtet in dem Ruf »Wir sind das Volk!« – und der Selbstdemokratisierung der ostdeutschen Gesellschaft.[13]

Das nationalgeschichtliche Narrativ betont hingegen den Wandel des Straßenprotestes im Winter 1989/90. Dort habe die nationale Frage die Forderung nach mehr Partizipation bald überlagert. Symbolhafte Verdichtung erfuhr diese Veränderung der Ziele im Wandel des Ausrufs »Wir sind das Volk!« zu »Wir sind ein Volk!« bzw. »Deutschland einig Vaterland«.[14] Das nationalgeschichtliche Narrativ rückt den Mauerfall vom 9. November 1989 ins Zentrum der Erzählung. Im liberalen Narrativ hat die Öffnung der Grenze keine entscheidende Bedeutung für die friedliche Revolution. Sie ging demnach vom bereits sklerotischen SED-Regime aus, das mit der Öffnung eines Ventils die eigene Existenz zu retten versuchte. In der nationalen Meistererzählung symbolisiert der 9. November hingegen die scheinbar unaufhaltsame Drift der Ereignisse hin zur deutschen Einheit. Die Teilung erscheint mit der Grenzöffnung bereits faktisch aufgehoben. Fortan tritt Helmut Kohl als entscheidender Akteur auf, der den Weg zur staatlichen Einheit ebnete. Eher marginal behandelt wird die friedliche Machtübergabe, die durch Verhandlungen zwischen der SED und den Vertreterinnen und Vertretern der Runden Tische angebahnt und vollzogen wurde. Die Selbstdemokratisierung der DDR schrumpft im nationalen Narrativ des unaufhaltsamen Weges in die Einheit zu einer wenig bedeutsamen Randnotiz.[15]

---

12 HANNAH ARENDT: Über die Revolution. München 1963, S. 34.
13 So versteht Ilko-Sascha Kowalczuk seine Darstellung der Revolution von 1989 in der DDR explizit nicht als Geschichte der deutschen Einheit, sondern als Geschichte des gesellschaftlichen Aufbruchs, der die deutsche Einheit erst ermöglichte; vgl. ILKO-SASCHA KOWALCZUK: Endspiel. Die Revolution von 1989 in der DDR. München 2009, S. 13 f.
14 Zur Einheit als Fluchtpunkt der Erzählung vom Herbst 1989 siehe auch RALPH JESSEN: Das Volk von 1989 als Praxis, Projektion und Erinnerungsort. In: THOMAS GROSSBÖLTING/ CHRISTOPH LORKE (Hrsg.): Deutschland seit 1990. Wege in die Vereinigungsgesellschaft (Nassauer Gespräche, 10). Stuttgart 2017, S. 33–50, hier S. 45 f.
15 Eine entsprechende Schwerpunktsetzung findet sich bei Andreas Rödder, der die Wiedervereinigung in historischer Perspektive als Deutschlands »zweite Chance« begreift; vgl. ANDREAS RÖDDER: Deutschland einig Vaterland. Die Geschichte der Wiedervereinigung. München 2009, S. 365. Weniger affirmativ, aber auch mit deutlichem Schwerpunkt auf der westdeutschen

Auch wenn das liberale und das nationalgeschichtliche Narrativ zwei Erzählungen sind, so werden sie häufig zu einer Meistererzählung von der Freiheit in der Einheit verdichtet. Joachim Gauck sah mit der friedlichen Revolution die deutsche Geschichte in zweifacher Weise an ihrem Ziel: in der Vollendung der staatlichen Einheit und in der Befähigung zur Freiheit.

> Die Einheit ist aus der Friedlichen Revolution erwachsen. Damit haben die Ostdeutschen den Westdeutschen und der ganzen Nation ein großes Geschenk gemacht. Sie hatten ihre Ängste überwunden und in einer kraftvollen Volksbewegung ihre Unterdrücker besiegt. Sie hatten Freiheit errungen. Das erste Mal in der deutschen Nationalgeschichte war das Aufbegehren der Unterdrückten wirklich von Erfolg gekrönt. Die Friedliche Revolution zeigt: Wir Deutsche können Freiheit.[16]

Johannes Rau hatte diesen Zusammenhang 13 Jahre vorher auf die Formel gebracht: »Wer im Osten lebte, für den öffnete sich der Weg in die Einheit als Weg in die Freiheit.«[17] In der Geschichtsschreibung hat Erhart Neubert das freiheitliche und das nationalgeschichtliche Narrativ zu einer großen Erzählung von »unserer Revolution« vereint:

> Für die Deutschen ist sie schon deshalb etwas Einzigartiges, da es die erste Revolution war, die erfolgreich die Ideen von Freiheit und Nation miteinander verband. Unmittelbar und ohne Umwege ging aus ihr die Bundesrepublik als ein geeinter Nationalstaat hervor. Schon deswegen ist sie ›unsere Revolution‹.[18]

In westdeutschen Varianten dieser Meistererzählung wird das Selbstverständnis der alten Bundesrepublik zum Fluchtpunkt der deutschen Einheit. Schon am Tag des Beitritts Ostdeutschlands zur Bundesrepublik hat Richard von Weizsäcker die friedliche Revolution als Moment der Ankunft Gesamtdeutschlands im Westen erklärt:

Perspektive des Vereinigungsprozesses: ULRICH HERBERT: Geschichte Deutschlands im 20. Jahrhundert (Europäische Geschichte im 20. Jahrhundert). München 2014, S. 1091–1136.

16 Rede Joachim Gaucks beim Festakt zum Tag der deutschen Einheit am 3. Oktober 2015 in Frankfurt am Main. Abgerufen unter der URL: https://www.bundespraesident.de/SharedDocs/Reden/DE/Joachim-Gauck/Reden/2015/10/151003-Festakt-Deutsche-Einheit.html, letzter Zugriff: 21.06.2021.

17 Rede Johannes Raus beim Festakt zum Jahrestag der deutschen Einheit am 3. Oktober 2002 in Berlin. Abgerufen unter der URL: https://www.bundespraesident.de/SharedDocs/Reden/DE/Johannes-Rau/Reden/2002/10/20021003_Rede.html, letzter Zugriff: 21.06.2021.

18 ERHART NEUBERT: Unsere Revolution. Die Geschichte der Jahre 1989/90. München 2008, S. 13.

> Die Vereinigung Deutschlands ist etwas anderes als eine bloße Erweiterung der Bundesrepublik. Der Tag ist gekommen, an dem zum ersten Mal in der Geschichte das ganze Deutschland seinen dauerhaften Platz im Kreis der westlichen Demokratien findet.[19]

In Variation dazu verband Roman Herzog die friedliche Revolution mit der Aufarbeitung der nationalsozialistischen Vergangenheit und sah in der Überwindung der zwei deutschen Diktaturen das Fundament einer gesamtdeutschen Demokratie:

> Die Demokratie der Deutschen steht jetzt auf zwei Beinen: Das eine Bein ist die Lernfähigkeit und die Demokratiebereitschaft der Westdeutschen seit 1949 und das zweite Bein ist der Opfermut und ist die friedliche Revolution der Ostdeutschen von 1989. Nichts gehört *mehr* zusammen, so verschieden diese Vorgänge auch gelaufen sein mögen.[20]

Das liberale und das nationalgeschichtliche Narrativ können allerdings auch in Konflikt miteinander geraten. Zuletzt war dies im Sommer 2019 der Fall, als der Münsteraner Religionssoziologe Detlef Pollack in der *Frankfurter Allgemeinen Zeitung* eine Debatte darüber auslöste, wem die friedliche Revolution eigentlich gehöre. Auch wenn es in dem Streit zuvorderst um die Bedeutung der Bürgerrechtlerinnen und Bürgerrechtler in der friedlichen Revolution ging, kamen in der Kontroverse, ob sich »die Normalos« im Herbst 1989 auf der Straße oder hinter den Gardinen befunden hätten, zweierlei Deutungen zum Ausdruck.[21] In Pollacks Darstellung hat nämlich der »Aufstand der Normalbürger« den Weg in die Einheit geebnet:

---

19 Rede Richard von Weizsäckers beim Staatsakt zum Tag der deutschen Einheit am 3. Oktober 1990 in Berlin. Abgerufen unter der URL: https://www.bundespraesident.de/SharedDocs/Reden/DE/Richard-von-Weizsaecker/Reden/1990/10/19901003_Rede.html, letzter Zugriff: 21.06.2021. In der Geschichtswissenschaft interpretierte insbesondere Heinrich August Winkler die friedliche Revolution als Ende eines deutschen Sonderwegs und Ankunft im Westen; vgl. HEINRICH AUGUST WINKLER: Der lange Weg nach Westen. 2 Bde. München 2000, hier Bd. 2, S. 489–639.

20 Rede Roman Herzogs anlässlich einer Ordensverleihung am 8. Oktober 1995 in Leipzig. Abgerufen unter der URL: https://www.bundesregierung.de/breg-de/service/bulletin/bulletin-1990-bis-1999/die-friedliche-revolution-von-1989-eines-der-stolzesten-kapitel-deutscher-geschichte-ansprache-des-bundespraesidenten-in-leipzig-801636, letzter Zugriff: 21.06.2021 (Hervorhebung durch den Verfasser).

21 Ausgelöst hatte die vielstimmige Debatte der Artikel von DETLEF POLLACK: Es war ein Aufstand der Normalbürger. In: *Frankfurter Allgemeine Zeitung*, 11. Juli 2019, sowie die Antwort von ILKO-SASCHA KOWALCZUK: Eine Minderheit bahnte den Weg. In: *Frankfurter Allgemeine Zeitung*, 14. Juli 2019.

Während die Oppositionellen noch lange an einem dritten sozialistischen Weg in der DDR festhielten, sorgten die Bürgerinnen und Bürger mit ihrer Sehnsucht nach Konsum und Freiheit und ihrem Ruf »Wir sind ein Volk« für den Durchbruch. Es waren dann erneut diese Normalos, die 1990 zum Verdruss der ostdeutschen Oppositionellen (und vieler westdeutscher Intellektuellen) die Vollendung der Revolution ermöglichten, indem sie nicht die Partei der Oppositionellen, sondern mit überwältigendem Vorsprung die CDU und damit die deutsche Einheit wählten.[22]

Gegen diese Darstellung einer ›nationalen Erhebung‹, die auf den Straßen und an den Wahlurnen gleichermaßen stattgefunden habe, wandte sich eine ganze Reihe der damals Aktiven. Sie setzten diesem nationalen Narrativ eine Befreiungserzählung entgegen, in der die Nation *nicht* als historischer Akteur auftritt. Vielmehr sei die »friedliche Freiheitsrevolution« von einer Avantgarde aus Bürgerrechtlern getragen gewesen, die die Freiheit für alle erkämpfte, auch für die lange Zeit passive »Mehrzahl der bisher nörgelnden opportunistischen Ostdeutschen«.[23] Insofern steht hinter der Frage nach den entscheidenden Akteuren auch die Frage, ob mutige Freiheitsdenkerinnen und -denker oder die ganze Nation die SED-Diktatur zum Einsturz gebracht hat.

Auch eine zweite Debatte, die bereits seit 30 Jahren geführt wird, entspringt der Konkurrenz von liberalem und nationalgeschichtlichem Narrativ. Sie kreist um die Frage, ob ›friedliche Revolution‹ oder ›Wende‹ die treffende Bezeichnung für die Ereignisse im Herbst 1989 ist.[24] Der Revolutionsbegriff verortet das Ende der SED-Herrschaft bewusst in das emanzipatorische Fortschrittsnarrativ, das in der Französischen Revolution von 1789 seinen Anfang hat, und stieß bei jenen auf Widerspruch, die in der friedlichen Revolution keinen sozialen Fortschritt erkennen mochten. So charakterisierte Jürgen Habermas den Umbruch in der DDR schon 1990 als eine »nachholende Revolution«, deren eigentümlicher Zug ein »fast vollständiger Mangel an innovativen, zukunftsweisenden

---

22 DETLEF POLLACK: Die verachtete Bevölkerung der DDR. In: *Frankfurter Allgemeine Zeitung*, 15. Juli 2019.
23 RAINER ECKERT: Es war keine Wende, es war eine Revolution. In: *Frankfurter Allgemeine Zeitung*, 18. Juli 2019.
24 Zur Begriffsgeschichte siehe den Beitrag von Ralph Jessen in diesem Band. Die jeweilige Argumentation lässt sich paradigmatisch nachvollziehen bei MICHAEL RICHTER: Die Wende. Ein Plädoyer für eine umgangssprachliche Benutzung des Begriffs. In: *Deutschland Archiv* 40 (2007), S. 861–868; RAINER ECKERT: Gegen die Wende-Demagogie – für den Revolutionsbegriff. Anmerkungen zu: Michael Richter: Die Wende. Plädoyer für eine umgangssprachliche Benutzung des Begriffs. In: ebd., S. 1084 ff.; MICHAEL RICHTER: Ebenfalls gegen die Wende-Demagogie und für den Revolutionsbegriff. Replik auf Rainer Eckerts Anmerkungen. In: ebd., S. 1086 f.

Ideen« sei und die »kein neues Licht auf unsere *alten* Probleme« geworden habe.[25] Demgegenüber evoziert der Wendebegriff jenseits der Indienstnahme durch Egon Krenz ein entgegengesetztes Geschichtsbild: Die Geschichte wurde durch eine ›Wende‹ in eine andere, aus nationaler Perspektive in die richtige Richtung gelenkt. Vermutlich ist es der Popularisierung und der damit verbundenen Kontaminierung des Begriffs durch Krenz geschuldet, dass sich die nationale Meistererzählung nicht des Begriffs der ›nationalgeschichtlichen Wende‹ bedient und die Teilung Deutschlands auf diese Weise als zwischenzeitlichen Irrweg auf dem Weg zum Nationalstaat kennzeichnet. Versuche, als Alternative zur ›friedlichen Revolution‹ Begriffe wie »deutsche Revolution«[26] oder »deutscher Herbst«[27] zu etablieren, waren bislang wenig erfolgreich.

Beide Meistererzählungen, die liberale wie die nationale, beinhalten eine Reihe von Einseitigkeiten und Ausblendungen. Mitunter gibt es aber überraschende Gemeinsamkeiten. So finden etwa die Runden Tische als »Bestandteil und Errungenschaft der Revolution«,[28] die den Prozess der Selbstdemokratisierung und die gestalterische Rolle der ostdeutschen Akteure repräsentieren, in keinem der beiden Narrative einen prominenten Platz.[29] Dies liegt auch an der zeitgenössischen Visualisierung der Revolution. Das Bildgedächtnis des liberalen Narrativs wird von demonstrierenden Menschen mit Transparenten dominiert, die für die ›Macht der Straße‹ und die Selbstermächtigung ›des Volkes‹ stehen. Gruppenbilder mit Personen, die zum Teil auch die alte Macht repräsentieren, sind weniger heroisch. In der nationalen Meistererzählung spielen die Runden Tische erst recht keine Rolle. Hier repräsentiert vielmehr der Dresdner Auftritt von Helmut Kohl am 19. Dezember 1989 die Einheit von westdeutschem Kanzler und ostdeutscher Bevölkerung. Die ebenso häufig gezeigten Bilder von Kohl und Michail Gorbačëv im Kaukasus repräsentieren wiederum die außenpolitische Ermöglichung der Wiedervereinigung. Demgegenüber symbolisieren die Runden Tische die Verliererinnen und Verlierer

---

25 Jürgen Habermas: Die nachholende Revolution (Edition Suhrkamp, 1633). Frankfurt am Main 1990, S. 181 und S. 7 (Hervorhebung im Original).
26 Rödder: Deutschland einig Vaterland (wie Anm. 15), S. 117.
27 Tilman Mayer (Hrsg.): Deutscher Herbst 1989 (Gesellschaft für Deutschlandforschung, 99). Berlin 2010; Herbert: Geschichte Deutschlands im 20. Jahrhundert (wie Anm. 15), S. 1103.
28 Ulrike Poppe: Der Runde Tisch. In: Martin Sabrow (Hrsg.): Erinnerungsorte der DDR. München 2009, S. 492–502, hier S. 501.
29 Zur historischen Rolle der Runden Tische siehe Uwe Thaysen: Der Runde Tisch. Oder: Wo blieb das Volk? Opladen 1990; Francesca Weil: Verhandelte Demokratisierung. Die Runden Tische der Bezirke 1989/90 in der DDR (Hannah-Arendt-Institut für Totalitarismusforschung, 60). Göttingen 2011.

der Geschichte: die SED und die einheitsskeptischen Bürgerrechtlerinnen und Bürgerrechtler, die bei den Volkskammerwahlen politisch marginalisiert wurden. Der politischen folgte die erinnerungskulturelle Marginalisierung: Der Runde Tisch ging nicht ins Bildgedächtnis des revolutionären Umbruchs in der DDR ein.[30]

Zu den Ausblendungen gehört auch, dass es populistische sowie rechtsradikale Stimmen während der Massenproteste gab und dass der Ton zwischen Demonstrierenden mit unterschiedlichen politischen Vorstellungen im Laufe des Novembers aggressiver wurde.[31] Auf der Demonstration am 4. Dezember 1989 in Berlin brandmarkten zahlreiche Transparente die Machthaber als »Volksbetrüger« und »Verräter«, die das Volk verachten würden.[32] Diese Transparente fanden aber keinen Eingang in das Bildgedächtnis der friedlichen Revolution. Sie stören sowohl das liberale Narrativ, in der das Volk nach Freiheit und nicht nach Ausgrenzung strebt, als auch das nationalgeschichtliche Narrativ, das seit 1989 gegen nationalistische Vereinnahmungen abgegrenzt werden muss. Es ist aber auch ein Problem der Überlieferung. Zwar nahmen die Zeitgenossinnen und Zeitgenossen rechtsradikale Strömungen wahr, haben sie jedoch kaum dokumentiert. Es gibt nur wenige Fotografien von Demonstrationen, auf denen Neonazis festgehalten wurden, obwohl die Montagsdemonstrationen im Februar 1990 wegen der Überhandnahme rechtsradikaler Strömungen abgesagt wurden.[33] Häufiger dokumentiert sind hingegen Äußerungen, die sich mit dem wachsenden Rechtsradikalismus auseinandersetzen. So finden sich beispielsweise auf Klaus Bergmanns Fotografien der Straßenproteste in Weimar zwischen Oktober 1989 und Februar 1990 ein Graffiti gegen das »Nazi-verpestete« Weimar oder ein Transparent mit der politischen Selbstverortung: »Ich bin kein Nazi, aber für die Wiedervereinigung!«[34] Diese Überlieferungen verweisen sowohl auf militant auftretende ost- und westdeutsche Neonazis als auch auf das Phänomen, dass Befürworter der Einheit pauschal als »Nazi« stigmatisiert wurden.[35] Da sie weder in die liberale noch in die nationale Meistererzählung passen, fanden sie auch keinen Eingang in das kulturelle Gedächtnis der friedlichen Revolution. Erst mit Blick auf die Wurzeln des Rechtsradikalismus in Ostdeutschland stellt

---

30 Siehe dazu den Beitrag von Petra Mayrhofer in diesem Band.
31 Vgl. AXEL DOSSMANN: »Wir sind das Volk!« Von der Stimmgewalt im Herbst 1989 – und von Volker. In: GERHARD PAUL/RALPH SCHOCK (Hrsg.): Sound der Zeit. Geräusche, Töne, Stimmen 1889 bis heute. Göttingen 2014, S. 499–504, hier S. 503.
32 Vgl. JESSEN: Das *Volk* von 1989 (wie Anm. 14), S. 42.
33 Siehe dazu den Beitrag von Axel Doßmann in diesem Band.
34 Siehe KLAUS BERGMANN: Weimar-Demos 1989/90 in Bildern. Weimar 1992, S. 73 und S. 99.
35 DOSSMANN: »Wir sind das Volk!« (wie Anm. 31), S. 503.

sich die Frage, inwieweit PEGIDA (Patriotische Europäer gegen die Islamisierung des Abendlandes) bereits im Herbst 1989 begann und auch die AfD zum Erbe von ›1989‹ gehört.[36]

Schon früh haben sich Gegenerzählungen etabliert, die auch aus den Defiziten der liberalen und der nationalen Meistererzählung resultieren. Unter den Bürgerrechtsaktivistinnen und -aktivisten verbreitete sich ab dem Moment, als sich eine schnelle Vereinigung der beiden deutschen Staaten und die damit verbundene Marginalisierung ihrer politischen Vorstellungen abzuzeichnen begann, der Topos von der »verlorenen« oder sogar der »verratenen« Revolution.[37] Diese Gegenerzählung richtet sich explizit gegen das nationalgeschichtliche Narrativ: Das Streben nach der nationalen Einheit und deren rasche Verwirklichung hätten zu einem Abbruch der Revolution geführt, die in den Vorstellungen maßgeblicher Protagonistinnen und Protagonisten der Proteste im Herbst 1989 den autoritären Sozialismus hinter sich lassen und zugleich eine Alternative zur Konsumgesellschaft der Bundesrepublik aufzeigen sollte.[38] Sie steht aber auch in einem Widerspruch zum liberalen Narrativ, das den Gewinn von Freiheit als das unwiederbringliche Ende der sozialistischen Gesellschaftsordnung versteht. Die ›verlorene‹ Hoffnung, durch eine Reform des Staatssozialismus einen Dritten Weg einschlagen zu können, erscheint in liberaler Lesart als die Fortsetzung eines Irrweges, der von der Mehrheit nicht erwünscht war.

Die zweite einflussreiche Gegenerzählung hat sich zwar erst in den 1990er Jahren herausgebildet, sie hat ihre Wurzeln aber im Narrativ der ›verlorenen Revolution‹. Aus dem wachsenden zeitlichen Abstand heraus wird der Umbruch von 1989/90 immer weniger als glückliches Ende einer Diktatur wahrgenommen, sondern als Anfang einer problembehafteten Transformation. Diese Erzählung von ›1989‹ richtet sich gegen die staatlich protegierten Meistererzählungen von ›Freiheit‹ und ›Einheit‹ als Fluchtpunkt der deutschen Geschichte und rückt stattdessen die Verbitterung über den Abbruch ostdeutscher Erwerbs- und Entwicklungsbiografien als Last einer gesellschaftlich bis heute nicht hinreichend anerkannten Enttäuschung in den Mittelpunkt.[39] Dieses Narrativ geht zumeist mit einer fundamentalen Kritik des Vereinigungsprozesses einher. Die Ostdeutschen

---

36 Martin Sabrow: Mythos 1989. In: *Deutschland Archiv*, 28. November 2019. Abgerufen unter der URL: www.bpb.de/300737, letzter Zugriff: 21.06.2021.
37 Ralph Jessen: Die Montagsdemonstrationen. In: Sabrow (Hrsg.): Erinnerungsorte der DDR (wie Anm. 28), S. 466–480, hier S. 468.
38 Martin Sabrow: 1848–1918–1989. Deutsche Revolutionserinnerungen. In: Ders. (Hrsg.): Revolution! Verehrt – verhasst – vergessen (Helmstedter Colloquien, 21). Leipzig 2019, S. 9–23, hier S. 12 f.
39 Vgl. Sabrow: »1989« als Erzählung (wie Anm. 10), S. 25–33.

werden als strukturell Benachteiligte in einem Prozess der westdeutschen »Übernahme«[40] der DDR geschildert. Die nationale Einheit wird nicht als logischer und positiver Fluchtpunkt der deutschen Geschichte verstanden, sondern als Fremdbestimmung der Ostdeutschen durch westdeutsche Eliten.

Zu den Gegenerzählungen der friedlichen Revolution zählen auch jene Versuche, sich mit aktuellen Anliegen in deren Tradition zu stellen und sich ihrer Symbole zu bemächtigen. Seit Mitte der 1990er Jahre wurde auf Montagsdemonstrationen gegen Müllentsorgung, Hochschulpolitik, Verkehrspolitik und vieles mehr demonstriert. Deutschlandweite Bedeutung hatten die Proteste gegen die Hartz-IV-Reformen, die im August 2004 immerhin bis zu 60.000 Menschen auf die Straßen brachten, die »Weg mit Hartz IV – Das Volk sind wir« skandierten.[41] Und auch PEGIDA und die AfD vereinnahmen bestimmte Slogans der friedlichen Revolution. Wahlplakate mit der Aufforderung »Vollende die Wende« oder die Diskreditierung der politischen Konkurrenz als »Blockparteien« suggerieren eine steckengebliebene Revolution, die es nun an der Wahlurne fortzusetzen gelte, und setzen damit die Bundesrepublik mit der SED-Diktatur gleich.[42]

All diese Vereinnahmungsversuche riefen entschiedene Kritik von Akteurinnen und Akteuren des Herbstes 1989 hervor, die die Geschichtsvergessenheit derartiger Instrumentalisierungen anprangerten.[43] Es greift jedoch zu kurz, hierin allein einen politisch motivierten Missbrauch der Begriffe der friedlichen Revolution zu sehen. Es handelt sich ebenso um Um- und Neudeutungen der Geschichte, die nicht zuletzt ihre Wirkung entfalten, da die früh etablierten und durch staatliches Gedenken perpetuierten Meistererzählungen nur sehr eingeschränkt die vielfältigen Revolutionserfahrungen widerspiegeln und durch gegenläufige Transformationserfahrungen zunehmend ihre sinnstiftende Kraft einbüßen. Die rechtspopulistischen Neudeutungen greifen das verbreitete Narrativ einer Marginalisierung Ostdeutschlands auf und versuchen, aus Deprivationsempfindungen

---

40 ILKO-SASCHA KOWALCZUK: Die Übernahme. Wie Ostdeutschland Teil der Bundesrepublik wurde (C. H. Beck Paperback, 6325). München 2019.
41 Vgl. JESSEN: Die Montagsdemonstrationen (wie Anm. 37), S. 469 ff. Zur politischen Instrumentalisierung von Begriffen des Umbruchs von 1989 siehe auch den Beitrag von Ralph Jessen in diesem Band.
42 Vgl. JESSEN: Das *Volk* von 1989 (wie Anm. 14), S. 47–50. Zu den vielfältigen aktualisierenden Rückbezügen auf ›1989‹ siehe den Beitrag von Alexander Leistner und Anna Lux in diesem Band.
43 Siehe zum Beispiel die Stellungnahme »Nicht mit uns: Gegen den Missbrauch der friedlichen Revolution im Wahlkampf« vom 18. August 2019. Abgerufen unter der URL: https://www.havemann-gesellschaft.de/fileadmin/robert-havemann-gesellschaft/aktuelles/2019/Offene_Erklaerung_AFD/Offene_Erklaerung__Nicht_mit_uns__aktualisierte_Fassung_vom_9._September_2019_.pdf, letzter Zugriff: 21.06.2021.

eine kollektive ostdeutsche Identität als Gegenentwurf zur freiheitlich-demokratischen Grundordnung zu konstruieren.⁴⁴

2. Erfolgreiche oder ›gestohlene‹ Revolution? Nationale Freiheitsnarrative im östlichen Europa

Betrachtet man die deutschen Erzählungen zum Umbruch von 1989 in europäisch-vergleichender Perspektive, so weisen die entsprechenden Narrative im östlichen Europa viele Gemeinsamkeiten und einige Besonderheiten auf. In globaler Perspektive hat der amerikanische Politologie Francis Fukuyama die Zeitenwende als historischen Sieg der liberalen Demokratie beschrieben, die künftig als einziges Ordnungssystem zur Verfügung stehen werde, um die Probleme der Menschheit zu lösen.⁴⁵ In dieses Narrativ ordneten viele auch die Geschichte des östlichen Europa ein. Strittig erschien allenfalls, ob Ostmitteleuropa auf den Weg der westlichen Demokratien zurückgekehrt ist oder die ›Ideen von 1989‹ mit ihrem Schwerpunkt auf Menschenrechte und Gewaltlosigkeit dem westlichen demokratischen Denken eine eigene Note hinzugefügt haben.⁴⁶

Anders als in Deutschland existiert dieses liberale Narrativ im östlichen Europa kaum separat, sondern ist überwiegend in eine nationale Meistererzählung eingewoben. Bereits das politische Denken osteuropäischer Dissidentinnen und Dissidenten war auf die Nation ausgerichtet. Sie war die allgemein akzeptierte Vorstellung politischer Gemeinschaft, sie setzte der atomisierten Gesellschaft eine allgemein anerkannte Bezugsgröße entgegen und wurde auch als Legitimitätsressource genutzt.⁴⁷ Daraus erwuchs das häufig verwendete Motiv, den revolutionären Umbruch als nationale Befreiung von einer sowjetischen Fremdherrschaft darzustellen.⁴⁸ Im Baltikum, wo die Etablierung der Sowjetherrschaft mit dem Verlust

---

44 Vgl. Jörg Ganzenmüller: Ostdeutsche Identitäten: Selbst- und Fremdbilder zwischen Transformationserfahrung und DDR-Vergangenheit. In: *Deutschland Archiv*, 24. April 2020. Abgerufen unter der URL: www.bpb.de/308016, letzter Zugriff: 21.06.2021.
45 Francis Fukuyama: Das Ende der Geschichte. Wo stehen wir? München 1992.
46 Die Eigenständigkeit der Ideen von 1989 betont James Krapfl: Revolution with a Human Face. Politics, Culture, and Community in Czechoslovakia, 1989–1992. Ithaca 2013.
47 Vgl. Gregor Feindt: Auf der Suche nach politischer Gemeinschaft. Oppositionelles Denken zur Nation im ostmitteleuropäischen Samizdat 1976–1992 (Ordnungssysteme, 47). Berlin/Boston 2015.
48 Vgl. Oliver Bange: 1989/90: Ausgangspunkte für politische Neuordnungen in Deutschland und in Ostmitteleuropa. In: Robert Grünbaum/Jens Schöne/Heike Tuchscheerer (Hrsg.): Revolution! 1989 – Aufbruch ins Offene. Berlin 2020, S. 77–100; Michal Kopeček: Geschichte und Gedächtnis. 1989 europäisch erinnern. In: ebd., S. 250–259. Die literarische

der staatlichen Unabhängigkeit einhergegangen war, dominiert diese Sichtweise. So firmiert in Litauen die Nation als Opfer sowjetischer Unterdrückung und die 1991 erkämpfte Unabhängigkeit als Befreiung von sowjetischer Fremdherrschaft. Eine Folge dieser Symbiose von liberalem und nationalem Narrativ ist, dass die Freiheit der Gesellschaft im Inneren eine Leerstelle bleibt.[49] Denn in der Logik dieser Meistererzählung sind die einheimischen Träger der Diktatur bloße Kollaborateure der Fremdherrschaft. Die nationale Gesellschaft wird auf diese Weise pauschal exkulpiert, eine selbstkritische Auseinandersetzung über die soziale Basis der staatssozialistischen Diktatur im eigenen Land findet infolgedessen kaum statt. Dies wirkt sich unmittelbar auf den inneren Demokratisierungsprozess der jeweiligen Gesellschaften aus. Die Ausbildung eines »negativen Gedächtnisses«, das den Aufbau und die Stabilisierung einer demokratischen Gesellschaftsordnung durch die selbstkritische Auseinandersetzung mit den eigenen Verbrechen der Vergangenheit befördern hilft, kann durch eine Externalisierung von Schuld gerade *nicht* entstehen.[50]

Das Einweben des liberalen Narrativs in die jeweilige Nationalgeschichte hat in jedem Land seine eigene Ausprägung. In Polen etwa ist das Motiv der Fremdherrschaft wenig plausibel, da die Gewalterfahrungen von 1980/81 und die daran anschließende Zeit des Kriegsrechts deutlich vor Augen geführt haben, dass hier ein innerpolnischer Kampf zwischen dem Regime und der Solidarność ausgefochten wurde.[51] Der zentrale Erinnerungsort, das Europäische Solidarność-Zentrum (ECS) in Danzig, stellt die Solidarność deshalb sowohl in die Kontinuität des polnischen Freiheitskampfes seit dem 18. Jahrhundert, der im Zentrum der nationalen Meistererzählung in Polen steht, als auch in einen Zusammenhang mit den gewaltfreien Bewegungen eines globalen Freiheitskampfes.[52]

Darstellung des Umbruchs in der Tschechoslowakei als Ende einer sowjetischen Fremdherrschaft behandelt der Beitrag von Rainette Lange in diesem Band.
49 Siehe dazu den Beitrag von Ekaterina Makhotina in diesem Band.
50 Vgl. VOLKHARD KNIGGE: Gesellschaftsverbrechen erinnern. Zur Entstehung und Entwicklung des Konzepts seit 1945. In: DERS./ULRICH MÄHLERT (Hrsg.): Der Kommunismus im Museum. Formen der Auseinandersetzung in Deutschland und Ostmitteleuropa (Europäische Diktaturen und ihre Überwindung, 6). Köln/Weimar/Wien 2005, S. 19–30, hier S. 23.
51 Siehe dazu den Beitrag von Florian Peters in diesem Band.
52 Siehe dazu den Beitrag von Daniel Logemann in diesem Band. Zum Europäischen Solidarność-Zentrum siehe auch: FLORIAN PETERS: Solidarność Yesterday – Solidarity Today? The European Solidarity Center in Gdańsk endeavors to combine the past with the present. In: *Cultures of History Forum*, 12. Mai 2015. Abgerufen unter der URL: https://digital.herder-institut.de/publications/frontdoor/deliver/index/docId/85/file/Peters_Solidarnosc_Yesterday_Solidarity.pdf, letzter Zugriff: 21.06.2021.

Den ausgehandelten Systembrüchen mangelt es an Erinnerungsorten, in denen sich ein Narrativ symbolisch verdichten ließe. Die Runden Tische eignen sich dafür nur bedingt. Nur in Polen spielt der Runde Tisch als Erinnerungsort eine Rolle, er hat einen prominenten Platz in der Ausstellung des ECS gefunden. Dies liegt nicht zuletzt daran, dass er bereits zeitgenössisch wirkungsvoll in Szene gesetzt wurde: Der Tisch mit neun Metern Durchmesser wurde eigens aus Lindenholz für dieses Ereignis gezimmert. Tatsächlich wurde er dann nur für die erste und letzte Sitzung genutzt, doch aufgrund des Medieninteresses an diesen beiden Tagen landesweit bekannt. Der Runde Tisch dient bis heute als Symbol des Sieges der Solidarność. Eine vergleichbare ikonografische Bedeutung errangen die Runden Tische in Ungarn und in der Tschechoslowakei *nicht*. Dort waren die Tische zudem nicht rund, vielmehr wurden notdürftig mehrere eckige Tische zusammengestellt. Vom tschechoslowakischen Runden Tisch existieren kaum Fotografien, und in Ungarn eignete er sich nicht zum Symbol für den revolutionären Bruch, weil der dort ausgehandelte Systemwechsel zu diesem Zeitpunkt bereits feststand.[53]

Mit zunehmendem zeitlichem Abstand verändert sich auch im östlichen Europa der Blick auf den Umbruch von 1989/91. Zum einen prägen hier wie in Deutschland die Schwierigkeiten der Transformationszeit den Blick auf das Ende des Staatssozialismus. Dies lässt sich zum Beispiel in der Literatur beobachten. Sowohl in der deutschen als auch in der tschechischen Gegenwartsliteratur ist der Herbst 1989 eine gewaltige Leerstelle. Häufiges Motiv ist die Leere, die den Verlust einer vertrauten Alltagskultur repräsentiert. Der Systemwechsel wird als ein tiefer Bruch gezeichnet, der mit zahlreichen Verlusterfahrungen einherging. Anders als in der öffentlichen Gedenkkultur findet in der Literatur keine heroische Sinnstiftung statt.[54] Und in Bulgarien, wo lange Warteschlangen vor Geschäften den Warenmangel im Winter 1990/91 als einschneidende Umbruchserfahrung visualisieren, erscheint ein Foto von »Menschen in der Reihe« in erinnerungskultureller Perspektive sowohl als visuelle Repräsentation einer Revolution von oben, bei der keiner aus der Reihe tanzte, als auch für Menschen in der Warteschleife, als welche viele Bulgarinnen und Bulgaren die folgenden Jahre empfanden.[55]

Auch in der ungarischen Erinnerungskultur spielt das Jahr 1989 keine hervorgehobene Rolle mehr. Viele Intellektuelle, die 1989 zunächst als *annus mirabilis* gefeiert haben, verbinden mit dem Ende des Staatssozialismus inzwischen den

---

53 Siehe dazu den Beitrag von Petra Mayrhofer in diesem Band.
54 Siehe dazu den Beitrag von Rainette Lange in diesem Band. Auch das Medium Film tut sich schwer, den evolutionären Systemwandel in Szene zu setzen; vgl. DOBROCHNA DABERT: Der Umbruch. 1989 im polnischen Film. In: *Osteuropa* 59 (2009), 2–3, S. 282–290.
55 Siehe dazu den Beitrag von Martina Baleva in diesem Band.

Sieg des globalen Kapitalismus und den Beginn von sozialer Unsicherheit. Der national-konservative Bund junger Demokraten (Fiatal Demokraták Szövetsége, Fidesz) um Viktor Orbán spricht dem ausgehandelten Systembruch den revolutionären Charakter ab. Den Reformkommunistinnen und -kommunisten sei es in der Systemtransformation allzu leicht gelungen, sich in der neuen Ordnung wieder einzurichten. Einen Austausch der Eliten habe es nicht gegeben, die Revolution sei deshalb unvollständig. Diese geschichtspolitische Umdeutung von >1989< dient Viktor Orbán in erster Linie als Legitimation für den Umbau des demokratischen Rechtsstaats, den er als Vollendung der 1989 begonnenen Demokratisierung darstellt.[56] Sie ist die Variation der nationalen Meistererzählung, die bereits im oppositionellen politischen Denken vor 1989 angelegt ist. Die Nationsvorstellungen der ostmitteleuropäischen Dissidenz teilten sich in zwei Idealtypen: eine staatsbürgerliche Nationsvorstellung und eine essentialistische Vorstellung einer Abstammungsgemeinschaft.[57] Im Freund-Feind-Denken Orbáns stehen frühere und aktuelle Widersacher außerhalb der ungarischen Nation. Damals wie heute wird deren Wirken als ausländische Intervention betrachtet und angeprangert.

In Polen popularisierte die national-konservative Partei Recht und Gerechtigkeit (Prawo i Sprawiedliwość, PiS) um Jarosław und Lech Kaczyński schon bald das Narrativ der >unvollendeten Revolution<. Die einst radikalen Kräfte der Solidarność werfen heute den gemäßigten Mitstreiterinnen und Mitstreitern von einst vor, sich mit den kommunistischen Eliten auf einen friedlichen Übergang verständigt zu haben, der zwar die Volksrepublik zum Einsturz gebracht, deren Strukturen jedoch konserviert habe. Ähnlich wie Fidesz in Ungarn stellt sich die PiS als diejenige politische Kraft dar, die den 1990 ausgebliebenen Bruch mit den alten Eliten nachhole, und rechtfertigt damit den Rückbau des Rechtsstaates.[58] Die >Refolution< wird nun als Abkehr von den Idealen der Solidarność stigmatisiert. Damit einher geht die Etablierung eines neuen nationalgeschichtlichen Narrativs. Polen sei zweimal zum Objekt von Gesellschaftsexperimenten gemacht worden: zunächst des kommunistischen und dann des liberalen. Die polnische Nationalkultur passe aber zu keiner dieser beiden Gesellschaftsvorstellungen, weshalb das eine Experiment 1990 beendet worden sei und das andere heute beendet

---

56 Vgl. ÉVA KOVÁCS: Talkin' 'bout a Revolution. On the Social Memory of 1989 in Hungary. In: PUTTKAMER/BORODZIEJ/HOLUBEC (Hrsg.): From Revolution to Uncertainty (wie Anm. 7), S. 103–116, hier S. 103 f.
57 Vgl. FEINDT: Auf der Suche nach politischer Gemeinschaft (wie Anm. 47), S. 335.
58 Zur Genese des Narrativs der »unvollendeten Revolution« in Polen, Ungarn und Rumänien siehe JAMES MARK: The Unfinished Revolution. Making Sense of the Communist Past in Central-Eastern Europe. New Haven/London 2011.

werde.⁵⁹ Hier ist die Verbindung von liberalem und nationalem Narrativ wieder aufgelöst. An deren Stelle tritt eine illiberale nationale Meistererzählung, die den einheitlichen ›Volkswillen‹ betont und eine freiheitliche, ausdifferenzierte Gesellschaft als unvereinbar mit der polnischen Nationalkultur denunziert.

Während in Polen der Widerspruch zwischen einem liberalen, triumphierenden Narrativ und den sozialen Verwerfungen der Systemtransformation den Boden für eine national-populistische Umdeutung bereitete, stand die Freiheitserzählung in Rumänien im Widerspruch zu den gravierenden Demokratiedefiziten der postkommunistischen Zeit. Hier war die Elitenkontinuität ein tatsächliches Problem. Die alten Eliten hatten die Revolution vereinnahmt und die Putschisten von 1989 schufen einen positiven Revolutionsmythos, der die zahlreichen Widersprüche des Umbruchs überdeckte. Hier sind es deshalb die Liberalen, die von einer ›gestohlenen Revolution‹ sprechen und damit der alten Elite vorwerfen, ihre Macht durch einen Staatsstreich gesichert zu haben.⁶⁰

Vergleicht man den ostdeutschen Identitätsdiskurs mit den nationalen Meistererzählungen im östlichen Europa, so finden sich durchaus Gemeinsamkeiten. Zwar ist ›ostdeutsch‹ eine regionale und keine nationale Identität, der triumphale Gestus des liberalen Narrativs steht allerdings auch hier in starkem Widerspruch zu den ambivalenten Transformationserfahrungen. Da es im Zuge der deutschen Einheit zu einem weitreichenden und sichtbaren Elitenaustausch kam, lässt sich der revolutionäre Umbruch nicht als ›gestohlene Revolution‹ stigmatisieren. Rechtspopulistische Narrative müssen deshalb den Elitenaustausch als Fremdbestimmung diskreditieren, was wiederum einer nationalen Meistererzählung zuwiderläuft und deshalb eine regionale Variante europäischer Umdeutungen von ›1989‹ darstellt.⁶¹

3. Meistererzählung oder Erfahrungsgeschichte? Ein Ausweg

Die Kontinuität individueller Biografien orientiert sich selten an historischen Zäsuren. Individuelle und politische Periodisierung sind in der Regel »nicht kongruent«.⁶² So verhält es sich auch mit den revolutionären Umbrüchen

---

59 Siehe den Beitrag von Florian Peters in diesem Band.
60 Siehe dazu den Beitrag von Martin Jung in diesem Band.
61 Zur Konstruktion eines ostdeutschen Kollektivs siehe den Beitrag von Alexander Leistner und Anna Lux in diesem Band.
62 ULRICH HERBERT: Zur Entwicklung der Ruhrarbeiterschaft 1930 bis 1960 aus erfahrungsgeschichtlicher Perspektive. In: LUTZ NIETHAMMER/ALEXANDER VON PLATO (Hrsg.):

von 1989/91. Für viele Menschen resultierte daraus eine Krisenerfahrung, die mitunter bis heute emotional nicht bewältigt zu sein scheint. Herrschte in der Zeit des Umbruchs noch eine Aufbruchstimmung mit hochgespannten Erwartungen vor, schlug diese in den frühen 1990er Jahren vielfach in Ernüchterung und Enttäuschung um.[63] Die politischen Deutungsangebote, die ›1989‹ als freiheitliche oder nationale Vollendung der Geschichte interpretieren, lassen sich mit diesen Lebenserfahrungen häufig nicht oder allenfalls partiell in Einklang bringen.

Das freiheitliche Erfolgsnarrativ steht im Widerspruch zur Erfahrungswelt vieler Ostdeutscher, in deren Leben die Vereinigung der beiden deutschen Staaten tiefgreifende Umbrüche nach sich zog. Erfahrungsgeschichtlich steht ›1989‹ vielfach für einen biografischen Bruch: für die einen als Aufbruch ins Neue mit der Chance auf Selbstverwirklichung, für die anderen als Abbruch der Arbeitsbiografie, verbunden mit einer grundlegenden Umorientierung oder sozialem Abstieg.[64] In den Biografien ist ›1989‹ kein Endpunkt einer historischen Entwicklung oder der Beginn einer neuen Epoche, sondern vielmehr ein biografischer Wendepunkt. Dies mag erklären, weshalb im Alltagssprachgebrauch der Ostdeutschen der Begriff ›Wende‹ bis heute populärer ist als der politische Leitbegriff der ›friedlichen Revolution‹.

Jegliche Meistererzählung tendiert zu Eindeutigkeit. Alles, was einem stimmigen Narrativ widerspricht, wird ausgeblendet. Ambivalenzen werden nicht zugelassen. So verdecken die Meistererzählungen von ›friedlicher Revolution‹ und ›deutscher Einheit‹ all das, was nicht in das Bild vom glücklichen Ende einer Diktatur und vom Aufbruch in Demokratie und nationale Einheit passt. Die Zeugnisse aus der Zeit entziehen sich in der Regel dieser Eindeutigkeit. Viele sind jedoch vergessen und müssen erst wiederentdeckt werden. Dazu gehört die vielbeachtete Neuauflage des Erfahrungsberichts von Martin Gross, dessen ursprüngliches Erscheinen 1992 keine Resonanz auslöste. Gross schildert darin die Abschlusskundgebung der Leipziger Montagsdemonstration vom 22. Januar

---

»Wir kriegen jetzt andere Zeiten.« Auf der Suche nach der Erfahrung des Volkes in nachfaschistischen Ländern (Lebensgeschichte und Sozialkultur im Ruhrgebiet 1930 bis 1960, 3). Berlin/Bonn 1985, S. 19–52, hier S. 24.

63 Siehe etwa die soziologisch-ethnologische Studie von HEINZ BUDE/THOMAS MEDICUS/ ANDREAS WILLISCH (Hrsg.): ÜberLeben im Umbruch. Am Beispiel Wittenberge – Ansichten einer fragmentierten Gesellschaft. Hamburg 2011.

64 Steffen Mau spricht in soziologischer Perspektive auch von einer »frakturierten Gesellschaft«, die durch Brüche des gesellschaftlichen Zusammenhangs gekennzeichnet ist; vgl. STEFFEN MAU: Lütten Klein. Leben in der ostdeutschen Transformationsgesellschaft. Berlin 2019, S. 13 f.

1990 als gänzlich unheroisches Ereignis. Die Akteure erscheinen hilflos und das Zusammenkommen unterschiedlicher Milieus als großes Missverständnis:

> Menschentrauben, die sich zusammenschieben, wieder still und fast versöhnlich, und vorne bei den Lautsprechern ein paar noch unbekannte Vertreter basisdemokratischer Gruppen. Ihre Reden wirken ungeübt. Oft versteigen sie sich zu Sätzen, die kein Ende finden und dann fast gewaltsam abgebrochen werden müssen, was manchen Redner ziemlich zu erschöpfen scheint. Geduldig hört man ihnen zu, spendet auch etwas Beifall: für die eine oder andere Forderung, für den Ruf nach Demokratie und Umweltschutz, aber erst wenn das Stichwort »Deutschland« fällt, entsteht ein wahrer Tumult. Dann kann sich kein Redner mehr Gehör verschaffen, »Deutschland« heißt das Wort, das den Leuten auf der Seele liegt, herausgebrüllt will es sein, und die Fahnen gehören in die Nacht gereckt; nur so kann man den fremden Redner zwingen, bei diesem Wort zu bleiben, und nur bei diesem. Jetzt will man sich Deutschland nicht mehr nehmen lassen, von keiner Reform und von keiner sozialen Forderung. So gleicht es einem groben Missverständnis, dass Redner und Demonstranten auf derselben Kundgebung erschienen sind.[65]

Die von Gross geschilderte Stimmung hat wenig mit Freude und Aufbruch zu tun, er registriert vielmehr Ratlosigkeit und Kleinmut:

> Neben mir ein paar Jugendliche. Auch sie halten die Fahne in die Höhe (trotz der Kälte) und wiegen ihr enttäuschtes Gesicht hin und her. Alles in diesem Land halten sie für gescheitert. Und Deutschland? Ja, das bedeutet, dass es besser wird, weil die D-Mark kommt und zwar schnell, das ist die Hauptsache, sonst ist bald niemand mehr hier, und die Städte sind leer, weil alles in den Westen gegangen ist. So stehen sie herum und wissen mit ihrer ganzen Revolution nichts anzufangen, als mit der Ausreise zu drohen. Und falls dies überhaupt eine Revolution war, im Oktober, dann hat wohl keine andere jemals so viel Kleinmut ausgelöst, so viel Minderwertigkeitsgefühl. Hier gibt es keine Euphorie, weil man es ›denen‹ mal endlich gezeigt hat, hier gibt es nichts als die Offenbarung eines allgemeinen, gründlichen Versagens.[66]

Überlieferungen wie diese Reportage gilt es zu entdecken und stärker zu berücksichtigen. Zugleich sind in erfahrungsgeschichtlicher Perspektive den biografischen Sinnstiftungen Rechnung zu tragen, die sich eindeutigen politischen Bedeutungszuschreibungen entziehen. Auch in der Rückschau überschneiden und überlagern sich die vielfältigen Erfahrungen, die zwischen Erwartungen und

---

65 MARTIN GROSS: Das letzte Jahr. Aufzeichnungen aus einem ungültigen Land. Leipzig 2020, S. 36 f.
66 Ebd., S. 37.

Befürchtungen, Möglichkeiten und Enttäuschungen sowie zwischen Freiheit und neuen Beschränkungen changierten. Zwar teilt ›1989‹ alle ostdeutschen Biografien in ein ›Vorher‹ und ein ›Nachher‹. Die rückblickende Einordnung dieser Zäsur hängt jedoch von deren biografischen Folgen ab und ist demzufolge individuell verschieden.[67] Eine gesellschaftsgeschichtliche Verortung der revolutionären Umbrüche von 1989/91 bedarf deshalb zweierlei: erstens einer kritischen Reflexion der etablierten Narrative sowie einer Offenlegung von deren Einseitigkeiten und Ausblendungen; zweitens einer Interpretation, die nicht nach Eindeutigkeit strebt, sondern die Ambivalenzen dieses historischen Ereignisses ernst nimmt, unterschiedliche Perspektiven zulässt und auf diese Weise geschichtspolitischen Instrumentalisierungen den Boden entzieht.

Der vorliegende Band basiert auf dem 18. Internationalen Symposium der Stiftung Ettersberg, das in Kooperation mit der Landeszentrale für politische Bildung Thüringen am 1. und 2. November 2019 in Weimar stattfand.[68] Er geht vom deutschen Beispiel aus und weitet die Perspektive auf das östliche Europa. Dieser europäisch-vergleichende Blick kann nur ein exemplarischer sein. Der Band strebt keine Vollständigkeit an, sondern beschränkt sich auf ausgewählte Fallstudien, die besonders aussagekräftig erscheinen.

Zunächst beleuchtet *Ralph Jessen* in einem begriffsgeschichtlichen Zugang die Genese, Entwicklung und Verwendung zentraler Begriffe der revolutionären Umbrüche in Deutschland und Europa. Er befragt sie nach ihrem Sinnstiftungsanspruch und zeigt ihre kulturelle Wirkungsmacht, die vielfach bis heute anhält. Die folgenden drei Beiträge gehen der zeitgenössischen Bildproduktion nach, die bereits erste Deutungen der Ereignisse bereitstellte und unser Bildgedächtnis bis heute prägt, indem bestimmte Bilder wiederholt mediale Verbreitung fanden. *Axel Doßmann* analysiert die vielfältigen Bildproduktionen aus dem Herbst 1989 und geht jenen Fotografien und Fernsehbildern nach, die sich nicht in die etablierten Narrative einfügen und deshalb in Vergessenheit geraten sind. *Petra Mayrhofer* zeigt, dass die Runden Tische trotz ihrer politischen Bedeutung für den Übergang von der Diktatur zur Demokratie kaum ins Bildgedächtnis der postsozialistischen Gesellschaften eingegangen sind.

---

67 Vgl. AGNÈS ARP/ANNETTE LEO: Sechzehn Varianten einer Zäsur. In: DIES. (Hrsg.): Mein Land verschwand so schnell. 16 Lebensgeschichten und die Wende 1989/90. Weimar 2009, S. 7–10.

68 Siehe den Tagungsbericht von JENNY PRICE: Die revolutionären Umbrüche in Europa 1989/91: Deutungen und Repräsentationen. 18. Internationales Symposium der Stiftung Ettersberg vom 1./2. November 2019 in Weimar. In: *H-Soz-Kult*, 7. Februar 2020. Abgerufen unter der URL: www.hsozkult.de/conferencereport/id/tagungsberichte-8636#, letzter Zugriff: 21.06.2021.

Während die gleichrangige Begegnung von Oppositionellen und Repräsentantinnen und Repräsentanten des alten Regimes damals ein revolutionärer Akt war, ist deren gemeinsame Sichtbarkeit gerade keine Repräsentation einer Revolution. Und *Martina Baleva* findet auf der Suche nach der visuellen Signatur der bulgarischen Wende eine private Fotografie, die sich den medialen Inszenierungen entzieht und vielmehr zeigt, was im Staatssozialismus nicht festgehalten werden durfte, die bulgarische Realität des Umbruchs aber umso besser markiert: eine Warteschlange.

Erinnerungsorte sind als geschichtskulturelle Repräsentationen stets normativ aufgeladen und ein Versuch, der Vergangenheit aus gegenwärtiger Perspektive einen Sinn zu geben. Erinnerungsorte sind somit auch Orte, an denen Erinnerungskonflikte ausgetragen und sichtbar werden. Drei weitere Beiträge sind deshalb Erinnerungsorten der revolutionären Umbrüche von 1989/91 gewidmet. *Rainette Lange* geht der Frage nach, wie die Umbruchserfahrungen in der ostdeutschen und tschechischen Gegenwartsliteratur verarbeitet und dargestellt werden. *Ekaterina Makhotina* beleuchtet die identitätsstiftende Funktion der nationalen Erinnerungsorte, die zum Gedenken an die Opfer des gewaltsamen Vorgehens sowjetischer Einsatzkräfte gegen die litauische Unabhängigkeitsbewegung geschaffen wurden. Und *Daniel Logemann* zeigt, wie das Europäische Solidarność-Zentrum die Danziger Werft sowohl als nationalen wie als globalen Erinnerungsort versteht und inszeniert.

Die öffentlichen Deutungen der revolutionären Umbrüche von 1989/91 sind nicht nur Ausdruck einer gesellschaftlichen Vergegenwärtigung von Vergangenheit. Das Erinnern bestimmter Traditionen und das Vergessen anderer wird stets auch politisch vorangetrieben. Die letzten drei Beiträge thematisieren die geschichtspolitischen Auseinandersetzungen um die revolutionären Umbrüche von 1989/91, die in der jüngsten Vergangenheit zugenommen haben. Dabei wird Geschichtspolitik als ein »Handlungs- und Politikfeld« verstanden, auf dem »verschiedene politische Akteure die Vergangenheit mit bestimmten Interessen befrachten und in der Öffentlichkeit um Zustimmung ringen«.[69] *Alexander Leistner* und *Anna Lux* beleuchten die unterschiedlichen politischen Stoßrichtungen der Rückbezüge auf ›1989‹, die Teil einer gesamtdeutschen Protestkultur geworden sind. *Florian Peters* zeigt, wie die Polarisierung der polnischen Gesellschaft zu einem Deutungskampf über die Vergangenheit geführt hat und die polnische Regierung mittels einer Umdeutung der Demokratisierung Polens 1989/90 den Rückbau von Demokratie und Rechtsstaatlichkeit zu legitimieren versucht. *Martin*

---

69 EDGAR WOLFRUM: Geschichtspolitik in der Bundesrepublik Deutschland 1949–1989. Phasen und Kontroversen. In: *Aus Politik und Zeitgeschichte* 48 (1998), B45/98, S. 3–15, hier S. 5.

Jung führt aus, wie in Rumänien die undurchsichtigen Abläufe des Umbruchs von 1989 von Beginn an Teil einer innenpolitischen Auseinandersetzung um die Elitenkontinuität der Transformationszeit waren.

Die Auseinandersetzungen um die Deutung der revolutionären Umbrüche von 1989/91 sind nach 30 Jahren noch nicht zu Ende. Insofern bietet der vorliegende Band nur eine Momentaufnahme von Deutungskämpfen, die mehr oder weniger stark in Bewegung sind. Einerseits ist zu erwarten, dass mit zunehmendem zeitlichem Abstand eine Historisierung der Ereignisse und in diesem Zuge eine Versachlichung der Debatten eintritt. Andererseits sind die revolutionären Umbrüche von 1989/91 der Beginn einer Transformationszeit, deren soziale und kulturelle Brüche die postsozialistischen Gesellschaften bis heute maßgeblich prägen. Solange die Transformationserfahrungen eine wichtige Rolle in den Biografien der Menschen und der öffentlichen Auseinandersetzung um die Gegenwart spielen, wird der Ausgangspunkt dieser Entwicklungen umstritten bleiben.

Ralph Jessen

›Revolution‹ und ›Wende‹, ›Anschluss‹ und ›Volk‹

Begriffsgeschichtliche Annäherungen an 1989/90

Manchmal scheint es, als sei die Interpretation der Ereignisse umso strittiger, je weiter diese zurückliegen. Den Eindruck konnte man zumindest bekommen, wenn man im Sommer und Herbst 2019 die Begleitpublizistik zum 30. Jahrestag von Montagsdemonstrationen, Regimezusammenbruch und Mauerfall verfolgte: Im Juli und August des Jahres lieferten sich der Soziologe Detlef Pollack, der Historiker Ilko-Sascha Kowalczuk und der ehemalige Bürgerrechtler und GRÜNEN-Politiker Werner Schulz im Feuilleton der *Frankfurter Allgemeinen Zeitung* einen aufgeregten Streit darüber, ob es sich 1989 »um einen Aufstand der Normalbürger« gehandelt habe, wie Pollack meinte, oder ob eine mutige Minderheit den Weg zum Umbruch gebahnt hätte – so Kowalczuk und Schulz.[1] Noch größere Wellen schlug die Einladung der Leipziger Philharmonie an Gregor Gysi, eine Rede zum 30. Jahrestag der großen Montagsdemonstration vom 9. Oktober zu halten, die als Schlüsselereignis des Herbstes 1989 gilt. Es drohten »Fake News zur Friedlichen Revolution«, hieß es in einem von über 800 Personen unterzeichneten offenen Brief. Es sei »zynisch und empörend«, wenn ausgerechnet Gysi »eine Festrede zum Jahrestag der ostdeutschen Revolution halten soll.«[2] Aufmerksamkeit und Empörung waren schließlich

---

1 DETLEF POLLACK: Es war ein Aufstand der Normalbürger. In: *Frankfurter Allgemeine Zeitung*, 12. Juli 2019, S. 9; DERS.: Die verachtete Bevölkerung der DDR. Weshalb der Leipziger Herbst 1989 nicht ins dualistische Weltbild passt – eine Erwiderung. In: *Frankfurter Allgemeine Zeitung*, 16. Juli 2019, S. 11; ILKO-SASCHA KOWALCZUK: Eine Minderheit bahnte den Weg. In: *Frankfurter Allgemeine Zeitung*, 15. Juli 2019, S. 9; WERNER SCHULZ: Wir waren die Mutigen. In: *Frankfurter Allgemeine Zeitung*, 7. August 2019, S. 12; vgl. auch RALPH BOLLMANN: Revoltieren für die D-Mark. Den ostdeutschen Demonstranten im Herbst 1989 ging es vor allem um mehr Wohlstand. Richtig so! In: *Frankfurter Allgemeine Sonntagszeitung*, 20. Oktober 2019, S. 24.
2 Offener Brief zum geplanten Auftritt von Gregor Gysi am 30. Jahrestag der Friedlichen Revolution in einer Leipziger Kirche, 28. Juni 2019. Abgerufen unter der URL: https://www.havemann-gesellschaft.de/fileadmin/robert-havemann-gesellschaft/aktuelles/2019/Offener_Brief_Gysi/Offener_Brief_zum_geplanten_Auftritt_von_Gregor_Gysi_am_30._Jahrestag_der_Friedlichen_Revolution_in_einer_Leipziger_Kirche__pdf__aktualisierte_Fassung_vom_12._Oktober_2019_.pdf, letzter Zugriff: 21.06.2021; der Text der Rede Gregor Gysis vom 9. Oktober 2019 wurde

garantiert, als die AfD im Herbst 2019 mit aggressiver Rhetorik versuchte, die Erinnerung an 1989 zu vereinnahmen und mit den Parolen von damals ihre populistischen Attacken auf die politische Ordnung der Bundesrepublik zu legitimieren. »Damals wie heute: Wir sind das Volk«, »Vollende die Wende« oder »Wende 2.0« plakatierte die Partei im Thüringer Landtagswahlkampf und kündigte eine »friedliche Revolution mit dem Stimmzettel« an.[3] Die AfD-Fraktion im Berliner Abgeordnetenhaus lud zu einer Konferenz *30 Jahre Friedliche Revolution – nicht vergessen! Nichts gelernt?* ein.[4] Während auf der einen Seite die unterschiedlichen politischen Lager und geschichtspolitischen Akteure erbittert darüber stritten, wer als legitimer Erbe und Interpret des Umbruchs von 1989 zu gelten hat, herrschte auf der anderen Seite weitgehende Einigkeit darüber, um was es sich bei den damaligen Ereignissen gehandelt habe, nämlich um eine ›Friedliche Revolution‹. Jedenfalls wurde dieser Begriff von Abgeordneten aller im Bundestag vertretenen Parteien ebenso emphatisch wie selbstverständlich verwendet, wenn sie 2019 auf das Ende des SED-Regimes vor 30 Jahren zu sprechen kamen.[5]

Der Streit um die historischen Ereignisse von 1989 ist auch ein Kampf um die Begriffe, die zu deren Charakterisierung verwendet werden. Begriffe bündeln in Kurzform große Erzählungen und Interpretationen. Sie ordnen Ereignisse in

---

abgedruckt in: Gysis unerwünschte Rede. In: *Neues Deutschland*, 11. Oktober 2019. Abgerufen unter der URL: https://www.neues-deutschland.de/artikel/1126985.gregor-gysi-gysis-unerwuenschte-rede.html, letzter Zugriff: 21.06.2021.

3 STEFAN LOCKE: Heimspiel für die Abgehängten. Die AfD erreicht in Thüringen viele Wähler – obwohl Björn Höcke nicht sonderlich beliebt ist. In: *Frankfurter Allgemeine Zeitung*, 21. Oktober 2019, S. 4.

4 Claudia van Laak im Gespräch mit Antje Allroggen: Die DDR-Wende und die AfD. Wem gehört die Friedliche Revolution? In: *Deutschlandfunk*, 6. November 2019. Abgerufen unter der URL: https://www.deutschlandfunk.de/die-ddr-wende-und-die-afd-wem-gehoert-die-friedliche.691.de.html?dram:article_id=462754, letzter Zugriff: 21.06.2021.

5 Siehe exemplarisch: Rede der Abgeordneten Birke Bull-Bischoff (DIE LINKE). In: Deutscher Bundestag, 19. Wahlperiode, 93. Sitzung am 5.04.2019, S. 11165; Kleine Anfrage der Abgeordneten Stefan Gelbhaar (BÜNDNIS 90/DIE GRÜNEN) u. a.: Historische Bedeutung und Förderung des Mauerwegs. In: Deutscher Bundestag Drucksache 19/14601, 30.10.2019; Antrag der Abgeordneten Dr. Götz Frömming (AfD) u. a.: Keine Verzögerungen beim Mahnmal für die Opfer kommunistischer Gewaltherrschaft zulassen. In: Deutscher Bundestag Drucksache 19/20079, 17.06.2020; Antrag der Fraktionen der CDU/CSU und SPD: 30 Jahre nach der friedlichen Revolution – Aufbauleistungen würdigen, gesamtdeutsches Fördersystem für strukturschwache Regionen stärken. In: Deutscher Bundestag Drucksache 19/14748, 5.11.2019; Kleine Anfrage der Abgeordneten Thomas Hacker (FDP) u. a.: Zeitzeugen eine Stimme geben durch Oral History. In: Deutscher Bundestag Drucksache 19/15987, 16.12.2019. Alle abgerufen unter der URL: https://pdok.bundestag.de/, letzter Zugriff: 14.01.2021.

historische Zusammenhänge ein, verbinden diese mit der Gegenwart und formulieren Zukunftserwartungen. Die Begriffe der politischen Sprache sind immer mehr als nüchterne Instrumente wissenschaftlicher Analyse. Sie transportieren Wertungen und sollen Orientierung geben. Dabei sind sie oft so vage und offen, dass sie von unterschiedlichen politischen Lagern beansprucht und nicht selten mit gegensätzlichen Inhalten aufgeladen werden. Begriffe beanspruchen, komplexe Strukturen und Handlungssequenzen triftig zu erfassen. Zugleich beeinflussen sie durch ihre Deutungsleistungen die Wirklichkeit, die sie benennen. »Ein Begriff ist nicht nur Indikator der von ihm erfassten Zusammenhänge, er ist auch deren Faktor«, notierte Reinhart Koselleck 1972.[6]

Die folgenden Beobachtungen skizzieren die Genese, Entwicklung und Verwendung der Termini, mit denen der Umbruch von 1989/90 zeitgenössisch ›auf den Begriff‹ gebracht wurde, und verfolgen ihre Etablierung als erinnerungspolitische Leitkategorien. Im Zentrum steht der Revolutionsbegriff. Es geht dabei weder um die Frage, ob sich 1989 eine Revolution ereignet hat oder nicht, noch darum, ob der Begriff das richtige Wort zur Charakterisierung dieser Ereignisse ist. Der Revolutionsbegriff wird nicht als analytisches Konzept studiert, sondern als sinnstiftendes Wort der zeitgenössischen »politisch-sozialen Sprache« (Brunner/Conze/Koselleck). Wer hat wann in welchen Zusammenhängen welche Begriffe genutzt, um welche Deutungen zu transportieren? Der deutsche Fall steht dabei im Zentrum, punktuell erweitert um eine europäische Perspektive.[7]

---

6 REINHART KOSELLECK: Begriffsgeschichte und Sozialgeschichte [1972]. In: DERS. (Hrsg.): Vergangene Zukunft. Zur Semantik geschichtlicher Zeiten (Suhrkamp-Wissenschaft). Frankfurt ³1984, S. 120.
7 Zur Entwicklung und zu den Perspektiven der begriffsgeschichtlichen Forschung siehe WILLIBALD STEINMETZ: Vierzig Jahre Begriffsgeschichte – The State of the Art. In: HEIDRUN KÄMPER/LUDWIG M. EICHINGER (Hrsg.): Sprache – Kognition – Kultur. Sprache zwischen mentaler Struktur und kultureller Prägung (Jahrbuch des Instituts für Deutsche Sprache, 2007). Berlin 2008, S. 174–197; JÖRG BABEROWSKI u. a. (Hrsg.): Docupedia-Zeitgeschichte, 29.10.2012. Abgerufen unter der URL: https://docupedia.de/zg/Begriffsgeschichte_und_Historische_Semantik_Version_2.0_Kathrin_Kollmeier, letzter Zugriff: 21.06.2021 (= Artikel KATHRIN KOLLMEIER: Begriffsgeschichte und Historische Semantik, Version 2.0); KATHRIN KOLLMEIER/STEFAN-LUDWIG HOFFMANN: Zeitgeschichte der Begriffe? Perspektiven einer Historischen Semantik des 20. Jahrhunderts. Einleitung. In: *Zeithistorische Forschungen/Studies in Contemporary History, Online-Ausgabe* 7 (2010), 1, S. 75–78. Abgerufen unter der URL: https://zeithistorische-forschungen.de/1-2010/4531, letzter Zugriff: 21.06.2021; sowie im selben Heft die Beiträge von Christian Geulen, Paul Nolte, Theresa Wobbe und Martin Sabrow. Zur Geschichte des neuzeitlichen Revolutionsbegriffs bis Anfang des 20. Jahrhunderts: OTTO BRUNNER/WERNER CONZE/REINHART KOSELLECK (Hrsg.): Geschichtliche Grundbegriffe. Historisches Lexikon zur politisch-sozialen Sprache

Vor dem Hintergrund der Geschichte der neuzeitlichen Revolutionen erscheint es alles andere als selbstverständlich, dass schon kurz nach den dramatischen Ereignissen im Herbst 1989 mit so viel Emphase und positiver Wertung von einer ›Revolution‹ die Rede war. Seine moderne Prägung bekam der Begriff mit der Französischen Revolution, als er zu einem Grundbegriff der politischen Sprache wurde.[8] ›Revolution‹ meinte seitdem meist einen radikalen und gewaltsamen Bruch mit der bestehenden politischen und gesellschaftlichen Ordnung. Als Hauptakteur des Umbruchs galt das souveräne ›Volk‹. Revolution verband sich als Erwartungsbegriff mit der Vorstellung historischen Fortschritts und nicht selten auch mit dem utopischen Heilsversprechen eines idealen Zustands menschlichen Zusammenlebens. Die vielzitierte und viel kritisierte These von Francis Fukuyama, der mit dem Umbruch von 1989 »das Ende der Geschichte« kommen sah, erinnert noch an diese geschichtsphilosophische Dimension.[9] Aus konservativer, legitimistischer Perspektive war ›Revolution‹ immer mit dem Makel des Aufruhrs, des Rechtsbruchs und der Gewalt verbunden. Das galt noch viel mehr nach der Russischen Revolution von 1917. Was von Lenin und den Bolschewiki als menschheitshistorischer Durchbruch in eine sozialistische Moderne gefeiert wurde, war aus liberaler Sicht eine fundamentale Bedrohung von Freiheit, Demokratie, Liberalität, Rechtsstaatlichkeit und kapitalistischer Marktwirtschaft. Dass die Nationalsozialisten ihr Regime als Ergebnis einer ›nationalen Revolution‹ gegen die Republik von Weimar rechtfertigten, hat den Revolutionsbegriff noch problematischer gemacht. Angesichts dieser Geschichte und der Tatsache, dass die ›revolutionäre‹ Vergangenheit der kommunistischen Bewegung und ihre ›revolutionären Errungenschaften‹ bis 1989 zur Staatsräson der DDR und zum Kernrepertoire der SED-Propaganda gehört hatten, ist es erklärungsbedürftig, warum man nach 1989 überhaupt positiv auf diesen Begriff Bezug nehmen konnte.

Eine wichtige Voraussetzung hierfür war sicherlich, dass sich der Revolutionsbegriff schon vor 1989 aus seiner engen Verbindung mit der Gewaltgeschichte des 20. Jahrhunderts gelöst hatte. Wenigstens fünf Entwicklungen wirkten in diese Richtung. Erstens lässt sich ein Trend zur Inflationierung und Trivialisierung des Revolutionsbegriffs beobachten, der alltagssprachlich auf alle möglichen Phänomene des außerpolitischen Raums übertragen wurde. Jeder größere Bibliothekskatalog liefert unter diesem Stichwort eine schier endlose Titelliste:

---

in Deutschland. Studienausgabe, Bd. 5. Stuttgart 2004 [zuerst 1984], Sp. 689–788 (= Artikel REINHART KOSELLECK: Revolution, Tl. IV–VII).
8   Ebd.
9   FRANCIS FUKUYAMA: Das Ende der Geschichte. Wo stehen wir? München 1992.

Die Rede von der ersten, zweiten oder dritten ›industriellen Revolution‹, von der ›sexuellen Revolution‹, der ›Revolution in der Medizin‹ oder der ›Medienrevolution‹ ließ den Revolutionsbegriff ausfransen und fast beliebig werden, entdramatisierte ihn aber auch. »›Revolution‹, zudem als Modewort ubiquitär verwendet, ist als Begriff vielleicht mehr zerschlissen, als ihre Verwender wahrhaben können.«[10] Zweitens bekam das Wort ›Revolution‹ durch die Dekolonialisierungsbewegungen im außereuropäischen Raum seit den 1940er Jahren einen neuen Klang von Freiheit, nationaler Souveränität, Gerechtigkeit und Fortschritt, der in Europa vor allem von der neuen Linken aufgegriffen und oft romantisiert wurde. Wichtiger waren wahrscheinlich drittens die Erfahrungen, die in den 1970er Jahren mit dem Sturz der portugiesischen Rechtsdiktatur sowie dem Ende der autoritären Regimes in Spanien und Griechenland gemacht wurden. Mit der gewaltlosen »Nelkenrevolution« von 1974 entstand in Portugal das Modell eines radikalen, aber friedlichen Systemwechsels von der Diktatur zur Demokratie.[11] Viertens wurden die gescheiterten Aufstände und Demokratiebewegungen in Budapest 1956 und Prag 1968 im Westen schon früh als versuchte Revolutionen etikettiert, sodass der Revolutionsbegriff in den Kontext regimekritischer Fundamentalopposition in Osteuropa geriet.[12] Die polnische Solidarność-Bewegung war kaum in Gang gekommen, da hefteten westliche Autoren ihr das Etikett des Revolutionären an: Andrew Targowski schrieb schon 1980 über die »Polish Revolution«, zwei Jahr später auch Timothy Garton Ash, der zu einem der wortmächtigsten Interpreten der osteuropäischen Umbrüche werden sollte.[13] Fünftens machte der Revolutionsbegriff eine unerwartete Karriere, als Michail Gorbačëv seine Versuche zur Rettung des sowjetischen Kommunismus als »neue Revolution« ausflaggte. 1987 erschien sein Buch *Perestroika. Die zweite russische Revolution* in deutscher Übersetzung, und schon im gleichen Jahr folgten mehrere Publikationen zur »Gorbachev revolution« aus der Feder

---

10 KOSELLECK: Revolution (wie Anm. 7), Sp. 787.
11 ARNO MÜNSTER: Portugal. Jahr 1 der Revolution. Eine analytische Reportage (Rotbuch, 139). Berlin 1975; URTE SPERLING: Die Nelkenrevolution in Portugal (Basiswissen Politik, Geschichte, Ökonomie). Köln ³2019.
12 HANNAH ARENDT: Die ungarische Revolution und der totalitäre Imperialismus. München 1958; GEORGE MIKES: Revolution in Ungarn. Stuttgart 1957; H. GORDON SKILLING: Czechoslovakia's revolution. Princeton 1968. Die umstrittene Übertragung dieser Begrifflichkeit auf den Aufstand vom 17. Juni 1953 in der DDR ist dagegen jüngeren Datums: BERND EISENFELD/ILKO-SASCHA KOWALCZUK/EHRHART NEUBERT: Die verdrängte Revolution. Der Platz des 17. Juni 1953 in der deutschen Geschichte (Analysen und Dokumente, 25). Bremen 2004.
13 ANDREW TARGOWSKI: Red Fascism: Polish Revolution 1980. Lawrenceville (Virginia) 1982; TIMOTHY GARTON ASH: The Polish Revolution. Solidarity. New York 1983.

westlicher Kremlologen.[14] Von daher erstaunte es nicht, dass die Entwicklungen in der Sowjetunion, in Polen und in Ungarn bereits im Sommer 1989 während einer Generaldebatte des Deutschen Bundestages von Abgeordneten aller Parteien als »Revolutionen« bezeichnet wurden.[15]

Die Umformatierung des Revolutionsbegriffs hatte allerdings nicht zur Folge, dass er von den Akteuren der ostdeutschen Herbstereignisse enthusiastisch aufgegriffen wurde.[16] Weder auf den Montagsdemonstrationen in Leipzig und anderswo noch in den kleinen Bürgerrechtszirkeln, die seit September 1989 fieberhaft versuchten, unabhängige politische Organisationen auf die Beine zu stellen, sprach man von einer ›Revolution‹. Im Gründungsaufruf des Neuen Forums war von »Erneuerung«, »Dialog« und »Reform« die Rede, in dem der Sozialdemokratischen Partei (SDP) war »Demokratisierung« der Leitbegriff.[17] Die Straßenbewegung erwies sich im September und Oktober als äußerst phantasievoll bei der Produktion von Parolen und Sprechchören, hat aber den Revolutionsbegriff, von verstreuten Einzelfällen abgesehen, gemieden. Zum Zentralbegriff der Montagsdemonstrationen stieg ›das Volk‹ auf. »Wir sind das Volk« war die spontan erfundene Leitparole des Protests, die allenfalls implizit auf die revolutionäre Idee der Volkssouveränität verwies.[18]

---

14 MICHAIL GORBAČEV: Perestroika. Die zweite russische Revolution. Eine neue Politik für Europa und die Welt. München 1987; MARGARETA MOMMSEN (Hrsg.): Gorbatschows Revolution von oben. Dynamik und Widerstände im Reformprozeß der UdSSR (Ullstein-Buch, 34448). Frankfurt 1988; ABRAM BERGSON: The Gorbachev Revolution. In: *Challenge* 30 (1987), S. 26–33; JACK SNYDER: The Gorbachev Revolution. A Waning of Soviet Expansionism? In: *International Security* 12 (1987/88), S. 93–131.

15 So Volker Rühe (CDU), Egon Bahr (SPD) und Günter Verheugen (SPD) in den Plenardebatten des Bundestages am 16. und 22. Juni 1989. In: Protokolle des Deutschen Bundestages, 11. Wahlperiode, 150. Sitzung, Bonn, Freitag, den 16. Juni 1989, und 152. Sitzung, Bonn, Donnerstag, den 22. Juni 1989. Abgerufen unter der URL: https://pdok.bundestag.de/, letzter Zugriff: 14.06.2021.

16 Siehe zum Folgenden Bernd Lindners detaillierte Dokumentationen und Studien zu den Parolen und Begriffen der Protestbewegung von 1989: BERND LINDNER: Wir bleiben ... das Volk! Losungen und Begriffe der Friedlichen Revolution 1989. Erfurt 2019; DERS.: Begriffsgeschichte der Friedlichen Revolution. Eine Spurensuche. In: *Aus Politik und Zeitgeschichte* 64 (2014), 24–26, S. 33–39.

17 Gründungsaufruf des Neuen Forums, 09./10.09.1989. Abgerufen unter der URL: https://www.hdg.de/lemo/kapitel/deutsche-einheit/friedliche-revolution/neues-forum.html, letzter Zugriff: 21.06.2021; Gründungsaufruf der SDP, 12.09.1989. Abgerufen unter der URL: https://www.fes.de/adsd50/gruendungsaufruf-sdp, letzter Zugriff: 21.06.2021.

18 RALPH JESSEN: Das Volk von 1989 als Praxis, Projektion und Erinnerungsort. In: THOMAS GROSSBÖLTING/CHRISTOPH LORKE (Hrsg.): Deutschland seit 1990. Wege in die Vereinigungsgesellschaft (Nassauer Gespräch, 10). Stuttgart 2017, S. 33–50.

Während ›Volk‹ und ›Reform‹ (bzw. ›Wandel‹, ›Erneuerung‹ etc.) zu den Slogans der Straßenbewegung wurden, machte die neue SED-Führung unter Egon Krenz ›die Wende‹ zum Leitbegriff ihres Versuchs, den Veränderungsdruck von unten systemkonform aufzufangen. Charakteristisch für die Komplexität und Dynamik dieser Wochen ist die Tatsache, dass das Wort ›Wende‹, das schon seit einiger Zeit in oppositionellen Kreisen kursierte, zuerst von westlichen Medien aufgegriffen wurde, um die dramatischen Geschehnisse zu charakterisieren.[19] Am 16. Oktober 1989 speiste DER SPIEGEL das Wort auf seiner Titelseite in die öffentliche Kommentierung der Ereignisse ein,[20] zwei Tage später, am 18. Oktober, fand es sich in Krenz' Antrittsrede als neuer SED-Generalsekretär: »Mit der heutigen Tagung werden wir eine Wende einleiten«.[21] Allerdings hielt die SED-Führung nur kurze Zeit an diesem Fahnenwort fest. Bereits im Dezember 1990 sprach dort kaum noch jemand von der ›Wende‹.

Der Revolutionsbegriff verdankte den Start seiner 1989er-Karriere ebenfalls einem West-Ost-Transfer. Bedeutsam ist der Zeitpunkt: Erst nach dem Mauerfall am 9. November wurden die Ereignisse in der DDR in der Öffentlichkeit als ›Revolution‹ etikettiert. Der terminologische Durchbruch war dem Regierenden Bürgermeister von West-Berlin, Walter Momper, zu verdanken, der am 10. November in seiner Rede vom Balkon des Schöneberger Rathauses als Erster von der »friedlichen und demokratischen Revolution« in der DDR sprach.[22] Mit dieser Wendung – ›friedliche Revolution‹ – war eine Formel gefunden worden, die ab jetzt von den politischen Akteuren und den Medien aufgegriffen wurde. Am 11. November zitierte das *Neue Deutschland* Momper an herausgehobener Stelle mit seinem Satz, ebenso *DER SPIEGEL* am 13. November.[23] Danach löste sich der Ausdruck von seinem Urheber. Das welthistorische Ereignis des Mauerfalls und die vielbeachtete Kundgebung vor dem Schöneberger Rathaus, bei der außer dem Regierenden Bürgermeister auch Bundeskanzler Helmut Kohl und Willy Brandt sprachen, verliehen Mompers Formulierung den dramatischen Kontext und die

---

19 Siehe LINDNER: Begriffsgeschichte der Friedlichen Revolution (wie Anm. 16), S. 37.
20 *DER SPIEGEL*, Nr. 42, 16. Oktober 1989, Titelblatt.
21 Antrittsrede von Egon Krenz als Generalsekretär des ZK der SED (Berlin, 18. 10. 1989). Abgerufen unter der URL: https://www.cvce.eu/de/obj/antrittsrede_von_egon_krenz_als_ generalsekretar_des_zk_der_sed_berlin_18_oktober_1989-de-7d9fcd51-609b-49fc-859e-010d3d2df42a.html, letzter Zugriff: 21. 06. 2021.
22 Eine akribische Analyse der Rede Mompers findet sich bei ANNE-KERSTIN TSCHAMMER: Sprache der Einheit. Repräsentation in der Rhetorik der Wiedervereinigung 1989/90. Wiesbaden 2019, S. 381–386.
23 *Neues Deutschland*, 11. November 1989, S. 15; *DER SPIEGEL*, Nr. 46, 13. November 1989, S. 18.

erforderliche Resonanz. Im anschließenden Medienecho ging vollständig unter, dass nicht Momper, sondern der Abgeordneten der GRÜNEN Antje Vollmer das politische Urheberrecht an der Bezeichnung gebührt: Bereits am 8. November hatte sie im Deutschen Bundestag von einer »gewaltfreien demokratischen Revolution in der DDR« gesprochen.[24]

Wie sich auf der einen Seite ›Wende‹ und ›Revolution‹ als konträre Bezeichnungen der Ereignisse etablierten, taten dies die Begriffe ›Anschluss‹ und ›Vereinigung‹ in Hinblick auf die ab dem 9. November immer deutlicher am Horizont erscheinende Möglichkeit einer Restauration des deutschen Nationalstaats. Schon am 26. September warnte das *Neue Deutschland* vor einer »Anschluss-Euphorie« in gewissen westlichen Kreisen.[25] Im Oktober und November tauchte die Warnung vor einer drohenden westlichen Überwältigung im Sinne eines ›Anschlusses‹

---

24 Plenarrede von Frau Dr. Antje Vollmer (BÜNDNIS 90/DIE GRÜNEN). In: Protokolle des Deutschen Bundestages, 11. Wahlperiode, 173. Sitzung, Bonn, Mittwoch, den 8. November 1989. Abgerufen unter der URL: https://pdok.bundestag.de/, letzter Zugriff: 14.01.2021. Vergeblich bemühte sich Antje Vollmer im Folgenden, ihr Urheberrecht in Erinnerung zu bringen. Als das Wort von der ›friedlichen Revolution‹ in aller Munde war und auch der FDP-Bundestagsabgeordnete Otto Graf Lambsdorff »diese erste erfolgreiche deutsche Revolution, friedlich und gewaltfrei«, feierte, stellte sie ihm indigniert die Zwischenfrage: »Würden Sie mir bitte sagen, wer in diesem Haus als erste den Prozeß, der da abläuft, als demokratische, gewaltfreie Revolution bezeichnet hat, und zwar bevor die Mauer gefallen ist?« Protokoll des Deutschen Bundestages, 11. Wahlperiode, 177. Sitzung, Bonn, Dienstag, den 28. November 1989. Abgerufen unter der URL: https://pdok.bundestag.de/, letzter Zugriff: 14.01.2021. Konrad Sziedat hat argumentiert, dass Vollmers Rede vom 8. November die entscheidende »semantische Innovation« gewesen sei, der größeres Gewicht als der Rede Walter Mompers vom 10. November zuzumessen sei. KONRAD SZIEDAT: Erwartungen im Umbruch. Die westdeutsche Linke und das Ende des »real existierenden Sozialismus« (Quellen und Darstellungen zur Zeitgeschichte, 121). München 2019, S. 126–130. Dem ist allerdings entgegenzuhalten, dass nicht die erstmalige Formulierung der Wendung, sondern ihre breitflächige Rezeption sie zu einem Schlüsselbegriff machte. Außerdem schwingen im Adjektiv »friedlich« (Momper) statt »gewaltfrei« (Vollmer) komplexere politische Konnotationen mit, die zweifellos zum Erfolg der Begriffsbildung beigetragen haben. Angesichts der Sensation des Mauerfalls am 9. November blieb auch ein Essay des Doyens der DDR-Geschichtswissenschaft, Jürgen Kuczynski, vom Vortag unbeachtet, der die aktuellen Ereignisse als eine »konservative Revolution« zur Erneuerung des Sozialismus begrüßte, mit der die DDR endlich Anschluss an die Politik Gorbačëvs finden würde. JÜRGEN KUCZYNSKI: Konservative Revolutionen. In: *Neues Deutschland,* 8. November 1989, S. 4. Schon am 7. August 1989 hatte übrigens ein parteiloyaler Leserbriefschreiber im SED-Zentralorgan *Neues Deutschland* befürchtet: »Das Ziel, Beseitigung des Sozialismus, wird auf dem Wege einer ›friedlichen Revolution der Demokratie‹ in Osteuropa angestrebt.« Leserbrief von Heinz Wachowitz im *Neuen Deutschland,* vom 7. August 1989, S. 2. Streng genommen hatte also ausgerechnet das *Neue Deutschland* zuerst die Formulierung gebraucht, die durch Walter Mompers Rede zum politischen Begriff wurde.

25 *Neues Deutschland,* 26. September 1989, S. 2.

immer wieder in den Kommentaren und Berichten des *Neuen Deutschlands* auf. Der bekannte Aufruf *Für unser Land* vom 26. November verwendete zwar nicht das Wort ›Anschluss‹, warnte aber vor der Gefahr, dass »[w]ir [...] dulden [müssen], daß [...] ein Ausverkauf unserer materiellen und moralischen Werte beginnt und über kurz oder lang die Deutsche Demokratische Republik durch die Bundesrepublik Deutschland vereinnahmt wird.«[26] Schließlich ist eine Leerstelle unter den Leitbegriffen des Herbstes 1989 zu vermerken, denn es gibt einen Begriff, der weder in der DDR noch in der alten Bundesrepublik noch im vereinten Deutschland verwendet wurde, obwohl er nahegelegen hätte: Es fehlte der Begriff ›Befreiung‹. In einer sehr gründlichen korpuslinguistischen Studie zu den *Schlüsselwörtern der Wendezeit,* die zahllose Presseartikel, öffentliche Verlautbarungen und Stellungnahmen analysiert hat, taucht das Wort ›Befreiung‹ nicht ein einziges Mal auf.[27]

Fünf Befunde sind als Ertrag dieser kurzen Inspektion der Begriffsgeschichte des Umbruchs festzuhalten. Erstens fällt auf, dass die prominentesten Begriffe – ›Revolution‹ und ›Wende‹ – nicht von den Protestierenden selbst, sondern von Außenstehenden bzw. der angeschlagenen SED-Führung in die Sprache der Zeit eingeführt wurden. Als Bewegungsbegriffe von unten entstanden ›das Volk‹ und die vielfältigen, sprachlich uneinheitlichen Forderungen nach raschem und radikalem ›Wandel‹, ›Erneuerung‹, ›Dialog‹ etc., während der bündelnde und mit weitreichenden Wertungen aufgeladene Begriff der ›Revolution‹ über politische und massenmediale Deutungseliten gewissermaßen von oben und von außen kam. Dass dabei westdeutsche Massenmedien eine maßgebliche Verstärkerrolle spielten oder Leitbegriffe erst lancierten – *DER SPIEGEL* mit der ›Wende‹ und später die *BILD*-Zeitung mit der Formel »Wir sind ein Volk«[28] –, zeigt das enge Wechselverhältnis zwischen der Protestbewegung und ihrer medialen Interpretation, die wiederum auf die Bewegung zurückwirkte.

Zweitens ist es erstaunlich, wie rasch sich der Revolutionsbegriff im gesamten politischen Spektrum durchsetzte.[29] Während man in Kreisen

---

26 Aufruf *Für unser Land.* In: *Neues Deutschland,* 29. November 1989, S. 2. Zur Entstehungsgeschichte und zur Resonanz auf den Aufruf siehe die Dokumentensammlung in: Bundesarchiv (BArch), DY 2 Aktion »Aufruf für unser Land«.
27 DIETER HERBERG/DORIS STEFFENS/ELKE TELLENBACH: Schlüsselwörter der Wendezeit. Wörterbuch zum öffentlichen Sprachgebrauch 1989/90 (Schriften des Instituts für Deutsche Sprache, 6). Berlin 1997.
28 Als Erstnennung der Formel »Wir sind ein Volk« gilt der Artikel von HERBERT KREMP: »Wir sind das Volk« rufen sie heute, »Wir sind ein Volk« rufen sie morgen. In: *BILD-Zeitung,* 11. November 1989.
29 Zahlreiche Belege in HERBERG/STEFFENS/TELLENBACH: Schlüsselwörter der Wendezeit (wie Anm. 27), S. 58–67.

der Bürgerrechtsbewegung oft zögerte, das eigene Tun als ›revolutionär‹ zu bezeichnen, hatten andere weniger Skrupel: Der Aufruf *Für unser Land* sprach am 26. November von einem »Prozeß der revolutionären Erneuerung«.[30] Bundeskanzler Helmut Kohl bekundete am 19. Dezember 1989 in Dresden seine »Anerkennung und Bewunderung für diese friedliche Revolution in der DDR.«[31] Noch deutlich früher eignete sich die SED-Führung den Begriff an: Der neue Generalsekretär Egon Krenz behauptete schon am 17. November auf einer Pressekonferenz: »Wir machen eine friedliche Revolution« – eine Woche, nachdem Walter Momper diese Wendung geprägt hatte.[32] Am gleichen Tag rief der Sprecher der SED-Fraktion in der Volkskammer, Wolfgang Herger: »Eine friedliche Revolution zu einem demokratischen Sozialismus bricht sich Bahn.«[33] Als Egon Krenz am 6. Dezember sein Amt als Staatsratsvorsitzender aufgab, trat er »im Interesse […] der notwendigen revolutionären Erneuerung unseres Landes« zurück, wie er sagte.[34] Anschließend hatte er Zeit und Muße, seine 1990 erschienen Erinnerungen zu verfassen. Ihr Titel: *Wenn Mauern fallen. Die friedliche Revolution.*[35] ›Revolution‹ und nicht ›Wende‹ war der Begriff, unter dem die taumelnde SED im November und Dezember 1989 das Heft des Handelns wieder in die Hand bekommen wollte.[36] Das waren verzweifelte Anpassungsversuche in letzter Sekunde, sie zeigen aber, dass sich die Rede von der ›Revolution‹ ab dem 9. November rasch und flächendeckend in der politischen Sprache etablierte.

Drittens – und dies war für die weitere begriffliche Entwicklung wie für die Perzeption des Wandels selbst von erheblicher Bedeutung – wurde ›Revolution‹ von Anfang an als rückschauender Historisierungsbegriff eingeführt, während sich ›Vereinigung‹ und ›Anschluss‹ als auf die Zukunft gerichtete Erwartungsbegriffe verbreiteten. Schon Walter Mompers Gratulation vom 10. November galt einem

---

30 Aufruf *Für unser Land* (wie Anm. 26).
31 Rede des Bundeskanzlers auf der Kundgebung vor der Frauenkirche in Dresden am 19. 12. 1989. In: *Bulletin der Bundesregierung* 150–89, 22. Dezember 1989. Abgerufen unter der URL: https://www.bundesregierung.de/breg-de/service/bulletin/rede-des-bundeskanzlers-auf-der-kundgebung-vor-der-frauenkirche-in-dresden-790762, letzter Zugriff: 21. 06. 2021.
32 Wir arbeiten für eine friedliche Revolution. Egon Krenz antwortete auf Fragen der Weltpresse. In: *Neues Deutschland*, 18. November 1989, S. 2.
33 WOLFGANG HERGER: Fraktion der SED. Friedliche Revolution zu einem demokratischen Sozialismus. In: *Neues Deutschland*, 18. November 1989, S. 5.
34 *Neues Deutschland*, 7. Dezember 1989, S. 1.
35 EGON KRENZ: Wenn Mauern fallen. Die friedliche Revolution: Vorgeschichte, Ablauf, Auswirkungen. Wien 1990.
36 Auch der neue Hoffnungsträger der SED, Gregor Gysi, sprach von einer »demokratischen« (*Neues Deutschland*, 18. Dezember 1989) bzw. »friedlichen Revolution« (*Neues Deutschland*, 22. Dezember 1989).

abgeschlossenen Ereignis. Eine Konferenz der Evangelischen Kirchenleitungen in der DDR meinte Anfang Dezember: »Die friedliche Revolution darf nicht gefährdet werden.«[37] *DER SPIEGEL* bemühte am 18. Dezember die Vergangenheitsform: »nach der friedlichen Revolution im Herbst 1989«[38], und das Neue Forum hatte die Revolution am 15. Januar 1990 schon traditionalisiert: Man stehe »zu der Tradition der friedlichen Revolution in der DDR«, meinte man nach der Besetzung der Stasi-Zentrale in Berlin.[39] Wenn aber die ›Revolution‹ seit dem Mauerfall als abgeschlossenes Ereignis behandelt wurde und für die Zukunft nur die ›Vereinigung‹ zu erhoffen oder der ›Anschluss‹ zu befürchten waren, wurden der Zusammenbruch des SED-Regimes und das, was danach folgte, kategorial entkoppelt: Die Zukunft war nicht mehr ›Revolution‹, sondern außengesteuerte ›Transformation‹.

Viertens: Die DDR entstand auf dem Boden der Sowjetischen Besatzungszone und wurde der westlichste Teil des sowjetischen Imperiums. Die SED-Diktatur wäre ohne sowjetischen Rückhalt nicht installiert worden und hätte den 17. Juni 1953 ohne sowjetische Hilfe vermutlich nicht überstanden. Die Mauer wurde 1961 mit Moskauer Plazet gebaut und 1989 waren rund eine halbe Million sowjetische Soldaten in der DDR stationiert. Bei der Bevölkerung waren sie eher unbeliebt. Trotzdem spielte der Begriff einer antiimperial verstandenen ›Befreiung‹ von der sowjetischen Herrschaft 1989 praktisch keine Rolle. Auch später haben Interpretationen, die das SED-Regime primär als Ausdruck sowjetischer Fremdherrschaft sahen, wenig Resonanz gefunden.[40] Drei Gründe waren für die Abwesenheit der Befreiungsrhetorik maßgeblich: Zum einen gehörte die Interpretation der Kriegsniederlage von 1945 als ›Befreiung‹ durch die Sowjetarmee nicht nur zur Staatsräson der DDR. In Verbindung mit dem Leitmotiv des ›Antifaschismus‹ war das zugleich eine der zugkräftigsten Legitimationsformeln des SED-Regimes, vor allem deshalb, weil die ›befreite‹ deutsche Bevölkerung sozusagen kollektiv auf die ›gute Seite‹ der Geschichte gewechselt war und sich ihrer Verantwortung für die nationalsozialistische Diktatur nicht mehr zu stellen brauchte. Zum Zweiten hätte die Deutung des Umbruchs als antisowjetische,

---

37 *Neue Zeit*, 9. Dezember 1989.
38 98 Prozent gegen die Funktionäre. In: *DER SPIEGEL*, Nr. 51, 18. Dezember 1989, S. 86–89, hier S. 89.
39 *Neue Zeit*, 19. Januar 1990.
40 Etwa Hans-Ulrich Wehlers Formulierung von der DDR als »sowjetischer Satrapie«: HANS-ULRICH WEHLER: Bundesrepublik und DDR. 1949–1990 (Schriftenreihe der Bundeszentrale für politische Bildung, 777). Bonn 2010, S. XV. Vgl. auch WOLFGANG SCHULLER: War die DDR eine linkstotalitäre Diktatur und eine »sowjetische Satrapie«? In: PATRICK BAHNERS (Hrsg.): Bundesrepublik und DDR. Die Debatte um Hans-Ulrich Wehlers »Deutsche Gesellschaftsgeschichte« (Beck'sche Reihe, 1915). München 2009, S. 146 f.

nationale Befreiungsbewegung einen affirmativen Bezug auf die Nation und ihre Geschichte vorausgesetzt, der vor dem Hintergrund von Nationalsozialismus, Weltkrieg und Holocaust problematisch war. Und drittens war die Sowjetunion unter Gorbačëv unversehens zum Hoffnungsträger aufgestiegen, von dem man sich Wandel und Reform versprach, zumal die imperiale Brežnev-Doktrin nicht mehr galt. Die historisch bedingte Tabuisierung des Befreiungsbegriffs hatte ambivalente mentale Konsequenzen. Einerseits entschärfte und verdeckte sie die nationalistische Unterströmung des Umbruchs, der sich nicht primär gegen eine äußere Macht richtete. Andererseits begünstigte diese Leerstelle die spätere antiwestliche Aufladung des Motivs der ›Fremdbestimmung‹, die jetzt nicht in der Vergangenheit, sondern in Gegenwart und Zukunft gesehen wurde. Nicht zufällig war die ›Anschluss‹-Erzählung in Kreisen der SED/PDS besonders populär.

Zusammenfassend lässt sich fünftens festhalten, dass die drei grundlegenden Dimensionen des Wandels in der DDR schon sehr früh begrifflich entkoppelt wurden: Für die Beendigung der SED-*Herrschaft* durch die Demonstrationsbewegung, die Maueröffnung und die Machtaufgabe der SED setzte sich seit November die Bezeichnung ›friedliche Revolution‹ durch. Der Umbau der *Institutionen* in Politik, Wirtschaft, Recht und Gesellschaft wurde vor dem 9. November 1989 von unten als ›Reform‹ oder ›Erneuerung‹ gefordert und von oben als ›Wende‹ versprochen. Spätestens ab dem Frühjahr 1990 wurden diese Veränderungshoffnungen auf das zu vereinende Deutschland projiziert. Zur Bezeichnung des anschließenden Fundamentalumbaus setzte sich ab den frühen 1990er Jahren der technische Begriff der ›Transformation‹ durch. Die Frage der *Nation* wurde über die konträren Begriffe ›(Wieder-)Vereinigung‹ vs. ›Anschluss‹ verhandelt, während das antiimperiale Befreiungsnarrativ tabu war.

Wirft man von hier aus einen Seitenblick auf das osteuropäische Szenario der 1980er und 1990er Jahre, erkennt man Ähnlichkeiten, aber auch auffällige Unterschiede. Meine knappen Beobachtungen müssen sich notgedrungen auf einer viel allgemeineren Ebene als die zur DDR-Entwicklung bewegen. Auch in den anderen Ländern des Ostblocks, die seit Anfang der 1980er Jahre in den Strudel des Umbruchs gerieten, mieden die Akteure meist den Revolutionsbegriff.[41] Populär war die zeitgenössische Bezeichnung ›Wechsel‹, mit ähnlichen Konnotationen wie die deutsche ›Wende‹.[42] Obwohl einige Autorinnen und Autoren auch später

---

41 JOACHIM VON PUTTKAMER: 1989 – Das Jahr der Revolutionen. In: ROBERT GRÜNBAUM/JENS SCHÖNE/HEIKE TUCHSCHEERER (Hrsg.): Revolution! 1989 – Aufbruch ins Offene. Berlin 2020, S. 191–203, hier S. 198.
42 JÖRG BABEROWSKI u. a. (Hrsg.): *Docupedia-Zeitgeschichte,* 11. 02. 2010. Abgerufen unter der URL: http://docupedia.de/zg/ther_1989_de_v1_2010, letzter Zugriff: 21. 06. 2021 (= Artikel PHILIPP THER: 1989 – eine verhandelte Revolution, Version: 1.0).

noch von »breaking«, »implosion« oder »break up« schrieben,⁴³ setzte sich in der historisierenden Rückschau meist der Ausdruck ›Revolution‹ durch, wenn auch in der Regel nicht ohne eingrenzendes oder erläuterndes Adjektiv. Früh schon hat sich eingebürgert, den tschechoslowakischen Umbruch als »samtene Revolution«⁴⁴ zu apostrophieren, auch von der »demokratischen« oder »friedlichen« Revolution ist verschiedentlich mit Bezug auf diesen und andere Fälle die Rede.⁴⁵ Die »singende Revolution« war ein Spezifikum der baltischen Staaten.⁴⁶ Diese und ähnliche Bezeichnungen strichen wie in der DDR den überwiegend gewaltfreien Verlauf des Umbruchs heraus. Wie erwähnt, hat Michail Gorbačëv sein Experiment, die Sowjetunion von oben her einer Fundamentalreform zu unterziehen, selbst als »zweite russische Revolution« apostrophiert. Mit dem Konzept einer ›Revolution von oben‹ entfernte sich der Begriff weit vom Szenario eines radikalen Bruchs, der durch eine fundamentaloppositionelle Bewegung ›bottom up‹ gegen die Herrschenden durchgesetzt wird. Zwischen beiden Polen bewegen sich Begriffsbildungen wie »verhandelte Revolution« (Ther) oder »Refolution« (Garton Ash),⁴⁷ die versuchen, der Wechselseitigkeit von Protest von unten und Reformansätzen von oben gerecht zu werden. Diese Begriffsangebote sind analytisch gehaltvoller als die rein beschreibenden und normativen Wendungen von der ›friedlichen‹ oder ›samtenen‹ Revolution, allerdings handelt es sich um wissenschaftliche Analysebegriffe und nicht um Quellenbegriffe, die aus den Umbruchkontexten selbst stammen. Das gilt auch

---

43 VIOLETA DAVOLIUTE: The Making and Breaking of Soviet Lithuania. Memory and Modernity in the Wake of War (BASEES). Hoboken 2014; STEPHEN KOTKIN/JAN TOMASZ GROSS: Uncivil society. 1989 and the implosion of the communist establishment (Modern Library Chronicles, 32). New York 2009; FEIWEL KUPFERBERG: The break-up of Communism in East Germany and Eastern Europe. Basingstoke (Hampshire) 1999.

44 Exemplarisch: NIKLAS PERZI/BEATA BLEHOVA/PETER BACHMAIER (Hrsg.): Die samtene Revolution. Vorgeschichte – Verlauf – Akteure. Frankfurt am Main u. a. 2009; WOLFGANG MÜLLER (Hrsg.): 1989. Die samtenen Revolutionen. Österreich und die Transformation in Europa (Austriaca). Wien 2017.

45 MARK R. THOMPSON: Democratic revolutions. Asia and Eastern Europe (Routledge Research in Comparative Politics, 5). London/New York 2004; DERS.: Demokratische Revolution statt Kulturkampf. Eine Erwiderung auf Huntingtons Thesen. In: *Internationale Politik* 4 (2000), S. 47–54; BERND FLORATH: Das Revolutionsjahr 1989. Die demokratische Revolution in Osteuropa als transnationale Zäsur (Analysen und Dokumente, 34). Göttingen 2011.

46 YORCK DEUTSCHLER: Die singende Revolution. Chronik der estnischen Freiheitsbewegung. 1987–1991. Ingelheim 2000; CLARE THOMSON: The singing revolution. A political journey through the Baltic states. London 1992.

47 THER: 1989 – eine verhandelte Revolution (wie Anm. 42); TIMOTHY GARTON ASH: Ein Jahrhundert wird abgewählt. Aus den Zentren Mitteleuropas 1980–1990. München 1990, S. 399.

für skeptische Formulierungen wie die von der »fingierten Revolution« oder einer »Revolution auf Raten«, die Ilija Trojanov und Wolfgang Höpken für die bulgarische Entwicklung geprägt haben.⁴⁸

Statt diese Differenzierungsbemühungen weiter zu verfolgen, soll hier auf einen signifikanten Unterschied zur deutschen Begriffspraxis hingewiesen werden:⁴⁹ Das nationale Motiv und das der Befreiung von äußerer Dominanz, Abhängigkeit und Unterdrückung spielten östlich der Oder eine deutlich größere Rolle als in der DDR. In Polen schwang seit den Anfängen der Solidarność-Bewegung immer das Motiv der nationalen Souveränität gegenüber der Hegemonialmacht im Osten mit. Auch in Ungarn war es stärker ausgeprägt, wenn man etwa an die Umbettung Imre Nagys im Juni 1989 denkt, bei der ein junger Mann namens Viktor Orbán eine viel beachtete Rede hielt, in der er Nagy als Opfer des Sowjetkommunismus würdigte.⁵⁰ Die ›singende Revolution‹ in den baltischen Staaten, die als erste Länder aus der Sowjetunion herausstrebten, hatte einen noch deutlicheren nationalen Befreiungsakzent. Christian Giordano hat daher argumentiert, dass es sich bei den Ereignissen von 1989 weniger um eine ›Revolution‹ als um einen »Befreiungskampf antiimperialer Natur« gehandelt habe, »um den Gipfel eines langen, fast fünfzigjährigen Kampfes um [...] Selbständigkeit, die [sic] mit einer (partiellen)

---

48 ILIJA TROJANOW: Die fingierte Revolution. Bulgarien, eine exemplarische Geschichte (dtv, 34373). München 2011; WOLFGANG HÖPKEN (Hrsg.): Revolution auf Raten. Bulgariens Weg zur Demokratie (Untersuchungen zur Gegenwartskunde Südosteuropas, 32). München 1996. Eine genaue Durchsicht der umfangreichen Literatur würde zahlreiche weitere Bemühungen zutage fördern, die Abweichungen des osteuropäischen Umbruchs von dem ›klassischen Modell‹ der Revolutionen des 18., 19. und 20. Jahrhunderts auf den Begriff zu bringen. Pars pro toto sei noch auf Klaus von Beyme verwiesen, der von »a deviant type of revolution« spricht; siehe NEIL J. SMELSER/PAUL B. BALTES (Hrsg.): International Encyclopedia of the Social & Behavioral Sciences. Amsterdam/Oxford 2001, Sp. 13306–13310 (= Artikel KLAUS VON BEYME: Revolutions of 1989–90 in Eastern Central Europe).
49 DETLEV PREUSSE: Umbruch von unten. Die Selbstbefreiung Mittel- und Osteuropas und das Ende der Sowjetunion. Wiesbaden 2014; HANS BENEDICT: Revolution! Die Befreiung Osteuropas vom kommunistischen Absolutismus. Wien 1990; JACQUES LÉVESQUE: The enigma of 1989. The USSR and the liberation of Eastern Europe. Berkeley 1997; JAMES F. BROWN: Surge to freedom. The end of communist rule in Eastern Europe (Adamantine Studies on World Democracy, 1). Twickenham 1991.
50 WOLFGANG WIESGRAM: Einem Toten die Würde zurückgeben. Die Umbettung von Imre Nagy. In: *ZEIT ONLINE*, 23. Juni 1989. Abgerufen unter der URL: https://www.zeit.de/1989/26/einem-toten-die-wuerde-zurueckgeben/komplettansicht, letzter Zugriff: 21.06.2021; TOBIAS RUPPRECHT/DORA VARGHA: Gefährliche Jahre. In: *Süddeutsche Zeitung*, 24. Juni 2019, URL: https://www.sueddeutsche.de/kultur/ungarn-gefaehrliche-jahre-1.4496759, letzter Zugriff: 21.06.2021.

Implosion des herrschenden imperialen Systems einher ging.«[51] Während man die Umbrüche von 1989 im Westen vor allem als Sieg der Menschenrechte und der Demokratie darstellte und sie unter einen universalistischen Revolutionsbegriff subsumierte, wurden sie in Ostmitteleuropa »eher als ein mythologischer Aufstieg der Nation gegen eine unpatriotische oder fremde kommunistische Macht ausgelebt.«[52]

Welche Bedeutung haben die Begriffe, auf die die Ereignisse von 1989 gebracht wurden, in den folgenden Jahren in der politischen Öffentlichkeit gehabt? Eine erste Beobachtung kann an die eben angesprochene europäische Dimension anknüpfen: 1989 ist kein europäischer Erinnerungsort geworden, und es hat sich auch nicht der Begriff einer ›europäischen Revolution‹ durchgesetzt, obwohl es entsprechende Plädoyers gegeben hat.[53] Seit den späten 1990er Jahren forderten etliche Intellektuelle und Politiker, 1989 als europäisches Ereignis zu erinnern. Ralf Dahrendorf meinte z. B., dass sich die Zäsur von 1989 als identitätsstiftender »Gründungsmythos« für das neue Europa anbieten würde.[54] Konkrete Formen nahm die Europäisierung des Gedenkens aber am ehesten auf der abgehobenen Ebene geschichtspolitischer Institutionen an, etwa in dem 2017 eröffneten ›Haus der europäischen Geschichte‹ in Brüssel. Das 2005 gegründete ›Europäische Netzwerk Erinnerung und Solidarität‹ mit Sitz in Warschau ist ebenfalls eine Einrichtung, die mit Tagungen, Ausstellungen und Publikationen die europäische Dimension des Umbruchs

---

51 CHRISTIAN GIORDANO: 1989: Ist es angebracht, von Revolution zu sprechen? In: *Ethno-Scripts* 9 (2007), S. 8–36, hier S. 32.
52 MICHAL KOPEČEK: Geschichte und Gedächtnis. 1989 europäisch erinnern. In: GRÜNBAUM/SCHÖNE/TUCHSCHEERER (Hrsg.): Revolution! 1989 – Aufbruch ins Offene (wie Anm. 41), S. 250–259, hier S. 253. Oliver Bange konstatiert im gleichen Zusammenhang: »Die Dissidenzbewegungen und -gruppen in den ostmitteleuropäischen Mitgliedsstaaten der Warschauer Vertragsorganisation definierten sich selbst – im Unterschied zur DDR-Opposition – weniger als liberal, kapitalistisch oder Anhänger eines Dritten Weges, sondern vielmehr als national oder nationalistisch. Aus der Sicht dieser Gruppen und Bewegungen musste eher die nationale und weniger die individuelle Freiheit gegen ein sozialistisches und imperialistisches Russland erkämpft werden. [...] Im Unterschied zur DDR-Opposition zeichneten sich die meisten antisozialistischen Dissidenzbewegungen in Ostmitteleuropa daher auch durch den Rückgriff auf alte vorsozialistische Identitätsmuster aus: Glaube, Ethnizität und Kultur.« OLIVER BANGE: 1989/90. Ausgangspunkt für politische Neuordnungen in Deutschland und Ostmitteleuropa. In: ebd., S. 77–100, hier S. 81 und S. 83.
53 Siehe zum Folgenden: RALPH JESSEN: 1989/90 als europäischer Erinnerungsort? In: GRÜNBAUM/SCHÖNE/TUCHSCHEERER (Hrsg.): Revolution! 1989 – Aufbruch ins Offene (wie Anm. 41), S. 108–129.
54 RALF DAHRENDORF: Der Wiederbeginn der Geschichte. Vom Fall der Mauer zum Krieg im Irak. München 2004, S. 213.

thematisiert hat.⁵⁵ Eine explizit europäische Perspektive auf Umbruch und Revolution war gelegentlich auch bei hochpolitisierten Anlässen zu erkennen: So trafen 2009 die Premiers aus Polen, Tschechien, Ungarn, Deutschland, der Ukraine, Rumänien und Litauen in Warschau zu einer Veranstaltung zusammen, um der Ereignisse von 1989 zu gedenken. Ansonsten überwog die nationalhistorische Rahmung der Revolutionserinnerung. In einem dreibändigen Werk über »europäische Erinnerungsorte«, das 2012 erschienen ist und den Anspruch erhebt, die historischen Objekte und Ereignisse vorzustellen, die einen verbindenden europäischen Charakter haben, sucht man den Hinweis auf 1989 vergeblich.⁵⁶ Der kanadische Historiker James Krapfl hat die Jubiläumsaktivitäten zum 20. Jahrestag von 1989 bei einer Rundreise durch die verschiedenen europäischen Länder studiert und kam zu dem Ergebnis, dass der Fokus in aller Regel auf der nationalstaatlich gedeuteten Erinnerung lag: »Es begann in Polen« war das offizielle Motto der polnischen Jubiläumskampagne, mit der die Rolle der Solidarność-Bewegung in Erinnerung gerufen werden sollte. In Ungarn strich die Politik den Aufstand von 1956 heraus, der 1989 erst möglich gemacht habe. Hier wie dort und anderswo lag der Akzent mehr auf den nationalen Besonderheiten als auf den europäischen Gemeinsamkeiten.⁵⁷ Das gilt auch für Deutschland: Die Darstellungen der ›Friedlichen Revolution‹, die zum 20. Jahrestag erschienen sind, bewegen sich in einem nationalhistorischen Deutungsrahmen: Das gilt sowohl für den von Klaus-Dietmar Henke herausgegebenen Sammelband über *Revolution und Vereinigung 1989/90* als auch für die Revolutionsgeschichten von Ehrhart Neubert und Ilko-Sascha Kowalczuk.⁵⁸ Auch der deutsche Nationalfeiertag am 3. Oktober erinnert an den staatsrechtlichen Akt der nationalen Vereinigung, nicht an eine transnationale Bewegung.

Rückschauend dominiert also eine nationale Perspektive der Erinnerung. Im deutschen Fall entwickelten sich um die 1989 etablierten Leitbegriffe konkurrierende

---

55 Siehe die Website des ›European Network Remembrance and Solidarity‹ unter der URL: https://enrs.eu/, letzter Zugriff: 21.06.2021.
56 PIM DEN BOER u.a. (Hrsg.): Europäische Erinnerungsorte. 3 Bde. München 2012.
57 JAMES KRAPFL: Passing the torch, despite bananas. The Twentieth-Anniversary Commemorations of 1989 in Central Europe. In: *Remembrance and Solidarity Studies in 20th Century European History* (2014), S. 63–101.
58 KLAUS-DIETMAR HENKE (Hrsg.): Revolution und Vereinigung 1989/90. Als in Deutschland die Realität die Phantasie überholte (dtv, 24736). München 2009; EHRHART NEUBERT: Unsere Revolution. Die Geschichte der Jahre 1989/90. München 2008; ILKO-SASCHA KOWALCZUK: Endspiel. Die Revolution von 1989 in der DDR (C. H. Beck Paperback, 6208). München ³2015.

Erzählungen mit gegenwartsbezogenem Sinnstiftungsanspruch.[59] Vier Narrative lassen sich bis heute unterscheiden, die um die Begriffe ›Wende‹, ›Anschluss‹, ›Revolution‹ und ›Volk‹ kreisen: Angehörige der Bürgerrechtsbewegung von 1989 und ihnen nahestehende Historikerinnen und Historiker haben immer wieder zornig darauf hingewiesen, dass die SED-Führung unter Krenz den Begriff der ›Wende‹ im Herbst 1989 gezielt lanciert hatte, um die Deutungshoheit über die Ereignisse zurückzuerobern und den Katarakt der Revolution in systemkonforme Bahnen zu lenken. Der Wendebegriff wird von ihnen als verhüllendes Schlagwort des alten Regimes verachtet. »Sind wir die Fans von Egon Krenz?«, fragte Rainer Eppelmann 2004 und verneinte die Frage selbstverständlich: »Die Revolution von 1989/90 war keine ›Wende‹«.[60] In die gleiche Kerbe schlug drei Jahre später Rainer Eckert, als er sich »gegen die Wende-Demagogie – für den Revolutionsbegriff« aussprach.[61] Andere haben sich ähnlich geäußert. Ihnen ging es darum, einen normativ verstandenen Revolutionsbegriff als identitätsstiftendes Masternarrativ durchzusetzen und den flauen, SED-kontaminierten Wendebegriff aus der öffentlichen Sprache zu verbannen. Ganz gleich, ob man dieser Begriffspolitik zustimmen mag oder nicht – ihr Erfolg war begrenzt. ›Wende‹ ist bis heute die populärste Bezeichnung für die Ereignisse von 1989. Selbst in den Verhandlungen der beiden Enquete-Kommissionen des Deutschen Bundestages, die sich in den 1990er Jahren mit der Geschichte der DDR, mit ihrem Untergang und mit der Entwicklung des deutschen Einigungsprozesses befassten, war der Begriff ›Wende‹ die mit Abstand prominenteste Bezeichnung: Auf 1961 Seiten des vielbändigen Arbeitsberichts der Enquete-Kommissionen taucht er auf, der Revolutionsbegriff dagegen nur auf 1068 Seiten.[62]

---

59 Siehe zum Folgenden MARTIN SABROW: Mythos Einheit? Die deutsche Wiedervereinigung als zeitgeschichtliche Herausforderung. In: DERS./ALEXANDER KOCH (Hrsg.): Experiment Einheit. Zeithistorische Essays. Göttingen 2015, S. 9–25 sowie MARTIN SABROW: Wem gehört »1989«? In: DERS. (Hrsg.): Bewältigte Diktaturvergangenheit? 20 Jahre DDR-Aufarbeitung (Helmstedter Colloquien, 12). Leipzig 2010, S. 9–20, hier S. 17 ff.
60 RAINER EPPELMANN: Sind wir die Fans von Egon Krenz? Die Revolution von 1989/90 war keine »Wende«. In: *Deutschland Archiv* 37 (2004), S. 864–869.
61 RAINER ECKERT: Gegen die Wende-Demagogie – für den Revolutionsbegriff. In: *Deutschland Archiv* 40 (2007), S. 1084 ff.
62 Auszählung basierend auf der von der Bundesstiftung zur Aufarbeitung der SED-Diktatur besorgten digitalisierten Version der 32-bändigen Dokumentation der Verhandlungen der beiden Bundestags-Enquete-Kommissionen *Aufarbeitung von Geschichte und Folgen der SED-Diktatur in Deutschland* (1992–1994) und *Überwindung der Folgen der SED-Diktatur im Prozess der deutschen Einheit* (1995–1998), die zugänglich ist unter der URL: https://enquete-online.de/, letzter Zugriff: 21.06.2021.

Es wäre allerdings verfehlt, würde man die Popularität des Wendebegriffs als späten Erfolg der Krenz'schen Sprachpolitik verstehen. Gerade weil das Wort ›Wende‹ so vage ist, kann es mit ganz unterschiedlichen Akzenten und Bedeutungen aufgeladen werden – auch die Rede von der ›revolutionären Wende‹ ist möglich. ›Wende‹ ist schnell zu einem neutral verstandenen Omnibusbegriff geworden, der dazu geeignet ist, die Totalität des Umbruchs in allen seinen Facetten – Gewinn und Verlust – zu erfassen. Auch wird er der Tatsache gerecht, dass die überwiegende Zahl der DDR-Bürgerinnen und Bürger gar nicht aktiv an den Protesten beteiligt war, sondern den Umbruch eher passiv als ›Wende‹ erfahren hat. Eine Rolle könnte zudem spielen, dass die ›Wende‹ inzwischen so etwas wie eine unverwechselbare Marke geworden ist – zumal Helmut Kohls »geistig-moralische Wende« von 1982 weitgehend vergessen wurde.[63] Dies lässt sich auch daran erkennen, dass ›Wende‹ sehr häufig temporal gebraucht wird: In den Berichten der Enquete-Kommissionen finden sich auf 829 Seiten die Formulierungen »vor der Wende« oder »nach der Wende«.[64]

›Anschluss‹, ›Angliederung‹, ›Übernahme‹ oder – noch schärfer – ›Kolonialisierung‹, diese Begriffe markieren eine Deutung des Umbruchs, die nicht die Herbstereignisse in den Vordergrund stellt, sondern die anschließende deutsche Vereinigung als einseitigen hegemonialen Akt der Überwältigung interpretiert. Nach dem Mauerfall tauchte vor allem der Begriff ›Anschluss‹ immer wieder auf und setzte sich in den 1990er Jahren als identitätsstiftende Chiffre im Milieuumfeld der PDS fest. Seine Attraktion beruhte darauf, dass er die Härten des Vereinigungsprozesses nicht als Folge einer 40-jährigen kommunistischen Diktatur, sondern als Resultat des westlichen Institutionentransfers deutete. Er bot eine Opferidentität an, die mit der Analogie zum ›Anschluss‹ Österreichs im Jahr 1938 auch noch für antifaschistische Narrative ›anschlussfähig‹ war. Aber wie bei der ›Wende‹ empfiehlt es sich auch in diesem Fall, nicht nur die ideologische Verdrängungsleistung zu betonen, die in dem Begriff steckt. Auch wenn außer Frage steht, dass der rasche Vereinigungsprozess zu westlichen Bedingungen von der großen Mehrheit der Ostdeutschen gewollt worden war, ist unverkennbar, dass er

---

63 RUPERT SEUTHE: »Geistig-moralische Wende«? Der politische Umgang mit der NS-Vergangenheit in der Ära Kohl am Beispiel von Gedenktagen, Museums- und Denkmalprojekten (Europäische Hochschulschriften. Reihe 3, 905). Frankfurt am Main u. a. 2001.

64 Bundestags-Enquete-Kommissionen *Aufarbeitung von Geschichte und Folgen der SED-Diktatur in Deutschland* (1992–1994) und *Überwindung der Folgen der SED-Diktatur im Prozess der deutschen Einheit* (1995–1998), digitalisierte Dokumentation der Berichtsbände unter der URL: https://enquete-online.de/, letzter Zugriff: 21.06.2021. Die Formulierungen »vor« und »nach« der »Revolution« bzw. »friedlichen Revolution« kommen insgesamt nur auf 30 Seiten vor.

in einer extrem asymmetrischen Konstellation stattfand. Viele Menschen haben ihn als Fremdbestimmung und Überwältigung erfahren. Das Anschlussnarrativ reflektierte diese Erfahrungen und schien ihnen eine stimmige Deutung zu geben.

›Revolution‹ – und zwar fast immer in der Wendung von der ›friedlichen Revolution‹ – hat sich seit 1990 als Leitbegriff der staatlichen Geschichtspolitik etabliert.[65] Wenn man die Gedenkpraxis der letzten 30 Jahre Revue passieren lässt, zeigt sich, dass die demonstrative, explizit geschichtspolitische Rede von der ›friedlichen Revolution‹ etwa ab dem zehnten Jahrestag der Ereignisse an Gewicht gewann. In Leipzig wurde damals ein erstes Denkmal zur Erinnerung an die Montagsdemonstrationen errichtet und das Jahrestaggedenken wurde in den folgenden Jahren immer aufwendiger inszeniert. In Leipzig bemühten sich zivilgesellschaftliche Akteure seit den frühen 2000er Jahren in einer Initiativgruppe ›Tag der Friedlichen Revolution – Leipzig 9. Oktober 1989‹ um die Weiterentwicklung der Mitte der 1990er Jahre einsetzenden Gedenkpraxis und um die Etablierung einer lokalen Erinnerungstradition, die um die Montagsdemonstrationen von 1989 und das Schlüsseldatum des 9. Oktober kreist, an dem die Staatsmacht vor der Straßenbewegung kapitulierte und auf die gewaltsame Niederschlagung des Protests verzichtete.[66] Neben Interessen des Stadtmarketings spielten dezidiert geschichtspolitische Motive eine Rolle: Die Erinnerung an die Herbstereignisse von 1989 sollte das Selbstbewusstsein der durch die Vereinigungskrise verunsicherten Ostdeutschen stärken, die demokratische Kultur festigen und rechtsradikalen Versuchen, aus den Friktionen des Transformationsprozesses Kapital zu schlagen und sich die Symbole und Parolen der Protestbewegung anzueignen, einen Riegel vorschieben.[67] Ein Höhepunkt der ab 2007 spürbaren Professionalisierung, Ritualisierung und Eventisierung der Jahrestagerinnerung war das *Lichtfest Leipzig* anlässlich des 20. Jahrestages der ›Friedlichen Revolution‹.[68] Bereits seit 2001 gehörten die jährlichen *Reden zur Demokratie* zum Leipziger Revolutionsgedenken, mit denen Spitzenpolitikerinnen und -politiker oder prominente Intellektuelle an die historischen Ereignisse erinnerten und Bezüge zur Gegenwart herstellten. Auch an diesen Reden lässt sich die geschichtspolitische Kanonisierung des Revolutionsbegriffs ablesen. Während Bundespräsident

---

65 Martin Sabrow: »1989« als Erzählung. In: *Aus Politik und Zeitgeschichte* 69 (2019), 35–37, S. 25–33, hier S. 29.
66 Informationen und Dokumente zu den Leipziger Aktivitäten unter der URL: http://herbst89.de/, letzter Zugriff: 21.06.2021.
67 Ausführlich hierzu Ralph Jessen: Die Montagsdemonstrationen. In: Martin Sabrow (Hrsg.): Erinnerungsorte der DDR. München 2009, S. 466–480.
68 Thomas Seidler (Hrsg.): Lichtfest Leipzig. 20 Jahre nach der Friedlichen Revolution = Leipzig Festival of Lights. Leipzig 2009.

Johannes Rau in den drei Reden, die er in den Jahren 2001 bis 2003 hielt, nur ein einziges Mal das Wort ›Revolution‹ gebrauchte, nahmen die Nennungen in den Folgejahren immer mehr zu: Insgesamt fiel der Begriff in allen zwischen 2001 und 2018 gehaltenen Ansprachen 74-mal. Von der ›Wende‹ war nur zehnmal die Rede.[69] Auch unter den ehemaligen Bürgerrechtlerinnen und Bürgerrechtlern hat sich im Laufe der 1990er Jahre der Revolutionsbegriff etabliert. Anfänglich standen manche dieser Etikettierung zögerlich bis ablehnend gegenüber und nicht wenige sahen ihre Vision eines fundamental erneuerten Sozialismus durch den Vereinigungsprozess überrollt, sodass die Rede von der »verlorenen« oder »verratenen« Revolution die Runde machte.[70] Diese Deutung war aber mit den Jahren immer seltener zu hören. Stattdessen schob sich die selbstbewusste Aneignung der Revolutionserinnerung in den Vordergrund. Man kann das am Kampf gegen den Wendebegriff erkennen, aber auch an den einleitend erwähnten Scharmützeln um die Deutungshoheit über 1989, die sich einige alt gewordene Protagonisten 2019 geliefert haben. Gelegentlich gingen die publizistischen Bemühungen, die »Friedliche Revolution« als das »wichtigste identitätsstiftende Ereignis in der jüngeren Geschichte Ostdeutschlands und im Grunde auch für ganz Deutschland« zu inszenieren, in krude Mystifikation über: So etwa, wenn der Herausgeber einer Interviewsammlung vom »magischen Datum« des 9. Oktober 1989, vom »Wunder« und vom »Unerklärlichen«, vom »Geheimnis« und vom »Mysterium der friedlichen Revolution« raunte.[71]

Schließlich die Volkssemantik, die sich des 1989 revitalisierten Begriffs zur Identitätsstiftung und zur Legitimation populistischer Mobilisierung bedient: Die Anrufung des ›Volkes‹ und die Aneignung der Parolen von 1989 im populistischen Protest, die von AfD und PEGIDA (Patriotische Europäer gegen die Islamisierung des Abendlandes) seit etwa 2015 mit großer Energie betrieben wurden, hatten schon damals eine längere Vorgeschichte: 2002 wollten Neonazis in

---

69 Auszählung nach den digitalisierten Reden in: http://www.herbst89.de/tag-der-friedlichen-revolution-leipzig-9-oktober/reden-zur-demokratie.html, letzter Zugriff: 21.06.2021.
70 Siehe die Beiträge in BERND GEHRKE/WOLFGANG RÜDDENKLAU (Hrsg.): »... das war doch nicht unsere Alternative.« DDR-Oppositionelle zehn Jahre nach der Wende. Münster 1999.
71 JAN SCHÖNFELDER (Hrsg.): Das Wunder der Friedlichen Revolution. Prominente Stimmen zum Herbst 1989. Leipzig 2009, Nachwort S. 206–210, hier S. 209 f. Auch der Vorstoß der Leipziger CDU-Ratsfraktion, die Orte der »Friedlichen Revolution« in Leipzig zum UNESCO-Welterbe zu erheben, zeigt eine lokalpatriotische Tendenz zur welthistorischen Überhöhung, die andernorts, sei es in Plauen, Gdańsk oder Budapest, möglicherweise nicht auf Anerkennung stößt. Antrag Nr. VII-A-02289 der CDU-Fraktion zur Ratsversammlung vom 20.01.2021. Abgerufen unter der URL: https://ratsinfo.leipzig.de/bi/vo020.asp?VOLFDNR=1018388, letzter Zugriff: 21.06.2021.

Leipzig unter dem Motto »Gegen Repression und linke Gewalt – für Demonstrationsfreiheit. Wir sind das Volk« demonstrieren. Ein größeres Echo fand die Volksrhetorik in den Anti-Hartz-IV-Protesten des Jahres 2004. In Leipzig sollen im August 2004 an die 60.000 Menschen unter dem Slogan »Weg mit Hartz IV – Das Volk sind wir!« marschiert sein.[72] Anders als ein prominenter Kritiker dieser Revolutionserinnerung von rechts meinte, reicht es nicht aus, diese als »eine perfide Verdrehung der Geschichte« zu tadeln,[73] denn in der Herbstbewegung von 1989 waren durchaus auch autoritäre, nationalistische und illiberale Stimmen zu hören.[74] Auf der Montagsdemonstration am 4. Dezember 1989 klagte z. B. eine Flut von Transparenten die Herrschenden in aggressiver Form als »Volksbetrüger«, »Parasiten« und »Verräter« an, die »das Volk verachtet« hätten.[75] Hintergrund waren der Autoritätsverfall der SED-Führung und die Gerüchte über Machtmissbrauch und Bereicherung durch die alte Nomenklatura. In der Formel vom »betrogenen« und »verachteten« Volk, in der Rede von »Schmarotzern«, »Parasiten« und »Verrätern« zeigte sich die moralische Essentialisierung des ›guten‹ und ›wahren‹ Volkes, das von ›dunklen Mächten‹ missbraucht und hintergangen worden sei. Die moralisierende Skandalisierung des »Betrugs« und des »Verrats« spielte eine wichtige Rolle bei der Selbststilisierung ›des Volkes‹ zu einem Opferkollektiv. Je verkommener und verlogener die herrschende, aus dem Volk auszuschließende Elite war, desto eher konnte man sich als betrogenes und damit unschuldiges und selbst nicht verantwortliches Opfer imaginieren. Die rechtspopulistische Nutzung der Volkssemantik wurde seit den 1990er Jahren dadurch begünstigt, dass die »Vereinigungskrise«[76] die Skepsis gegenüber staatlichen Institutionen und scheinbar abgehobenen politischen Akteuren verstärkt

---

72 RALPH JESSEN: Immer wieder montags. Warum wir über eine populistische »Volks«-Erinnerung reden müssen. In: *INDES. Zeitschrift für Politik und Gesellschaft* (2019), S. 55–60.
73 So Bundespräsident Frank-Walter Steinmeier im August 2019: Steinmeier wirft AfD Instrumentalisierung der Wende vor. In: *DER TAGESSPIEGEL*, 13. August 2019 (Online-Ausgabe). Abgerufen unter der URL: https://www.tagesspiegel.de/politik/perfide-verdrehung-der-geschichte-steinmeier-wirft-afd-instrumentalisierung-der-wende-vor/24899252.html, letzter Zugriff: 21.06.2021.
74 PAUL BETTS: 1989 At Thirty. A Recast Legacy. In: *Past and Present* 244 (2019), S. 271–305: »[...] the unrest of 1989 carried within it the seeds of illiberalism as well«, S. 272.
75 Siehe die Sammlungen von Sprechchören und Transparenttexten in WOLFGANG SCHNEIDER (Hrsg.): Leipziger DEMONTAGEBUCH. Leipzig 1990 sowie BERND LINDNER: Die demokratische Revolution in der DDR 1989/90 (Deutsche Zeitbilder). Bonn 1998 und die quantifizierende Übersicht bei WALTER HEIDENREICH/MICHAEL RICHTER: Parolen und Ereignisse der Friedlichen Revolution in Sachsen. Eine quantitative Auswertung. Dresden 2009, S. 68 ff.
76 JÜRGEN KOCKA: Vereinigungskrise. Zur Geschichte der Gegenwart (Kleine Vandenhoeck-Reihe, 1576). Göttingen 1995.

hatte. Die schockartige Umwälzung der eigenen Lebenswelt wurde nicht selten als Ergebnis undurchschaubarer Vorgänge gedeutet. In den »kollektiven Erinnerungsbildern« Leipziger Bürgerinnen und Bürger zum Herbst 1989, die Susann Baumgartl analysiert hat, bilden Berichte über angeblich »undurchsichtige und manipulative Machenschaften« ehemaliger Kader, die sich mit westlichen Profiteuren gegen die Interessen der »kleinen Leute« in der DDR verschworen hätten, ein starkes Erzählmotiv. »Clevere Funktionäre« hätten den »kleinen Leuten« auf unredliche Weise das »Volkseigentum [...] weggenommen«. Spiegelbildlich zur Erzählung vom betrügerischen »Wendehals« gab es die Erzählung von »diesen ganzen Versagern aus dem Westen«, die nach 1990 in den Osten einfielen, um dort Karriere zu machen. Das Motiv des »betrogenen Volkes« vermengte sich hier mit dem des »Anschlusses«, wurde auf die postrevolutionären Eliten projiziert und stand als griffige Erklärung eines außerordentlich komplexen Transformationsprozesses zur Verfügung.[77] Zudem wurde die populistische Volkserinnerung an 1989 durch das massenmediale Framing der postrevolutionären Konstellation und der Ost-West-Beziehungen begünstigt. Westliche Medien maßen die ostdeutschen Verhältnisse in den 1990er Jahren oft an bundesrepublikanischen Maßstäben, exotisierten die ehemaligen DDR-Bürger und werteten ihre biografischen Prägungen als defizitär ab.[78] Dass sich viele Ostdeutsche als ›Bürger zweiter Klasse‹ empfanden, ist nicht verwunderlich. Verstärkend wirkten die Deutungs- und Identifikationsangebote, die von jenen Massenmedien produziert wurden, die sich wie die *SUPERillu* speziell an eine ostdeutsche Leserschaft wandten. Das 1990 als ›Stimme des Ostens‹ gegründete Blatt zeichnete in den frühen 1990er Jahren ein extrem dichotomisches und dramatisiertes Bild der Vergangenheit, in dem die ›normalen‹ Bürgerinnen und Bürger der DDR, die sich notgedrungen mit den Verhältnissen arrangieren mussten, einer völlig verkommenen Herrscherclique ausgesetzt waren. Im Dauermodus der Skandalisierung und der moralischen Empörung wurden Erich Honecker und Co. als Bonzen, Heuchler, Lügner und Mauermörder porträtiert, deren heimliches Luxusleben

---

77 Die Zitate dieses Abschnitts aus SUSAN BAUMGARTL: Der eigene Aufbruch. Kollektive Erinnerungsbilder Leipziger Bürger zum Herbst 1989. Leipzig 2015, S. 193–199.

78 Siehe THOMAS AHBE: Die diskursive Konstruktion Ostdeutschlands und der Ostdeutschen seit dem Beitritt der DDR. Medienbilder, Ostalgie und Geschichtspolitik. Ein Überblick. In: UTE DETTMAR/MAREILE OETKEN (Hrsg.): Grenzenlos. Mauerfall und Wende in (Kinder- und Jugend-)Literatur und Medien (Beiträge zur neueren Literaturgeschichte [Folge 3], 279). Heidelberg 2010, S. 97–124; RAJ KOLLMORGEN: Subalternisierung. Formen und Mechanismen der Missachtung Ostdeutscher nach der Vereinigung. In: DERS./FRANK THOMAS KOCH/HANS-LIUDGER DIENEL (Hrsg.): Diskurse der deutschen Einheit. Kritik und Alternativen. Wiesbaden 2011, S. 301–359.

allen Maßstäben der Moral hohnsprach. Zugleich kontrastierte das Blatt die von den Umbrüchen des Wandels verunsicherten Ostdeutschen mit den arroganten und ignoranten Westdeutschen. Wie in einer Endlosschleife wurden Bilder der (ost-)deutschen Geschichte und Gegenwart vermittelt, die für ein populistisches Politikkonzept bruchlos anschlussfähig waren.

Der Revolutionsbegriff führt – wie viele Begriffe der politisch-sozialen Sprache – ein semantisches Doppelleben: Er kann als sozial- und geschichtswissenschaftliches Konzept zur Analyse der komplexen Prozesse eines raschen und tiefgreifenden Wandels von Herrschaft, Wirtschaft und Gesellschaft dienen oder als normative politische Kategorie mit umfassendem Sinnstiftungsanspruch in Bezug auf Vergangenheit und Gegenwart gebraucht werden. Nicht selten mischt sich auch beides. Die Etikettierung des Umbruchs von 1989 bewegt sich überwiegend auf der zweiten Ebene: Die Rede von der ›Friedlichen Revolution‹ war und ist eine normativ aufgeladene Interpretation, die relativ früh von politischen Deutungseliten lanciert und mit massenmedialer Verstärkung in die öffentliche Debatte eingespeist wurde, bis sie ab den späten 1990er Jahren den Status eines geschichtspolitischen Masternarrativs bekam, das den Ostdeutschen ein in mehrfacher Hinsicht attraktives Identifikationsangebot machte: Erstens schrieb es ihnen im Gegensatz zu Alternativbegriffen wie ›Regimezusammenbruch‹, ›Reform‹ oder ›Wende‹ durchschlagende Handlungsmacht und eine historisch entscheidende Rolle im Umbruch zu. Zweitens positionierte es sie in Bezug zu ihrer DDR-Vergangenheit nicht als Opfer, Mitläufer, Profiteure oder gar Täter, sondern als aktive und erfolgreiche Opponenten. Drittens grenzte es sie von den Westdeutschen ab, denen man Freiheit und Demokratie 1949 geschenkt hatte, während sie im Osten 40 Jahre später revolutionär erkämpft werden mussten. Viertens dementierte die Erzählung von der ›Revolution‹ die in Ost und West kursierende Meinung, weniger die Sehnsucht nach Freiheit als das Verlangen nach der D-Mark hätte die Deutschen in der DDR auf die Straße gebracht. Fünftens ermöglichte sie die Einbettung der Ereignisse in eine nationalhistorische Erfolgsgeschichte, da nach allen Abgründen der jüngeren Vergangenheit und nach den gescheiterten bzw. umstrittenen Revolutionen von 1848 und 1918 endlich eine ›Friedliche Revolution‹ gelungen war, in der die Ostdeutschen gewissermaßen stellvertretend für alle Deutschen ›das Gute‹ erkämpft hatten.

Einen verbindenden, identitätsstiftenden ›Gründungsmythos‹, vergleichbar den großen Erzählungen von der Amerikanischen, Französischen oder Russischen Revolution, hat die Rede von der ›Friedlichen Revolution‹ von 1989 trotzdem nicht gestiftet. Auch hierfür lassen sich – wie für seine potentielle Attraktion – fünf Gründe anführen. Erstens stand die Interpretation des Umbruchs von 1989 als ›Revolution‹ von Anfang an in einem nicht aufzulösenden Spannungs- und

Konkurrenzverhältnis zur nationalen Vereinigungsgeschichte. Bürgerrechtsaktivistinnen wie Bärbel Bohley, die den Mauerfall und den Druck zur staatlichen Vereinigung mit Skepsis beobachteten, haben dies früh erkannt und das geteilte Gedenken am 3. und 9. Oktober hat dies immer wieder gezeigt. Zweitens entsprang die Etikettierung von Massenprotest, Fluchtbewegung und Regimezerfall als ›Revolution‹ nicht dem Selbstverständnis und Selbstbewusstsein der Ostdeutschen im Herbst 1989, sondern war zunächst eine von westlichen Akteuren formulierte und massenmedial kommunizierte Situationsdeutung, die sich erst nachträglich zum Identitätskern einer kleinen Elite aus dem Kontext der Bürgerrechtsbewegung entwickelte und die dann zum geschichtspolitischen Leitnarrativ ausgebaut wurde. Die begrenzte erinnerungskulturelle Bodenhaftung des Revolutionsbegriffs hatte drittens damit zu tun, dass er der komplexen Erfahrungsgeschichte jener DDR-Bürgerinnen und Bürger nur zum Teil oder gar nicht entsprach, die den Umbruch von 1989 eher passiv erfahren als auf den Straßen erkämpft hatten, die in der DDR ein meist angepasstes, konformes Leben gelebt hatten und die sich in den Mühlen des nach westlichen Regeln ablaufenden Transformationsprozesses eher als ›Bürger zweiter Klasse‹ denn als Freiheitshelden empfanden. Die anhaltende Popularität des Wendebegriffs beruhte darauf, dass er in seiner diffusen Breite besser geeignet war, die Komplexität und Widersprüchlichkeit der Umbrucherfahrungen zu umfassen, als der pompöse Revolutionsbegriff. Zu dessen Überzeugungskraft hat – viertens – auch nicht beigetragen, dass er ab Ende der 1990er Jahre als geschichtspolitisches Identifikationsangebot popularisiert und in immer aufwendigere Erinnerungsinszenierungen integriert wurde, um die historische Leistung der Ostdeutschen herauszustreichen, die sich in der postrevolutionären Gegenwart eher als passive Objekte einer von westlichen Akteuren dominierten Schocktransformation empfanden. Fünftens erwies sich die Rede von der ›Revolution‹ aufgrund ihrer Vagheit wie aufgrund ihres identifikatorischen Potentials offen für rechtsradikale Aneignungen und Überschreibungen, denen geschichtspolitische Akteure und ehemalige Angehörige der Bürgerrechtsbewegung ebenso empört wie ratlos gegenüberstanden. Das populistische Element der Herbstproteste von 1989 bot dafür den realhistorischen Resonanzboden und die rechte Umdeutung und Aufladung der Erinnerung an diese Ereignisse tat ein Übriges.[79] Zusätzliche Brisanz erhielt die rechtsradikale Aneignung des historischen Revolutionsnarrativs nämlich dadurch, dass sie eine antiinstitutionalistische, antielitäre und populistische Rhetorik mit einer auf Außenabgrenzung zielenden, ethnonational grundierten Volks-, Befreiungs- und Souveränitätsrhetorik verknüpfte, die im ostdeutschen Umbruch von 1989 keine

---

79 Siehe dazu den Beitrag von Alexander Leistner und Anna Lux in diesem Band.

nennenswerte Rolle gespielt hatte. Dass diese Außenabgrenzung wahlweise und wechselnd gegen Flüchtlinge, gegen die EU oder gegen ›den Westen‹ gezogen werden konnte, erhöhte ihre Attraktivität. Trotz seines hohen Identifikationspotentials, trotz Anerkennung und Bekräftigung seiner Gültigkeit durch die politische Klasse des vereinten Deutschlands, trotz seiner Dominanz in der historisch-politischen Bildung und trotz des hohen medialen und inszenatorischen Aufwands, mit dem die runden Jahrestage von Montagsdemonstrationen und Mauerfall begangen wurden, bleiben Status und Popularität des Revolutionsnarrativs bis heute prekär.

Visualisierungen und Bedeutungszuschreibungen

Axel Doßmann

Wer soll ›das Volk‹ gewesen sein?

1989/90 als Geschichte visueller Interpretationen

Wenn vom ›Volk‹ die Rede ist, dann scheint jede*r zu wissen, wer gemeint ist. Nur wer? Wird dann vom ›Volkswillen‹ gesprochen, wird es rasch demagogisch. Doch gibt es nicht Zehntausende Fotografien und Filmminuten, die ganz klar zeigen, wie sich ›das Volk‹ 1989/90 als demonstrierende Masse auf den Straßen formiert, fordert und schließlich sich auch durchsetzt gegen die alte Regierung? Repräsentieren diese Männer dort, die am 16. Oktober 1989 in Leipzig dem vorlesenden Bärtigen zuhören, das revolutionäre Volk? (Abb. 1)

Zu harmlos, noch ohne Megafon, über die das Neue Forum erst zwei Wochen später verfügte? Muss ›das Volk‹ als Masse dargestellt werden? Braucht es auch Kerzen? Oder sollte es marschieren wie am Vorabend des 7. Oktober 1989, an dem in Ost-Berlin noch einmal Zehntausende FDJ-ler*innen mit einem ›Fackelmeer‹ den Geburtstag der DDR feierten? Nein, das Volk der DDR als treuer Staatsdiener, das stört in der retrospektiven Feier ostdeutscher Widerständigkeit das Gesamtbild, erinnert zu sehr an ganz andere Fackelmärsche. ›Das Volk‹ sollten aber schon möglichst viele Menschen darstellen, die am besten in eine Richtung schreiten, gemeinsam rufen, vorwärtsdrängen, Transparente tragen? (Abb. 2) ›Das Volk‹ könnte sich zudem auch mal im Hellen den Fotograf*innen präsentieren, stolz und selbstbewusst.

Auf der Berliner Demonstration vom 4. November kam der Bevölkerung, die sich von der Regierung emanzipierte, nicht mal in den Sinn, »Wir sind das Volk« zu rufen, wie der Leipziger Historiker Hartmut Zwahr erstaunt bemerkt hat.[1] Dieses Volk gab es dann erst eine Woche später in Leipzig wieder – mit Deutschlandfahnen.

Welches Gesicht hat ›das Volk‹? Ist es dominant männlich? Trägt es Vollbart oder Schnauzer – jene Codes, anhand derer Deuter schon 1989 (und 30 Jahre später noch einmal) zwischen Ausreis(s)ern (»Wir wollen raus!«) und Da-Bleibern (»Wir bleiben hier!«) physiognomisch unterscheiden wollten? Wenn Frauen das Kameraobjektiv nutzen, kommen auch weibliche Revolutionäre öfter und

---

1 Hartmut Zwahr: »Wir sind das Volk!« In: Etienne François/Hagen Schulze (Hrsg.): Deutsche Erinnerungsorte. Eine Auswahl. München 2005, S. 477–489.

Abb. 1 Auf der Leipziger Montagsdemonstration vom 16. Oktober 1989 blitzte der freiberufliche Pressefotograf Bernd Heinze mehrfach in die Menge. Diese Aufnahme fand Eingang in die frühesten Fotochroniken zum politischen Umbruch.

mit besonderer Anmut ins Bild, bei Evelyn Richter etwa als einer der wenigen professionellen Fotografinnen, die die Revolution in poetischen Momenten fixiert haben. (Abb. 3) Die renommierte Fotografin war es auch, die als Dozentin ihre Studierenden aus der Fotoklasse an der Hochschule für Grafik und Buchkunst dazu ermutigt hatte, das außerordentliche Geschehen mit der Kamera zu beobachten: »Hier wird Geschichte geschrieben, ich bin zu alt, um mich hineinzustürzen, jetzt seid ihr dran.« Evelyn Richter verschenkte an Ausgewählte ein Dutzend höchstempfindliche Schwarz-Weiß-Filme aus dem Westen – für Aufnahmen ohne Blitzlicht, eine Praxis, die das Fotografieren für Polizei und MfS weniger offensichtlich machte.[2]

Der Fotograf Andreas Kämper hat bis Ende 1990 mehr oder weniger alle Demonstrationen in Berlin und weiteren Städten fotografisch begleitet. So konnte er auch die öffentlichen Anträge auf Zugehörigkeit zum ›Volk‹ fixieren, die wegen der vielen Barrieren und blinden Flecken in der (ost-)deutschen Dominanzkultur sonst oft übersehen wurden. (Abb. 4)

---

2   Ich danke Matthias Hoch für ein Gespräch über seine Erfahrungen im Herbst 1989. Siehe auch MATTHIAS HOCH in: FRANK-HEINRICH MÜLLER (Hrsg.): East. Zu Protokoll/For the Record. Göttingen 2009, S. 151 f.

Abb. 2 Der Fotograf Harald Kirschner nahm die Spitze des Leipziger Demonstrationszuges in den Fokus. Eine soziologische Untersuchung bestätigte, wer hier am 23. Oktober 1989 in den Vordergrund drängte: die Protestbewegung war anfangs sehr jung und dominant männlich.

Sein West-Berliner Kollege Andreas Schoelzel hat im März 1990 ein Foto unter der Ruine der Gedächtniskirche geschossen, das einen Mann mit einem selbstgemalten Schild zeigt: »Wir sind auch das Volk«. 14 Jahre später gelangte das Bild vom Protest eines Einwanderers auf das Cover eines Buches, das der Migrationsforschung in Deutschland wichtige Impulse verliehen hat. (Abb. 5)

Fast 30 Jahre nach 1989 und Hunderte Mordopfer rechter Gewalt später wird die Forschung zu migrantischen Perspektiven auf Revolution und deutsche Einheit sichtbarer.[3]

---

3 Siehe etwa das Kapitel *Wir gehörten nicht zur Gesellschaft* in der Webdokumentation *Eigensinn im Bruderland,* hrsg. von Isabel Enzenbach, Mai-Phuong Kollath und Julia Oelkers. Abgerufen unter der URL: https://bruderland.de/, letzter Zugriff: 21. 06. 2021. Zuletzt: ONUR ERDUR: »Wir sind auch das Volk« – Mauerfall, deutsche Einheit und die Perspektive der Migration, 1989/90. In: DIRK RUPNOW u. a. (Hrsg.): Repräsentation und Erinnerung der Migration. Représentation et mémoire de la migration. Innsbruck 2021, S. 123– 150 (i. V.).

126 16. Oktober bis 22. Oktober

Abb. 3   Evelyn Richter schenkte am 16. Oktober 1989 ihre Aufmerksamkeit vor allem den Gesten und Gesichtern von Frauen im Straßenprotest. Sie lehrte in der Fotoklasse der Leipziger Hochschule für Grafik und Buchkunst (HGB). Der damals 31-jährige HGB-Absolvent und Fotograf Matthias Hoch übernahm die Bildredaktion für den dokumentarischen Band *Jetzt oder nie – Demokratie!*, der 1989 im Forum Verlag Leipzig erschien. In diesem Buch sind auch Abb. 1 und 2 erstmals veröffentlicht worden.

Abb. 4   »Wir sind *auch* das Volk« am 16. Mai 1990: Andreas Kämper fotografierte in Ost-Berlin jene Bürger*innen, die auch nach den freien Wahlen vom März von der Gesellschaft zu wenig wahrgenommen wurden. Kämpers Protestchronik reicht bis Ende 1990.

Abb. 5   Am 31. März 1990 vor der Kaiser-Wilhelm-Gedächtnis-Kirche in West-Berlin, nach der Verschärfung des Aufenthaltsrechts für Ausländer*innen in der Bundesrepublik. Wer gehört zum ›deutschen Volk‹? Kritische Fragen an die deutsche Mehrheitsgesellschaft und das Völkische im Volksbegriff. Foto: Andreas Schoelzel.

1. Wer soll ›das Volk‹ gewesen sein?

Kurzum, bei einer Reflexion zur visuellen Repräsentation von 1989/90 sollte es auch um jene Überlieferungen gehen, die zu lange verschattet waren, auch weil sie nicht ins stolze, staatstragende Narrativ gehörten. Wer soll ›das Volk‹ gewesen sein? Wer hat das Recht zu bestimmen, wer ›das Volk‹ war oder ist?

Schon beim »We the people« in der amerikanischen Verfassung gehörten Frauen, Indigene und Sklaven nicht dazu.[4] Auch der *demos* der liberalen Demokratie kann – als dunkle Seite der Demokratie, so Michael Mann – in *ethnos* umschlagen.[5] Exklusion und Inklusion ist als Möglichkeit stets angelegt. Doch gerade darum ist es wichtig zu begreifen: Wer zum ›Volk‹ gehört und wer nicht, das ist stets eine Aushandlungsfrage in der sozialen Praxis – und berührt die politische Glaubwürdigkeit und moralische Legitimation vor der Weltgemeinschaft, denn juristisch legitimiert kann eine Revolte gegen die Regierung nicht sein. Und auch das »Wir sind das Volk!« auf der Leipziger Ringstraße hat als politisches Volk nicht mit dem sozialen Volk übereingestimmt. Auch in der DDR war es die Selbstermächtigung einer politischen Minderheit, die beansprucht hat, ›das Volk‹ zu sein. Ein Volkswille existiert nicht, ›das Volk‹ hat weder Wille noch Bewusstsein – es besteht aus vielen Individuen, ist kein Kollektivsubjekt.

Und die letzte schlechte Nachricht für Geschichtspolitiker*innen: ›Das Volk‹ als Ganzes ist unsichtbar. Es ist weder empirisch zu fassen noch visuell zu fixieren, es entzieht sich, bleibt »unauffindbar – und doch springt es mitunter auf die Bühne der Geschichte. Gerade in jenen revolutionären Momenten, [in] denen eine historische Zäsur gesetzt, ein Anfang gemacht wird, zeigt das Volk sich mit seiner Gewalt.«[6] Erst in der revolutionären Aktion stellt sich für eine begrenzte Zeit ›das Volk‹ her, nimmt buchstäblich Gestalt an, artikuliert Lust auf Partizipation, beansprucht demokratische Repräsentation, bildet Runde Tische, übt sich in Basisdemokratie.

Diejenigen Wenigen, die im Oktober aus Megafonen »Hier spricht die Volkspolizei!« hören mussten und vorher als »Rowdies« in der SED-Presse kriminalisiert worden waren, reagierten darauf mit dem Ruf »Wir sind das Volk«. Diese Menschen konnten als Gruppe mit ihrer kühnen Behauptung Legitimität erlangen, weil sie glaubwürdig waren und schrittweise, Montag für Montag, einer

---

4   Siehe für hier und im Folgenden ausführlich und dicht argumentiert: Michael Wildt: Volk, Volksgemeinschaft, AfD. Hamburg 2017, S. 121–143, besonders S. 122–125.
5   Michael Mann: Die dunkle Seite der Demokratie. Eine Theorie der ethnischen Säuberung. Hamburg 2007.
6   Wildt: Volk, Volksgemeinschaft, AfD (wie Anm. 4), S. 131 f.

mehrheitsfähigen Grundstimmung im Land ohne physische Gewalt zum Ausdruck verhalfen: *So* geht es nicht weiter, wir fordern Mitsprache und Grundrechte, verbrieft in der DDR-Verfassung. Sie haben sich eine Stimme gegeben, ihr Geltung verschafft. Das ist die Voraussetzung für demokratisches Handeln.

Was mich interessiert, ist die Geschichte der Entstehung und Verwendung von Fotografien und Filmbildern von der Revolution 1989/90. Will man die visuelle Kultur einer Revolution untersuchen, lässt sich fragen: Wie erscheint das, was sich selbst als ›Volk‹ inszeniert? In der historischen Zeit und heute? Wie und wo, wann und warum wurden die Akteure sichtbar, erhielten dabei auch Gesicht? Wie wurden Massenbewegung und Versammlungen von Menschen ins Bild gesetzt? Welche Konjunkturen des Gebrauchs dieser Bilder nach 1989/90 lassen sich erkennen? Im Folgenden konzentriere ich mich auf veröffentlichte Bilder von 1989/90, mit denen wenige Tage und Wochen nach den Ereignissen kommuniziert worden ist.

Die Antwort auf das, was das fotografisch erfasste revolutionäre ›Volk‹ ausmacht, wandelte sich zum einen mit dem zeitlichen Abstand zum historischen Geschehen, war und ist abhängig von Erfahrung, Haltung und Standpunkt der Medienmacher*innen und nachträglichen Beobachter*innen. Für theoretische Skepsis gegenüber dem Medium der Fotografie ist gerade in revolutionären Zeiten wenig Raum. Der Realitätseffekt des Lichtbildes – ›So war es!‹ – dominiert dann erst recht über die theoretisch gewonnene Einsicht, dass das Kameraobjektiv vor allem subjektive Deutung erlaubt und dass genau dieses Spannungsverhältnis von übersinnlicher, nicht intendierter Genauigkeit des Fotoapparats und der Willkür des Bildaktes ja das eigentlich Reizvolle des Fotografischen ausmacht. Ein Foto leistet eben weit mehr, genauer, es leistet *anderes,* als ein bloßes Abbild des Ausschnitts von der Welt vor der Kamera zu fixieren, um dann zweidimensional ein Fragment für die Nachwelt zu sein.

2. »Es ist nicht leicht, eine Revolution ins Bild zu setzen«

Menschenmassen laufen auf der Straße, ihre Transparente fordern Gerechtigkeit, sie protestieren gegen »bürgerliche Bevormundung«. Ein Mann mit Schiebermütze will eine Flagge zeigen, doch sie entrollt sich nur zögerlich. Andere Männer erheben die rechten Arme, ihre zur Faust geballten Hände stoßen sie rhythmisch nach oben, immer wieder. Ein anderer Mann wirbelt energisch und elegant zugleich eine große Fahne durch die Luft, schwarz-rot-gold. Was und ob die Demonstranten rufen, bleibt unklar, denn eine Kapelle spielt Marschmusik. Und dazwischen Schussgeräusche und Pulverqualm. Mit Gewehren verteidigen die Arbeiter ihre Barrikade gegen Uniformierte, die in Reih und Glied anrücken und auf Kommando ihre Salven auf die Revolutionäre abfeuern.

»Es ist nicht leicht, eine Revolution ins Bild zu setzen«, lautet Harun Farockis Kommentar im Anschluss an diese Szenen.[7] Es ist Filmmaterial aus dem Fernseharchiv der DDR: Aufzeichnungen vom historischen Festumzug, der im Juli 1987 in der ›Hauptstadt der DDR‹ inszeniert worden war. Hunderte Schauspieler*innen, Laiendarsteller*innen und ›historische Persönlichkeiten‹ (›Zeitzeugen‹) bemühten sich zur 750-Jahr-Feier Berlins, die Kämpfe der deutschen Arbeiterklasse Revue passieren zu lassen – für Partei und Regierung auf der Tribüne.

Diese Nachstellung von Geschichte als Festumzug feierte ›historische Schlüsselszenen‹ im vermeintlich allein proletarischen Kampf um Recht und Freiheit in Deutschland. Das Berliner ›Revolutionstheater‹ rief Traditionen vom Vormärz bis zum ›antifaschistischen‹ Kampf unter dem KPD-Führer Ernst Thälmann auf. Im originalen Off-Kommentar des DDR-Fernsehens von 1987 wurde Friedrich Engels zitiert: »Die Arbeiterklasse hatte gekämpft und gesiegt, gelangte mit einem Schlag zum Bewusstsein der eigenen Kraft.« Für die TV-Kameras zeigten sich Margot und Erich Honecker vom Revolutionsgeschehen vor ihren Augen begeistert. »Unsere Menschen« als historisch kostümiertes Revolutionsvolk auf der Straße – eine solche Idealisierung bestätigte sie in ihrem Glauben, dass in der DDR die historische Mission »unter Führung der Arbeiterklasse und ihrer marxistisch-leninistischen Partei« (Verfassung der DDR, Artikel 1) erfüllt worden sei.

Während 1987 die Hände für die Show vor der Regierung auf der Tribüne zur Faust geballt wurden, formten sich im Herbst 1989 viele Hände zum Victory-Zeichen. Hier schienen die Arme auch nicht müde zu werden, die Forderungen nach Reformen, freien Wahlen und Reisefreiheit zu bekräftigen. Sie waren von ›innerem Feuer‹ gestärkt; auch der Rhythmus der Slogans beflügelte die Begeisterung und den Mut der Vielen.[8]

---

7 Essayfilm von HARUN FAROCKI: *Die führende Rolle*. BRD 1994 (3sat), 35 Minuten. Farockis Montage untersucht anhand von Nachrichtensendungen vom Herbst 1989 aus Ost und West, wie sich Arbeiter*innen und SED-Führung in der gesellschaftlichen Krisen- und Umbruchssituation des Herbstes 1989 zueinander verhielten und wie sich die Schauplätze nach der Öffnung der Grenzen wandelten: von den Industriebetrieben in der DDR zu den Geschäftsvierteln des Westens. Siehe auch EIKE WENZEL: Hinter der sichtbaren Oberfläche der Bilder. Harun Farockis dokumentarische Arbeit an gesellschaftlichen Umbruchsituationen. Zu Videogrammen einer Revolution und Die führende Rolle. In: ROLF AURICH/ULRICH KRIEST (Hrsg.): Der Ärger mit den Bildern. Die Filme von Harun Farocki. Stuttgart 1998, S. 269–286.

8 AXEL DOSSMANN: »Wir sind das Volk!« Von der Stimmgewalt im Herbst 1989 – und von Volker. In: GERHARD PAUL/RALPH SCHOCK (Hrsg.): Sound des Jahrhunderts. Geräusche, Töne, Stimmen – 1889 bis heute. Bonn 2013, S. 518–523.

Abb. 6 Von Harald Hirsch ins Bild gefasste, anfeuernde Gesten auf der Protestdemonstration am 23. Oktober in Leipzig: Symbol für den geteilten Willen von vielen, gegen die etablierten Machtverhältnisse anzugehen – und um sich selbst Mut zu machen.

Das Motiv einer weitgehend gesichtslos und anonym bleibenden Masse ist ein etabliertes Bildmuster, mit dem sich Protest als machtvoll ins Bild setzen lässt. Es wird zum Symbol für eine Gemeinschaft von Andersdenkenden, die sich erst durch den Protest konstituiert. Sie bietet keine choreografische Schönheit, aber authentisch wirkendes Miteinander. Sie ist bildlicher Ausdruck für den geteilten Willen, der aus vielen Einzelnen eine machtvolle Masse bildet und erstarrte Machtverhältnisse erschüttern kann. Lebens- und Tonfilmerfahrung von Betrachter*innen dichten dem stummen Foto vom Straßenprotest noch akustische Atmosphäre bei und wandeln es in ein global verständliches Bild.

3. Kalkulierte Bilder für den Westen

Die Bilder von 1989 »zerrissen den Schleier der Angst, schufen Wirklichkeit«, schrieb der Journalist Klaus Hartung, einer der klügsten und hellsichtigsten Beobachter seiner Gegenwart: »In Abwandlung eines Hegel-Satzes: Was wäre die Wirklichkeit, wenn sie nicht erschiene.«[9] Wie die Sprache sind auch fotografische

---

9 KLAUS HARTUNG: Neunzehnhundertneunundachtzig. Ortsbesichtigungen nach einer Epochenwende. Frankfurt am Main 1990, S. 24.

und filmische Bilder nur ein Versuch, überkomplexe Wirklichkeit deutend zu kommunizieren. Fotografische und filmische Bilder sind gewiss nicht einfach nur Abbilder der Realität vor den Kameras. Indem sie die Wirklichkeit (nachträglich) erscheinen lassen, können Menschen diese Erscheinungen als Potential nutzen, um die Wirklichkeit (nachträglich) zu verändern. Als am 21. Dezember 1989 der rumänische Diktator Nicolae Ceaușescu in einer Live-Übertragung des Staatsfernsehens seine Rede abbrach (und bald darauf vor den protestierenden Massen per Hubschrauber floh), war diese Bildstörung bereits das Signal für den realen Machtverlust des Alleinherrschers. Konsequenterweise besetzte die rumänische Opposition im Dezember 1989 das Fernsehstudio des Landes.

Die um Gewaltlosigkeit bemühte Opposition in der DDR hat eine Attacke auf das DDR-Fernsehen im Herbst 1989 nicht nur nicht gewagt, sondern gar nicht erst erwogen. Denn die Gegenbilder zur offiziellen Berichterstattung in der DDR hatten ihren Sendekanal mit dem bundesdeutschen Fernsehen längst gefunden. Das ›Westfernsehen‹ erreichte die meisten der DDR-Bewohner*innen, die nach mehr Weltanschauung verlangten, als ihnen ›ihr‹ Staat zubilligte. Die deutsche Teilung und ihre Folgen verstärkten den Druck auf die SED. Jedes Foto und jeder Film aus und über die DDR war von *ARD* und *ZDF* an beide deutsche Mediengesellschaften adressiert.

Das offenbarte nicht zuletzt auch die Grenzen der perfiden Überwachung durch das Ministerium für Staatssicherheit. Die fotografierenden und videografierenden Oppositionellen Siegbert Schefke und Aram Radomski waren besonders trickreich und diszipliniert zugleich und entwischten ihren vielen Überwachern immer wieder. So gelangten sie am 9. Oktober 1989 mit einer Videokamera, die ihnen Roland Jahn besorgt hatte, unerkannt bis nach Leipzig. Hans-Jürgen Sievers, der Pfarrer der Evangelisch-reformierten Kirche zu Leipzig, verhalf ihnen auf die oberste Plattform des Kirchturms am Leipziger Innenstadtring. Im Taubendreck liegend warteten und schauten sie mit Spannung und Angst nach unten auf die breiten Straßen:

> Fast keine Menschen. Zuerst hörten wir sie nur. Würde geschossen werden? In den Staatszeitungen war geraten worden, dass die Bürger zu Hause bleiben sollten. Wir warteten. Sprechchöre waren zu hören. Dann kamen sie, eine unbeschreiblich große Menschenmenge näherte sich. In wenigen Minuten bewegt sie sich direkt unter uns. Welch eine Anspannung, wir waren total aufgeregt. Wir hatten keinen Monitor, nur den kleinen Sucher [der Videokamera, Anm. d. Verf.]. Später hörten wir uns auf dem Band flüstern: »Ist da überhaupt was zu erkennen?« Einfach weiter drehen, nur laufen lassen.[10]

---

10 SIEGBERT SCHEFKE: Als die Angst die Seite wechselte. Die Macht der verbotenen Bilder, hrsg. von Maren Martell. Berlin 2019, S. 97 ff.

Zu den Abendnachrichten am gleichen oder am nächsten Tag saßen Millionen vor dem Fernseher und warteten auf Bilder vom Geschehen auf den Straßen der DDR, nicht zuletzt auch diejenigen, die es gewagt hatten, auf die ›Demo‹ zu gehen. Das eigene Handeln als TV-Bild in den (West-)Medien zu sehen vervielfachte das Gefühl von der Relevanz, bestärkte den Mut zur Wiederholung, nahm anderen die Angst. Schefkes und Radomskis Videokassetten und Filmrollen gelangten mithilfe von Journalisten des *SPIEGEL* und der *AP* über die Mauer und auf die Schneidetische der Sender. Sie waren sich bewusst, welche Kraft ihre Aufnahmen aus Leipzig entfalten könnten, wenn sie im Westfernsehen ausgestrahlt würden: »die Welt wird sich verändern«, raunten sie sich zu, es ging um die »Macht der verbotenen Bilder«.[11] Radomskis Fotos lassen genauer als das Videomaterial vom ›Menschenstrom‹ erkennen, wie fragil die Formation der 70.000 Demonstrierenden auf den breiten Straßen Leipzigs an manchen Stellen doch gewesen war. Das fotografische Bild lässt Kohäsionskräfte erahnen, dank derer einer diffusen Menge von ca. 70.000 Vereinzelten und Kleingruppen der Auftritt als ›Volk‹ gelang. (Abb. 7)

Dass eine Opposition auf visuell-mediale Repräsentation angewiesen ist, das war in der DDR längst bekannt. Wer überregionale Massenmobilisierung anstrebte, entwickelte Gespür für Protestaktionen, deren Inszenierung sich auch für Kameras eignete – »Schnappschüsse von Transparenten gehörten zu den effektivsten Bildmitteln der DDR-Opposition.« Im Herbst 1989 verdrängte das Fernsehen rasch die Relevanz der Fotografie. So riefen am 4. September 1989 die Ausreisewilligen »Wir wollen raus!« quasi direkt in die Kameras von *ZDF* und *ARD*. Und auch Leipziger Bürgerrechtler*innen kalkulierten wegen der Leipziger Messe an diesem Tag mit der Präsenz unabhängiger Fernsehstationen und von Pressefotograf*innen. »Für ein offenes Land mit freien Menschen« stand auf ihrem Banner, das ihnen – kaum hatten sie es entrollt – von MfS-Leuten aus den Händen gerissen wurde. Dass aber auf diese Weise »eine Demonstration *simuliert*« worden sei, die »eigentlich nie stattgefunden hatte«, wie Fotohistoriker Ulrich Keller diese und vergleichbare Aktionen kommentiert, das ist ein Werturteil, das die historischen Rahmenbedingungen nicht angemessen berücksichtigt.[12]

Was definiert eine Demonstration in einer Diktatur? Wenn friedlicher, aber gewiss provokativer Protest nach 10 oder 20 Sekunden mit staatlicher Gewalt

---

11 Ebd., S. 99.
12 Alle Zitate dieses Absatzes aus: ULRICH KELLER: »Das wollen wir alles zeigen«. Zur Rolle der Fotografie in der DDR-Oppositionsbewegung. In: *Fotogeschichte* 39 (2019), 154, S. 25–34, hier S. 30.

Abb. 7 Der Leipziger Ring am 9. Oktober 1989: Der Demonstrationszug vor dem ›Konsument‹-Warenhaus am Brühl, der ›Blechbüchse‹. Siegbert Schefke machte die Videoaufnahmen, Aram Radomski fotografierte mit Farbfilm.

unterdrückt wird, dann ist das fotografische Bild davon ja keine Täuschung oder Verstellung der Wirklichkeit, sondern eben die ins Bild gesetzte Botschaft: Eine Demonstration ist aus Gründen politischer Repression in diesem Land nicht möglich – der Slogan allein hätte diese Message nicht vermittelt. Insofern leisten Fotografien von Demonstrationen mit Transparenten – wie etwa auch beim genehmigten Olof-Palme-Friedensmarsch 1987 durch die DDR – weitaus mehr als nur »Texttransport«.[13] Wer solche Fotos betrachtet, liest ja nicht allein die Schriftzüge der Transparente. Fotografisch sichtbar werden auch die Frauen und Männer, die das Transparent entrollten und trugen; zur Geltung kommen ihr Körpereinsatz, ihre Mimik, ihre Entschlossenheit in der Abwehr der brutal zupackenden Stasi-Männer in Zivil. Auch das Verhalten der Umstehenden wird fotografisch fixiert. Sofern auch noch andere Akteure mit Kameras sichtbar werden, handelte es sich hier also eher um unfreiwillig selbstreflexiv ins Bild gefasste Medienereignisse, nicht aber um Simulationen. Statt eine »ungebrochene Textfixierung«[14] von Protestfotografie in der späten DDR zu beklagen, müssten künftige Analysen zunächst wohl die Fixierung auf westeuropäische

---

13 Ebd., S. 29.
14 Ebd.

Maßstäbe von ›richtigem‹ Protest aufgeben. Auch verdient die Performanz der Körper mehr Aufmerksamkeit. Eine Rekonstruktion von Bildakten lässt erkennen, wie stark die Akteure mit ihren jeweiligen Medien identifiziert sind und sich leibhaftig gegen Angriffe zu verteidigen wissen: Transparente, Kameras, später auch Mikrofone und Megafone.[15]

4. Mit Walter Kempowski fernsehen: »Menschenmassen in Rembrandt-Braun«

»Beim Fernsehen sitze ich auf dem Sprung, den Videoknopf in der Hand. Täglich gibt es unglaubliche Sensationen. Ich nehme alles auf«, notierte Walter Kempowski am 15. Oktober 1989 in sein Tagebuch.[16] Der literarische Chronist, der acht Jahre wegen CIA-Spionage als politischer Gefangener im Zuchthaus Bautzen gesessen hatte und 1956 in die Bundesrepublik gegangen war, reflektierte im Sommer und Herbst 1989 die TV-Bilder über die Entwicklungen in der DDR. Angesichts der vielen DDR-Flüchtlinge sah er für die ostdeutschen Kommunist*innen die Zeit gekommen: »Wenn sie nicht aufpassen, explodiert die Sache«. Er erwartete aus historischer Erfahrung Blutvergießen.[17] In den »Flüchtlingsfluten« sah er Vorboten für eine Wiedervereinigung:

> Das hat was von Hysterie an sich. – Die Gesichter, die man zu sehen kriegt, ähneln einander, junge Leute zwischen 18 und 32, Jeans, Männer mit Oberlippenbärten, Frauen mit Kind auf der Hüfte. Sie glauben nicht an die Versprechungen des SED-Staates […].[18]

»Sonderbar unwirkliche Aufnahmen«, notiert er nach den TV-Bildern von niedergeknüppelten Straßenprotesten am 7. Oktober in Leipzig, Dresden und Berlin. »Die ernsten Gesichter der Demonstranten. Das ist eine andere Gewalt als unsere organisierten Gewerkschaftsdemonstrationen, wo die Leute sich grinsend unterhalten, während es um den Atomtod geht.«[19] Als schreibender Fernsehchronist der

---

15   Zur Relevanz von Stimme, Sound und Stimmverstärkern siehe DOSSMANN: »Wir sind das Volk!« (wie Anm. 8).
16   WALTER KEMPOWSKI: Alkor. Tagebuch 1989. München 2001, S. 464.
17   Ebd., S. 454. Zu Silvester 1989 notiert er dann: »›Es fehlte das *Blut*‹, wie S. sagte. Kein Stasi-Mann wurde an einer Laterne aufgehängt, und die ›Staatsmacht‹ gab nicht einen einzigen Schuss ab. Die bürgerliche Revolution wurde nicht besiegelt.« Ebd., S. 593 (Hervorhebung im Original).
18   Ebd., S. 499.
19   Hier und im Folgenden ebd., S. 454.

Revolution widmete er sich den von Volkpolizisten Geprügelten. Ein Demonstrant zeigte vor der Kamera auf die Platzwunde am Kopf eines anderen: »›Watt se hia sehn, is'n friedlicha Demonstrant.‹« Ob solche Fernsehbilder überhaupt richtig verstanden werden könnten von Westdeutschen, fragte sich der Schriftsteller, schließlich seien denen blutende Wunden als Folge von Polizeieinsätzen im eigenen Land durchaus vertraut:

> Während sie [in den bundesdeutschen TV-Nachrichten, Anm. d. Verf.] Aufnahmen von vorstürmenden [Volks-]Polizisten zeigten, die hellen Schilder wie Flügel, dachte ich an die Mai-Krawalle der Autonomen in Kreuzberg. Wo liegt der Unterschied? Wie sollte jemand, der die Ursachen nicht kennt, das auseinanderhalten?[20]

Auch für die ersten Bilder vom 9. Oktober 1989 in Leipzig stellte Walter Kempowski in seinem Tagebuch Vergleiche an: »TV: Verwischte, fast sakrale Bilder aus Leipzig von Menschenmassen in Rembrandt-Braun. Sie legen ihre Hände schützend um die Kerzen. Das wird erst auf dem Fernsehbildschirm zur Pose. Dort drüben ist es sehr ernst gemeint.«[21] Er betonte damit die Vieldeutigkeit und Kontextabhängigkeit für die Wahrnehmung der medialisierten Realität, die auch individuelle Assoziationsräume öffnete. Vor den oben bereits erwähnten Videobildern von Schefke und Radomski assoziierte der Autor der *Deutsche[n] Chronik* sogar Jugenderinnerungen an Rostocker Bombenkriegsnächte:

> Gestern sollen in Leipzig 70 000 demonstriert haben. Unheimlich. Die Stille über den Menschenmassen, ab und zu ferne Geräusche. Dann die Sprechchöre und zwischendurch atmende Stille. Wie nach Fliegerangriffen, das Krachen von Balken, ferne Rufe.[22]

Über die erste große und staatlich genehmigte Berliner Demonstration vom 4. November konnte bekanntlich im Taghellen berichtet werden. Schon am frühen Vormittag füllten sich die Straßen im Zentrum Ost-Berlins. Kempowski nahm vor dem Fernseher vor allem die Buhrufe und Pfiffe des Publikums aus dem Bild-Off wahr, wenn SED-Männer wie Markus Wolf oder Günter Schabowski das Wort ergriffen. Der Dokumentarfilmer Thomas Heise indes richtete seine Videokamera von den Gesichtern der prominenten Redner*innen weg in Richtung Menge, »die sich in der offenen Schwenkbewegung wieder in eine Ansammlung

---

20 Ebd., S. 451 f.
21 Ebd., S. 456.
22 Zitate dieses Absatzes ebd., S. 457.

Einzelner« auflöste.²³ Heise hatte sich mit einem Tuch an der improvisierten Holzbühne auf der Ladefläche des LKW festgebunden, auf dem die Redner*innen sprachen. Er hatte sich eine autonome Blickposition im Halbaußen erobert. Mit seiner Videokamera zeigte der dissidente Künstler die Menschen nicht in der Standardtotalen des Fernsehens, die ›das Volk‹ als vermeintlich homogenen Akteur bzw. als unüberschaubare Masse konstruierte. Mit seinem Schwenk hin zu den Demonstrant*innen lieferte Heise »den mikrohistorischen Gegenschuss«; er zeigte »das ›revolutionäre Subjekt‹ als Ansammlung gemeinsam rebellierender Subjekte«.²⁴

Walter Kempowski sah indes nur die Bilder des Fernsehens. Er verstand nicht, warum »die Menge fast schafsmäßig friedlich« blieb. Ihm blieben ›in der ersten Reihe‹ vor dem Fernsehbildschirm diejenigen Akteure verborgen, die Heise in ihrer Subjektwerdung mit seiner Videokamera sicherte. Dem vom Volk enttäuschten Schriftsteller im niedersächsischen Nartum fiel zu den TV-Bildern nur ein bissiger Kommentar ein: »Die fehlende Leidenschaft kann man nicht durch das Aufmarschieren von Volksmassen ersetzen«.²⁵ Die erwarteten Emotionen konnte Kempowski bei den »Ausreißern« entdecken, also denen, die aus der DDR in die Bundesrepublik kamen. Er verkannte dabei nicht, was ›den Westen‹ für viele so anziehend machte: »Wie es scheint, sind die Werbesendungen im Fernsehen die wirksamste Propaganda für den freien Westen. In puncto Verlogenheit sind sie zu vergleichen mit der Propaganda des Arbeiter-und-Bauernstaates.«²⁶

Der linke westdeutsche Filmemacher und Redakteur Harun Farocki, der sich immer schon für Fabrikarbeit und Produktionsverhältnisse interessiert hatte, sah in den TV-Nachrichten des Novembers 1989 immer wieder die Bilder von DDR-Bürger*innen, die sich staunend vor westdeutschen Schaufenstern gruppierten und die Bürgersteige West-Berlins verstopften. Gewohnt analytisch, auf andere Weise ernüchtert, kommentierte er: »Es scheint, als hätten sie [die Arbeiter] hier, an diesem geschichtlichen Ort, die Erfahrung gemacht, dass in der Bundesrepublik Kräfte wirken, denen nichts entgegenzusetzen ist.«²⁷

---

23 MATTHIAS DELL/SIMON ROTHÖHLER (Hrsg.): Vorwort. In: DIES.: Über Thomas Heise. Berlin 2014, S. 9–13, hier S. 12.
24 Ebd. Das Videomaterial hat THOMAS HEISE erst spät digitalisieren können und dann in seinen Film *Material* (BRD 2009, 164 Minuten) montiert.
25 KEMPOWSKI: Alkor (wie Anm. 16), S. 495.
26 Ebd., S. 495.
27 HARUN FAROCKI zit. nach DERS.: *Die führende Rolle* (wie Anm. 7).

5. Fast vergessen: Revoltierende Massen am 7. Oktober 1989 in Plauen

Abb. 8　Vor Ort fotografisch fixiert, doch ohne große mediale Resonanz: die Proteste großer Teile der Bevölkerung von Plauen am 7. Oktober 1989, dem Staatsfeiertag der DDR. Das Bild wurde Teil einer Dokumentation, die 1991 im Vogtländischen Heimatverlag Neupert erschien. Die Urheberschaft ist nicht mehr zu klären.

Es hat lange gedauert, bis auch andere Städte als Leipzig, Dresden und Berlin als Orte der Revolution überregionale öffentliche und wissenschaftliche Aufmerksamkeit erhielten. Zwar hatten bereits viele Kommunen in Heimatverlagen ihre Lokalgeschichten zur Wende 1989/90 herausgebracht. Aber in den großen Darstellungen blieben diese meistens unberücksichtigt.[28] Im sächsischen Plauen hatten bereits am 7. Oktober 1989 über 10.000 Bürger*innen eine Protestdemonstration gebildet, Reformen und auch unverblümt die deutsche Einheit gefordert. 1991 brachte ein Vogtländischer Heimatverlag einen lokalen Bestseller heraus: *Die Wende in Plauen. Eine Dokumentation*. Mit erkennbarem Stolz und Nachdruck stand über dem Haupttitel *Es war das Volk*.[29] Eine Fotostrecke mit 25 Schwarz-

---

28　Das gilt auch für die erste umfassende, dem Gesamtgeschehen in der DDR gerecht werdende Darstellung von Ilko-Sascha Kowalczuk: Endspiel. Die Revolution von 1989 in der DDR. München 2009. Zu Plauen siehe S. 395–399. Das bilderlose Buch gibt nur vereinzelt gedruckte Lokal- und Regionalliteratur als Quelle an (S. 573).
29　Es war das Volk. Die Wende in Plauen. Eine Dokumentation, hrsg. von Thomas Küttler und Jean Curt Röder. Plauen 1991. Zu den Ereignissen in Plauen siehe auch den Beitrag von Alexander

Weiß-Fotos zeigt die Straßenproteste und Konflikte mit der Volkspolizei am 7. Oktober. Im Kontrast zu den vielen bekannten Bildern von Leipziger Montagsdemonstrationen, die ja nach Feierabend im Dunkeln stattfanden, sind die Plauener Akteure im taghellen Licht zu sehen. Ein Foto, das den Demonstrationszug am ›Republikgeburtstag‹ repräsentiert, erfasst die Straße mit Sichtachse zur dahinter liegenden Friedensbrücke. (Abb. 8)

Auf der leeren Straße kommt dem Fotografen die Spitze eines Demonstrationszuges entgegen. Die Menschen nutzen eng beieinander die gesamte vierspurige Straße aus. In der ersten Reihe laufen mindestens 30 überwiegend jung wirkende Bürger*innen. »Wir brauchen Reformen!« liest man auf ihrem Transparent in der Mitte.

Erst auf den zweiten Blick wird im unscharf erfassten Bildhintergrund des Fotos sichtbar, *wie* viele Demonstrant*innen dieser ersten Reihe folgen – es ist kein Ende abzusehen, das Laub eines Baumes verdeckt die Nachkommenden. Einige Bürger*innen haben anlässlich des Feiertags DDR-Fahnen aus den Fenstern ihrer Wohnungen gehängt. Offenbar wehte kaum Wind, die Fahnen wirken wie ein Kommentar. Ein Trabant im vorderen Mittelgrund blinkt zur Seitenstraße, scheint gerade noch rechtzeitig Platz machen zu wollen vor dem ›Volk‹, das die leichte Steigung auf den Betrachtenden zuläuft. Zwar wirken die Figuren in dieser Straße mit ihren fünfstöckigen Altbauten klein. Aber wer das Foto betrachtet, wird die Macht und Entschlossenheit dieser Formation nicht unterschätzen wollen – ein Drittel der Bevölkerung war in Plauen beteiligt, weitaus mehr als in Leipzig und in anderen Städten.

Das Motiv der ›heranwälzenden Menschengruppe‹ schließt an tradierte Bildmuster von der revoltierenden Masse an. Der nicht enden wollende Menschenstrom impliziert nicht nur vordergründig Emanzipation, sondern birgt auch etwas Bedrohliches und Unheimliches. Die amorphe, entindividualisierte Masse wird zum symbolischen Körper, physisch wie emotional.[30] Es ist das Wort auf dem Laken in der Mitte des Protestbildes, das über die Motive unterrichtet: »Reformen!« Das war auch als Verhandlungsangebot zu verstehen: Wer Reformen verlangt, der stürmt nicht mit Gewalt das Rathaus, sondern beruft sich auf verfassungskonforme Grundrechte.

Die Einleitung des Buchs zur Plauener Wende lässt auch die veränderte soziale Lage ein gutes Jahr nach dem hoffnungsfrohen Aufbruch erkennen: »Inzwischen

---

Leistner und Anna Lux in diesem Band.

30 Zum öffentlichen Bild der revoltierenden Masse vgl. NICOLE WIEDENMANN: Revolutionsfotografie im 20. Jahrhundert. Zwischen Dokumentation, Agitation und Memoration. Köln 2019, S. 269–285, besonders S. 272 ff.

ist sehr viel Ernüchterung eingetreten«, heißt es. »Viele sind von den neuen Möglichkeiten und Schwierigkeiten ihrer beruflichen Existenz derart in Anspruch genommen, dass für tiefergehende Überlegungen keine Zeit bleibt. Die Arbeitslosigkeit ist ein bedrückendes Problem.«[31]

6. Die Dominanz der Bilder vom ›Mauerfall‹

Führt man sich das nationale Bildgedächtnis auf den Covern vieler prominenter (Bild-)Bände und Fachbücher zur Revolution 1989/90 vor Augen, dann dominieren bis heute Fotografien aus Leipzig und Berlin. Das DDR-weite Demonstrationsgeschehen findet auch visuell meist wenig Beachtung – es ›taugt‹ wohl auch deswegen nicht, weil bei Werbung auf Wiedererkennung gesetzt wird. Eine frühe Ausnahme war die Open-Air-Ausstellung *20 Jahre Friedliche Revolution 1989–2009* der Robert-Havemann-Gesellschaft auf dem Berliner Alexanderplatz, die den mehr als zwei Millionen Besucher*innen 2009/10 vor Augen führte, an wie vielen Orten im Herbst 1989 demonstriert worden war.

Doch diese Ausstellung hat Bildredaktionen und geschichtspolitische Akteure langfristig wenig beeindruckt. Wenn die ›Friedliche Revolution‹ mit großem ›F‹ Thema sein soll, wird noch oft auf ikonische Bilder vom ›Mauerfall‹ zurückgegriffen. Der ›Mauerfall‹ ist als Begriff Teil der Meistererzählung, die Revolution und deutsche Einheit als alternativlose Kausalbeziehung miteinander verknüpft. Die Mauer fiel jedenfalls nicht, das Bauwerk stand auch am 10. November noch so fest wie in den Jahren zuvor. Die SED-Führung drückte sich vor einer Entscheidung. Unter dem Druck der von den TV-Nachrichten herbeigerufenen, neugierigen Menschenmenge in der Nacht des 9. November ließen Verantwortliche an den Grenzübergangsstellen ›fluten‹. Aber es ging beim Begriff und in der Bildpraxis ›Mauerfall‹ natürlich um das Symbolische, das Medienbilder entstehen ließ, die an Muster vom ›Sturm auf die Bastille‹ im 18. Jahrhundert anknüpften.[32]

»Der Bühnenraum des ›historischen Ereignisses‹ war [...] bereits ausgeleuchtet, bevor das ›Volk‹ als Akteur zu seinem Auftritt kam.«[33] Die Berliner*innen waren auch von den Scheinwerfern der erwartungsfrohen Fernsehjournalist*innen

---

31 Die Wende in Plauen (wie Anm. 29), S. 18.
32 Zur Begriffsgeschichte von 1989/90 siehe auch den Beitrag von Ralph Jessen in diesem Band.
33 GODEHARD JANZING: Der Fall der Mauer. Bilder von Freiheit und/oder Einheit. In: GERHARD PAUL (Hrsg.): Das Jahrhundert der Bilder. Bd. 2: 1949 bis heute. Göttingen 2008, S. 574–581, hier S. 578.

herbeigelockt worden. Sie wollten vor der Kulisse des Brandenburger Tores davon berichten, ob und wie die Öffnung der Grenzübergangsstellen an den anderen Orten der Stadt erfolgte. Es kamen vorwiegend junge Leute zum symbolischen Zentrum der deutschen Teilung. Irgendwann überrannten sie die Absperranlagen der überforderten DDR-Grenzer, erklommen mit ›Räuberleitern‹ die Mauerkrone, die unter dem Brandenburger Tor extrabreit ausgebaut worden war. Die Panzersperre unter der triumphalen Architektur wurde zum Podium für Revolutionäre. ›Das Volk‹ trat als unfassbar mächtiger Akteur, überrascht von sich selbst, auf die symbolische Bühne der Weltgeschichte – Historienmalerei hätte die Szene mit Pinsel und Farbe kaum pathetischer zeichnen können als die vielen Fotograf*innen vor Ort. Im Unterschied zu den Schwarz-Weiß-ORWO-Aufnahmen aus der DDR kamen hier vor allem Farbfilme von Kodak zum Einsatz – auch für die Panoramaaufnahmen vom Tag danach, die das gesamte Tor symmetrisch in den Fokus nahmen. Nach den Grautönen der ostdeutsch-demokratischen Revolutionsphase kamen im Fotografischen nun buchstäblich auch die (National-)Farben ins Spiel.

»Das Volk siegt«, druckte der *SPIEGEL* in großen Lettern auf das Cover der Ausgabe vom 13. November; mit »offene Grenzen, freie Wahlen« als Untertitel waren politische Forderungen der Protestdemonstrationen immerhin auch benannt. Das Foto zeigt Männer auf der Mauerkrone, einer schlägt mit einer Spitzhacke in den Beton: der konkrete, handfeste Beginn der Verwirklichung von Forderungen, die ostdeutsche Fans bei einem Konzert von David Bowie im Juni 1987 in West-Berlin erstmals lauthals gerufen hatten: »Die Mauer muss weg!« Das vermauerte Tor als Symbol weltpolitischer Teilung diente dem fotogenen »Ritual der Zusammenführung« zweier Systeme. »Die politische Macht des ›Volkes‹ erlangte im Motiv des Mauersturms eine bildmächtige Zuspitzung.«[34]

Doch die Deutung fotografischer Bilder ist keinesfalls stabil. Die Fotografie vom 9. November, die zunächst nur das Ende der Trennung und die erkämpfte Reisefreiheit markierte, wurde bald ersetzt durch strenger komponierte Bilder vom ›Volk‹ auf der Mauerkrone. Der 9./10. November stand mit dieser visuellen Inszenierung bald *pars pro toto* für den ›Mauerfall‹. Das Bildmotiv wurde auch in geschichtspolitischer Motivation den Tausenden Fotografien vorgezogen, die bis dahin noch den Straßenprotest in der DDR vom Spätsommer bis Anfang November vor Augen geführt hatten. Wurde der Straßenprotest im ganzen Land aber ersetzt durch Bilder vom ›Mauerfall‹, dann war damit auch suggeriert, die deutsche Einheit sei immer schon das Ziel ›der‹ Oppositionellen und Revolutionäre gewesen. Dieses Fotomotiv nahm Trends zur nationalpolitischen Vereinnahmung

---

34 Ebd., S. 581.

der vielköpfigen Bürgerbewegungen ohne charismatische und medienaffine Führung vorweg. Das war eine Instrumentalisierung, die akzentuiert mit Richard von Weizsäckers Leipziger Rede vom 7. Oktober 1990 begann, in der er die Rolle der Friedens- und Bürgerrechtsbewegung im Osten Deutschlands »für die Wiederherstellung der deutschen Einheit« würdigte. »Die antidiktatorische Volksbewegung wird anerkannt, der Fluchtpunkt der Erzählung ist aber die Einheit der Nation«, so der Kommentar von Historiker Ralph Jessen.[35]

7. »Wir sind in der Lage, eine Regierung zu stürzen«

Unbequeme Dissident*innen in der DDR hatten schon sehr früh geahnt, dass ihre grundsätzliche, basisdemokratisch fundierte Skepsis gegenüber Herrschaftsverhältnissen und Macht nicht allzu lange auf Gegenliebe stoßen würde. Und wie schwer es war, gegen die Macht der großen Medien die Bevölkerung politisch zu mobilisieren, das war für die Aktiven im Neuen Forum auch keine neue Erfahrung. Nachdem klar wurde, dass die wöchentlichen *Informationsblätter* des Leipziger Neuen Forums zur Massenmobilisierung nicht ausreichten, gründeten Mitglieder des Neuen Forums den Leipziger Forum Verlag. Der erste Titel *Jetzt oder nie – Demokratie! Leipziger Herbst '89* entstand zwischen dem 23. Oktober und 17. Dezember 1989, er wurde über 25.000 Mal verkauft. »Spätere Geschichtsschreiber werden nicht umhin können, auf ›Jetzt oder nie – Demokratie!‹ zurückzugreifen«, empfahl die *Frankfurter Allgemeine Zeitung*.

Im Vergleich mit anderen, dokumentarisch angelegten, illustrierten Chroniken dieser Art wird schnell erkennbar, wie wohlüberlegt die Fotografien in *Jetzt oder nie – Demokratie!* vom Geschehen auf Leipzigs Straßen, Plätzen und Kirchen komponiert worden sind. Matthias Hoch hatte als Mitherausgeber die Bildredaktion übernommen; der damals 31-jährige Fotograf und Absolvent der Hochschule für Grafik und Buchkunst ist heute ein international renommierter Künstler. Im ersten Essay des Bandes formulierten die 31-jährigen Schriftsteller*innen Gudula Ziemer und Holger Jackisch eine selbstkritische Frage: »Wir sind das Volk – aber wer sind *wir*?« Den beiden war bewusst, dass die DDR-Opposition nicht die Vorhut der Industriearbeiter*innen war; dass sie kein ausformuliertes

---

35 RALPH JESSEN: Das Volk von 1989 als Praxis, Projektion und Erinnerungsort. Begriffsgeschichtliche Beobachtungen. In: THOMAS GROSSBÖLTING/CHRISTOPH LORKE (Hrsg.): Deutschland seit 1990. Wege in die Vereinigungsgesellschaft. Stuttgart 2017, S. 33–50, hier S. 45 f. Zu den Meistererzählungen zu und Begrifflichkeiten von 1989/90 siehe auch die Beiträge von Jörg Ganzenmüller und Ralph Jessen in diesem Band.

24

Wer soll ›das Volk‹ gewesen sein? | **81**

Abb. 9   Beide Aufnahmen entstanden kurz vor dem 7. Oktober 1989 in Leipzig. Sieghard Liebe dokumentierte ein SED-Plakat zum 40. Jahrestag der DDR, Gerhard Gäbler war der ›street photographer‹. Zwei Monate später arrangierte ihr Kollege Matthias Hoch bereits die Kontrastmontage für das Buch *Jetzt oder nie – Demokratie!*

22

1. Mai in Leipzig ▷

Wer soll ›das Volk‹ gewesen sein? | **83**

23

Abb. 10   Altstadt-Verfall, Abriss und Paraden der ›Kampfgruppen der Arbeiterklasse‹ in Leipzig auf einer Doppelseite der Buchdokumentation *Jetzt oder nie – Demokratie!*: ein lakonisches Tableau des Fotografen Matthias Hoch zur Frage, warum Opposition und protestierendes Volk *diese* DDR satthatten, Reformen und freie Wahlen forderten.

Programm hatten; dass sie von Ökonomie wenig verstanden; und dass die verbreitete Hoffnung auf Michail Gorbačëv als Retter der DDR-Nation noch nichts über die politischen Zukunftsvorstellungen der künftigen Wähler*innen in einer demokratischen DDR aussagte. Denn diese Dissident*innen überraschte nicht, dass sich die große Mehrheit im Land, etwa 80 Prozent, bis Mitte Oktober zurückgehalten und die Revolution überwiegend am Fernseher verfolgt hatte, während überzeugte Kommunist*innen zum Teil auch mit Gewalt dagegenhielten. Die Worte von Ziemer und Jackisch vom Dezember 1989 klingen wie ein Schwur:

> *Wir haben erfahren, dass wir in der Lage sind, eine Regierung zu stürzen* und ich habe beschlossen[,] das nicht mehr zu vergessen. Es wird das erste Anliegen jeder neuen Regierung sein, uns das wieder vergessen zu machen, im Namen von Stabilität und Vaterland, in Wahrheit aber, weil es unbequem und mühselig ist, ein Volk zu regieren, das diese Erinnerung hat: *Ohne Anstrengung haben wir die Regierung gestürzt. Es war schön und sehr leicht.*[36]

Zwischen das zweigeteilte Essay der beiden Schriftsteller*innen stellte Bildredakteur Matthias Hoch drei Doppelseiten mit Fotografien, die die Stadt Leipzig und ihre Bewohner*innen auf gegensätzliche Weise porträtierten. Der ›Postkartenglanz‹ der Messestadt wird mit einem Foto von einer langen Straße kontrastiert, die von grauen Altbauten flankiert wird. Auf dem Dach ist, ganz klein, ein Mensch zu erahnen, der auf einer großen Antenne steht. In welche Richtung orientiert er den Empfang? Es folgen Aufnahmen von erschöpften Passagieren in der Straßenbahn und gehetzt wirkenden Frauen. Eine von ihnen im klassischen DDR-Kittel trägt Bananen im Arm, vermutlich rasch in einer Arbeitspause besorgt. Gegenüber diesem heute bekannten Foto von Gerhard Gäbler setzte Hoch ein offizielles Propagandaposter zum 40. Jahrestag: »DDR... das sind wir«, dazu Porträts von acht lachenden, stolz und zufrieden wirkenden Menschen, in der Mitte die übliche SED-Prosa: »[...] wir leben in einem Staat, in dem es kontinuierlich voran geht, jeder eine Perspektive hat [...]«. (Abb. 9)

Die zweite Doppelseite präsentiert links den Abriss von Altbauten – gegenüber findet ein Aufmarsch von Kampfgruppen auf dem Karl-Marx-Platz in Leipzig statt. Die uniformierten Männer halten große Tafeln mit Porträtfotos der betagten Genossen aus dem Zentralkomitee der SED. Das Foto darunter ist zweigeteilt. Auf

---

36 HOLGER JACKISCH/GUDULA ZIEMER: Volksfest. In: NEUES FORUM LEIPZIG (Hrsg.): Jetzt oder nie – Demokratie! Leipziger Herbst '89. Zeugnisse, Gespräche, Dokumente. Mit einem Vorwort von Rolf Henrich. Leipzig 1989, S. 17–27, hier S. 26 (Hervorhebungen im Original). Im Impressum wird die Herausgeber*innengruppe benannt: Reinhard Bose, Grit Hartmann, Ulla Heise, Matthias Hoch (Bild), Dr. Josef Kurz, Ameli Möbius, Rolf Sprink.

der linken Bildhälfte zeigt es marschierende Kolonnen der Betriebskampfeinheiten in Rückenansicht; auf der rechten Seite schaut der Betrachtende in Gesichter von überwiegend älteren Herren, die den 17. Juni 1953 schon erlebt haben dürften. Sie betrachten vom Straßenrand aus, von einer dünnen Kordel abgetrennt, die Parade der kampfbereiten Werktätigen. Ihre Gesichter wirken müde, skeptisch, vom Leben gezeichnet, verkniffen; Begeisterung sieht anders aus. (Abb. 10)

Jetzt oder nie – Demokratie! Leipziger Herbst '89 war wohl das erste Buch, mit dem die im Neuen Forum organisierten Akteure versuchten, aus der erlebten Zeitbeschleunigung heraus durch Dokumentation eine erste strukturierende Deutung zu geben: Geschichtsschreibung im historischen Präsens. Wer ist das deutsche Volk in der DDR, nach Hitler und Stalin? Was ist »unser wahres, unverhülltes Gesicht«, fragten Jackisch und Ziemer, wie »schlimm wird es gezeichnet sein von dieser Vergangenheit? [...] Jetzt haben wir endlich die Möglichkeit, Gewissheit zu erlangen, und wir haben die Pflicht, genau hin zu sehen, erbarmungslos gegen die eigenen Illusionen.«[37]

8. Fotografien im Schaufenster einer Leipziger Einkaufspassage

Es wurden wöchentlich mehr Menschen, die zum Straßenprotest zusammenfanden; auch am Straßenrand standen immer mehr Neugierige. Ende September begann der Leipziger Kultursoziologe Bernd Lindner mit seiner systematischen Sammlung der Losungen und Sprechchöre auf den Montagsdemonstrationen – neben anderen, die als staunende Chronist*innen das Gefühl gewannen, Zeug*innen großer Geschichte zu werden.[38] Merklich mehr wagten es nun, ihre Kameras mit auf die ›Demo‹ zu nehmen, darunter auch einige der Fotograf*innen, die ihr Handwerk in der renommierten Fotoklasse der Leipziger Hochschule für Grafik und Buchkunst gelernt hatten.

Sowohl Professionelle als auch Fotoamateure begannen Ende Oktober 1989 ihre Abzüge in Leipzig öffentlich zu präsentieren: im Zentrum der Stadt, in der Königshaus-Passage, an den Schaufenstern der Internationalen Buchhandlung. Die von innen an das Schaufenster montierten Fotos zeigten auch, wie Volkspolizisten im September und am 6. und 7. Oktober brutal gegen friedlich Demonstrierende

---

37 Ebd., S. 27.
38 Das war 1989 auch meine eigene, ambivalent erlebte Rolle als Geschichtsstudent im ersten Semester in Leipzig. AXEL DOSSMANN: Anpassung, Distanzierung, Eigen-Sinn. Autobiographische Annäherungen an den Alltag im Sozialismus. In: *WerkstattGeschichte* 18 (2009), 50, S. 82–94.

vorgegangen waren. Angst und Entsetzen zeichnete manche der fotografierten Gesichter, einigen der Fotografen war die Kamera von Stasi-Männern entrissen und Filme konfisziert worden. Ab dem 9. Oktober wurde die Mimik meist angespannt-konzentriert und ernst; dann lässt sich entspannte Freude und vergnügter Stolz, aber auch Hass und Wut auf fotografierten Gesichtern erkennen. »Vor der großen Glasfläche drängten sich fortan jeden Tag Tausende von Leipzigern, um sich auf den Fotos beim Demonstrieren ›zuzusehen‹.«[39]

Schaufenster, die als Display in der DDR oft für plumpe Staatspropaganda genutzt worden waren, gaben ab Ende Oktober endlich Neuigkeiten zu entdecken! Noch ungedruckte Mangelware, die unverkäuflich war, unersetzbar und fragil: Fotografien, die Bürger*innen zeigten, die sich aus der Unmündigkeit befreiten. Anonym bleibende Individuen, die als bewegte ›Masse‹ Stärke demonstrierten; die ein neues ›Wir‹ artikulierten gegen Vorwürfe wie ›Konterrevolution‹ und ›Rowdytum‹: »*Wir* sind das Volk!«.

In der improvisierten Installation verdichtete sich das Potential von Fotografie als Kommunikationsmedium. Die visuelle Montage im öffentlichen Raum einer gründerzeitlichen Einkaufspassage war stolzer Spiegel für diejenigen, die den Straßenprotest gewagt hatten. Die Fotoschau feierte eine mutige Minderheit in einem zunächst noch offenen Kampf um Demokratie, freie Wahlen und ein besseres Leben. Die gläserne Wandzeitung war ein wöchentlich angereichertes Dokument für friedlich bleibenden Protest und den Willen zur Umgestaltung (Perestrojka) in der DDR. Diese visuelle Geschichte von ›unten‹ war zugleich Aufforderung für Zögerliche, mitzumachen am nächsten Montag, die eigene Stimme einzubringen in die ungewohnte Pluralität der Haltungen und Zukunftswünsche. In diese (Selbst-)Mobilisierung schlichen sich bereits früh Elemente einer Selbsthistorisierung: Noch bevor die Grenzen am 9. November geöffnet wurden und »das Volk siegt(e)« *(DER SPIEGEL)*, war der Mut der Leipziger*innen bereits Gegenstand einer zivilgesellschaftlich initiierten (Selbst-)Feier des ›Volkes‹ im Medium der Fotografie geworden.[40] Die extrem beschleunigte Zeit in der fotografischen Fixierung betrachten zu können, gab vielleicht die Chance für Distanz, Innehalten und selbstkritische Reflexion. Im Nebeneinander offenbarte sich auch der rasche Wandel von Charakter, Zielen und Akteuren der Demonstrationen auf dem Leipziger Ring.

---

39 So der beteiligte BERND LINDNER: Tagebuch einer Revolution. Zur Entstehungsgeschichte des Leipziger Demontagebuches 1989/90. In: SIEGFRIED LOKATIS/INGRID SONNTAG (Hrsg.): 100 Jahre Kiepenheuer Verlage. Berlin 2011, S. 360–370, hier S. 363.
40 PAUL BETTS: The Intimacy of Revolution: 1989 in Pictures. In: The Ethic of Seeing. Photography and Twentieth-Century German History, hrsg. von Jenifer Evans, Paul Betts, Stefan-Ludwig Hofmann. New York/Oxford 2018, S. 250–273, hier S. 265.

Abb. 11   Presseersatz, Ermutigung, Spiegelbild der Montagsdemonstrationen: Leipziger Fotograf*innen organisierten ab Ende Oktober 1989 eine wöchentlich erweiterte Ausstellung am Schaufenster eines Buchladens in der Innenstadt. Der beteiligte Matthias Hoch hat auch diese Szene fotografiert.

9. Fotochronik als bildmächtige Differenzierung

Die Fotoschau an den Fenstern des Leipziger Buchladens faszinierte viele und gab auch den Anstoß für einen Fotoband, der im März 1990 im Kiepenheuer-Verlag erschien: das *Leipziger DEMONTAGEBUCH*. Die erste Auflage mit 10.000 Exemplaren fand schnell ihr Publikum, bis zum endgültigen Ende des Verlags 2010 wurden insgesamt 40.000 Bücher verkauft. Der Bestseller wurde ermöglicht und zusammengestellt von vielen Fotograf*innen, von Kultursoziologen und dem Historiker Wolfgang Schneider, der als Herausgeber auftrat.[41] Der Band war nach *Jetzt oder nie – Demokratie!* die zweite Leipziger Fotochronik, die das (fort-)laufende revolutionäre Geschehen zu fassen versuchte, aber zugleich auch auf mediale Deutungen reagierte. Ehrliches Erstaunen über diese noch ›heiße‹ Geschichte steht in diesem Band neben erster wissenschaftlich orientierter Tatsachenfeststellung und historischer Einordnung.

---

41   In der Rückschau des beteiligten Kultursoziologen und Jugendforschers LINDNER: Tagebuch einer Revolution (wie Anm. 39), S. 366.

Der Historiker Paul Betts hat für das *DEMONTAGEBUCH* bereits eine anregende Analyse vorgelegt. Er verdeutlicht, wie Fotografien im Format der chronologischen Montage stets zwei zeitliche Dimensionen vereinen: die rekonstruktiv-dokumentarische Erfassung der Gegenwart im realen Fluss der Ereignisse *und* eine frühe interpretative, konstruierende Neuordnung ebendieser uneinholbaren Vergangenheit. Als hausgemachte Stadtgeschichte, die sich in europäische Revolutionstraditionen stellte, knüpfte das Buch der Leipziger Gruppe an triumphalistische Narrative von nationaler Wiedergeburt an, indem es die Anfänge der Bewegung und ihren demokratischen Wagemut betonte.[42]

Titelideen für den Band wie »Die Leipziger Oktoberrevolution« hatte die Redaktion Ende 1989 übrigens schnell wieder verworfen – das Wort »Revolution« erschien vielen Beteiligten als »zu hoch gegriffen«.[43] War die Geschichte noch zu offen und zu jung, das Erreichte noch zu gefährdet, weshalb man auf allzu große Sinngebung verzichten wollte? Mit dem Kunstwort ›Demontagebuch‹ war das Wichtigste konkret vereint: das Tagebuch von Demonstrationen an Montagen zur De-Montage einer Regierung. Auch diese Herausgeber*innengruppe wollte offenbar mit ihrer illustrierten Chronik selbst erst einmal begreifen, was dieser Aus- und Aufbruch eigentlich bedeuten könnte. Wer sind diejenigen, die behaupten, ›das Volk‹ zu sein und mit dieser emanzipativen Selbstermächtigung überraschend und erstaunlich schnell die erstarrten Verhältnisse überwunden hatten?

Doch im *Leipziger DEMONTAGEBUCH* schwingen schon Irritation und Verunsicherung, Skepsis und erster Frust mit. Schließlich zeichnete sich ja schon lange vor der Wahl am 18. März 1990 für viele der reformwilligen DDR-Bürger*innen ab, dass man unversehens in einem »ungültigen Land« (Martin Gross) weiter zu leben hatte. Eine schnelle Einführung der D-Mark wurde bald nach Öffnung der Grenzen zu einer zentralen Forderung, der CDU-Slogan »Keine Experimente« verfing bei der Mehrheit der ostdeutschen Bevölkerung. Es war eine Mehrheit, die sich über die moralische Verkommenheit ihrer Regierung empört zeigte und bei der sich angesichts des Bankrotts ihres Heimatlandes das Gefühl breitmachte, zu viel Lebenszeit bereits verspielt zu haben. »So hieß das Leben nach der Revolution für die meisten: Leben nachholen, bevor alles zu spät ist«, argumentierte 1990 verständnisvoll der West-Berliner Journalist Klaus Hartung: »gegen die Radikalität der Erfahrung des verlorenen Lebens half wohl keine Politik«.[44] Die überraschende Öffnung der Grenzen produzierte unter Deutschen

---

42 BETTS: The Intimacy of Revolution: 1989 in Pictures (wie Anm. 40), besonders S. 268.
43 LINDNER: Tagebuch einer Revolution (wie Anm. 39), S. 366.
44 HARTUNG: Neunzehnhundertneunundachtzig (wie Anm. 9), S. 75.

allerdings nicht allein das Momentgefühl vom »glücklichsten Volk der Welt« (Walter Momper), sondern auch dauerhaft gekränktes Leben und nicht zuletzt Wut und Scham – und Angst.[45]

Hartungs Kollege Martin Gross aus dem Schwarzwald beobachtete Mitte Januar 1990 in Dresden eine Montagsdemonstration. Dort bestimmten Deutschlandfahnen das Bild, und ›Deutschland‹ war das Stichwort, »das den Leuten auf der Seele liegt, herausgebrüllt will es sein«:

> Jetzt will man sich Deutschland nicht mehr nehmen lassen, von keiner Reform und keiner sozialen Forderung. [...] So stehen sie herum und wissen mit ihrer ganzen Revolution nichts anzufangen, als mit der Ausreise zu drohen. Und falls dies überhaupt eine Revolution war, im Oktober, dann hat wohl keine andere jemals so viel Kleinmut ausgelöst, so viel Minderwertigkeitsgefühl. Hier gibt es keine Euphorie, weil man es ›denen‹ mal gezeigt hat, hier gibt es nichts als die Offenbarung eines allgemeinen, gründlichen Versagens.[46]

Zeitgenössische Beobachtungen über Stimmungslagen und Zeiterfahrungen wie diese machen auch aufmerksam für das visuell schwer Darstellbare, für fotografisch kaum sichtbar zu machende Dimensionen gesellschaftlicher Strukturen und Dynamiken. Das *DEMONTAGEBUCH* setzte im Kern der Bildchronik auf unzensierte Vielfalt, unternahm den Versuch einer Tatsachenfeststellung. Die akribisch gesammelten Losungen und Sprechchöre einer jeden ›Montagsdemo‹, aber auch die 170 Fotografien, sollten Betrachter*innen ermöglichen, »sich selbst ein Bild von der Differenziertheit der Meinungen zur deutschen Frage zu machen«. Einen absichernden Befund lieferte der Soziologe Bernd Lindner jedoch gleich selbst: »Eindeutig revanchistische und nationalistische Losungen waren im Herbst 89 in der Minderheit. Hinter den lauten Rufen ›Deutschland, einig Vaterland!‹ standen sehr verschiedene Vorstellungen über den Weg dorthin.«[47]

---

45 DOROTHEE WIERLING: Stolz, Scham und Wut. DDR-Erzählungen durch die Zeit. In: TIM SCHANETZKY u. a. (Hrsg.): Demokratisierung der Deutschen. Errungenschaften und Anfechtungen eines Projekts. Göttingen 2020, S. 255–270.
46 MARTIN GROSS: Das letzte Jahr. Begegnungen. Berlin 1992, S. 24 f. Neuauflage bei Spector Books unter dem Titel: Das letzte Jahr. Aufzeichnungen aus einem ungültigen Land. Leipzig 2020, S. 36 f.
47 BERND LINDNER: Soziologie der Losungen. In: Leipziger DEMONTAGEBUCH. Demo. Montag. Tagebuch. Demontage, zusammengestellt und mit einer Chronik von Wolfgang Schneider. Leipzig/Weimar 1990, S. 169–173, hier S. 172. Der Kultursoziologe hat seine Sammlung fortgesetzt, nimmt auch das umkämpfte Fortleben der Begriffe und Slogans bis in die Gegenwart kritisch in den Blick: DERS.: Wir bleiben ... das Volk! Losungen und Begriffe der Friedlichen Revolution 1989. Erfurt 2019.

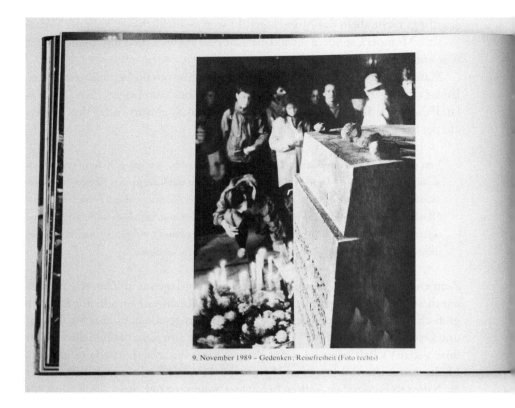

9. November 1989 – Gedenken; Reisefreiheit (Foto rechts)

Ein einziges Foto im Buch belegt recht eindeutig die Teilnahme von männlichen Neonazis und Revanchisten; häufiger stößt man beim Blättern auf Transparente, die sich ab November 1989 gegen rechte Gewalt und die neue Gefahr des ›Faschismus‹ wenden. Eine Doppelseite widmet sich dem 9. November 1989. Links wird das stille Gedenken an die Opfer der Pogromnacht ins Bild gesetzt; der Gedenkstein erinnert an die Synagoge, die einst dort stand. Auf der rechten Seite ein Foto, das die Folgen der Nachrichten von der Öffnung der Grenzen am selben Abend vor Augen führt: junge Leute, die sich kopfüber durch die Waggonfenster in die überfüllten Züge heben lassen, um in Berlin das Ende der Teilung Deutschlands zu feiern.[48] Diese Montage aus der Sicht der Jahreswende 1989/90 wirkt wie ein enttäuschter Kommentar auf das, was oft als ›nationale

---

48 »Eine Szene aus Bombay oder Kalkutta – im Bahnhof in Leipzig wirkte sie maßlos, wie Teil einer überzogenen Choreographie, falsch, aber groß angelegt.« Vielleicht mit diesem Foto vor Augen begann Lutz Seiler seinen jüngsten Roman. Lutz Seiler: Stern 111. Berlin 2020, S. 10.

Abb. 12 Nationalsozialismus, deutsche Teilung und die Folgen auf einer Doppelseite des *Leipziger DEMONTAGEBUCHS*: Am Abend des 9. November 1989 fotografierte Volkmar Heinz am Gedenkstein zur Erinnerung an die 51 Jahre zuvor zerstörte Große Gemeindesynagoge in Leipzig. Fotograf Gerhard Gäbler war am 11. November um 2:22 Uhr im Leipziger Hauptbahnhof, kurz vor Abfahrt des D-Zugs nach Berlin.

Wende‹ in der Revolution beschrieben wird: links (noch) die geschichts- und gegenwartsbewusste, stille Trauer um die jüdischen Deutschen, die einst von nicht jüdischen Deutschen aus der ›deutschen Volksgemeinschaft‹ ausgeschlossen und ermordet wurden – rechts entfesselter, geschichtsvergessener ›Wahnsinn‹, der die Reformbewegung verrät?

Die »Wiedervereinigungs- und gesamtdeutschen Losungen« 1989 waren »stets nur ein Thema unter anderen«, betonte der ostdeutsche Soziologe Bernd Lindner bereits Anfang 1990 gegen dominant werdende Deutungen. Und er fügte fast schon resignierend hinzu, dass »große, oft meterlange schwarz-rot-goldene Fahnentücher optisch auffälliger« seien als »reine Schriftlosungen«. Die Erfahrungen mit der Wirklichkeitskonstruktion in einer entstehenden Mediendemokratie forcierte ein Protestverhalten, das auf visuelle Medienpräsenz zielte:

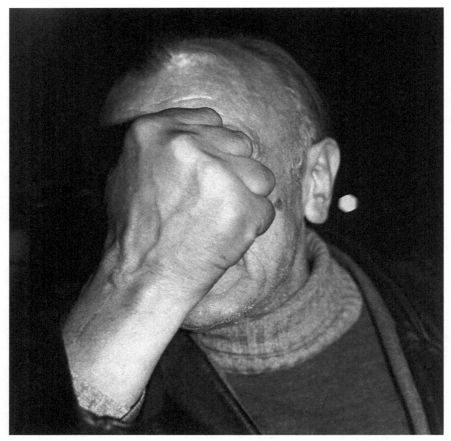

Abb. 13 Montagsdemonstrant, Leipzig, November 1989. Das emblematische Porträt von Gerhard Gäbler wurde 1990 als Frontispiz im *Leipziger DEMONTAGEBUCH* veröffentlicht.

»Manchem Transparentträger oder Fahnenschwenker – auch ein neues Ausdrucksmittel, das nach Öffnung der Grenzen hinzu kam – war es von nun an wichtiger, von den Augen der Kameras als von denen seiner Leipziger Mitstreiter erblickt zu werden.«[49]

Das Volk enthüllte Fahnen, Transparente, stritt miteinander, hielt Kerzen in der Hand, forderte »Nichts vergessen!« Auf die oben erwähnte skeptische Frage nach dem ›wahren, unverhüllten Gesicht‹ des deutschen Volkes hat die Bildredaktion des *DEMONTAGEBUCHS* scheinbar eine Antwort gegeben.

---

49 Lindner: Soziologie der Losungen (wie Anm. 47), S. 172.

Sie wählte als Frontispiz eine Fotografie von Gerhard Gäbler, der ab November 1989 auch einzelne Demonstrant*innen mitten im abendlichen Protestgeschehen porträtiert hatte. Das Foto zeigt einen älteren Mann in Pullover und Lederjacke. Sein Gesicht ist verdeckt von seiner kräftigen, zum Gesicht gewandten Faust. Vor dunklem Hintergrund sehen wir nur den Handrücken, seine Stirn, die kurzgeschnittenen Haare, die rechte Wange und sein Ohr. Das Leipziger Fotobuch zur volkseigenen Wende eröffnete die Chronik also mit einer Arbeiterfaust vor dem Gesicht, eine selbstbewusste Drohgebärde eines Unbekannten aus dem Volk. Es bleibt unklar, wogegen und wohin sich die Geste wendet, das Foto ist im Buch undatiert, es sollte Symbolbild sein. Das *DEMONTAGEBUCH* erschien genau eine Woche vor der ersten freien Volkskammerwahl vom 18. März 1990.

10. Die Jahre 1989 ff. freilegen

30 Jahre später erschien im Leipziger Verlag Spector Books ein in jeder Hinsicht wuchtiges Buch: eine fast 600-seitige, großformatige, künstlerische Montage von Fotografien und Texten aus dem Jahr 1990: *Das Jahr 1990 freilegen. Remontage der Zeit* ist weit mehr als ein Fotobuch. Doch es sind auch die vielen starken, knapp eingeführten Fotostrecken sowohl von renommierten als auch erst jetzt wiederentdeckten Fotograf*innen, die den Band so faszinierend machen. Endlich, so wirkt die überschwängliche öffentliche Resonanz, wurde wieder sichtbar und nachvollziehbar, was die Revolution und das deutsche Einheitsstreben alles noch bedeutet hat für eine Gesellschaft, die einen Systembruch erlebt hat. Die deutsche Gesellschaft ist ja vielleicht immer schon zerrissen gewesen, auch das demonstrierende ›Volk‹ war sich im Herbst 1989 nur für wenige Wochen einig. Und dass es überhaupt zum Aufbruch kam, das hatte vor allem den Grund, dass es zu viele der Ostdeutschen einfach satt hatten, weiter auf diese Weise einander aushalten und miteinander leben zu müssen.

Der aus Weimar stammende Andreas Rost ist einer der beteiligten Fotografen und Mitherausgeber von *Das Jahr 1990 freilegen*. Er hatte 1989 in Leipzig mit demonstriert, war als Bürgerrechtler an den Runden Tischen aktiv, fotografierte erst danach wieder intensiv. Er betont, dass es dem Montageteam um den Herausgeber und Verleger Jan Wenzel wichtig gewesen sei, dass jede Seite im Buch anders ist, »als Ausdruck für die vielen Stimmen, die wir versammelt haben«.[50] Es hat

---

50 Andreas Rost hier und im Folgenden zit. nach THOMAS HUMMITZSCH: »Der Sommer 1990 war der geilste Sommer meines Lebens«. Gespräch mit dem Fotografen und ehemaligen

den Künstler*innen sichtbar Spaß gemacht, den Band so überbordend anzulegen: »Erkenntnis ist nie nur eine rein logische Sache, sondern immer auch ein sinnlich-emotionaler Prozess. Die pure Menge der Inhalte im Buch wirft die Leser – mit sicherem Abstand der Jahre wohlgemerkt – emotional in eine ähnliche Überforderungssituation hinein« wie diejenigen, die das Jahr 1990 leibhaftig erlebt haben. Auch für diese Gruppe hat sich im Prozess der Auseinandersetzung der Blick verändert:

> Ich frage mich bis heute, wie es passieren konnte, dass aus der großartigen Demonstration am 9. Oktober 1989 in Leipzig eine Atmosphäre entstehen konnte, die uns im Februar 1990 am Runden Tisch veranlasst hat, die Montagsdemos abzusagen. Denn da marschierte plötzlich ein Haufen Neonazis auf. Und ich kenne keinen Bürgerrechtler, der das gut fand.[51]

Hier ist nicht der Ort, auch diese besondere Fotochronik zu analysieren. Aber *Das Jahr 1990 freilegen* zeigt eindrücklich, dass die fotografische Repräsentation der Revolution und ihrer Folgen seit 1989 einen starken Wandel durchlaufen hat. Nach 30 Jahren wird das Spektrum deutlich vielfältiger, widersprüchlicher. Der Wille zur Vereindeutigung nimmt ab dank der Selbstbefreiung aus dem erinnerungskulturellen (Bilder-)Kanon und den wieder stärker reflektierten »Unaufrichtigkeiten beim deutsch-deutschen Zusammenwachsen«.[52] Das ist sicher auch damit begründet, dass es nur noch zum Teil die unterschiedlichen politischen Akteure von 1989 selbst sind, die über die Auswahl, die Montage, die textliche und bildliche Kommentierung der Fotos entscheiden. Aus Skepsis gegenüber der Erinnerungskultur neugierig geworden sind diejenigen, die 1989 überwiegend als Jugendliche die Revolution und den demokratisch legitimierten Anschluss an die Bundesrepublik erlebt haben. Zwar ist eine tendenziöse Zurichtung von eigentlich widersprüchlichem Bildmaterial nach wie vor möglich, doch die Risiken und Nebenwirkungen für geschichtspolitische Anliegen sind größer geworden. Das sind Chancen für neue Blicke auf alt bekannte *und* neu zu entdeckende Fotografien aus der DDR.[53]

Bürgerrechtler Andreas Rost. In: *intellectures*, 9. März 2020, Abgerufen unter der URL: https://www.intellectures.de/2020/03/09/der-sommer-1990-war-der-geilste-sommer-meines-lebens/, letzter Zugriff: 21.06.2021.

51 Andreas Rost zit. nach ebd.
52 THOMAS LINDENBERGER: Wahrheitsregime und Unbehagen an der Vergangenheit. Ein Versuch über die Unaufrichtigkeiten beim deutsch-deutschen Zusammenwachsen. In: MARCUS BÖICK/CONSTANTIN GOSCHLER/RALPH JESSEN: Jahrbuch deutsche Einheit 2020. Berlin 2020, S. 73–94.
53 Vorliegender Aufsatz entstand aus den Vorbereitungen für Ausstellungen zur fotografischen Aneignung von DDR-Lebenswelten in den 1970er und 1980er Jahren. Dieses Projekt

Stärker mit zu reflektieren ist dann auch, was kaum eine Fotografie festgehalten hat, aber als bitterer Teil der Geschichte der deutschen Einheit mehr Aufmerksamkeit verdient. Ein Mosambikaner, der in den 1980er Jahren als Vertragsarbeiter in der DDR gelebt hatte, erinnert sich 1994 an seine Erfahrungen:

> Wir dachten, dass auch unser Leben durch die Wiedervereinigung besser werden würde. Wir glaubten, dass durch das neue Geld, das etwas wert war, dass uns durch dieses neue Geld alles offenstehen würde. Aber im Gegenteil. Sie machten uns nur Schwierigkeiten. Und ich meine nicht die Regierung, das kam von den einfachen Leuten. Durch die Wende hatten wir nur Probleme. Sie wollten uns in diesem Land einfach nicht sehen. Sie sagten, dass uns von diesem Geld nichts zusteht, da wir es nicht verdienen würden. Wir sollten die Hände davonlassen. Denn dieses Geld ist nur für die Deutschen, nicht für die Ausländer. Dann begannen die Demonstrationen, mit diesen Transparenten, auf denen genau stand, was sie wollten. Aber die Regierung reagierte nicht. Bei einigen Demonstrationen trugen sie Transparente, die noch nicht einmal das Fernsehen zeigte, weil sie den Rest der Welt beleidigten. Denn sie waren ausschließlich gegen Ausländer.[54]

Sozialismus im Bild ist Teil des Forschungsverbunds *Diktaturerfahrung und Transformation. Biographische Verarbeitungen und gesellschaftliche Repräsentationen in Ostdeutschland seit den 1970er Jahren,* gefördert vom Bundesministerium für Bildung und Forschung. Zu unserer ersten Ausstellung *Wie wir leben wollen – Weimar 1989/90 in Fotografien von Klaus Bergmann* im Februar 2020 siehe den Blogbeitrag auf Visual History: https://visual-history.de/en/2020/02/10/wie-wir-leben-wollen-weimar-1989-90-in-fotografien-von-klaus-bergmann/, letzter Zugriff: 21.06.2021.

54 Zitiert aus dem Dokumentarfilm von MATTHIAS HEEDER/MONIKA HIELSCHER: *Jorge – Tod eines Vertragsarbeiters.* BRD 1994, 71 Minuten.

Petra Mayrhofer

Bilder vom Runden Tisch

Visualisierungen von Systemtransformationen
im europäischen Vergleich

Die Transformationen von kommunistischen zu liberal-demokratischen Systemen, die in mehreren kommunistischen Ländern in Ostmitteleuropa und Südosteuropa vor allem im Jahr 1989 stattfanden, waren größtenteils von einem friedlichen Wandel geprägt.[1] Daher wurden diese Transitionen auch als »neues Modell der Revolution«, als »Refolution«, also eine Mischform von ›Reform‹ und ›Revolution‹, beschrieben.[2] Der britische Historiker Timothy Garton Ash, der diesen Begriff einführte, charakterisierte als wesentliches Merkmal dieses Übergangs: »Was die Guillotine für die Revolution vom Typ 1789 war, das ist der Runde Tisch für die von 1989.«[3]

1. Der Runde Tisch – eine Definition

Der Begriff ›Runder Tisch‹ wurde erstmals in der deutschsprachigen Literatur des Hochmittelalters im Zusammenhang mit dem keltischen König Artus und seiner Tafelrunde verwendet. Dieser versammelte sein Gefolge an einem runden Tisch, damit »keiner eine überlegene Position einnahm, sondern jeder inter pares saß«.[4] Die Kreisform eines runden Tisches ermöglicht eine egalitäre Sitzordnung und ergo eine symmetrische Kommunikation. Aufgrund dieser Tatsache und

---

1   DIETER SEGERT: Transformationen in Osteuropa im 20. Jahrhundert. Wien 2013; CHRISTOPH AUGUSTYNOWICZ: Geschichte Ostmitteleuropas – Ein Abriss (Basistexte Wirtschafts- und Sozialgeschichte, 2). 2., überarb. u. erw. Aufl. Wien 2014 (Erstausgabe 2010).
2   TIMOTHY GARTON ASH: Ein Jahrhundert wird abgewählt. Aus den Zentren Mitteleuropas 1980–1990. München/Wien 1990; DERS.: Ein neues Modell der Revolution. In: BERND M. SCHERER/VALERIE SMITH/SUSANNE STEMMLER (Hrsg.): 1989 – Globale Geschichten (Haus der Kulturen der Welt). Göttingen 2009, S. 24–30, hier S. 26.
3   TIMOTHY GARTON ASH: Jahrhundertwende. Weltpolitische Betrachtungen 2000–2010. München 2010, S. 88.
4   PHILIPP GOLL: Der wundertätige Tisch. In: *Kultur & Gespenster: SOS Fantômes* 16 (2015), S. 97–111, hier S. 101.

der damit verbundenen Symbolik etablierte sich der Runde Tisch als Metapher für eine spezifische Form der öffentlichen Versammlung im Zuge der Französischen Revolution beziehungsweise als Symbol für eine neue zivilgesellschaftliche Öffentlichkeit.[5] Im jüngeren politischen Sprachgebrauch hat sich der Begriff im Kontext der Systemwechsel etabliert. An diesem Verhandlungsmöbel diskutierten Mitglieder der Kommunistischen Parteien mit Teilnehmenden der Opposition, auf welche Art und Weise sich die Transformation des politischen Systems gestalten solle. Der Politologe Jürgen Dieringer charakterisierte diese spezifische Form der Machtübergabe als »Elitenpakt«. Ein solcher sei gekennzeichnet durch den Konsens der »alte[n] Eliten«, also der Staatspartei, und der »neue[n] Elite[n]«, d. h. den oppositionellen Gruppierungen, um ein liberaldemokratisches System einzuführen, aber nicht mit den alten Eliten »abzurechnen«.[6]

Konkret wurde die Errichtung eines Runden Tisches erstmals in der Volksrepublik Polen nach der Streikwelle im Mai 1988 von Wojciech Jaruzelski, dem damaligen Staatsoberhaupt Polens und Erstem Sekretär des Zentralkomitees der Polnischen Vereinigten Arbeiterpartei (Polska Zjednoczona Partia Robotnicza, PVAP), thematisiert.[7] Regierung einerseits und Vertreterinnen und Vertreter der bis dahin verbotenen oppositionellen Gewerkschaft Solidarność andererseits einigten sich Ende August 1988 darauf, solcherart Verhandlungen durchzuführen. Für beide Seiten überwogen dabei die Vorteile: Die PVAP wollte sich auf diese Weise die Unterstützung der Opposition für anstehende, wohl aber unpopuläre Wirtschaftsreformen sichern, die Opposition bezweckte durch die Teilnahme vor allem die Legalisierung der Solidarność. Beiden Seiten gemeinsam war die Grundannahme, dass am Ende dieser Verhandlungen weiterhin der PVAP die zentrale Macht im Staat obliegen würde.[8]

In realiter führten die Verhandlungen am – eigens für diesen Zweck gezimmerten – runden Tisch im Frühjahr 1989 zur Abhaltung erster (semi-)freier Wahlen, die das Ende des kommunistischen Systems in Polen einläuteten. Dem Beispiel Polens explizit folgend, wurde von Juni bis September 1989 ein Runder Tisch in der Volksrepublik Ungarn, der Tschechoslowakischen Sozialistischen Republik (ČSSR)

---

5 Ebd., S. 103.
6 JÜRGEN DIERINGER: Ungarn. In: GÜNTHER HEYDEMANN/KAREL VODIČKA (Hrsg.): Vom Ostblock zur EU. Systemtransformationen 1990–2012 im Vergleich (Schriftenreihe des Hannah-Arendt-Instituts für Totalitarismusforschung, 49). Göttingen 2013, S. 239–262, hier S. 241.
7 JERZY HOLZER: Der Runde Tisch. Internationale Geschichte eines politischen Möbels. In: BERND FLORATH (Hrsg.): Das Revolutionsjahr 1989. Die demokratische Revolution in Osteuropa als transnationale Zäsur (Analysen und Dokumente, 34). Göttingen 2011, S. 225–232, hier S. 225.
8 Ebd., S. 227.

und der DDR ins Leben gerufen.⁹ All diese Runden Tische wurden in der Öffentlichkeit abgehalten und erlaubten es damit einem Millionenpublikum im jeweiligen Land, aber auch in ganz Europa, durch Fernsehberichte und Pressefotos die sich anbahnenden Systemwechsel mitzuerleben. Außerdem brachten diese medial verbreiteten Bilder den Betrachtenden auf leicht zugängliche Weise die Ereignisse unabhängig von einer Zeitzeugenschaft als eine »Art Sekundärerfahrung« nahe.¹⁰

Es stellt sich daher die Frage, wie diese Runden Tische visuell erinnert und damit erinnerungskulturell verankert wurden und wie sich nationale sowie transnationale Gemeinsamkeiten und Unterschiede in den visuellen Gedächtnislandschaften erklären lassen. Ziel dieses Beitrags ist es, im ostmitteleuropäischen Ländervergleich von Deutschland, Ungarn, der Tschechischen Republik und Polen herauszuarbeiten, welche der Runden Tische in den visuellen Erinnerungslandschaften der 2000er Jahre verankert und in welche erinnerungskulturelle narrative Strukturen sie eingebettet sind oder ob die Erinnerung an die Runden Tische nicht vielmehr eine visuelle Leerstelle in diesen Gedächtnisarenen darstellt.

Mit dieser Intention werden zunächst die zur Analyse herangezogene theoretische Fundierung, die visuellen Quellen und die Methodik diskutiert, um dann auf die Genese, Wirkungsweise und Visualität der Runden Tische einzugehen. Daran anschließend wird die erinnerungskulturelle Bedeutung der Runden Tische für verschiedene nationale und transnationale Erinnerungsarenen analysiert und mit den jeweiligen spezifischen Erinnerungskulturen im Hinblick auf die Systemwechsel in Beziehung gesetzt.

2. Erinnerungskulturen und visuelle Erinnerung

Nach Christoph Cornelißen bildet »Erinnerungskultur« einen »formalen Oberbegriff für alle denkbaren Formen der bewussten Erinnerung an historische Ereignisse, Persönlichkeiten und Prozesse [...] seien sie ästhetischer, politischer oder kognitiver Natur.«¹¹ Mit Habbo Knoch gesprochen, umfasst sie »jenen Bereich

---

9 Dieser Beitrag widmet sich exemplarisch diesen Runden Tischen, da ihnen der Beginn beziehungsweise die Durchführung im Jahr 1989 gemeinsam ist. Der Vollständigkeit halber ist anzuführen, dass im Jahr 1990 noch ein Runder Tisch in Bulgarien stattfand.
10 KONRAD H. JARAUSCH: Zeitgeschichte und Erinnerung. Deutungskonkurrenz oder Interdependenz? In: DERS./MARTIN SABROW (Hrsg.): Verletztes Gedächtnis. Erinnerungskultur und Zeitgeschichte im Konflikt. Frankfurt am Main/New York 2002, S. 9–39, hier S. 17.
11 JÖRG BABEROWSKI u. a. (Hrsg.): *Docupedia-Zeitgeschichte,* 22.10.2012. Abgerufen unter der URL: http://docupedia.de/zg/cornelissen_erinnerungskulturen_v2_de_2012, letzter Zugriff: 21.06.2021 (= CHRISTOPH CORNELISSEN: Erinnerungskulturen, Version: 2.0).

der öffentlichen Kommunikation, der symbolischen Verfestigung und des praktischen Gedenkens von Deutungen historischen Geschehens, in denen sich eine Gesellschaft mit Ereignissen und Traditionen auseinandersetzt.«[12] Wesentliches Spezifikum einer Erinnerungskultur ist gemäß Hans Günther Hockerts die »Gesamtheit des nicht spezifisch wissenschaftlichen Gebrauchs der Geschichte in der Öffentlichkeit – mit den verschiedensten Mitteln und für die verschiedensten Zwecke.«[13] Die »öffentliche Erinnerungskultur« werde dabei von Institutionen getragen und sei Ausdruck von Geschichts- und Erinnerungspolitik.[14]

Ein besonderer Stellenwert kommt hierbei den Medien zu, welche als Träger und Akteure von öffentlichen Erinnerungskulturen firmieren und deren Art und Weise der Berichterstattung als Ausdruck des kollektiven Erinnerns gewertet werden kann, da nur diejenigen Themen in der Berichterstattung erscheinen, die sich als erinnerungskulturell bedeutsam und dechiffrierbar erweisen.[15] Auf diese Weise tragen Artikel, Fernsehbeiträge und veröffentlichte visuelle Gestaltungselemente, zumeist Fotos, gleichermaßen wie Denkmäler, Feste und Rituale für die Prägungen von Erinnerungskulturen zur Ausgestaltung kulturell begründeter Selbstbilder bei und werden dabei zu Objekten einer Erinnerungskulturgeschichte.[16] Speziell die Fotografie kann in diesem Kontext seit Ende des 19. Jahrhunderts

---

Für dieses Subkapitel vergleiche im Folgenden PETRA MAYRHOFER: Topografie des Erinnerns an »1989«. Wien 2017, S. 14–40; KARIN LIEBHART/DIES.: Visual Narratives of Political Change in European History Textbooks. In: OL'GA GYÁRFÁŠOVÁ/KARIN LIEBHART (Hrsg.): Constructing and Communicating Europe (Cultural Patterns of Politics, 2). Berlin u. a. 2014, S. 215–232.

12 HABBO KNOCH: Die Tat als Bild. Fotografien des Holocaust in der deutschen Erinnerungskultur. Hamburg 2001, S. 23 f.

13 HANS GÜNTHER HOCKERTS: Zugänge zur Zeitgeschichte: Primärerfahrung, Erinnerungskultur, Geschichtswissenschaft. In: *Aus Politik und Zeitgeschichte* 28 (2001), S. 15–30, hier S. 16. Abgerufen unter der URL: http://www.bpb.de/apuz/26154/zugaenge-zur-zeitgeschichte-primaererfahrung-erinnerungskultur-geschichtswissenschaft?p=all, letzter Zugriff: 21.06.2021; KNOCH: Die Tat als Bild (wie Anm. 12), S. 16.

14 HOCKERTS: Zugänge zur Zeitgeschichte (wie Anm. 13), S. 18; ILONA AMMANN: Gedenktagsjournalismus. Bedeutung und Funktion in der Erinnerungskultur. In: KLAUS ARNOLD/WALTER HÖMBERG/SUSANNE KINNEBROCK (Hrsg.): Geschichtsjournalismus. Zwischen Information und Inszenierung (Kommunikationsgeschichte, 21). Berlin 2010, S. 153–167, hier S. 156.

15 Siehe ausführlicher ALEIDA ASSMANN: Zur Mediengeschichte des kulturellen Gedächtnisses. In: ASTRID ERLL/ANSGAR NÜNNING (Hrsg.): Medien des kollektiven Gedächtnisses. Konstruktivität – Historizität – Kulturspezifität (Media and Cultural Memory, 1). Berlin/New York 2004, S. 45–60; ASTRID ERLL: Kollektives Gedächtnis und Erinnerungskulturen. Eine Einführung. Stuttgart/Weimar 2005, S. 135–166.

16 CHRISTOPH CORNELISSEN: Zur Erforschung von Erinnerungskulturen in West- und Osteuropa. Methoden und Fragestellungen. In: DERS./ROMAN HOLEC/JIŘÍ PEŠEK (Hrsg.): Diktatur – Krieg – Vertreibung. Erinnerungskulturen in Tschechien, der Slowakei und Deutschland

als »zentrales Erinnerungsmedium« interpretiert werden, da dieses Bildmedium glaubhaft Authentizität vorzugeben scheint und aufgrund seiner niederschwelligen Zugangsweise »Erinnerung auch demokratisiert.«[17]

Aufgrund der Bedeutung visueller Medien, vor allem von Fotos, für die Analyse von Erinnerungskulturen basiert der vorliegende Beitrag empirisch auf den Ergebnissen zweier von mir durchgeführter vergleichender Länderstudien zu den erinnerungskulturellen Ausprägungen der visuellen Gedächtnislandschaften europäischer Staaten: Zum Ersten wurde systematisch die visuelle Berichterstattung in ausgewählten ostmitteleuropäischen Qualitätszeitungen und Magazinen des Jahres 2009 in Deutschland, Ungarn und der Tschechischen Republik zum 20-jährigen Jubiläum der Ereignisse des Jahres 1989 untersucht.[18] Da sich diese auch an eine Generation von jungen Erwachsenen richtete, die Ende der 1980er Jahre oder Anfang der 1990er Jahre geboren wurden und daher keine Zeitzeuginnen und Zeitzeugen mehr waren, gibt die Art und Weise der visuellen Berichterstattung Aufschluss darüber, welche Bilderwelten derart erinnerungskulturell verankert sind, dass sie bereits den nachgeborenen Generationen tradiert wurden und ihre Bedeutungen für diese dechiffrierbar sind. Zum Zweiten werden für diesen Beitrag die Ergebnisse einer komparativen Studie zu Visualisierungen der Zeitgeschichte in Geschichtsschulbüchern in Deutschland, Polen, Frankreich, Estland und Österreich einbezogen.[19] Die Charakteristik von Schulbüchern als

---

    seit 1945 (Deutsch-Tschechische und Deutsch-Slowakische Historikerkommission, 13/Veröffentlichungen zur Kultur und Geschichte des östlichen Europa, 26). Essen 2005, S. 25–44, hier S. 33.

17 ERLL: Kollektives Gedächtnis und Erinnerungskulturen (wie Anm. 15), S. 127.
18 Vgl. MAYRHOFER: Topografie des Erinnerns an »1989« (wie Anm. 11), S. 28–33. Von jedem Land wurde eine linksliberale und eine konservative Tageszeitung sowie ein politisches liberales Nachrichtenmagazin einbezogen. Aus forschungspragmatischen Gründen wurden exemplarisch diejenigen Nachrichtenmagazine und Tageszeitungen ausgewählt, die eine hohe Auflage und einen hohen Bekanntheitsgrad genießen. In den postkommunistischen Ländern Ungarn und Tschechien waren daher mit *Népszabadság* (ungar.: *Volksfreiheit*) und *Právo* (tschech.: *Recht*) auch ehemalige kommunistische Parteizeitungen im Sample vertreten. Der Quellenkorpus umfasst alle Ausgaben des Jahres 2009 von folgenden Zeitungen und Wochenmagazinen: für Tschechien *Lidové noviny* (tschech.: *Volkszeitung*), *Právo*, *Respekt*, für Ungarn *Népszabadság*, *Magyar Hírlap* (ungar.: *Ungarisches Journal*), *Magyar Narancs* (ungar.: *Ungarische Orange*) und für Deutschland die *Frankfurter Allgemeine Zeitung*, die *Süddeutsche Zeitung* und *DER SPIEGEL*. Es wurde eine komplette Sichtung aller Ausgaben des Jahres 2009 vorgenommen. Der Korpus wurde aus sämtlichen veröffentlichten visuellen Darstellungen (Fotos, Bilder von Gemälden, schematische Darstellungen wie Infografiken, Landkarten etc.) gebildet und anhand eines zweistufigen Ansatzes aus quantitativen und qualitativen bildanalytischen Zugängen analysiert.
19 Für die Ergebnisse dieser Studie zu den Transformationen von 1989/90 siehe detaillierter LIEBHART/MAYRHOFER: Visual Narratives of Political Change in European History

Indikator für die visuelle Gedächtnislandschaft eines Staates ist bedeutsam, da die Schulbücher aufgrund ihrer offiziellen Approbation das »offizielle Gedächtnis einer Gesellschaft« darstellen.[20]

3. Visualisierungen der Runden Tische

Hinsichtlich der visuellen Erinnerungsarenen zu den Systemwechseln der Jahre 1989/90 lässt sich trotz aller nationalen Spezifika ein transnationaler Befund feststellen: Die Runden Tische nehmen in der visuellen Erinnerungstopografie de facto die Rolle einer visuellen Leerstelle ein – mit einer großen Ausnahme: Nur ein Foto des Runden Tisches in Polen (poln.: Okrągły Stół) vom 5. April 1989, welches das runde Möbel in seiner Gesamtheit inklusive rot-weißen Blumenschmucks aus der Vogelperspektive zeigt, findet sich länderübergreifend – mit Ausnahme der ungarischen Medien – sowohl in sämtlichen Ländersamples der Schulbuchstudie als auch in allen Ländersamples der Studie zur Printberichterstattung zum 20-jährigen Jubiläum von 1989 wieder.[21] Doch warum wird an den Runden Tisch in Polen erinnert, nicht aber an die anderen Runden Tische in Ungarn, der DDR, der ČSSR?

3.1 Der Runde Tisch in Polen

In Polen fand im Februar 1989 der erste aller Runden Tische der Systemwechsel 1989/90 statt: Teilnehmende waren Vertreterinnen und Vertreter der PVAP und der oppositionellen Gewerkschaft Solidarność. Einen neutralen Status hatten

---

Textbooks (wie Anm. 11). Die Studie basierte auf dem Forschungsprojekt *Divided memories. Darstellungen des 20. Jahrhunderts in europäischen Geschichtsschulbüchern,* Laufzeit 2011–2012, gefördert vom Jubiläumsfonds der Österreichischen Nationalbank, Projektnr. 14121. Der Quellenkorpus umfasste sämtliche visuelle Darstellungen von 29 Geschichtsschulbüchern für die Sekundarstufe II aus Österreich, Estland, Frankreich, Deutschland und Polen sowie von binationalen Lehrwerken, die zwischen 2002 und 2010 publiziert wurden. Diese wurden anhand eines zweistufigen Ansatzes aus quantitativen und qualitativen bildanalytischen Zugängen analysiert.

20 FALK PINGEL: Europa im Geschichtsbuch. In: STIFTUNG HAUS DER GESCHICHTE DER BUNDESREPUBLIK DEUTSCHLAND (Hrsg.): Europäische Geschichtskultur im 21. Jahrhundert (Zeit-Fragen). München 1999, S. 215–237, hier S. 215.

21 Das Foto wird bis dato von der polnischen Presseagentur *Polska Agencja Prasowa (PAP)* angeboten: PAP/Jan Bogacz, 05.04.1989. Abgerufen unter der URL: https://fotobaza.pap.pl/fotoweb/Grid.fwx?archiveId=5000, letzter Zugriff: 21.06.2021. Siehe Abbildung.

Abb. 1   Das bekannteste Foto eines Runden Tisches: Warschau, 5. April 1989

Vertreter und Vertreterinnen der katholischen Kirche sowie anderer gesellschaftlicher Gruppen inne. Für diesen Zweck wurde im Oktober 1988 eigens ein großer runder Tisch aus Lindenholz in Auftrag gegeben. Sein Durchmesser beträgt neun Meter, er bietet 57 Personen Platz.[22] Das Verhandlungsmöbel weise deshalb einen so großen Durchmesser auf, weil der Weltrekord des Weitspuckens acht Meter betrage, so hieß es in einem Witz, der während der Verhandlungen seine Kreise zog.[23] Aufgestellt wurde der polnische Runde Tisch in einem historisch bedeutsamen Setting: In der Säulenhalle des Palais Radziwiłł, dem heutigen Präsidentenpalast im Zentrum Warschaus, hatten im Mai 1955 die mittel- und osteuropäischen Staaten den Warschauer Pakt geschlossen, und im Jahr 1970 unterzeichnete der deutsche Bundeskanzler Willy Brandt in diesem Raum den *Warschauer Vertrag*, das Schlüsseldokument der ›Neuen Ostpolitik‹. Später sollte dort im März 1999 der Beitritt Polens zur NATO und im Juli 2003 jener zur Europäischen Union unterzeichnet werden.[24]

---

22 GOLL: Der wundertätige Tisch (wie Anm. 4), S. 99.
23 Ebd., S. 111.
24 Dokumentiert auf der offiziellen Website des polnischen Präsidentenpalasts. Abgerufen unter der URL: https://www.president.pl/en/presidential-residences/presidential-palace/, letzter Zugriff: 21.06.2021.

De facto in Betrieb genommen wurde der polnische Runde Tisch im Jahr 1989 jedoch nur zwei Mal, nämlich zu dessen feierlicher Eröffnung am 6. Februar 1989 und zur Bekanntgabe der Verhandlungsergebnisse am 5. April 1989. Alle anderen Verhandlungen fanden an ein paar – eckigen – Untertischen statt.[25] Der öffentliche Charakter der Verhandlungen war aber für die Opposition von großer Bedeutung, Solidarność versammelte gar ein eigenes Kamerateam, um durch die sichtbare Teilnahme am Runden Tisch der Legitimität ihrer eigenen Rolle Vorschub zu leisten.[26]

Den erzielten Verhandlungsergebnissen, die am 5. April 1989 verkündet wurden, folgten weitere Maßnahmen, nämlich die Legalisierung von Solidarność, der Zugang der Opposition zu den Massenmedien, die Errichtung einer neuen zweiten Kammer, des Senats, und vor allem die Abhaltung (semi-)freier Wahlen von Parlament und Senat im Juni 1989. Bei den Parlamentswahlen war vereinbart worden, dass 65 Prozent aller Sitze per se an die Kommunistische Partei und ihre Blockparteien fallen würden; die restlichen 35 Prozent der Sitze, deren Zusammensetzung in eben diesen Wahlen ermittelt wurde, gewann die Solidarność. Dieses Ergebnis kam einem Misstrauensvotum gegenüber der Kommunistischen Partei gleich.[27] Zudem gingen in den freien Wahlen zum Senat 99 der 100 Sitze an die Solidarność. Der semifreie Charakter der Parlamentswahlen stellte auch ein »Resultat der Unsicherheit hinsichtlich der möglichen Reaktionen der Sowjetunion« dar.[28] Dass die UdSSR die am Runden Tisch in Polen erzielten Verhandlungsergebnisse und das Wahlergebnis akzeptierte, ebnete den Weg für die polnische Transformation. Im August 1989 wurde mit dem Oppositionspolitiker Tadeusz Mazowiecki, der für die Solidarność an den Verhandlungen am Runden Tisch teilgenommen hatte, ein nichtkommunistischer Ministerpräsident Polens vereidigt. Ende Dezember 1989 erfolgte eine Verfassungsänderung, der Staat erhielt wieder den früheren offiziellen Namen ›Republik Polen‹ zurück. Damit begann die Ära der Dritten Polnischen Republik, einer parlamentarischen Demokratie, die bis dato andauert. Das Verhandlungsmöbelstück wurde zwar nach dem Jahr 1989 in einem anderen Raum des Palais Radziwiłł aufgestellt, wohl aber im Jahr 2009 anlässlich der offiziellen Feierlichkeiten zum 20-jährigen Jubiläum des Systemwechsels wieder an den Originalschauplatz in die Säulenhalle transferiert.[29]

---

25 GOLL: Der wundertätige Tisch (wie Anm. 4), S. 101.
26 Ebd., S. 100.
27 HOLZER: Der Runde Tisch (wie Anm. 7), S. 228.
28 MONICA CIOBANU: Communist regimes, legitimacy and the transition to democracy in Eastern Europe. In: *Nationalities Papers* 38 (2010), 1, S. 3–21, hier S. 16.
29 Dokumentiert auf der offiziellen Website des polnischen Präsidentenpalasts (wie Anm. 24).

3.2 Der Runde Tisch in Ungarn

Die Ausgangslage für die Etablierung des Runden Tisches in der Volksrepublik Ungarn gestaltete sich anders als in Polen: Zum einen hatten sich in Ungarn seit Beginn der 1980er Jahre oppositionelle Gruppierungen gebildet; auf diese Weise schufen Intellektuelle aus der Wissenschaft und der Literaturszene die »geistige Grundlage für den Systemwechsel«.[30] Zum anderen hatten sich Ende des Jahres 1988 führende Mitglieder der Kommunistischen Partei nicht zuletzt angesichts der schlechten ökonomischen Lage des Landes offen für eine »Transformation der politischen Ordnung« ausgesprochen.[31] Erste Reformen wie die Verabschiedung eines Wettbewerbsgesetzes, eine Erleichterung von Unternehmensgründungen und eine beginnende Spontanprivatisierung sowie die gesetzliche Ermöglichung der Gründung neuer Organisationen und Parteien gab es bereits mit Anfang des Jahres 1989.[32] Daher war die ungarische Opposition bereits strukturell erstarkt, freilich aber auch stark fragmentiert: Es gab den liberalen ›Bund Freier Demokraten‹ (ungar.: Szabo Demokraták Szövetsége, SZDSZ), das konservative ›Ungarische Demokratische Forum‹ (ungar.: Magyar Demokrata Fórum, MDF) und den liberalen ›Bund Junger Demokraten‹ (ungar.: Fiatal Demokraták Szövetsége, Fidesz) sowie eine Reorganisation früherer Parteien, nämlich der ›Unabhängigen Partei der Kleinlandwirte, der Landarbeiter und des Bürgertums‹ (ungar.: Független Kisgazda-, Földmunkás- és Polgári Párt, FKgP), der ›Sozialdemokratischen Partei Ungarns‹ (ungar.: Magyarországi Szociáldemokrata Párt, MSZDP) und der ›Christlich-Demokratischen Volkspartei‹ (ungar.: Kereszténydemokrata Néppárt, KDNP). Anzumerken ist, dass das Vereins- und Versammlungsgesetz vom Januar 1989 bereits freie Parlamentswahlen im Verlauf des Jahres 1990 vorsah.[33] Ungarn kann daher aufgrund dieser Entwicklung neben Polen als ein »Vorreiter im Prozess der Demokratisierung

---

30 HOLGER FISCHER: 1989 in Ungarn – Die ausgehandelte »Revolution«. In: MICHAEL DÜRING u. a. (Hrsg.): 1989 – Jahr der Wende im östlichen Europa (Schriften des Zentrums für Osteuropa-Studien der Universität Kiel, 1). Köln 2011, S. 155–186.
31 ANDREAS SCHMIDT-SCHWEIZER: Der politische Transformationsprozess in Ungarn und die sozialistischen Machthaber: ein Systemwechsel »von innen«. In: DETLEF POLLACK/ JAN WIELGOHS (Hrsg.): Akteure oder Profiteure? Die demokratische Opposition in den ostmitteleuropäischen Regimeumbrüchen 1989 (Politische Kultur in den neuen Demokratien Europas, 7). Wiesbaden 2010, S. 231–239, hier S. 234.
32 GYÖRGY DALOS: Der Vorhang geht auf. Das Ende der Diktaturen in Osteuropa. München 2009, S. 78; DIERINGER: Ungarn (wie Anm. 6), S. 273.
33 DALOS: Der Vorhang geht auf (wie Anm. 32), S. 84.

und der marktwirtschaftlichen Umgestaltung der Wendezeit 1989/90« charakterisiert werden.³⁴

Die kommunistische ›Ungarische Sozialistische Arbeiterpartei‹ (ungar.: Magyar Szocialista Munkáspárt, MSZMP) erachtete das polnische Modell der Verhandlungen am Runden Tisch als vorbildhaft für den Reformprozess im Sinne eines »Erfolgs des eigenen Systems« und beschloss daher, ein ähnliches Verhandlungsforum einzuberufen.³⁵ Diese Idee teilte prinzipiell auch die ungarische Opposition, die ihrerseits bereits im März 1989 einen Oppositionellen Runden Tisch (ungar.: Ellenzéki Kerekasztal, EKA) ins Leben gerufen hatte, um gemeinsame Positionen für die »zu erwartenden Verhandlungen mit der Staatspartei« zu entwickeln.³⁶ Dieses Verhandlungsforum hatte allerdings eine gegenteilige Wirkung als intendiert, denn der EKA machte vielmehr die tiefe Fragmentierung der ungarischen Opposition offensichtlich. Die Abhaltung des EKA war öffentlich bekannt, die erste unabhängige Film- und Videogruppe Ungarns, *Fekete Doboz* (sinngemäß: *Black Box*), begleitete die Gespräche am EKA im Jahr 1989 dokumentarisch.³⁷

Zwischen Juni und September 1989 tagte schließlich der Nationale Runde Tisch (ungar.: Nemzeti Kerekasztal, NKA), dem neben Teilnehmenden der MSZMP und des EKA auch jene von Gewerkschaften und quasi-zivilgesellschaftlichen Organisationen angehörten.³⁸ Anders als in Polen gestaltete sich auch die Zielsetzung des NKA, hier sollte von Anfang an das künftige politische System für Ungarn nach dem Kommunismus ausgehandelt werden. Der NKA fand in der Jagdhalle des ungarischen Parlaments statt. Für diesen Zweck wurden einzelne rechteckige Tische als großes Rechteck platziert. Die Verhandlungen selbst hatten Öffentlichkeitscharakter, die vorbereitenden Gremien hielten jedoch geschlossene Sitzungen ab, von deren genauen Verhandlungsthemen nicht öffentlich berichtet wurde.³⁹

Anzumerken ist aber, dass das zentrale Ergebnis des NKA, der friedliche Systemwechsel, der Öffentlichkeit erst mit der Unterzeichnung des Abkommens über

---

34 DIERINGER: Ungarn (wie Anm. 6), S. 239; Zur Geschichte Ungarns nach dem Jahr 1945 siehe beispielhaft ÁRPÁD V. KLIMÓ: Ungarn seit 1945 (UTB, 2855/Europäische Zeitgeschichte, 2). Göttingen 2006.
35 HOLZER: Der Runde Tisch (wie Anm. 7), S. 228.
36 DALOS: Der Vorhang geht auf (wie Anm. 32), S. 87.
37 FEKETE DOBOZ [BLACK BOX]: Az ellenzéki kerekasztal története [Geschichte des oppositionellen Runden Tisches]. Budapest 1989.
38 HOLZER: Der Runde Tisch (wie Anm. 7), S. 229. Siehe detaillierter ANDRÁS BOZÓKI (Hrsg.): The Roundtable Talks of 1989: The Genesis of Hungarian Democracy. Budapest 2002.
39 JÓZEF RUSZOLY: Die verlorengegangene Institution. Die Frage der parlamentarischen Wahlprüfung vor dem Nationalen Runden Tisch 1989 in Budapest. In: *Parliaments, Estates & Representation* 23 (2003), 1, S. 215–231, hier S. 216 f.

die Ergebnisse der Verhandlungen am 18. September 1989 zugänglich gemacht wurde, da diese letzte Sitzung im Fernsehen übertragen wurde:[40] Es wurden die Einführung eines Mehrparteiensystems und die Durchführung freier demokratischer Wahlen angekündigt, die im Frühjahr 1990 stattfinden sollten.[41] Als weitere direkte Folgen der Verhandlungen am Runden Tisch wurde die Revision der Verfassung, die Gründung eines Verfassungsgerichtshofs sowie eine Reform des Strafrechts und des Wahlrechts vereinbart. Anfang Oktober 1989 löste sich die MSZMP selbst auf, als deren Nachfolgerin wurde die ›Ungarische Sozialistische Partei‹ (ungar.: Magyar Szocialista Párt, MSZP) gegründet. Am 23. Oktober 1989, dem 33. Jahrestag des Beginns des Volksaufstands im Jahr 1956, wurde die Dritte Republik als unabhängiger und demokratischer Staat von Mátyás Szűrös, dem damaligen Präsidenten der Nationalversammlung, auf dem Balkon des ungarischen Parlaments in Budapest ausgerufen. In der Folge wurden Ende Oktober 1989 ein Parteiengesetz zur Legalisierung aller bereits bestehenden Parteien und ein Wahlgesetz verabschiedet.[42]

Obwohl die Ergebnisse des NKA weitreichende Folgen evozierten, blieben visuelle Darstellungen dieses Verhandlungsforums national wie international in den 2000er Jahren eine visuelle Leerstelle in den Erinnerungsarenen, obwohl es natürlich Fotos von den Verhandlungen gibt.[43] Derselbe Befund gilt auch für die Fotos vom EKA. Einhergehend mit der von Aleida Assmann als dichotom beschriebenen Dynamik von Erinnern und Vergessen, die das kulturelle Gedächtnis auszeichnet, stellen solche visuellen Leerstellen, gleichbedeutend einer Form des Vergessens, einen Bestandteil erinnerungskultureller Ausprägungen dar, wie im Folgenden näher ausgeführt wird.[44]

3.3 Der Runde Tisch in der DDR

Es ist zu konstatieren, dass dieses Spezifikum der visuellen Leerstelle auch auf die visuelle Verankerung des Zentralen Runden Tisches der damaligen DDR zutrifft: Ähnlich wie in Ungarn etablierten sich auch in der DDR nach dem polnischen

---

40 TERRY COX/ANDY FURLONG: Hungary: The Politics of Transition. London 1995, S. 52.
41 HOLZER: Der Runde Tisch (wie Anm. 7), S. 229.
42 FISCHER: 1989 in Ungarn (wie Anm. 30), S. 155–186.
43 Siehe beispielhaft die Fotos der ungarischen Nachrichtenagentur *Magyar Távirati Iroda (MTI)*: MTI/Lajos Soos, 13.06.1989; 21.06.1989; MTI/Attila Kovács, 25.08.1989.
44 Siehe dazu detaillierter Abschnitt 4. Zu den verschiedenen Formen des Vergessens siehe ausführlicher ALEIDA ASSMANN: Formen des Vergessens (Historische Geisteswissenschaften, 9). Göttingen ²2016, S. 30–68.

Vorbild bereits zwischen November 1989 und Januar 1990 Runde Tische, und dies auf allen staatlichen Ebenen. Zum Zentralen Runden Tisch, der zuallererst von der Bürgerbewegung ›Demokratie Jetzt‹ gefordert worden war, lud jedoch nicht die Sozialistische Einheitspartei Deutschlands (SED), sondern – wie von den Oppositionellen gewünscht – der Bund der Evangelischen Kirchen in der DDR alle Parteien und Gruppierungen offiziell ein.

Die ersten drei Sitzungen des Zentralen Runden Tisches fanden im Gottesdienstraum der Herrnhuter Brüdergemeinde im Dietrich-Bonhoeffer-Haus in Berlin-Mitte statt. Analog zum NKA in Ungarn war auch hier kein rundes Verhandlungsmöbel aufgebaut worden, stattdessen wurden rechteckige Einzeltische in Form eines großen Rechtecks angeordnet,[45] ein Umstand, den Oberkirchenrat Martin Ziegler in seiner Begrüßungsrede zur ersten Sitzung am 7. Dezember 1989 explizit thematisierte:

> Wir wollten die Ecken der Tische zu unserem heutigen Gespräch auch nicht absägen. Das wäre nicht nur die Schädigung fremden Eigentums gewesen, es wäre auch der Sache nicht angemessen. Denn die Probleme, mit denen wir uns heute zu befassen haben, sind kantig.[46]

Ab der vierten Sitzung fanden die verbleibenden 13 Sitzungen jedoch im Schloss Niederschönhausen, dem Gästehaus der DDR-Regierung, in Berlin-Pankow statt. Diese Verhandlungen wurden ab dem 3. Januar 1990 im Rundfunk und ab dem 9. Januar 1990 im Fernsehen übertragen.[47] Visuell zeichneten sich diese Sitzungen ebenfalls durch Tischanordnungen in großer Rechteckform aus, an einer Wand des Verhandlungsraums war das Staatswappen der DDR, der Ährenkranz mit Hammer und Zirkel, angebracht, wie es auf den Fotos von diesem Verhandlungsforum gut ersichtlich ist.[48]

Die Zielsetzung des Zentralen Runden Tisches differierte aufgrund der spezifischen Situation der DDR von jener in den anderen kommunistischen Staaten;

---

45 Siehe beispielhaft Bundesarchiv Berlin (BArch), Bild 183–1989–1207–02/Klaus Oberst, 07.12.1989.
46 Martin Ziegler zit. nach OTTO LANGELS: Geschichte aktuell: Eine Schule der Demokratie. Vor 20 Jahren formiert sich der »Zentrale Runde Tisch« in Ost-Berlin. In: *Deutschlandfunk,* 7. Dezember 2009. Abgerufen unter der URL: https://www.deutschlandfunk.de/geschichte-aktuell-eine-schule-der-demokratie.724.de.html?dram:article_id=99671, letzter Zugriff: 21.06.2021.
47 Dokumentiert auf der offiziellen Website der deutschen Bundesregierung. Abgerufen unter der URL: https://www.bundesregierung.de/breg-de/aktuelles/der-runde-tisch-tagt-zum-letzten-mal-431150, letzter Zugriff: 12.06.2021.
48 Siehe beispielhaft BArch, Bild 183–1990–0103–013/Peter Grimm, 13.01.1990.

das Gremium verstand sich als »Bestandteil der öffentlichen Kontrolle«, man wollte so lange tagen, bis es zur Durchführung freier, demokratischer und geheimer Wahlen komme.[49] Weitere Themen, welche die Opposition auf die Agenda nahm, stellten ursprünglich die Auflösung des Ministeriums für Staatssicherheit sowie die Arbeit an einer neuen Verfassung dar, verfolgte doch die Mehrheit der oppositionellen Kräfte das Ziel, die Eigenständigkeit der DDR im Sinne eines Dritten Weges zwischen Kapitalismus und Kommunismus zu bewahren. Konterkariert wurde diese Zielsetzung von der immer stärker werdenden Forderung der Demonstrierenden, die nach dem Fall der Berliner Mauer am 9. November 1989 für eine Vereinigung mit der Bundesrepublik eintraten, welche auch von der westdeutschen Regierung unter Bundeskanzler Helmut Kohl ab Ende November 1989 offen propagiert wurde.[50] Die SED versuchte, durch den Zentralen Runden Tisch Zeit zu gewinnen, die Lage zu sondieren.

Die Funktion und Bedeutung des Zentralen Runden Tisches änderte sich Ende Januar 1990 grundlegend, als Oppositionelle als Ministerinnen und Minister in die Allparteienregierung unter Führung von Hans Modrow eintraten. Damit war die Kräfteverteilung am Zentralen Runden Tisch maßgeblich eine andere: Dieser stellte ab diesem Zeitpunkt ein Instrument der Regierung und nicht mehr ein Medium öffentlicher Kontrolle dar, was in der Folge einen Glaubwürdigkeitsverlust der Opposition bei weiten Teilen der Bevölkerung evozierte.[51] Obwohl der Zentrale Runde Tisch rund hundert Gesetzentwürfe und am Ende sogar einen neuen Verfassungsentwurf für die DDR vorlegte, war seine Bedeutung spätestens ab dem Zeitpunkt der Festsetzung freier Wahlen auf den März 1990 marginalisiert.[52] Schließlich kam es am 3. Oktober 1990 zur deutschen Wiedervereinigung.

3.4 Der Runde Tisch in der ČSSR

Noch weniger faktische Bedeutung und damit einhergehend visuelle Verankerung in den tschechischen und europäischen Gedächtnislandschaften kann man dem Runden Tisch in der ČSSR attestieren: Dieses Verhandlungsforum trat überhaupt nur an einem Tag, dem 8. Dezember 1989, im Kulturpalast in Prag zusammen, als das Oppositionelle Bürgerforum (tschech.: Občanské fórum, OF)

---

49 Dokumentiert auf der offiziellen Website der deutschen Bundesregierung (wie Anm. 47).
50 HOLZER: Der Runde Tisch (wie Anm. 7), S. 231.
51 Ebd., S. 230.
52 Dokumentiert auf der offiziellen Website der deutschen Bundesregierung. Abgerufen unter der URL: https://www.bundesregierung.de/breg-de/aktuelles/premiere-fuer-den-runden-tisch--337200, letzter Zugriff: 21.06.2021.

unter Führung von Václav Havel als Sammelbewegung der Dissidentinnen und Dissidenten mit der kommunistischen Regierung unter Führung des damaligen Ministerpräsidenten Ladislav Adamec die Konditionen des Systemwechsels aushandelte. Vorausgegangen waren diesem Gremium Massenproteste und Zusammenstöße zwischen Demonstrierenden und der Exekutive am 17. November 1989 sowie ein Generalstreik am 27. November 1989, bei dem landesweit das Ende der Einparteienherrschaft gefordert wurde. Tags darauf verkündete schließlich Ladislav Adamec die Bildung einer neuen Regierung unter Einbeziehung nichtkommunistischer Ministerinnen und Minister. Da auf diese Weise die Weichen für die politische Transformation praktisch schon gestellt worden waren, war die Bedeutung des Runden Tisches nicht besonders groß, um mit dem polnischen Historiker Jerzy Holzer zu sprechen.[53] An ihm wurde vereinbart, dass man am nächsten Tag, dem 9. Dezember, mit dem kommenden Ministerpräsidenten der neuen Regierung, Marián Čalfa, deren genaue Zusammensetzung besprechen wolle sowie dass der nächste Staatspräsident ein parteifreier Tscheche beziehungsweise der nächste Präsident der Bundesregierung ein Slowake und KP-Mitglied sein solle.[54] Nur zwei Tage später, am 10. Dezember, folgte schließlich die Konstituierung der ›Regierung der Nationalen Versöhnung‹ unter Führung des kommunistischen Premiers Marián Čalfa, der mehrheitlich Minister und Ministerinnen der Opposition angehörten. Ende 1989 wurde der Slowake Alexander Dubček zum Parlamentsvorsitzenden und der Tscheche Václav Havel zum Staatspräsidenten gewählt. Am 29. März 1990 kam es zur Ausrufung der demokratischen Tschechoslowakischen Föderativen Republik.

Vom Runden Tisch vom 8. Dezember 1989 gibt es folglich kaum Fotos: Selbst in der Datenbank der tschechischen Fotoagentur *ČTK* kommt der Begriff ›Runder Tisch‹ (tschech.: Kulaty Stol) nicht vor, das einzige Foto vom 8. Dezember 1989 ist als ›Verhandlungen‹ (tschech.: jednáni) kategorisiert.[55] Visuell ist dieser Runde Tisch auch kaum als ein solcher zu erkennen: Es wurde nicht einmal versucht, ein rundes Verhandlungsgremium zu stilisieren, stattdessen saßen sich die Mitglieder von Opposition und Kommunistischer Partei an einem großen langen Tisch gegenüber.[56]

---

53 HOLZER: Der Runde Tisch (wie Anm. 7), S. 225–232, hier S. 229.
54 Dokumentiert auf der offiziellen Website der Václav-Havel-Bibliothek. Abgerufen unter der URL: https://www.vaclavhavel.cz/cs/index/novinky/805/patek-8-prosinec-1989, letzter Zugriff: 21.06.2020.
55 Siehe die tschechische Presseagentur *Česká tisková kancelář (ČTK):* ČTK/Josek Petr, 08.12.1989.
56 Dokumentiert auf der offiziellen Website der Václav-Havel-Bibliothek (wie Anm. 54).

4. Die visuelle Erinnerung an den Runden Tisch im Ländervergleich

Trotz aller nationalen Spezifika der Runden Tische war für eine erinnerungskulturelle Verankerung der Fotos dieser Verhandlungsforen überall dieselbe Voraussetzung gegeben: die Medialität der Ereignisse. Doch die Funktionalität der Fotos divergiert zwischen ihrem Entstehungskontext und dem erinnerungskulturellen Kontext der nationalen und transnationalen Gedächtnislandschaften: Für die oppositionellen Bewegungen war die Sichtbarkeit der Runden Tische enorm wichtig, um ihre eigene Rolle, auch implizit für die Systemtransformation, zu legitimieren. Nicht von ungefähr wurden in Polen oder Ungarn eigene Medienteams zur Berichterstattung engagiert. Ex post wiederum gestaltete sich die erinnerungskulturelle Verankerung – und damit das Aufgreifen dieser historischen Fotos – nach den topografischen Gegebenheiten der jeweiligen Gedächtnislandschaften: Die Fotos wurden in die jeweils hegemoniale erinnerungskulturelle Narrativierung der Systemwechsel eingebettet.

Dazu kommt die Kontextualisierung der Transitionserinnerungen mit anderen nationalen Erinnerungskulturen, beispielsweise in der Bewertung und Aufarbeitung der totalitären Regime des 20. Jahrhunderts, also der nationalsozialistischen und der kommunistischen Periode. Die öffentliche Auseinandersetzung mit diesen beiden Perioden setzte ebenfalls im Zuge der Transformation ein, sodass erinnerungspolitische Bestrebungen zwischen Aufarbeitung und Verdrängung Einfluss auf die Art und Weise der erinnerungskulturellen Verankerungen der Systemwechsel nahmen.

Vor allem ist aber die Art und Weise der Sichtbarkeit der Transformation ein Zeichen dafür, zu welchen visuellen Erinnerungen es bereits einen hegemonialen Konsens gibt und welche Bedeutung diesen historischen Ereignissen attestiert wird. Daher kommt visuellen Leerstellen eine doppelte Funktion zu: Einerseits fungieren sie als Indikatoren dafür, dass dieser Aushandlungsprozess noch im Gange ist und deshalb Bilderwelten spezifischer historischer Ereignisse noch nicht in die visuellen Erinnerungsarenen Eingang gefunden haben. Andererseits können Leerstellen als bewusster Entzug von Visualität all jener Bilderwelten, die mit den kommunistischen Regimen verknüpft sind, interpretiert werden, um eine deutliche Abgrenzung von der kommunistischen Vergangenheit zu evozieren.[57] Dieses Absprechen von »Sichtbarkeit als Herrschaftsressource« wirkt

---

57 PETRA MAYRHOFER: Visual Representations of »the Russian« in European Remembrance Cultures. In: *East Central Europe* (Spezialausgabe »Translating ›the Russian‹«, hrsg. von Carola Heinrich) 43 (2016), 3, S. 298–313.

damit als ein »Akt der Delegitimation«, es setzt eine »Unsichtbarkeitsspirale« ein.[58] Dies ist ein gewichtiger Faktor hinsichtlich der visuellen Leerstelle, die die Bilder von den Runden Tischen mehrheitlich auszeichnet: Da die Medienrhetorik des Runden Tischs den Verhandlungen visuell die Weihe der Übereinkunft Gleicher unter Gleichen vermittelte, zugleich aber das Zustandekommen dieser Übereinkünfte nicht zeigte,[59] steht dieses Verhandlungsforum nur symbolisch als Mittel für eine Krisenlösung.[60] Tatsächlich bedeutete die gleichberechtigte Darstellung von (alter) KP-Elite und (neuer) Oppositionselite keinen Bruch mit dem alten System, die »Unsichtbarkeitsspirale« kommt damit bei diesen Fotos nicht zum Tragen.[61]

Dazu kommt das ikonische Potential dieser historischen Fotos, deren Bildkomposition und Bildwirkung, die ebenfalls die Verankerung in den visuellen Erinnerungsarenen beeinflusst. Solcherart Potential ist nur beim Foto des Runden Tisches in Polen vorhanden, nicht aber bei den Fotos von den Runden Tischen in der DDR, der ČSSR und Ungarns. Diese vermögen nicht als ikonische Fotos »aus der Fülle der Aufnahmen herauszuragen.«[62]

Konkret bedeutet das im Falle Ungarns, dass die Fotos aller Runden Tische in der visuellen Gedächtnislandschaft der 2000er Jahre keinen Platz finden, da auch die Erinnerung an den ungarischen Systemwechsel in der fragmentierten ungarischen Erinnerungskultur eine Leerstelle darstellt. Dieser Befund lässt sich anhand mehrerer Faktoren erklären: Da den ausgehandelten Systemwechsel in Ungarn eine hohe Elitenzentriertheit kennzeichnete und es in den Jahren nach 1989 zu einer Kontinuität der alten Eliten in Politik und Wirtschaft kam, konnte sich das Gedenken an den Systemwechsel nicht etablieren, da dieser gar nicht als eine Zäsur erinnert wurde.[63] Erwartungen und Hoffnungen der Bevölkerung auf eine Steigerung des Lebensstandards und eine Verbesserung des politischen Systems hatten sich zudem bis in das Jahr 2009 nicht erfüllt, der Systemwechsel war damit nicht als positiver Referenzpunkt für die Legitimation des nationalen

---

58 GERHARD PAUL: BilderMACHT. Studien zur Visual History des 20. und 21. Jahrhunderts. Göttingen 2013, S. 543.
59 GOLL: Der wundertätige Tisch (wie Anm. 4), S. 107.
60 Ebd., S. 104.
61 GERHARD PAUL: Bild und Umbruch. Gedanken aus der Perspektive der »Visual History«. In: ANA KARAMINOVA/MARTIN JUNG (Hrsg.): Visualisierungen des Umbruchs. Strategien und Semantiken von Bildern zum Ende der kommunistischen Herrschaft im östlichen Europa. Frankfurt am Main 2012, S. 29–45, hier S. 31.
62 Ebd., S. 32.
63 OLIVER RATHKOLB: Europa und das Ende des Kalten Krieges (Wiener Vorlesungen im Rathaus, 156). Wien 2012, S. 49.

Selbstverständnisses in der Gegenwart tauglich.⁶⁴ Da es in der politischen Landschaft Ungarns seit 1989 große Gegensätze zwischen dem linken und rechten Lager und damit sehr unterschiedliche Interpretationen des Systemwechsels gab – für die Nachfolgepartei der MSZMP, die ›Magyar Szocialista Párt‹ (dt.: Ungarische Sozialistische Partei, MSZP), war es nicht von Vorteil, an die ehemals kommunistische Vergangenheit zu erinnern, für das rechte Lager war aufgrund des fehlenden Bruchs mit der alten KP-Elite der Systemwechsel auch anno 2009 noch nicht beendet –, konnte sich kein hegemoniales öffentliches erinnerungskulturelles Deutungsmuster zur Transformation etablieren. Dazu kommt die Parallelisierung wichtiger Ereignisse des Systemwechsels 1989 und des Volksaufstandes von 1956, wurden doch bereits das Wiederbegräbnis von Imre Nagy und die Ausrufung der Dritten Republik im Jahr 1989 bewusst in Referenz zu den entsprechenden Daten des Jahres 1956 begangen und mit den Forderungen nach einem Systemwechsel verknüpft. Besonders das Wiederbegräbnis von Imre Nagy im Juni 1989 weist Bilder mit starkem Wiedererkennungswert und einer einprägsamen Bildkomposition auf, die hinsichtlich ihrer Bildwirkung in der visuellen Erinnerungskultur Ungarns eine gewichtige Position einnehmen.

Der Grund für die visuelle Leerstelle des Zentralen Runden Tisches der DDR in der nationalen deutschen Gedächtnislandschaft ist die Tatsache, dass die Rolle dieses Verhandlungsforums bereits in Echtzeit durch den Wiedervereinigungsprozess immer mehr an Bedeutung verlor und die DDR seit der deutschen Vereinigung am 3. Oktober 1990 nicht mehr existiert. Damit steht der Zentrale Runde Tisch visuell für ein System, das es nicht mehr gibt und das nicht integrierbar ist in die erinnerungskulturelle Hegemonialerzählung zu den Ereignissen von 1989 – der Anbahnung der Deutschen Einheit –, die ihren Anfang visuell bei den ikonischen Fotos vom Fall der Berliner Mauer am 9. November 1989 nimmt. Da die Protagonistinnen und Protagonisten der DDR-Bürgerprotestbewegungen und des zivilgesellschaftlichen Engagements in der DDR, die ja mehrheitlich einen Dritten Weg und die Eigenständigkeit der DDR prononciert hatten, weder im vereinten Deutschland eine tragende Rolle einnahmen⁶⁵ noch in die Erinnerungslandschaft des Jahres 2009 mit deren starker Fokussierung auf die Deutsche Einheit integriert wurden,⁶⁶ gilt dieser Befund analog auch für die visuelle Gedächtnislandschaft:

---

64 PETER BOGNAR: Wandel ohne Wechsel. In: N-OST E. V. – NETZWERK FÜR OSTEUROPA-BERICHTERSTATTUNG (Hrsg.): (Kein) Schluss-Strich. Wie die Menschen zwischen Berlin und Sofia des Jahres 1989 gedenken. München 2010, S. 108–114, hier S. 109.
65 KARSTEN TIMMER: Vom Aufbruch zum Umbruch. Die Bürgerbewegung in der DDR 1989 (Kritische Studien zur Geschichtswissenschaft, 142). Göttingen 2000.
66 LUCIA HALDER/PETRA MAYRHOFER: Two become One? Visual Memories of Regime Change 1989/1990 in Germany. In: MARJA VUORINEN/AKI-MAURI HUHTINEN/TUOMAS

Fotos von diesen Protagonistinnen und Protagonisten finden keinen Eingang in sie, da nicht nur die thematische erinnerungskulturelle Verankerung fehlt, sondern zudem die visuelle Erinnerung an die Ereignisse des Jahres 1989 von den Fotos der Menschenmassen auf der Berliner Mauer, den ›Mauerspechten‹, und den DDR-Flüchtlingen, die über Ungarn in die Bundesrepublik flohen, maßgeblich geprägt ist. Auch die transnationale visuelle Erinnerungsarena ist von eben diesen wirkmächtigen Fotos und ihrer inhärenten »Ikonografie der Überwindung« stark geprägt, die Ereignisse in Deutschland des Jahres 1989 dominieren die Bilderwelten.[67]

Diese Tatsache erklärt auch, warum die Fotos der Runden Tische in der DDR, der ČSSR und in Ungarn nicht in der transnationalen Erinnerungsarena zu finden sind. In der heutigen Tschechischen Republik ist die fehlende visuelle Erinnerung an den Runden Tisch, der eben nur einmal stattfand, trotz einer positiven Identifikation mit dem Systemwechsel und der damit einhergehenden starken erinnerungskulturellen Bedeutung der Samtenen Revolution durch die starke Verknüpfung der visuellen Erinnerung mit der Person Václav Havels und dessen Wandel vom Dissidentenführer zum Staatspräsidenten als Personifizierung des Systemwechsels determiniert. Fotos von hoher Ikonizität, die Havel in diesen beiden Rollen visualisieren, vom Generalstreik am 27. November 1989 und vor allem von den Zusammenstößen zwischen unbewaffneten Demonstrierenden und bewaffneten Sicherheitskräften am 17. November 1989 sind fixer Bestandteil der visuellen Gedächtnislandschaft und überlagern in ihrer Bildwirksamkeit das Foto des Runden Tisches maßgeblich.

Im Gegensatz dazu ist die starke visuelle Verankerung des polnischen Runden Tisches in den nationalen und transnationalen Erinnerungsräumen zu konstatieren: Betrachtet man anhand der eingangs erwähnten Länderstudien die mitteleuropäische Erinnerungstopografie zu den Transformationen, so ist das Foto von der letzten Sitzung des polnischen Runden Tisches vom 5. April 1989 stark in der visuellen Gedächtnislandschaft präsent, da ihm im erinnerungskulturellen Setting eine spezifische Rolle attribuiert wird: Da es den ersten Runden Tisch des Jahres 1989 in Polen gab, wird diese Vorreiterrolle in der visuellen Erinnerungstopografie aufgegriffen, sein Foto fungiert als der visuelle Auftakt der Ereignisse des Jahres 1989. In Polen selbst war das Foto fixer Bestandteil in allen Schulbüchern

---

KURONEN (Hrsg.): Regime Changes in 20th Century Europe. Reassessed, Anticipated and in the Making. Newcastle-upon-Tyne 2016, S. 263–287, hier S. 273.
67 MAYRHOFER: Topografie des Erinnerns an »1989« (wie Anm. 11), S. 206; DIES.: Searching for »1989« on the Transnational Remembrance Landscape: A Topography. In: *zeitgeschichte* 46 (2019), 2, S. 275–291. Zu den Fotografien und Bildgedächtnissen von 1989/90 in der DDR/ Deutschland siehe den Beitrag von Axel Doßmann in diesem Band.

des Samples, die aus den Jahren von 2008 bis 2010 datierten. Obwohl auch in Polen die Errungenschaften des Systemwechsels und deren erinnerungskulturelle Bedeutung zwischen den politischen Lagern differierend bewertet wurden und es geschichtspolitische Kontroversen in den 2000er Jahren gab – für das liberale Lager stellte die polnische ›Refolution‹ einen positiven Referenzpunkt, für das nationalkonservative Lager hingegen einen negativ konnotierten Kompromiss mit der alten Elite dar –, tat dies der visuellen Erinnerung an den Runden Tisch keinen Abbruch, zumal der Runde Tisch von großen Teilen der Bevölkerung als das wichtigste Ereignis der polnischen Transformation bewertet wurde.[68]

Hinzu kommt der hohe Wiedererkennungswert des Bildinhalts des besagten Fotos vom 5. April 1989: Durch die Wort-Bild-Kongruenz ist der Runde Tisch, noch dazu mit dem Blumenschmuck in den polnischen Nationalfarben, als eben dieses spezifische Ereignis leicht wiedererkennbar. Da die Aufnahme aus der Vogelperspektive erfolgte, wird der Bildinhalt des Fotos vom Kreis dominiert, die einzelnen Protagonistinnen und Protagonisten sind hingegen nicht gut sichtbar. Damit tritt die visuelle Gleichsetzung von Kommunistinnen und Kommunisten mit der Opposition nicht so stark zutage, wie dies bei den Fotos der Runden Tische in den anderen Ländern der Fall ist. Zudem weist dieses Foto ein hohes ikonisches Potential auf, es ist nicht mit anderen historischen Ereignissen zu verwechseln. Der Historiker Gerhard Paul attestiert einer solchen ›Medienikone‹ auch deshalb eine große Bildwirkung, da sie an visuelle Archetypen anknüpft. Auch dies ist bei diesem Foto zu konstatieren: Der Kreis ist ein universell dechiffrierbares Zeichen. Im Gegensatz zur Originalität des polnischen Runden Tisches stellen alle anderen Fotos der Runden Tische Abbildungen einer Verhandlungssituation dar, deren Bildinhalt sich von anderen Verhandlungen nicht ersichtlich unterscheidet, da es sich um Konferenzsettings mit langen Tischen oder Tischanordnungen handelt, wie man sie von anderen politischen Verhandlungen bereits kennt. Diese Fotos verfügen nicht über die zentralen visuellen Charakteristiken des polnischen Runden Tisches, nämlich Unverwechselbarkeit und Ausdrucksstärke.

---

68 KRZYSZTOF RUCHNIEWICZ: Polen zwanzig Jahre nach dem Wendejahr 1989. In: HANS-JOACHIM VEEN/PETER MÄRZ/FRANZ-JOSEF SCHLICHTING (Hrsg.): Die Folgen der Revolution. 20 Jahre nach dem Kommunismus (Europäische Diktaturen und ihre Überwindung, 15). Köln/Weimar/Wien 2010, S. 45–60, hier S. 59.

5. Conclusio

Die visuelle Erinnerung an den Runden Tisch, das Verhandlungsforum zwischen Vertreterinnen und Vertretern der Kommunistischen Parteien und der oppositionellen Kräfte zur Aushandlung der Transformationen, hat in europäischen Erinnerungskulturen der 2000er Jahre de facto kaum einen Stellenwert. Diesbezügliche Fotos versinnbildlichen eine Gleichwertigkeit von kommunistischen Politikerinnen und Politikern sowie oppositionellen Gruppen am Runden Tisch; ihnen wohnt also kein visueller Zäsurcharakter im Sinne eines Bruchs mit dem alten System inne. Daher sind diese Bilder nicht Bestandteil hegemonialer Erinnerungsnarrative zur Transformation, wie etwa die Bilderwelten zum Fall der Berliner Mauer.

Hinzu kommen nationale Spezifika der realpolitischen Bedeutung der nationalen Runden Tische, die in der DDR und Tschechoslowakei per se eine marginale Rolle spielten. Dieser geringe Stellenwert spiegelte sich in den nationalen Erinnerungsarenen der 2000er Jahre. Daher stimmt die visuelle Leerstelle der Runden Tische in diesen Erinnerungsräumen mit den nationalen Erinnerungsstrukturen der Systemwechsel überein. Dies war auch für Ungarn der Fall: In diesem Land ist die Rolle des NKA für die nationale Transformation durch die generell geringe Bedeutung, die der Systemtransformation in den 2000er Jahren attestiert wurde, und die geringe Zufriedenheit mit ihr sowie durch eine übermächtige Erinnerungskultur an den Volksaufstand im Jahr 1956 überlagert. Allen Fotos der Runden Tische in der DDR, ČSSR und in Ungarn ist zudem anzumerken, dass deren Bildkompositionen und Inhalte keinen großen Wiedererkennungswert aufweisen.

Einzige Ausnahme stellt die starke erinnerungskulturelle Verankerung des Runden Tisches in Polen dar. Hierbei prägt ein Foto von der Abschlusssitzung des Runden Tisches am 5. April 1989 die visuellen Erinnerungsarenen sowohl national wie auch transnational: Zum einen ist die nationale Erinnerung an den Runden Tisch größtenteils positiv konnotiert, zum anderen wird das polnische Verhandlungsforum transnational als visueller Beginn der Systemwechsel von 1989/90 erinnert. Außerdem weist dieses Foto – im Gegensatz zu jenen aller anderen Runden Tische – aufgrund des Bildinhalts und der Perspektivierung einen unverwechselbaren Wiedererkennungswert und ein hohes ikonisches Potential auf, das durch die Wort-Bild-Kongruenz des runden Verhandlungsmöbels noch unterstrichen wird.

Martina Baleva

Menschen in der Reihe

Ein visueller Topos des Umbruchs

Für Snejana Baleva

> Der Ort, den eine Epoche im Geschichtsprozeß einnimmt, ist aus der Analyse ihrer unscheinbaren Oberflächenäußerungen schlagender zu bestimmen als aus den Urteilen der Epoche über sich selbst.
>
> Siegfried Kracauer[1]

Als ich angefragt wurde, einen Beitrag über die Bilder des Umbruchs in Bulgarien zu verfassen, musste ich zuallererst an die Fotografien von den Massenkundgebungen im Zentrum von Sofia in den Tagen und Wochen nach dem 10. November 1989 denken. Die Aufnahmen von Tausenden dichtgedrängten Menschen hatten sich offenbar so fest in mein Gedächtnis eingebrannt, dass ich sie mühelos vor meinem inneren Auge abrufen konnte.

Dabei weiß ich selten auf Anhieb, über welche Bilder genau ich schreiben muss, wenn ich ein bestimmtes Thema bearbeite. Es musste also einen Grund geben, weshalb mir diese und keine anderen Bilder spontan einfielen. Doch zugleich stellte sich mir die Frage, wie die Menschen in Bulgarien sonst auf ein derart einschneidendes Ereignis, wie es die Amtsenthebung Todor Živkovs nach fast 40 Jahren an der Macht gewesen war, hätten reagieren sollen. Und wie sonst hätten die bulgarischen Medien dieses Ereignis darstellen sollen, als die überfüllten Straßen zu fotografieren, war doch der Anblick von so vielen Menschen auf den Plätzen der kommunistischen Macht etwas bis dahin Ungesehenes und deshalb Unvorstellbares.

Sicherlich hatte es auch schon vorher Massenkundgebungen gegeben – auf denselben Straßen, und womöglich mit denselben Menschen –, doch waren sie sorgfältig vom Staat choreografiert worden und nahmen stets die gleiche Form an, die wir alle nur zu gut kannten: In Reih und Glied marschierten alljährlich am 9. September,

---

1 SIEGFRIED KRACAUER: Das Ornament der Masse [1927]. In: DERS.: Das Ornament der Masse. Essays. Mit einem Nachwort von Karsten Witte (Suhrkamp Taschenbuch, 371). Frankfurt am Main 1977, S. 50–63, hier S. 50.

Abb. 1   Demonstration vor der Aleksandăr-Nevski-Kathedrale in Sofia, 18. November 1989

Abb. 2   Manifestation anlässlich des 24. Mai, dem ›Tag der Hll. Kyrill und Method‹, Sofia 1970er Jahre

dem ›Tag der sozialistischen Revolution‹, oder am 1. Mai, dem ›Tag der Arbeit‹, oder am 24. Mai, dem ›Tag der Slawenapostel Kyrill und Method‹, die Menschen auf denselben Straßen und mit den immer gleichen Plakaten, Bildnissen und Slogans in der Hand: vorneweg die Jugendorganisationen der Pioniere und Komsomolzen, in deren Reihen auch ich mitmarschiert bin, sodann die lokalen Organisationen der Heimatfront, die Fabrikarbeiter*innen, die Angestellten, die Intelligenz usw.

Für gewöhnlich führte die Route vorbei am Mausoleum von Georgi Dimitrov, von dessen großer Terrasse aus der Parteichef Todor Živkov samt Gefolgschaft mit seiner charakteristischen, überdrüssig wirkenden Geste der Menschenmenge zuwinkte, während ihm die Menschen von unten mit lauten Hurra-Rufen zujubelten.

Die den Machthabenden huldigenden Menschen wurden für diesen Zweck – um Siegfried Kracauer zu paraphrasieren – in das »Ornament der Masse« gezwängt. Diese Form der Massenkundgebung hatte einen eigenen Namen: Manifestation (bulg.: manifestacija, von lateinisch ›manifestare‹ für ›augenfällig machen‹, wörtlich übersetzt ›zeigen‹ oder ›deutlich machen‹, laut Duden: die Bekundung von etwas Bestimmtem, das Deutlich- oder Sichtbarwerden). Die Manifestationen und die Bilder vom »Ornament der Masse« verliehen der Kommunistischen Partei Sichtbarkeit, machten sie augenfällig und beglaubigten damit ihre Autorität. Die regelmäßige Wiederkehr der Manifestationen und ihrer Bilder waren nicht nur symbolische Akte, sondern dienten gleichsam der Stabilisierung der Macht, indem sie für ihre fortwährende Sichtbarkeit sorgten.

Nun aber, an den Tagen nach dem 10. November 1989, schienen sich die Menschen – so zeigen es uns die überlieferten Bilder – wie eine formlose Masse über die Straßenzüge zu ergießen. Die straffen Reihen und geometrischen Formen der vormaligen Manifestationen hatten sich über Nacht in die unförmige Masse der Demonstrant*innen aufgelöst. Auf den Bildern von damals drängen sich so viele Menschen auf den großen Boulevards von Sofia, dass es zwischen ihnen nicht den geringsten Freiraum gibt, um selbst das einfachste Ornament der Reihe bilden zu können. Nicht, dass die Menschen es gewollt hätten. Ganz im Gegenteil übten sie sich nun im spontanen Ausdruck des Erlebnisses, des Protestes, der Demonstration.

Es muss also eben diese formlose Menschenmasse gewesen sein, in der sich die bulgarische Transformationszeit für mich auf Anhieb visuell manifestiert hatte. Bereits auf der Ebene ihrer Motive also vermochten die Bilder von den Demonstrationen den Umbruch zu veranschaulichen. Demnach musste ich allein das *Was* auf den Bildern benennen, ohne Fragen nach ihren medialen Bedingungen, medienästhetischen Werten oder gar Manipulationen, wie sie sich etwa im Falle der Bilder von den rumänischen Nachbar*innen oder des ungarischen Umbruchs stellten, nachgehen zu müssen. Die ungeformte Menschenmasse ersetzte gleichsam das

»Ornament der Masse« und machte ihre geometrische Ordnung unsichtbar. Damit wurde der kommunistischen Macht eine ihrer wichtigsten Legitimationsgrundlagen entzogen: die Bildmotive ihrer Manifestationen und damit ihre Sichtbarkeit.

Gerhard Paul schreibt zum Umbruch etablierter Bildkulturen, dass sich »Delegitimation und Machtverlust immer auch im Entzug von etablierter Sichtbarkeit, das heißt in der Unsichtbarmachung bisheriger Repräsentationen« artikulieren.[2] In der neuen Form der Sichtbarkeit der Menschen auf den Straßen von Sofia sublimierte sich gleichsam der Umbruch *als* Bild und *im* Bild. Die Menschen in Bulgarien erlangten nun in ihrer ungeordneten Masse eine neue Sichtbarkeit, und erstmals seit 45 Jahren haben ihnen die Fotograf*innen diese Form der Sichtbarkeit nicht verweigert, indem sie diese nicht nur mit ihren Kameras festhielten: Die Bilder von ungeordneten Massen fanden nun auch Platz in den Massenmedien und somit Verbreitung unter den demonstrierenden Menschen, um ihnen zugleich als Spiegelbild für ihr Tun und als Motor des Wandels zu dienen.

Roland Barthes hat in einem anderen historischen Zusammenhang, im Aufkommen der Porträtfotografie, bemerkt, dass die Möglichkeit und die Erfahrung für die Menschen im 19. Jahrhundert, sich selbst im Bild zu sehen, nicht nur eine neuartige war, sondern dass sie zugleich eine »kulturelle *Störung*« ausgelöst habe.[3] Ähnliches postulierte Walter Benjamin, wenn er von der »gewaltigen Erschütterung des Tradierten« durch die Fotografie bzw. die fotografische Reproduzierbarkeit des Einmaligen schreibt.[4] Die Thesen Barthes' und Benjamins auf das kollektive Bild der demonstrierenden Massen im November 1989 zu übertragen, lohnt sich insofern, als sie auf die Potenz des Bildes bzw. der Fotografie verweisen, kollektive Gewissheiten zu erschüttern und neue Identitäten hervorbringen zu können.

Mehr als vier Jahrzehnte lang hatte sich die bulgarische Gesellschaft in Bildern der orchestrierten Menschenmenge betrachtet und im »Ornament der Masse« ihre kollektive Identität erfahren. Nun aber machten die Bilder von den spontanen Zusammenkünften auf den Straßen von Sofia eine neuartige kollektive Erfahrung möglich, nämlich sich als selbstbestimmte und damit sich selbst eine Form oder besser:

---

2 GERHARD PAUL: Bild und Umbruch. Gedanken aus der Perspektive der »Visual History«. In: ANA KARAMINOVA/MARTIN JUNG (Hrsg.): Visualisierungen des Umbruchs. Strategien und Semantiken von Bildern zum Ende der kommunistischen Herrschaft im östlichen Europa. Frankfurt am Main 2013, S. 29–46, hier S. 31.

3 ROLAND BARTHES: Die helle Kammer. Bemerkungen zur Photographie (Suhrkamp Taschenbuch, 1642). Frankfurt am Main 1989, S. 21 (Hervorhebung im Original).

4 WALTER BENJAMIN: Das Kunstwerk im Zeitalter seiner technischen Reproduzierbarkeit [1936]. In: DERS.: Gesammelte Schriften (Edition Suhrkamp), hrsg. von Rolf Tiedemann und Hermann Schweppenhäuser. 7 Bde., hier Bd. 1, Teil 2: 1972–1999. Frankfurt am Main 1980, S. 471–508, hier S. 477.

Unform gebende Gemeinschaft zu erfahren. Diese Erfahrung ging jedoch nicht ohne die »kulturelle Störung« einher, die von Barthes postuliert wurde. Diese bringe, so Barthes, eine »Dissoziation«, also Aufspaltung »des Bewusstseins von Identität« mit sich, bei der man das Auftreten des eigenen Selbst als das eines Anderen erfährt.[5]

Für die Demonstrant*innen auf den Straßen von Sofia müssen die Bilder ihrer unförmigen Masse anfänglich befremdend gewesen sein, da sie ihr gewohntes Auftreten als Kollektiv in einem gänzlich neuartigen, bis dahin ungesehenen Licht zu sehen bekamen: ein Bild, das sie eigentlich mit dem Bild eines Anderen, mit den frei demonstrierenden, selbstbestimmten Menschen in der westlichen Welt in Verbindung brachten. Eben diese ›kulturelle Störung‹ muss der Grund dafür gewesen sein, weshalb sich die Bilder von den überfüllten Straßen von Sofia so nachhaltig in mein Gedächtnis eingeprägt hatten und spontan abrufbar waren.

Trotz dieser bildtheoretischen und -psychologischen Erkenntnisse, denen man sicherlich weiter und vertiefend nachgehen könnte, ließ mich der Gedanke nicht in Ruhe, was denn das Spezifische an den Bildern des bulgarischen Umbruchs sei und was sie von Bildern anderer ehemaliger Ostblockstaaten in Zeiten des Umbruchs unterscheidet. Ich wollte mich nicht mit theoretischen Überlegungen zufriedengeben, sondern vielmehr nach den offensichtlichen Bildspuren der bulgarischen Transformationszeit, nach den empirisch greifbaren Bildfakten fragen. Was mich also umtrieb und wie es Gerhard Paul für Bilder des Kriegs auf den Begriff brachte, war, die »ästhetische Kennung«, die visuelle Signatur der bulgarischen Umbruchszeit aus dem Kollektiv der Bilder von 1989 herauszuschälen.[6] Der oben referierte Erklärungsansatz erschien mir für diesen Zweck nicht ausreichend.

Denkt man etwa an die ikonischen Bilder von der Erstürmung der Berliner Mauer, die ihre Ikonizität genauso aus dem Zusammenströmen der Menschenmassen beziehen, lässt sich eine ästhetische Kennung für die Bilder aus Sofia kaum reklamieren. Die Bilder aus Berlin haben einen hohen Erkennungswert, den Godehard Janzing auf den historischen Stellenwert und politischen Symbolwert des Brandenburger Tors zurückführt, das von der Weltpresse in den Fokus der Berichterstattung gerückt und zu *dem* Ort des Geschehens schlechthin gemacht wurde.[7] Zudem gab die visuelle Präsenz der Mauer als physischer und symbolischer Topos eine semantisch hochgradig aufgeladene Kulisse für den Auftritt der ungeordneten Menschenmasse in Berlin ab.

---

5   BARTHES: Die helle Kammer (wie Anm. 3), S. 21.
6   GERHARD PAUL: Bilder des Krieges – Krieg der Bilder. Die Visualisierung des modernen Krieges. Paderborn u. a. 2004, S. 22.
7   GODEHARD JANZING: Der Fall der Mauer. Bilder von Freiheit und/oder Einheit. In: GERHARD PAUL (Hrsg.): Jahrhundert der Bilder. 1949 bis heute. Göttingen 2008, S. 574–581, hier S. 577.

Abb. 3   Ein Teil der Menschenkette, welche die baltischen Länder miteinander verband, 23. August 1989

Aber auch verglichen mit anderen Bildern wie etwa der Menschenkette in den baltischen Staaten, die sich über drei Länder und Hunderte von Kilometern hinzog, oder der nachträglich medienwirksam inszenierten Durchtrennung des Stacheldrahtzauns zwischen Ungarn und Österreich durch den österreichischen Außenminister Alois Mock und seinen ungarischen Amtskollegen Gyula Horn zwei Monate nach der eigentlichen Öffnung der Grenze, weisen die Bilder von Sofia noch lange keine Singularität auf.

Spontan demonstrierende Menschenmassen ohne eine vorgegebene Form ließen sich überall auf der Welt und auch in anderen historischen Zusammenhängen finden. Was also machte die bulgarische Transformationszeit auf der visuellen Ebene aus, was machte sie auf Anhieb erkennbar und damit einzigartig, was war die visuelle Signatur des sogenannten Zehnten – wie im Bulgarischen noch heute der Umbruch bezeichnet wird? Selbst elaborierte theoretische Ansätze können nicht darüber hinwegtäuschen, dass sich auch mit ihrer Hilfe keine visuelle Signatur ausfindig machen lässt.

Um eine Antwort auf meine Frage zu finden, musste ich also weitersuchen und diesmal mein Gedächtnis tatsächlich anstrengen. Erst nach mehreren Anläufen erinnerte ich mich an ein anderes Bild, das ich offenbar sorgfältig in die Ecke meines Gedächtnisses verbannt hatte. Es war ein ganz konkretes Bild. Ich wusste, dass es sich im Fotoarchiv meiner Familie befand, musste mich jedoch erst mühsam

Menschen in der Reihe | **123**

Abb. 4 Aufnahme einer Warteschlange in der Elemag Straße in Sofia, Winter 1990/91

durch Hunderte von jenen typischen Familienfotos wühlen, wie wir sie alle in unseren Fotoarchiven besitzen, um es ausfindig zu machen.

Es ist ein schwarz-weißes Bild mit den für seine Zeit ungewöhnlich großen Maßen 13 × 18 cm. Abzüge dieser Größe finden sich unter den Fotos meiner Familie nur wenige und wenn, dann sind sie den besonderen Anlässen des Familienlebens vorbehalten wie Hochzeiten, Geburtstagen, Porträtfotos der Neugeborenen, Familienzusammenkünften und -festen etc. Das Foto trägt bereits die Spuren der Zeit, es wurde ja auch nicht besonders sorgfältig aufbewahrt. Wie die meisten anderen Bilder unseres Familienarchivs lag es in den Stapeln von Abzügen in einer alten Pralinenschachtel. Vor allem ist es aber ein Foto ohne Identität, es ist nicht einmal schön, weder ästhetisch noch motivisch, im Grunde ein wenig bis gar nichts sagendes Bild: ein Straßenzug, gesäumt von geparkten Autos, die meisten davon sowjetische Ladas, ein Hochhaus links und eine karge Grünfläche rechts, im Hintergrund ein niedriges Gebäude, einige wenige Menschen befinden sich auf der Straße.

Doch das Augenmerk des Fotografen lag auf keinem dieser Dinge, sondern auf der Menschenmenge, die sich in einer Reihe entlang der Straße schlängelt. Wie lang mag die Reihe sein? Hundert, zweihundert, vielleicht dreihundert Meter. Aus wie vielen Menschen mag sie bestehen? Hundert, zweihundert, vielleicht dreihundert Personen. Gerade stoßen drei weitere Menschen in der unteren linken Bildecke zur Reihe dazu. Etwas oberhalb der Bildmitte macht die Menschenreihe einen leichten Schlenker an einer kleinen Kreuzung, wo sich ein Kiosk befindet, dann nimmt sie erneut einen relativ geraden Verlauf bis zur oberen Bildmitte, wo sie in einem scharfen Winkel nach rechts abbiegt, auf eine Treppe hinaufführt und unter der Überdachung des flachen Gebäudes endet.

Eigentlich ein tristes Bild, in trister Umgebung aufgenommen, offenbar während einer tristen Jahreszeit, in der die Bäume kahl sind, und es zeigt auch eine triste Szene, die des Wartens. Nichts geschieht auf diesem Bild, außer dass die Menschen eben geduldig warten, und als wäre es nicht eintönig genug, tragen die Menschen auch noch triste Kleidung. Doch nicht nur motivisch, auch medienästhetisch vermittelt das Foto Tristesse: durch die schwarz-weiße Farbigkeit, durch die vergilbten Ränder, durch die Unschärfe, durch das grobkörnige Fotopapier. Überhaupt fragt man sich, warum jemand die Mühe aufgewendet hat, um dieses Bild aus der Vogelschau aufzunehmen, den Film zu entwickeln, Abzüge anzufertigen und, nicht zuletzt, um es vielleicht nicht gerade sorgfältig, aber immerhin zusammen mit den Fotos von den Hochzeiten des Familienlebens aufzubewahren. Meine Mutter hatte sich dazu noch die Mühe gemacht, das Bild auf der Rückseite zu beschriften (wohl nachträglich und viel später) und damit dem Bild eine Identität zu geben, ihm einen Sinn zu verleihen.

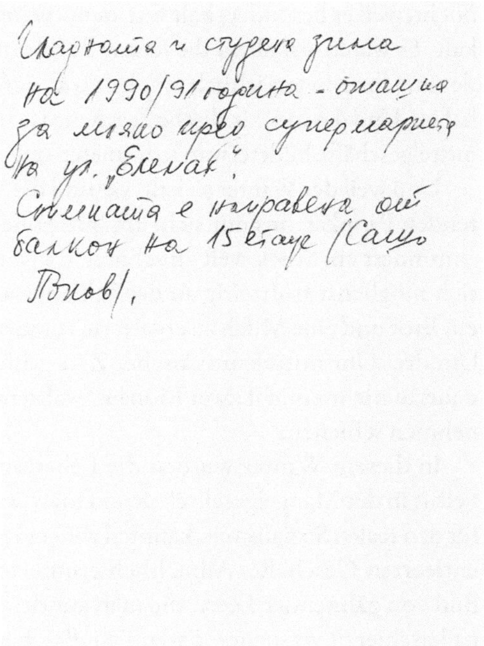

Abb. 5 Rückseite der Fotografie von der Warteschlange auf der Elemag Straße mit handschriftlichem Vermerk von Snejana Baleva

Bekanntlich sind Bildunterschriften von Fotografien ebenso indexikalischer Natur, wie es die Fotografien selbst sind. Sie sind Hinweise, Indizes eben, und für den Betrachtenden ein Anker für die Dekodierung des Bildes, für die Erschließung seines Inhaltes.[8] Die Beschriftung auf dem Bildrücken fällt dabei auffällig informativ aus, so, als hätte meine Mutter die Lesart des Fotos möglichst genau abstecken wollen. Sie liest sich ähnlich wie ein Kommentar zu einem Überwachungsbild der Staatsicherheit: »Der hungrige und kalte Winter 1990/91 – eine Warteschlange für Milch vor dem Supermarkt der Elemag Straße. Das Foto wurde vom Balkon der 15. Etage gemacht (Sašo Popov)«.

Davon abgesehen, dass die handschriftliche Notiz dem Bild eine Bedeutung hinzufügt und damit eine Bilddeutung ermöglicht, ist sie noch in anderer, mehrfacher Hinsicht aufschlussreich. Doch zunächst zum Augenscheinlichen, mithin Sichtbaren und Manifesten: Die Notiz situiert das Bild zuallererst in einem historischen (und auch meteorologischen) Kontext: dem hungrigen und kalten Winter des Jahres 1990/91. An diesen Winter erinnern sich viele Menschen in Bulgarien.

---

8   Zum indexikalischen Charakter der Fotografie sowie von Bildunterschriften siehe CHARLES SANDERS PEIRCE: Phänomen und Logik der Zeichen (Suhrkamp-Taschenbuch Wissenschaft, 425), hrsg. und übers. von Helmut Pape. Frankfurt am Main 1983, S. 64.

Nicht, weil er besonders kalt war, denn Winter waren bis vor kurzem in der Regel kalt. Es waren vor allem die leeren Regale in den Geschäften, die diesen Winter, der im Übrigen tatsächlich sehr kalt war, tief im kollektiven Gedächtnis verankert haben. Und das indexikalische Zeichen, das zugleich das Ikon für die leeren Lebensmittelgeschäfte bildete, waren die meter-, tage- und nächtelangen Warteschlangen.[9]

Und weil der Winter so kalt war und die Wartezeiten so lang, führten die Wartenden Pappkartons mit sich, um ihre Füße vor der beißenden Kälte der Straße zumindest ein Stück weit zu schützen. In einer dieser Nächte, denn man musste sich möglichst frühzeitig an der Schlange anstellen, um am Morgen zumindest ein Brot und eine Milch zu ergattern, rumorte es in der Warteschlange besonders. Um drei Uhr mitteleuropäischer Zeit griffen die USA den Irak an. Der Krieg dauerte nicht einmal zwei Monate, während die Warteschlangen kein Ende zu nehmen schienen.

In diesem Winter wurden die Lebensmittelläden über Nacht leergeräumt. Selbst in der Mangelgesellschaft, ein inzwischen im Deutschen geläufiger Begriff für den realen Sozialismus, kannten wir keine derart bis auf die Rippen bzw. Regale entleerten Geschäfte. Allmählich erinnerte ich mich an das geradezu surreale Bild von gähnender Leere, die man aus der Not heraus mit einer einzigen Ware zu kaschieren versuchte: Essig. Essigflaschen, so weit das Auge reichte. Essigflaschen füllten auch dann noch die Regale, als der Golfkrieg schon längst vorbei war. Später erfuhren wir, dass Grundnahrungsmittel deshalb rationiert wurden, weil Händler*innen auf die Umstellung des Marktes und damit auf beträchtliche Preissteigerungen spekulierten, die dann auch erfolgten und den Beginn einer unaufhaltsamen Inflation markierten, die erst Ende der 1990er Jahre eingedämmt werden konnte. Über Nacht wurden Menschen in leitenden Positionen der Lebensmittelindustrie der sozialistischen Planwirtschaft zu Millionär*innen und damit zu Akteur*innen der neuen freien Marktwirtschaft.

Die leeren Regale machten die Menschen, wie so oft im Sozialismus, erfinderisch – man stellte sich nicht wie gewöhnlich allein an der Schlange an, sondern im Familienverband, denn Lebensmittel wurden pro Kopf verkauft

---

9   In dem Augenblick, in dem ich diesen Text für die Publikation vorbereite, bekommt die Warteschlange als Phänomen eine unerwartete Aktualität, die für die Wohlstandsgesellschaften Europas im 21. Jahrhundert genauso unvorstellbar erschien, wie es der Mauerfall vor 30 Jahren war. Ihren Anfang nehmen die Warteschlangen vor den Lebensmittelgeschäften vom März 2020 allerdings nicht wegen Lebensmittelknappheit, sondern wegen des Coronavirus (COVID-19), der das Leben in den reichsten Ländern der Welt innerhalb kürzester und zugleich auf unabsehbare Zeit lahmgelegt hat. Als Indizes der Pandemie weisen die Warteschlangen von 2020/21 allerdings eine eigene strukturelle Anordnung und damit Ikonizität auf, die sich durch den großen Abstand zwischen den wartenden Menschen, auch als ›social distancing‹ apostrophiert, auszeichnet.

und je mehr Familienmitglieder zugegen waren, desto mehr Brote und Milch konnten sie für das Überleben sichern. Ich kann mich zwar nicht so sehr wegen des Hungers denn wegen des nächtlichen Anstehens in der Kälte an diesen Winter erinnern, doch andere Familien behielten beides in lebendiger Erinnerung. Dafür kann ich mich sehr gut entsinnen, dass meine Mutter in diesem Winter eine ihrer üblichen Geschäftsreisen ins westliche Ausland unternahm, wo sie schon vor dem ›Zehnten‹ regelmäßig als Dolmetscherin tätig gewesen war. Diesmal kehrte sie jedoch anders als gewohnt nicht mit Schokolade und zweckfreien Souvenirs, sondern mit einem Koffer voller Mehl, Zucker und Margarine zurück.

Der Fotograf richtete seine Kamera auf die wartende Menschenmenge in der Elemag Straße also nicht so sehr wegen der Kälte und des Hungers (denn Kälte und Hunger sind abstrakte Begriffe für zwei Gefühle, die sich visuell kaum übermitteln lassen, außer durch konventionelle Bildchiffren, die in unserem Bild beileibe nicht gegeben sind). Er richtete seine Kamera auf die triste Szene auch nicht wegen der Warteschlange an sich, denn Schlange stehen vor Lebensmittelgeschäften waren die Menschen in Bulgarien und der *homo socialisticus* im Allgemeinen schon lange gewohnt, der Anblick gehörte zum Alltag. Es war vielmehr das außergewöhnliche Ausmaß der Warteschlange, das Aleskandär Popov, unseren Nachbarn, zum Fotoapparat greifen ließ. Und es war der Grund für die Warteschlange, nämlich die Milch, die sie – so die Notiz – bildwürdig machte. Ein traditionell agrarisches Land wie Bulgarien, das schon zu osmanischer Zeit ein Reich auf drei Kontinenten ernährt hatte und als ›Kornkammer der Osmanen‹ galt, kannte selbst im Sozialismus keine derartige Knappheit an Grundnahrungsmitteln. Warteschlangen bildeten sich meistens für exklusive Güter wie etwa Orangen aus Kuba, die – im Vergleich zur DDR – den berühmt-berüchtigten Bananen vorgezogen wurden.

Dieser Befund mag nur die Oberfläche der Frage und damit unseres Bildes streifen, doch führt er geradewegs zum Kern der Frage nach der Darstellung des bulgarischen Umbruchs und seiner visuellen Singularität, auch wenn für dessen Nachvollzug ein Umweg eingeschlagen werden muss. Auf den Kern werde ich noch zurückkommen. Denn unser Befund macht zugleich auf etwas aufmerksam, das außerhalb des Bildes liegt und das ich die soziale, oder besser: die sozialistische bzw. postsozialistische, transitorische Praxis der Sichtbarmachung des Umbruchs nennen möchte. Bemüht sei deshalb an dieser Stelle eine Theoriebildung Pierre Bourdieus, um dieser zugleich ein kleines, jedoch entscheidendes Detail sozialistischer Prägung hinzuzufügen.

Über die sozialen Gebrauchsweisen der Fotografie hat Bourdieu angemerkt, dass das Medium – wenn es im Amateurbereich, namentlich innerhalb der Familie, zur Anwendung kommt (und unser Bild stammt aus diesem Bereich) – eine zentrale Funktion erfüllt, nämlich die Höhepunkte des Familienlebens festzuhalten, um dem Familienverband Beständigkeit zu verleihen. Der Familienfotograf, der im analogen Zeitalter in der Regel der Vater war (daher auch das Maskulinum an dieser Stelle), fotografierte mithin alles, was außerhalb des Alltages stand wie Familienfeste oder Urlaubsreisen, jedoch niemals den Alltag selbst in seiner Banalität und Offensichtlichkeit.[10] Diese Motivwahl, das Familienfest also, betrifft allerdings nicht nur das Fotografieren als soziale Handlung, die im Fokus von Bourdieu stand, sondern hat auch Konsequenzen für das Fotoarchiv einer Familie und damit für das Familiengedächtnis.

Diese Erkenntnis kam erst auf angesichts der unzähligen Familienfotos mit sich stets gleichenden Sujets wie Geburtstagen, Hochzeiten, Sonntagsspaziergängen und ausgelassenem Baden im Meer, unter denen das schwarz-weiße Foto der Warteschlange auf unserer Straße eine Sonderstellung einnahm. Es war nicht allein seine ungewöhnliche Größe, die es besonders hervorhob. Es war auch das Sujet, das es singulär machte und gleichsam verdeutlichte, weshalb ich es nach fast 30 Jahren aus den verschütteten Winkeln meines Gedächtnisses hervorholen konnte. Das für ein Familienarchiv ungewöhnliche Bildmotiv bestätigt zugleich Bourdieus Theorie, dass alltägliche Begebenheiten wie eine Warteschlange nicht der Amateurfotografie würdig waren, auch und gerade im Sozialismus nicht. Denn in den Pralinenschachteln mit den Fotos meiner Familie gibt es keine einzige Aufnahme einer Warteschlange. Dabei bewahrt meine Familie immerhin das visuelle Gedächtnis aus mindestens vier Generationen auf, die allesamt den Sozialismus gelebt haben. Und doch ist die Aufnahme unseres Nachbarn die einzige von einer Warteschlange.

Die Singularität des Fotos ist nicht nur bemerkenswert, weil sie die empirischen Befunde von Bourdieu, der freilich das Frankreich der späten 1960er Jahre in den Blick nahm, im Bulgarien der ausklingenden 1980er Jahre bestätigt. Bemerkenswert ist seine einmalige Stellung auch deshalb, weil sie den theoretischen Ansatz von Bourdieu um eine entscheidende, man kann auch sagen: spezifisch sozialistische Komponente erweitert. Der sozialistische Alltag war nicht nur deshalb des fotografischen Bildes unwürdig, weil die sozialen Gebrauchsweisen der Fotografie dies nicht erlaubten. Mit all seinen Nebenerscheinungen unterlag er zudem der staatlichen Bildzensur. Die Verbannung des Alltags aus

---

10 PIERRE BOURDIEU: Kult der Einheit und kultivierte Unterschiede. In: DERS./LUC BOLTANSKI u. a.: Eine illegitime Kunst. Die sozialen Gebrauchsweisen der Photographie (Suhrkamp-Taschenbuch Wissenschaft, 441). Frankfurt am Main 1983, S. 25–83. Siehe insbesondere das Unterkapitel *Die Photographie als Ausdruck und Mittel der Integration*, S. 31–43.

der sozialistischen Bilderwelt und damit aus den Familienarchiven, ergo Familiengedächtnissen, war also gleich zweifach begründet – sozial und ideologisch: sozial, weil er belanglos und ubiquitär war; ideologisch, weil er die Schattenseiten des Sozialismus zeigte. Erst dieser doppelte Bann auf den Alltag als Bildmotiv lieferte eine erschöpfende Erklärung für die Singularität des Fotos von der Warteschlange in unserem Familienarchiv.

Die Warteschlange gehörte neben den Schlaglöchern auf den Straßen und den zugemüllten Grünflächen zu den ›verbotenen Zonen‹ der sozialistischen Bilderära. Als Fotograf*in solcher Motive konnte man daher jederzeit mit dem sorgsamen Auge des Geheimdienstes rechnen. Und dies war beileibe kein bulgarisches Phänomen: Die rumänische Historikerin Simina Bădică hat das Schlangestehen im sozialistischen Rumänien als soziales Phänomen untersucht und dabei festgestellt, dass Fotos von Warteschlangen als omnipräsente Realitäten des Sozialismus zu den seltensten Bildmotiven der sozialistischen Ära gehören.[11] Die Warteschlange zählt laut Bădică zu den »forbidden images«, den verbotenen Bildern, vor allem wegen ihrer sinnbildlichen Funktion, nämlich als Metapher für Knappheit, Entbehrung und den Kampf um das Überleben.[12] Das Phänomen der Warteschlange stand in Dissonanz mit der offiziellen Bilderwelt des Sozialismus und wurde von Amateurfotograf*innen deshalb erst gar nicht als (fotografisches) Bildmotiv in Erwägung gezogen.

Laut Bădică war das offizielle Fotoregime im Sozialismus ausschließlich dokumentarischer Natur.[13] Im Fokus dieser dokumentarischen Fotografie stand vor allem der ›neue Mensch‹, der sozialistische Mensch also, dessen Existenz durch Bilder und Fotografien nicht nur bezeugt wurde: Der sozialistische Mensch wurde durch Bilder und Fotografien erst hervorgebracht. Fotograf*innen waren angehalten, das glückliche Leben der Arbeiter*innen festzuhalten, und so stand die Fotografie einzig und allein im Dienst der ›vielseitig entwickelten sozialistischen Gesellschaft‹. Neben den professionellen Fotograf*innen waren es vor allem Amateurfotograf*innen, die als verlängerter Arm des Regimes im Bereich des Visuellen fungierten. Nicht ohne Grund erfuhr die Fotografie als Freizeitbeschäftigung und Hobby eine außergewöhnliche Förderung seitens des sozialistischen Staates, der in den Amateurfotograf*innen wichtige Unterstützer*innen

---

11 SIMINA BĂDICĂ: »Forbidden Images«? Visual Memories of Romanian Communism Before and After 1989. In: MARIA TODOROVA/AUGUSTA DIMOU/STEFAN TROEBST (Hrsg.): Remembering Communism. Private and Public Recollections of Lived Experience in Southeast Europe (Leipzig Studies on the History and Culture of East-Central Europe, 1). Budapest 2014, S. 201–216.
12 Ebd., S. 207.
13 Ebd., S. 213.

des Regimes erkannt hatte. Folgendes Zitat aus einem rumänischen Handbuch für Amateurfotografie aus dem Jahr 1989 beschreibt das Ideal des Amateurfotografen im Sozialismus wie folgt:

> Die große und machtvolle Bewegung in der zeitgenössischen Fotografie wird von kultivierten und sensiblen Fotografen getragen, die in der Lage sind, die sie umgebenden, scheinbar chaotischen Phänomene nüchtern zu betrachten. Sie haben einen klaren Blick auf die Gesetze der Welt und des Universums. Sie haben einen unerschütterlichen Glauben an Vernunft, Fortschritt und Menschlichkeit. Sie lassen sich nicht ablenken oder beeinflussen. Sie praktizieren eine unmittelbare Fotografie, ohne die Bildbedeutung zu verschleiern, und sind geleitet von gütiger Menschlichkeit. Sie haben ein tiefes Verständnis für ihre Mitmenschen und bieten ihnen Bilder, in denen sich diese selbst erkennen, Bilder, die ihnen helfen zu verstehen, Bilder, die ihnen Befriedigung verschaffen. Sie sind keine isolierten und befangenen Künstler. Sie nehmen aktiv am Gemeinschaftsleben teil, begleiten Menschen in ihren Fest- und Arbeitstagen, teilen ihre Freuden und Sorgen, ihre Leistungen und Auflehnungen. Dabei werden sie zu geistigen Führern der Gemeinschaft, zu Dichtern, Weisen und Revolutionären, die bereit sind, für die Wahrheit und gegen Ungerechtigkeit zu kämpfen. Es gibt viele dieser Amateurfotografen; Fotografen, die Menschen sind. Und viele weitere werden noch kommen.[14]

Zu Recht weist Bădică darauf hin, dass der mit einem solchen Pathos beschriebene Typus des Amateurfotografen niemals die Straßen des sozialistischen Rumäniens mit seiner Kamera durchschritten hätte. Ähnliches gilt für die Amateurfotografie in jedem anderen sozialistischen Staat, und auch in Bulgarien hätte jede*r ernsthaft mit sozialen Themen engagierte Amateurfotograf*in die eigene Integrität und die der eigenen Familie aufs Spiel gesetzt. Bădică hat darauf aufmerksam gemacht, dass Bilder vom realen Sozialismus im Grunde nicht existieren. Wir verfügen also über kein Bild vom sozialistischen Alltag und können uns deshalb auch historisch kein Bild davon machen. Als historische Epoche ist der real gelebte Sozialismus deshalb dazu verdammt, der Amnesie anheimzufallen, zumindest in seiner visuellen Ausprägung. Der Grund dafür liegt allerdings nicht darin, dass die Menschen im Sozialismus sich nicht für ihren Alltag interessiert hätten oder keine aufmerksamen Beobachter*innen gewesen wären, dass sie sich gegenüber ihrem Alltag verschlossen hätten. Der Grund dafür lag vielmehr darin, dass der sozialistische Alltag und die sozialistische Wirklichkeit schlicht und einfach nicht dargestellt werden durften, auch und gerade nicht mit der Kamera.

---

14 Zit. nach ebd., S. 213 (Übersetzung der Verfasserin).

Nun aber richtete ein im sozialistischen Bulgarien sozialisierter Amateurfotograf, den wir dank der Notiz als solchen und samt Namen identifizieren können, sein Objektiv auf die Warteschlange – auf jenes Motiv also, das ein intrinsischer Teil seines und des sozialistischen Alltags war. Er tat dies nicht nur, weil es eine Warteschlange für Milch war, und nicht nur, weil sie außergewöhnlich lang war. Er tat es auch aufgrund der Tatsache, dass er nun, nach dem ›Zehnten‹, seine Kamera überhaupt auf die Warteschlange richten durfte, ohne sich dadurch einer Gefahr, nämlich der Verfolgung durch den Staat, auszusetzen.

Genauso bedeutend war die Tatsache, dass er nun sein fotografisches Bild von der Warteschlange mit seiner Nachbarschaft, mit anderen Betrachter*innen teilen konnte. Für sein Foto gab es von nun an ein Publikum, denn Bilder ohne Publikum existieren im Grunde nicht. Dies bestätigt ein rumänischer Fotograf, den Bădică nach den Gründen befragt hat, warum er keine Warteschlangen während des Sozialismus fotografiert habe: Die Antwort des Fotografen lautete, dass er die Abzüge von seinen Fotos mit Warteschlangen niemandem hätte zeigen können.[15] Und selbst wenn er seine Bilder mit jemandem hätte teilen wollen, hätte er nicht wissen können, ob seine Betrachter*innen nicht Informant*innen der Securitate waren.

Die Kamera auf eine Warteschlange richten hieß, dass ein Tabu gefallen war oder, mit Barthes gesprochen, eine durch fotografische Bilder ausgelöste »kulturelle Störung« vorlag. Das Gleiche gilt für die einfache Tatsache, dass ein fotografischer Abzug mit dem Motiv der Warteschlange den Weg in die Pralinenschachtel mit unseren Familienerinnerungen gefunden hatte und damit eine Bruchstelle nicht nur in unserer Familiengeschichte markierte. Metaphorisch ließe sich dieser Bruch damit umschreiben, dass der ›Zehnte‹ die Camera obscura, die Dunkelkammer der Fotokamera unseres Nachbarn, in eine Büchse der Pandora verwandeln ließ, die nun unentwegt jene vormals verbotenen Bilder, darunter auch die von Warteschlangen, produzierte.

Über Nacht wurde die Bilderwelt der bulgarischen Menschen von Fotos überflutet, die Menschen in der Reihe zeigen – nicht mehr auf Manifestationen, sondern an der Schlange anstehend für Brot und Milch vor den Lebensmittelgeschäften, für Benzin an den Tankstellen und für Visa vor den Botschaften der westlichen Länder. Das orchestrierte »Ornament der Masse« in seiner ganzen geometrischen Vielfalt wich nun einer anderen, freilich äußerst einfachen Form von aufgezwungener Ornamentik: der Reihe.

Das Motiv der ›Menschen in der Reihe‹ verwies zum einen buchstäblich auf die Menschen in den Warteschlangen, die den urbanen Raum im Bulgarien der

---

15 Ebd., S. 211.

Transformationszeit prägten. Zugleich fungierte das Motiv der ›Menschen in der Reihe‹ aber auch als ein bildgewordener Gegenbegriff zur freilich deutschen Redewendung ›aus der Reihe tanzen‹, die als Metapher für anders denkende und -handelnde Menschen steht. Anders als in der DDR jedoch wurde der bulgarische Umbruch allerdings von oben verordnet und ohne den Widerstand von Dissident*innen vollzogen, ohne Menschen also, die es wagten, ›aus der Reihe zu tanzen‹, blieben sie doch brav ›in der Reihe‹.

Zuallerletzt stehen die ›Menschen in der Reihe‹ aber auch als Synonym für und als Anspielung auf die Redewendung von den ›Menschen in der Warteschleife‹, für ein kollektives Gefühl also, das sich in Bulgarien seit 1989/91 bei vielen Menschen eingestellt hat und ihre Wahrnehmung bis heute prägt. Erst diese Flut an Bildern von Warteschlangen machte mich auf etwas aufmerksam, das mir bis dahin entgangen war und das jenseits der visuellen Signatur des bulgarischen Umbruchs lag, zugleich jedoch Aufschluss über die Spezifik und Besonderheit der bulgarischen Transformationszeit als politisches und gesellschaftliches Ereignis lieferte.

Menschen in der Reihe | **133**

Abb. 6   Warteschlange vor einer Bäckerei, Sofia 1991

Abb. 7   Warteschlangen für Bananen in der Rakovski Straße, Sofia 1990

Abb. 8   Warteschlange für Visa vor der französischen Botschaft in der Oborište Straße, Sofia 1990

Abb. 9   Warteschlange vor einer Apotheke auf dem Boulevard Aleksandăr Stambolijski, Sofia 1990

Repräsentationen und Erinnerungsorte

Rainette Lange

Leerstellen des Postsozialismus

Nach-Wende-Narrationen in der deutschen und tschechischen Gegenwartsliteratur

Der Berliner Journalist Johannes Nichelmann, geboren 1989 in Berlin als Kind ostdeutscher Eltern, hat im Jahr 2019 ein Buch veröffentlicht mit dem Titel *Nachwendekinder. Die DDR, unsere Eltern und das große Schweigen*.[1] Er geht darin der Frage nach, auf welche Weise die Geschichte und Kultur der DDR seine Identität geprägt hat. Auch wenn er selbst diesen Staat nicht mehr erlebt hat, begleitet ihn in seinem Leben ein Gefühl des Ostdeutschseins, das er ebenso bei anderen Angehörigen seiner Generation beobachtet und für das er Erklärungen sucht. Das von ihm konstatierte »große Schweigen« benennt ein Kommunikationsproblem, das bei dem Versuch entsteht, das nicht mehr existierende Land DDR und die früheren Lebensumstände sowie manche Verhaltensweisen der Eltern zu verstehen. Private Erzählungen vermitteln dabei häufig ein anderes Bild als öffentliche mediale Darstellungen, was zu vielen Fragen und identitärer Verunsicherung bei ihm, aber auch bei seinen Altersgenoss*innen führt. Bei den Recherchen für sein Buch entgegneten ihm Redakteure beispielsweise, es wäre

> ein Luxusproblem zu glauben, dass es irgendwelche Leerstellen in der Biographie von Nachwendekindern gäbe, weil die verblichene DDR angeblich schwer zu greifen sei. [...] Außerdem sei generell über die DDR und den Osten ja nun wirklich schon alles gesagt.[2]

Nicht nur ein allgemeiner Überdruss am Thema DDR wird in dieser Aussage deutlich, sondern auch die Mutmaßung, diese Generation der Nachgeborenen übertreibe es vielleicht ein wenig mit der Identitätsproblematik.

Auch Jana Hensel befasste sich in ihrem populären Buch *Zonenkinder* aus dem Jahr 2002 mit der Frage, welche Rolle die DDR in ihrer Biografie gespielt hat.[3] Im Gegensatz zu Nichelmann verfügt die 1976 in Leipzig geborene Autorin

---

1 JOHANNES NICHELMANN: Nachwendekinder. Die DDR, unsere Eltern und das große Schweigen. Berlin 2019.
2 Ebd., S. 52.
3 JANA HENSEL: Zonenkinder. Reinbek 2002.

und Journalistin jedoch über eigene Kindheitserinnerungen an die DDR sowie an die Zeit des Umbruchs der 1990er Jahre und beschreibt diese in ihrem Buch. Gemeinsam ist beiden aber, dass sie ihr identitäres DDR-Erbe erforschen und ihre Erfahrungen im wiedervereinigten Deutschland thematisieren, obwohl sie nur kurz oder gar nicht in der DDR gelebt haben. Beide gehören jüngeren Generationen an, denen zumeist abgesprochen wird, in Ost-West-Thematiken verstrickt zu sein. Sowohl Hensel als auch Nichelmann erzählen dabei aus einer Perspektive, die behauptet, eine generationelle Erfahrung abzubilden.

Die Veröffentlichung von Jana Hensels *Zonenkinder* hat stark polarisiert und in Deutschland eine intensive öffentliche Debatte über DDR-Erfahrungen der jüngeren Generationen ausgelöst bzw. erstmals das öffentliche Bewusstsein für die Frage sensibilisiert, welches Verhältnis eigentlich Menschen, die die DDR nur als Kinder erlebt haben, zu diesem Staat und dem sozialistischen System haben. Im Zuge dieser Diskussion gab es zahlreiche literarische Veröffentlichungen von Autor*innen ungefähr dieser Altersgruppe, die Kindheitserinnerungen an die DDR oder auch den Wandel der 1990er Jahre thematisierten. Die Spannweite reichte dabei von Texten, die sich eher als Reportagen oder Sachbücher[4] verstanden, bis hin zu fiktionalen Texten, die, versehen mit dem Label ›Wendekinderliteratur‹, in der Literaturkritik viel Beachtung fanden. So beispielsweise Clemens Meyers (geb. 1977) Roman *Als wir träumten* (2006), der als »Schilderung einer verlorenen Jugend im Leipzig der Wendezeit«[5] beworben und später von Andreas Dresen verfilmt wurde, oder die Texte von Judith Zander und Julia Schoch, die die Nachwendezeit in der ostdeutschen Provinz aus Sicht jüngerer Protagonist*innen beschreiben, wie unten diskutiert werden wird.

Die mediale Präsenz sogenannter Wendekinder wurde zudem von der *Dritten Generation Ost* befördert,[6] einer politischen Initiative junger Ostdeutscher, die mit

---

4 CLAUDIA RUSCH (geb. 1971): Meine freie deutsche Jugend. Frankfurt 2003; ROBERT IDE (geb. 1975): Geteilte Träume. Meine Eltern, die Wende und ich. München 2007; ANDREA HANNA HÜNNIGER (geb. 1984): Das Paradies. Meine Jugend nach der Mauer. Stuttgart 2011; SABINE RENNEFANZ (geb. 1974): Eisenkinder. Die stille Wut der Wendegeneration. München 2013.

5 Clemens Brentano Preis an Clemens Meyer im Jahr 2007, Bekanntgabe auf der Online-Präsenz der Stadt Heidelberg. Abgerufen unter der URL: http://www.heidelberg.de/hd,Lde/217735.html, letzter Zugriff: 21.06.2021.

6 Die Initiative *Dritte Generation Ost* war besonders in den Jahren 2011–2015 aktiv und erlangte durch verschiedene Aktivitäten wie Konferenzen, Generationentreffen, Biografieworkshops und Publikationen große mediale Aufmerksamkeit. Erklärte Ziele der Gruppe bestanden u. a. in der Förderung des Dialogs zwischen Ost und West sowie zwischen den verschiedenen Generationen in Ostdeutschland, im Bestreben, den Diskurs über den Osten von Vorurteilen und Klischees zu befreien, sowie in der Unterstützung zivilgesellschaftlichen Engagements junger

der These medial in Erscheinung trat, die Generation der zwischen 1975 und 1985 in der DDR Geborenen habe in der Wendezeit generationelle Prägungen erfahren, die sie von altersgleichen Westdeutschen unterscheide. Worin diese besonderen Erfahrungen des Umbruchs von 1989/90 bestehen könnten, war Gegenstand zahlreicher öffentlicher Diskussionen. Eine These lautete, die ›Wende‹ habe für diese Generation zu einer doppelten Sozialisation und daraus resultierenden speziellen Kompetenzen im Umgang mit gesellschaftlichen Brüchen geführt. Doch vieles ließ sich schwer konkretisieren und blieb im Vagen. Offenbar ging es um die Artikulation eines diffus gefühlten Andersseins, das weder eindeutig verbalisierbar noch soziologisch nachweisbar scheint. Die Identitätsdebatte stieß daher auch auf Unverständnis oder wurde als »übergeneralisierter Phantomschmerz«[7] bezeichnet, da diese Generation kaum eigene DDR-Erfahrungen habe und ihnen daher eher das Glück der Spätgeborenen zugeschrieben wird.

Die Diskussionen um die *Dritte Generation Ost* sind inzwischen abgeflaut und ihre Protagonist*innen melden sich kaum noch öffentlich zu Wort. Daher ist es umso bemerkenswerter, dass nun ›Nachwendekinder‹ wie Johannes Nichelmann das Wort ergreifen, um sich ebenfalls mit kommunikativen Leerstellen und unklaren Identitäten in Bezug auf die ehemalige DDR zu befassen. Das zeigt, dass über die DDR eben doch noch nicht alles gesagt ist – und auch noch nicht von allen, um Karl Valentins Bonmot einmal positiv zu wenden. Denn auch nachfolgende Generationen sind mit dem gesellschaftlichen Erbe konfrontiert, das die DDR als Staatsform und Alltagskultur in ihren Familien und im sozialen Umfeld hinterlassen hat. Auch nach 1989 Geborene haben natürlich eine Beziehung zu Ostdeutschland und ostdeutscher Identität, sind sie doch Kinder von ehemaligen DDR-Bürger*innen. Sie wuchsen mit deren Erzählungen auf und, wichtiger noch, sie erlebten in ihrer Kindheit die oft tiefgreifenden strukturellen Veränderungen und Unsicherheiten, denen ihre Eltern in den 1990er Jahren ausgesetzt waren. Johannes Nichelmann thematisiert in seinem Buch zudem häufiger eine Dissonanz zwischen privaten Erzählungen und offiziell vermittelten Narrativen (Schule, Medien) oder spricht über Erfahrungen der Stigmatisierung zum Beispiel im Zusammenhang mit dem prägenden Umzug in seiner Kindheit von Berlin-Pankow nach Bayern, wo er zu seiner großen Verwunderung als Ostdeutscher wahrgenommen wird, was ihm selbst nie in den Sinn gekommen wäre: »Als 1989

Ostdeutscher. Dabei handelte es sich um einen losen Zusammenschluss einiger Aktiver mit der Absicht, eine Plattform für gegenseitigen Austausch zu schaffen, und weniger mit dem Ziel, konkrete politische Anliegen zu formulieren. Internetpräsenz des Netzwerks abrufbar unter der URL: https://netzwerk.dritte-generation-ost.de/, letzter Zugriff: 21. 06. 2021.

7 Martin Sabrow im Interview mit Johannes Stämmler und Jens Bisky: Mama, warst du in der SED? Wie viel DDR steckt in den Wendekindern? In: *SWR3*, 13. September 2012.

in Ost-Berlin geborener merke ich, dass ich mich immer wieder zu Ostdeutschland verhalten muss.«[8] Die Ursachen dafür liegen jenseits der eigenen Biografie, haben aber trotzdem ihre Wirkung auf seine Identität. Deutlich wird auch, dass es eigentlich die 1990er Jahre sind, die für seine Identitätsentwicklung bestimmend waren.

In Deutschland wird über das Verhältnis zwischen Ost und West und die Folgen der Wiedervereinigung seit dem Fall der Mauer diskutiert, wobei in den letzten Jahren die Diskussion um rechtsgerichtete Tendenzen im Osten verbunden mit dem ›Abgehängtsein‹ ganzer Regionen immer wieder die Debatte zu bestimmen scheint. Das skizzierte Phänomen einer Literatur von ›Wende-‹ oder auch ›Nachwendekindern‹ ist somit Teil dieses breiteren gesellschaftlichen, aber natürlich auch literarischen Diskurses, denn über ›Wendeliteratur‹ wurde sowohl im Feuilleton als auch in der literaturwissenschaftlichen Fachwelt breit diskutiert. Die von der *Dritten Generation Ost* aufgeworfene Debatte darüber, worin eigentlich die Umbruchserfahrungen jüngerer Menschen bestehen, ob sie Besonderheiten oder eine kollektive Dimension aufweisen und was dies für die Zukunft bedeutet, lässt erkennen, dass es in Deutschland auch in der jüngeren Generation einen breiten Diskurs über das Erbe der DDR gibt. Und es sind zahlreiche literarische Texte erschienen, die in diesen Diskurs eingebunden sind und ihn reflektieren. Doch wie verhält es sich in den anderen ehemaligen sozialistischen Staaten? Wie wird der gesellschaftliche Umbruch dort literarisch verarbeitet und gibt es ähnliche Diskurse unter jüngeren Zeitgenoss*innen? Hierzu finden sich bisher leider kaum Untersuchungen.

Der vergleichende Blick auf das Nachbarland Tschechien zeigt, dass es auch dort eine literarische Auseinandersetzung mit der Zeit des Sozialismus und des Systemwechsels gegeben hat, wobei teilweise sehr bekannte Texte entstanden sind – allen voran Jáchym Topols (geb. 1962) Roman *Die Schwester* aus dem Jahr 1994 oder Michal Viewghs (geb. 1962) *Blendende Jahre für Hunde* von 1992.[9] Den Begriff der ›Wendeliteratur‹ oder des ›Wenderomans‹ und ähnlich intensive Diskussionen wie in Deutschland gab und gibt es in Tschechien jedoch nicht. Auch fällt grundsätzlich auf, dass gerade in der jüngeren Generation andere Themen im Vordergrund stehen. Besonders Texte über das Ausland, also über Reise- und Migrationserfahrungen, sind sehr populär. In der Literaturkritik hat sich für

---

8   JOHANNES NICHELMANN: Wie man zum Ossi wird – Nachwendekinder zwischen Klischee und Stillschweigen. In: *Deutschland Archiv*, 3. Oktober 2020. Abgerufen unter der URL: www.bpb.de/316541, letzter Zugriff: 21.06.2021.

9   JÁCHYM TOPOL: Sestra. Prag 1994/Die Schwester. Berlin 1998; MICHAL VIEWEGH: Baječna leta pod psa. Prag 1992/Blendende Jahre für Hunde. Köln 1998.

dieses Phänomen der Begriff der ›Generation der Fliehenden‹ (tschech.: generace útěkářů) etabliert.[10] Das Interesse an Binnenthemen scheint unter jüngeren Autor*innen generell weniger ausgeprägt zu sein. Und auch die Auseinandersetzung mit der sozialistischen Vergangenheit oder besondere Perspektiven auf die Erfahrung ihres Endes sind weder literarisch noch gesellschaftlich ein hervorstechendes Thema. Dennoch ist es aufschlussreich, das jüngere literarische Schaffen in Tschechien aus der Perspektive einer Reflexion der gesellschaftlichen Veränderungen seit 1989 zu betrachten.

Gerhard Jens Lüdeker und Dominik Orth haben im Jahr 2010 innerhalb der Literaturwissenschaft den Begriff der ›Nach-Wende-Narrationen‹ geprägt. Dieser unterscheidet sich von vielen anderen germanistischen Definitionsversuchen zum breiten Thema ›Wendeliteratur‹ hauptsächlich darin, dass er davon ausgeht, dass auch Texte, die nach dem Jahr 2000 spielen und auf der Handlungsebene weder den Sozialismus noch den Mauerfall oder die Wiedervereinigung beschreiben, Deutungsmuster über diese Zeit enthalten, da sie Entwicklungen oder Phänomene thematisieren, die ohne den Umbruch von 1989/90 nicht möglich gewesen wären:

> Im Gegensatz zu Wende-Narrationen sind Nach-Wende-Narrationen davon geprägt, dass die konkreten historischen Ereignisse des Mauerfalls oder der Wiedervereinigung zwar als Bezugspunkte fungieren, aber nicht zwangsläufig Teil des Handlungszeitraums sein müssen.[11]

Damit rücken, viel stärker als die Beschreibung der politischen Umbrüche der ›Wende‹ selbst, ihre Folgen in den Blickpunkt, die, wie oben bereits angedeutet, für die Generationen, die in den 1990er Jahren aufwuchsen, offenbar prägender waren. Denn dies zeigt sich auch in ihren literarischen Texten, in denen vielfach die Gesellschaft in den 1990er und 2000er Jahren beschrieben und weniger konkret auf den Mauerfall Bezug genommen wird. Dennoch werden Entwicklungen aufgegriffen, die auf den Umbruch von 1989 zurückgehen. Aus der Perspektive von Nach-Wende-Narrationen wird es möglich, auch Prosatexte mit einzubeziehen, die vordergründig, also auf der Handlungsebene, nicht vom Zusammenbruch des Sozialismus oder den letzten Jahren des Systems berichten. Gerade für viele tschechische Werke ist das aufschlussreich. Auch die tschechische Gegenwartsgesellschaft ist geprägt von Veränderungen, deren Ursprünge im Systemwechsel

---

10 MARKÉTA PILÁTOVÁ: Spisovatele na utěku [Schriftsteller auf der Flucht]. In: *Respekt* 18 (2009), 21, S. 36.
11 GERHARD JENS LÜDEKER/DOMINIK ORTH (Hrsg.): Nach-Wende-Narrationen. Das wiedervereinigte Deutschland im Spiegel von Literatur und Film (Deutschsprachige Gegenwartsliteratur und Medien, 7). Göttingen 2010, S. 8.

liegen, und literarische Reflexionen dieser Gegenwart sind Bestandteil sowie Ausdruck dieser Veränderungen. Diese Texte können uns daher einiges über 1989 und die Folgen offenbaren, denn sie enthalten implizite Deutungsmuster über die Zeit seit der Samtenen Revolution, auch wenn sie nicht als ›Wenderomane‹ oder Ähnliches gelabelt werden, wie es bei vielen deutschen Texte schnell geschieht.

1. ›Leerstellen‹ in der deutschen Gegenwartsliteratur

Im eingangs genannten Zitat von Johannes Nichelmann war von biografischen Leerstellen die Rede, die sein Verhältnis zu seinen Eltern und ihrer Vergangenheit in der DDR bestimmen. Vieles sei schwer zu greifen, und für den Autor war gerade dieses Ungreifbare ein Anlass, genauer nachzuforschen und darüber ein Buch zu schreiben. Der Begriff der ›Leerstelle‹ ist dabei aufschlussreich, denn er ist im Kontext von Literatur über die Nachwendezeit auch aus literarästhetischer Sicht bemerkenswert. Er ist grundsätzlich assoziiert mit dem Fehlen von etwas – eine Leerstelle stellt einen Ort dar, der leer und unbesetzt ist. Solcherart Orte tauchen immer wieder als literarisches Motiv in zahlreichen Texten von jüngeren ostdeutschen Autor*innen, also denjenigen, die lediglich ihre Kindheit im System der DDR verbracht haben, über die Nachwendezeit auf. Aber auch in tschechischen Texten lassen sich narrative und ästhetische ›Leerstellen‹ entdecken, die mit der Beschreibung der postkommunistischen Gesellschaft in Verbindung stehen.

Es ist in diesem Zusammenhang sicher kein Zufall, dass eine ganze Gruppe von um 2010 erschienenen deutschen Texten ihre Handlungsorte in die mecklenburg-vorpommerische Provinz verlegt und dort ein eher desolates Nachwendeleben beschreibt, in dem Leere und Verlassenheit zentrale Motive darstellen, wie z. B. in Julia Schochs (geb. 1974) *Mit der Geschwindigkeit des Sommers* (2009), Judith Schalanskys (geb. 1980) *Der Hals der Giraffe* (2011) und Judith Zanders (geb. 1980) *Dinge, die wir heute sagten* (2010).[12] Alle drei Romane schildern das lokale Leben in der dünn besiedelten nordostdeutschen Provinz in der zweiten Dekade nach der Wiedervereinigung und reflektieren die Veränderungen des Alltagslebens seit 1989/90. Die bestimmenden Themen sind Abwanderung, Arbeitslosigkeit und eine latente Resignation angesichts des Strukturwandels. Alle drei Texte stellen Bezüge zur DDR-Geschichte her und beleuchten die Schicksale ihrer

---

12 JULIA SCHOCH: Mit der Geschwindigkeit des Sommers. München 2009; JUDITH SCHALANSKY: Der Hals der Giraffe. Berlin 2011; JUDITH ZANDER: Dinge, die wir heute sagten. München 2010.

Protagonist*innen über den Bruch der ›Wende‹ hinweg. Dabei loten sie die Bedeutung dieses Einschnitts für die Figuren aus. Die Romane weisen nicht nur inhaltliche, sondern auch ästhetische Parallelen auf, wobei die Ödnis der leeren Landschaft eine motivische Schlüsselrolle spielt und die Eigenschaften der Landschaft erzählerisch mit sozialen Aspekten des Lebens oder mit mentalen Charakteristika der Figuren verknüpft werden.

Julia Schochs Handlungsort, ein ehemaliger NVA-Kasernenort nahe der polnischen Grenze, wird beschrieben als »aufgegebene Goldgräberstadt, leer und geisterhaft.«[13] Es geht um den Selbstmord einer jungen Frau, die mit dem Bedeutungsverlust des Ortes nach der ›Wende‹ nicht umgehen kann. Bilder tiefer Melancholie und Einsamkeit in einer hochästhetisierten, verlassenen Landschaft bestimmen den Text. In Judith Schalanskys Roman wiederum, der ebenfalls in einer Kleinstadt in dieser Gegend spielt, wird der sich zunehmend entvölkernde Ort von der Natur zurückerobert: »Nicht der Verfall würde diesen Ort heimsuchen, sondern die totale Verwilderung. Eine wuchernde Eingemeindung, eine friedliche Revolution. Blühende Landschaften.«[14] Die zynischen Anspielungen an Helmut Kohls Wahlkampfversprechen von 1990, inszeniert als eine heimtückische botanische Annexion Ostdeutschlands, sind nicht zu übersehen. Landschaftsbeschreibungen werden hier ein Mittel für Kritik an den Bedingungen der Gesellschaftstransformation. Die räumliche Leere wird also auf unterschiedliche Weise mit Deutungsmustern des Strukturwandels seit 1989/90 besetzt. In Judith Zanders Roman wiederum, der in dem fiktiven Dorf Bresekow in Vorpommern spielt, wird der Ort auf dem Bucheinband der Ausgabe von 2010 folgendermaßen angekündigt:

> Es gibt keine Kneipe in Bresekow. Es gibt überhaupt nichts. Es ist das Zentrum des Nichts, das sich kurz hinter Berlin auftut und bis Rostock nicht aufhört. Ein hässliches Endlein der Welt, über das man besser den Mund hält.

Der gesamte Raum zwischen Berlin und Rostock wird hier als eine einzige Leerstelle gefasst, über die man lieber schweigen sollte – womit als Ankündigung für einen fast 500 Seiten starken Roman jedoch gleichzeitig Neugier geweckt wird. Der/die Lesende wird herausgefordert, sich auf die Leere einzulassen. Dass dabei ausgerechnet die peripheren Gegenden Vorpommerns mehrfach zum Schauplatz von Geschichten über die triste Nachwendezeit in der ostdeutschen Provinz werden, hängt auch mit der öffentlich-medialen Darstellung dieser Gegend zusammen.

---

13 SCHOCH: Mit der Geschwindigkeit des Sommers (wie Anm. 12), S. 59.
14 SCHALANSKY: Der Hals der Giraffe (wie Anm. 12), S. 71.

So wird die Kleinstadt Anklam, in deren Nähe alle drei Romane spielen, folgendermaßen beschrieben:

> Von Berlin fährt ein Zug nach Norden. Er fährt durch ein Land sanfter Hügel und schwarzer Erde, einsamer Moore und dichten Nebels, ein Land zerbrochener Scheiben und hohler Häuser, dunkler Wälder und langer Alleen, ein Land leerer Hallen und vergessener Versprechen, demontierter Maschinen und Träume, ein Land stiller Schönheit und tragischer Geduld, ein weites, wogendes Land, verwunschen am Tag, lichtlos in der Nacht. In diesem Land, zweihundert Kilometer entfernt von Berlin, liegt Anklam.

Dieses Zitat entstammt keinem der Romane, sondern einem *ZEIT*-Artikel aus dem Jahr 2004 mit dem Titel *Selbst der Bürgermeister will weg.*[15] Es geht darin um Probleme von Abwanderung und Arbeitslosigkeit, was mit mystifizierender Landschaftsdarstellung verknüpft wird, wodurch bestimmte Vorstellungen über den Nordosten Deutschlands generiert werden. Die drei Romane greifen eine ähnlich gelagerte Bildlichkeit auf und spielen geschickt damit. Sie funktioniert gewissermaßen als Chiffre für die ehemalige DDR, denn sie ist mit bestimmten Attributen verbunden wie ›düster‹, ›kaputt‹, ›desolat‹, mitunter auch ›exotisch‹, welche häufig mit dem Leben in der DDR assoziiert sind und ebenso in literarischen oder filmischen DDR-Darstellungen zum Tragen kommen.

Die drei genannten Romane wurden meist im Kontext von Erinnerungskultur und Ostalgie diskutiert, wobei häufig der Blick auf Verlusterfahrungen im Zentrum stand. Der Verlust ist allgemein ein verbreiteter Topos in literarischen Texten über die nicht mehr existierende DDR, wie zum Beispiel in Marion Titzes (geb. 1953) Roman *Unbekannter Verlust* aus dem Jahr 1994 oder auch in Monika Marons (geb. 1941) *Endmoränen* (2002) deutlich wird. Dabei geht es oftmals um den Verlust von etwas Vertrautem, von Heimat, denn auch wenn der nicht mehr existierende Staat einen – meist negativen – Bezugsrahmen darstellte, hatte er dennoch Orientierung geboten, die nun einem Gefühl neuer Fremdheit gewichen ist.[16] Die 1984 in Weimar geborene Autorin und Journalistin Andrea Hanna Hünniger beschreibt in ihrem Buch *Das Paradies. Meine Jugend nach der Mauer*

---

15 MARIO KAISER: Selbst der Bürgermeister will weg. In Anklam in Ostvorpommern geht alles verloren: Die Arbeitsplätze, die Zuversicht, die Bewohner. Und das Stadtoberhaupt, ein erfolgreicher Unternehmer aus dem Westen, ist die Angriffe leid. In: *DIE ZEIT*, 4. März 2004. Abgerufen unter der URL: http://www.zeit.de/2004/11/Anklam_1, letzter Zugriff: 21.06.2021.
16 Vgl. MARTINA ÖLKE: Reisen in die versunkene Provinz. Die DDR in der literarischen Retrospektive. In: BARBARA BESSLICH/KATHARINA GRÄTZ/OLAF HILDEBRAND: Wende des Erinnerns? Geschichtskonstruktionen in der deutschen Literatur nach 1989 (Philologische Studien und Quellen, 198). Berlin 2006.

Abb. 1   Bei Anklam

(2011) ihr Aufwachsen in einem Weimarer Plattenbauviertel in den 1990er Jahren. Über ihre Elterngeneration sagt sie: »Ich glaubte damals, jemand hätte die Menschen beraubt, ihnen etwas, von dem ich nicht wusste, was es sein könnte, weggenommen.«[17] Aber auch Jana Hensels *Zonenkinder* wurde immer wieder unter dem Blickwinkel von Verlusterfahrungen diskutiert, wobei es um den Verlust von (DDR-)Kindheit ging.

In der Rezeption von Julia Schochs *Mit der Geschwindigkeit des Sommers* wurde die Beschreibung einer Verlusterfahrung ebenso als zentral bewertet.[18] Doch lässt sich zeigen, dass im Roman ebenso Kontinuitäten thematisiert werden. Es berichtet eine junge Ich-Erzählerin über den Selbstmord ihrer Schwester in der besagten verlassenen Kleinstadt nahe der polnischen Grenze. Die Erzählerin versucht die Umstände dieser tragischen Entwicklung nachzuvollziehen, indem sie das Leben ihrer Schwester und besonders ihre Erfahrungen nach der ›Wende‹ rekapituliert. Dabei schreibt die Erzählstimme aus der Distanz einer

---

17 HÜNNIGER: Das Paradies (wie Anm. 4), S. 59.
18 FRANZISKA MEYER: The Past is Another Country and the Country is Another Past: Sadness in East German Texts by Jacob Hein and Julia Schoch. In: *Edinburgh German Yearbook* 6 (2012), S. 173–192.

Person, die den Ort des Geschehens nach 1989 verlassen hat und in eine Großstadt gezogen ist – wohingegen ihre Schwester im Ort geblieben ist und dort eine Familie gegründet hat. Die Nachricht des Selbstmords konfrontiert sie daher auch mit ihrer eigenen Vergangenheit und ihrer Kindheit in dem Ort. Die Verlusterfahrung ist quasi eine doppelte – sie verliert nicht nur ihre Schwester, sondern mit ihr auch die wichtigste Zeugin ihrer Erinnerungen an das gemeinsame Aufwachsen in der DDR. Für die Erzählerin ist beides verschwunden, der kulturelle Kosmos der DDR und nun auch die Möglichkeit des Teilens von Erinnerungen daran. Weder der Ort noch ihre Schwester existieren für sie weiter als identitäre Ankerpunkte. Der Verlust hinterlässt eine Leere, die in den desolaten Landschaftsbeschreibungen zum Ausdruck kommt; die Leere wird hier also zum ästhetischen Marker für einen tatsächlichen Einschnitt. Die Vergangenheit in diesem Ort erscheint im Licht des Verlusts unwirklich und bedeutungslos, oder zumindest wird ihre lebensgeschichtliche Bedeutung stark relativiert, indem die Leere der Landschaft die Wahrnehmung der Erzählerin dominiert. In einer Analogie zu verlassenen Inseln im Mittelmeer beschreibt sie den Ort als einen menschenleeren Raum: »Es gibt keine Antwort, warum alles Menschliche so unvermittelt verschwand und die Natur wieder sich selbst überlassen blieb.«[19] Der Mensch als Subjekt scheint im Ort nicht mehr anwesend zu sein. Die Stimmung ist getragen von hochästhetisch vermittelter Apathie, Schwermut und Ereignislosigkeit. Mary Cosgrove hat in ihrer Analyse des Textes den Ort als einen ›non-place‹ nach Marc Augé bezeichnet, d. h. als einen Ort ohne gewachsene historische Tiefe und Komplexität.[20] Sie sieht dies mit der DDR-Vergangenheit des Ortes verbunden, schließlich geht es um eine aus dem Boden gestampfte NVA-Kasernenstadt, die mit 1989 ihre Existenzberechtigung verliert, und um eine Protagonistin, die in diesem Ort keinen Lebenssinn finden kann. In dieser Betrachtungsweise steht die Kritik an der DDR-Gesellschaft und den Folgen ihres Zusammenbruchs im Vordergrund.

Doch lässt sich ebenso zeigen, dass der Nachwendetopos der vom Strukturwandel gebeutelten ostdeutschen Peripherie mit Aspekten der Landschaftsbeschreibung ineinandergreift, die historisch weiter zurückreichen, und daher die Leere weitere Bedeutungsschichten aufweist. Die Darstellung der landschaftlichen Gegebenheiten und des Ortes als ›öde‹, ›verlassen‹, ›rückständig‹ etc. steht in einer literarischen Tradition semantischer Kodierung des Nordostens

---

19 SCHOCH: Mit der Geschwindigkeit des Sommers (wie Anm. 12), S. 147.
20 MARY COSGROVE: Heimat as Nonplace and Terrain Vague in Jenny Erpenbeck's *Heimsuchung* and Julia Schoch's *Mit der Geschwindigkeit des Sommers*. In: *New German Critique* 39 (2012), 2 (116), S. 63–86.

Deutschlands, die sich zu Theodor Fontane oder Uwe Johnson zurückverfolgen lässt. Roland Berbig sieht diesbezüglich einen deutlichen Zusammenhang zwischen Fontane und Johnson, denn beide haben sich mit literarisch wenig prominenten Gegenden, mit den ›sandigen Einöden‹ in Mecklenburg oder Brandenburg befasst und in ihren Werken einen »poetischen Aufmöblungsakt« vollbracht.[21] Auch haben sie – wobei in diesem Fall besonders auf Johnson zu verweisen ist – (deutsch-)deutsche Geschichte in der Provinz zum literarischen Thema gemacht. In Julia Schochs Text gibt es beispielsweise Beobachtungen wie diese: »Während anderswo die Landwirte dickbauchig auf dem Kutschbock durchs Dorf gefahren waren, lief man hier neben den Fuhrwerken her, schonte die klapprigen Pferde.«[22] Mit solchen Beschreibungen wird auf historische Kontinuitäten aufmerksam gemacht, die über die DDR-Erfahrung hinausgehen und in die geschichtliche Tiefe des Landstrichs reichen. Landschaft und Psyche der Hauptfigur sind also mit den Spuren der Geschichte verwoben, wobei die Landschaft zur Projektionsfläche für ihre innerpsychischen Prozesse wird. Im Mittelpunkt steht zwar das Ende der DDR als einschneidende Verlusterfahrung und der Wandel des Ortes zur sich entvölkernden ›Geisterstadt‹. Doch die Leere und der ›Nicht-Ort‹ als ästhetische Strategien sind eben nicht nur als Zustandsbeschreibungen der Nachwendesituation zu verstehen, sondern sie sind sowohl längerfristige Eigenschaften des Ortes, der Landschaft als auch mentale Eigenheiten, die beide Schwestern verbinden. Erzählt wird also nicht nur eine Geschichte des Verlusts, sondern ebenso eine der Kontinuität. In diesem Zusammenhang ist auch das Ende des Textes mehrdeutig. Er endet mit einer großen Offenheit gegenüber der Zukunft. Die Schwester begeht ihren Selbstmord auf einer Reise nach New York (auch hierin lässt sich im Übrigen eine Anknüpfung an Johnson sehen, lebte er doch selbst dort und ließ auch Teile seiner Romane dort spielen)[23] und schickt der Erzählerin von dort eine Postkarte, auf der sie eine amüsante Alltagsbegebenheit schildert, die von ihren eigentlichen Plänen nichts durchscheinen lässt. Im letzten Satz des Romans mutmaßt die Erzählerin, diese Anekdote stelle einen Versuch dar, mit der desolaten Vergangenheit im Ort ihrer Kindheit abzuschließen, ihre Schwester »in eine andere Richtung [zu] leiten, einmal nicht der Vergangenheit zu. Daß ich endlich dorthin blicken müsste, wo noch nichts

---

21 ROLAND BERBIG: Sandige Einöde oder Märchenplatz? Theodor Fontanes Mark Brandenburg und Uwe Johnsons Mecklenburg. In: SABINE EICKENRODT/KATARINA MOTYKOVA (Hrsg.): Unwirtliche Landschaften. Imaginationen der Ödnis in Literatur und Medien. Frankfurt am Main 2016, S. 255.
22 SCHOCH: Mit der Geschwindigkeit des Sommers (wie Anm. 12), S. 18.
23 So lebt die Hauptfigur Gesine Cresspfahl aus Johnsons vierbändigem Hauptwerk *Jahrestage* in New York.

ist, einer Zeit entgegen, die noch lange nicht begonnen hat, in der noch gar nichts geschehen ist. Absolut nichts.«[24] Auch dies ist eine Metapher der Leere, die vieldeutig ist, da sie sich nicht nur als Schlussstrich unter die Geschichte des Verlusts, sondern eben auch als eine Kontinuität der Leere begreifen lässt – als eine grundlegende ›Unbeteiligtheit des Subjekts‹, die, wie man am Beispiel der Erzählerin als großstädtisches Alter Ego der Hauptfigur sehen kann, auch eine große innere Freiheit bedeuten kann. Denn die Erfahrung des DDR-geprägten ›non-place‹, der Identität und Verbundenheit nicht ermöglicht, birgt für die Figur der Erzählerin wiederum ein hohes Maß an Autonomie, kühler Distanz und Reflexionsfähigkeit. Die Leere als Motiv bekommt somit eine weitere, komplexere Bedeutungsebene.

Auch in Judith Schalanskys 2011 erschienenem Roman *Der Hals der Giraffe* scheint die DDR-Geschichte in Vergessenheit geraten zu sein und der Ort gewisse Eigenschaften eines ›non-place‹ aufzuweisen. Der von Abwanderung betroffene Handlungsort ihrer Erzählung wird zusehends von Pflanzen überwuchert und verschwindet zunehmend darunter. Die Veränderungen des Ortes werden von der Hauptfigur, einer verbitterten ehemaligen DDR-Biologielehrerin, die nicht mit dem neuen System zurechtkommt, als ein rein evolutionsbiologisches Geschehen geschildert, als eine erdgeschichtliche Episode und biologische Notwendigkeit, wobei der Mensch als handelndes Subjekt kaum vorkommt und die Geschichte der DDR, als hätte dieses Land nie existiert, sprichwörtlich zur Fußnote der (Erd-)Geschichte wird: »Die Pflanzen waren vor uns da, und sie würden uns überleben.«[25] Auch hier geht es somit um ein diffuses Gefühl des Verlusts und der Bedeutungslosigkeit, das sich hauptsächlich in dem bitteren Sarkasmus äußert, mit dem die Hauptfigur ihre Beobachtungen des Niedergangs des Ortes wiedergibt. Ihre Naturbeschreibungen sind latent aggressiv:

> Einige Pflanzen hatten mehr Gene als der Mensch. Die vielversprechendste Strategie, an die Macht zu kommen, war immer noch, unterschätzt zu werden. Um dann, im richtigen Moment, zuzuschlagen. Es war nicht zu übersehen, dass die Flora auf der Lauer lag. In Gräben, Gärten und Gewächshauskasernen warteten sie auf ihren Einsatz. Schon bald würde sie sich alles zurückholen. Die missbrauchten Territorien mit sauerstoffproduzierenden Fangarmen wieder in Besitz nehmen, der Witterung trotzen, mit ihren Wurzeln Asphalt und Beton sprengen. [...] Irgendwann, schon in ein paar Jahrhunderten würde hier ein stattlicher Mischwald stehen.[26]

---

24 SCHOCH: Mit der Geschwindigkeit des Sommers (wie Anm. 12), S. 150.
25 SCHALANSKY: Der Hals der Giraffe (wie Anm. 12), S. 86.
26 Ebd., S. 69 f.

Hier wird die vorsätzliche Eroberung eines Raums beschrieben (»Strategie«, »Macht«, »Gewächshauskasernen«), die von der Protagonistin in einen evolutionsbiologischen Prozess hineinprojiziert wird, wodurch der beschriebene Raum weniger subjektlos ist, als es zunächst den Anschein hat, denn es gibt hier Subjekte, die »lauern«, »zuschlagen«, »zurückholen« und »sprengen«. Die Naturbeschreibungen haben hier also eine andere Konnotation, und die Leere der Landschaft bringt etwas zum Ausdruck, das die verbitterte Hauptfigur nur durch ihren pseudodarwinistischen Blick auf die Veränderungen in ihrem Ort artikulieren kann, nämlich ihre Unzufriedenheit mit der gesellschaftlichen Entwicklung. Es wird indirekt ein Verlust beklagt, aber auch gezeigt, wie wenig die Hauptfigur aus ihrer Haut kann. Im Gegensatz zu der von ihr beschriebenen Pflanzenwelt, die sich allen Veränderungen anpassen kann, gelingt es ihr nämlich überhaupt nicht, mit dem neuen Gesellschaftssystem zurechtzukommen. Anpassung ist für sie nicht möglich, da sie erlernte Verhaltensmuster ihrer DDR-Erfahrung weiterlebt, die das Kontinuum ihres Lebens bilden und eine Affirmation der neuen Lebensbedingungen unmöglich machen.

In Judith Zanders Roman *Dinge, die wir heute sagten* steht das Motiv der Leere ebenso mit der Erfahrung des Verlusts in Zusammenhang, weist aber auch Bedeutungsschichten auf, die Kontinuitäten sichtbar machen. Ihre vielstimmige Beschreibung des Lebens im fiktiven Bresekow der späten 1990er Jahre bildet den Alltag der Dorfbewohner*innen ab und erzählt dabei aus der Perspektive unterschiedlicher Generationen. Das symbolische Zentrum des Dorfes ist die geschlossene und heruntergekommene Landwirtschaftliche Produktionsgenossenschaft (LPG) in der Dorfmitte, die den gelangweilten Dorfjugendlichen als Treffpunkt dient und am Ende einem Brand zum Opfer fällt. Auch hier geht es um einen Funktionsverlust des Ortes und den Strukturwandel im Zuge der Wiedervereinigung. Dies betrifft vor allem die Sozialstruktur und ein sich auflösendes Gefühl von Gemeinschaft: »Die Alten wie die paar Jungen, die leben alle nur noch in ihrem Haus, die bauen das aus noch und nöcher, aber mehr nicht, lauter einzelne Häuser. Das ist kein Dorf mehr. In der Mitte ist nichts.«[27] Das beklagte »Nichts« in der Mitte beschreibt also nicht nur eine räumliche, sondern auch eine soziale Leere, die sich um die Ruine der LPG in der Dorfmitte ausbreitet. Dennoch entsteht im Text der Eindruck, als hätte sich das Leben vor und nach 1989 atmosphärisch kaum verändert – der gesellschaftliche Einschnitt wird als Ereignis auf der Handlungsebene nicht thematisiert und erscheint merkwürdig abwesend. Von Julian Reidy[28] wurde der Roman sogar dahingehend interpretiert,

---

27 ZANDER: Dinge, die wir heute sagten (wie Anm. 12), S. 458.
28 JULIAN REIDY: Rekonstruktion und Entheroisierung: Paradigmen des ›Generationenromans‹ in der deutschsprachigen Gegenwartsliteratur (Figurationen des Anderen, 2). Bielefeld

dass hier die Folgen des Systemumbruchs eigentlich gar nicht problematisiert werden, sondern der Text auf die Beschreibung einer zeitlosen Gegenwart ausgerichtet ist und Aufarbeitung oder Erkenntnisgewinn über die Zeit der DDR kaum intendiert sind bzw. erzählerisch regelrecht ausgehebelt werden. Dies macht er an verschiedenen Textmerkmalen fest. So zeigt er, dass narrative Verfahren zum Tragen kommen, die an einen Heimat- oder Provinzroman erinnern und eine subversive (Anti-)Idylle entstehen lassen, in der eine zyklische Zeitwahrnehmung vorherrscht und diachrone Erzählperspektiven unterlaufen werden. Beschrieben wird somit ein Zustand der Zeitlosigkeit und Stagnation in der Provinz, die »Langeweile [...] im Endstadium«.[29] Reidys Ansicht nach geht es also nicht um die Darstellung großer historischer Einschnitte im Privaten: »Der ›Engel der Geschichte‹ fliegt an Bresekow vorbei; im Dorf geht es nicht um die großen historischen Verwerfungen, sondern um die ›kleinen‹ Gemeinheiten, Verbrechen und Lügen.«[30] Durch die behauptete Zeitlosigkeit werden auch diesem Ort einige Eigenschaften eines ›non-place‹ zugeschrieben; zumindest wird er als Ort gesehen, dessen Bewohner*innen kein historisches Bewusstsein und Interesse zu haben scheinen und politisch-historische Einschnitte recht gleichgültig hinnehmen. Doch lässt sich auch hier feststellen – ähnlich wie bei Schoch – dass der Text durchaus Aspekte aufweist, die Bezüge in die Geschichte herstellen und die breitere historische Einbettung und Entwicklung des Ortes und eben auch die Folgen des Systemumbruchs zeigen.

Dies wird beispielsweise an einigen offensichtlichen intertextuellen Bezügen zur DDR-Literatur deutlich. Reidy widmet sich u. a. den Anspielungen auf das Werk Uwe Johnsons (geb. 1934), die seiner Ansicht nach jedoch erzähltechnisch ins Leere laufen und auf diese Weise weiterführende Reflexionen über die DDR unterminieren, somit also wieder auf die zeitlose Gegenwart des Dorflebens verweisen. Eine sinnstiftende Auseinandersetzung mit der DDR-Vergangenheit sei erzähltechnisch nicht angelegt, über die Vergangenheit werde im Dorf geschwiegen. Ein Beispiel: Es tritt im Roman zwar ein Uwe-Johnson-Forscher auf (der Mann der Hauptfigur Ingrid) und auch die anderen Romanfiguren kennen das Werk Johnsons (z. B. die jugendliche Hauptfigur und Abiturientin Romy, die hin und wieder Johnson zitiert), es gibt also zahlreiche offensichtliche Bezüge. Doch würden die Figuren eine referentielle Blindheit gegenüber Johnsons Werk aufweisen. Reidy begründet dies mit einer Ähnlichkeit der Plots von *Dinge, die wir*

2013, hier insbesondere das Unterkapitel: Mutmaßungen über Bresekow oder ›the attack of the clones‹: Judith Zanders *Dinge, die wir heute sagten*, S. 197–239.
29 Zit. nach ebd., S. 220.
30 Ebd, S. 199.

heute sagten und Johnsons *Mutmaßungen über Jakob* (1959), wobei Letzterer von den Figuren gewissermaßen reinszeniert werde, ohne dass sie dies bemerken oder reflektieren würden.[31] Besonders die Figur des Johnson-Forschers, aber auch die der Romy seien, so Reidy, auf formalästhetische und sprachliche Aspekte (z. B. das Plattdeutsche) von Johnsons Werk fixiert, wodurch die inhaltliche Nähe zum Roman in den Hintergrund trete.

Dies lässt sich aber auch anders deuten. Die Sprachfixiertheit der Figuren ist nicht nur als Vermeidungsverhalten oder Weigerung zu verstehen, sich mit der historiografischen Ebene im Werk Johnsons auseinanderzusetzen, sondern ist *an sich* bereits eine spezifische Form der Bezugnahme auf Johnson und knüpft damit gleichsam an den »poetischen Aufmöblungsakt« an, den Berbig beschrieb. Judith Zanders Roman lebt von großer sprachästhetischer Komplexität und der gekonnten Verwendung verschiedener Sprachebenen, wobei bereits die sehr präsente Verwendung des Plattdeutschen für Autor*innen ihrer Generation sicherlich ungewöhnlich ist. Im Text werden verschiedene sprachliche Ebenen wiedergegeben und kontrastiert, durch die gleichzeitig die soziale Zugehörigkeit der Sprechenden markiert wird. Die Spannweite reicht von stark literarisiertem Hochdeutsch (besonders des zugezogenen Pastors der Gemeinde, aber auch der Abiturientin Romy) bis hin zum derben Slang der Jugendlichen auf der »Elpe«, wie die LPG von ihnen genannt wird. Auch die Gemeinde hat eine Erzählstimme, die als Chor spricht und damit den Dorftratsch repräsentiert. Sie redet fast ausschließlich Plattdeutsch, ebenso wie die Angehörigen der Großelterngeneration, die ebenfalls häufig in Platt wiedergegeben werden, was ihre Zugehörigkeit zu einer anders sozialisierten Generation verdeutlicht. Die mittlere Generation und die Enkel (z. B. Romy) reden im heutigen regionalen Idiom, in dem der Einfluss des Plattdeutschen noch zu spüren ist. Die Umgangssprache der Dorfbewohner*innen wird genau abgebildet. Das Wechseln der Sprachebenen wird teilweise auch von den Figuren selbst reflektiert und ironisiert und damit ein Bewusstsein über soziale Unterschiede und deren kulturhistorische Bedingtheit zum Ausdruck gebracht, das sich nicht als Fehlen von kulturhistorischer Reflexion abtun lässt. Gerade diese Fixierung auf die sprachlich-ästhetische Ebene und die sich daraus entfaltende Darstellung einer bestimmten regionalen Lebenswelt in ihrem historischen Kontext ist ein literarisches Verfahren, über das ein produktiver Bezug zu Johnson hergestellt wird, denn die genaue Beobachtung und Abbildung der Alltagssprache ist ebenso charakteristisch für Johnsons Werk. Der historische

---

31 Es geht um die Hauptfigur Ingrid. Diese ist in den 1980er Jahren aus dem Dorf nach West-Berlin geflohen und kehrt erst in den 1990er Jahren zurück, nachdem ihre Mutter gestorben ist und sie somit mit ihrer Vergangenheit konfrontiert wird.

und kulturelle Wandel in diesem Raum offenbart sich in der verwendeten Sprache und es zeigt sich vielfach, dass das Dorf ebenso mit globalen Entwicklungen verbunden ist und nicht in der Zeitlosigkeit und Abgeschiedenheit einer ewigen Gegenwart liegt. Die Sprachfixiertheit der Figuren reflektiert Verbindungen in die historische Tiefe des sprachkulturellen Raums, wodurch kulturhistorische und soziale Entwicklungen durchaus in ihrer Zeitlichkeit abgebildet werden, der Fokus also nicht nur auf der Darstellung einer zeitentrückten Anti-Idylle liegt, sondern auf dem Wandel der Dorfgemeinschaft in historischer Perspektive bis in die Gegenwart der Nachwendezeit hinein.

Die Bildlichkeit der Leere und Ödnis ist in diesen Romanen also vielschichtiger, als es auf den ersten Blick erscheint. Dass sie jedoch meist als Chiffre für die psychosozialen Folgen des Zusammenbruchs der DDR bzw. für das DDR-System an sich funktioniert und in diesem Sinne auch stark rezeptionsleitend wirkt, zeigt beispielsweise ein Kommentar eines Mitglieds der Ingeborg-Bachmann-Preis-Jury im Jahr 2010 über Judith Zanders Roman *Dinge, die wir heute sagten*:

> Jedenfalls ist man einmal mehr total dankbar dafür, dass es die DDR nicht mehr gibt, denn da muss es zum Einschlafen zugegangen sein [...]. [...] Das Ganze kommt mir vor [...] wie ein Wiegenlied für das entsetzliche Grau in diesem Land, das es wie gesagt glücklicherweise nicht mehr gibt.[32]

Zanders Roman berichtet jedoch größtenteils vom Alltag in dem vorpommerschen Dorf Bresekow im Jahr 1999 und beschreibt somit (abgesehen von Rückblenden in die Zeit vor 1989, die es im Roman natürlich auch gibt) eben *nicht* das Leben in der DDR, sondern das in der Bundesrepublik eine Dekade nach dem Mauerfall. Die Leere-Ästhetik, die atmosphärisch und ästhetisch oftmals den Eindruck entstehen lässt, als hätte sich hier seit der ›Wende‹ nichts geändert oder als hätte diese gar nicht stattgefunden, ist somit nahezu provokativ und fordert heraus, den Text genau zu lesen. Denn der Ort im ›Nichts‹ zwischen Berlin und Rostock bietet bei genauerer Betrachtung ein sehr fein beobachtetes, nahezu ethnografisches Bild einer Dorfgemeinschaft, das lokale Eigenheiten und ländliche Strukturen in ihrer historischen Entwicklung zeigt. Dabei ist der Roman getragen von einer leisen Ironie und dennoch großer Empathie, die Zugang und Verständnis ermöglicht.

Ähnlich verhält es sich mit den vorher genannten Texten über die Ödnis und die Leere in Vorpommern. Sie thematisieren in starkem Maße das Sprechen über

---

32 Alain Claude Sulzer zit. nach HUBERT WINKELS (Hrsg.): Klagenfurter Texte. Die Besten 2010. München 2010, S. 88–91.

das gegenwärtige Ostdeutschland und schärfen das Bewusstsein für die sprachlichen Bilder, mit denen wir das tun. Damit legen sie gleichzeitig dominante Deutungsmuster bloß, indem sie aus einem Bildervorrat zitieren, der im öffentlich-medialen Diskurs mit dem Alltagsleben in der DDR verknüpft ist, jedoch bei genauerer Betrachtung weitere Bedeutungsebenen enthält und einen vielschichtigen literarischen Kosmos öffnet. Dass dies nicht nur literarisch bemerkenswert ist, sondern eben auch dazu beiträgt, ausgetretene Assoziationsketten der ›grauen‹, ›zurückgebliebenen‹ DDR zu sabotieren und zu hinterfragen, zeichnet diese Texte aus.

2. Tschechische Nach-Wende-Narrationen

In der tschechischen Literatur ist, wie schon angedeutet, bis auf wenige Ausnahmen die offenkundige Auseinandersetzung mit der sozialistischen Vergangenheit als literarisches Thema weniger präsent. Dennoch gibt es Elemente einer Leere-Ästhetik auch in tschechischen Texten über den Postsozialismus und es ist aufschlussreich, diese aus der Perspektive von Nach-Wende-Narrationen genauer zu betrachten. Auch in der schon erwähnten ›Reiseliteratur‹ der jüngeren Generation werden – teils periphere – Räume beschrieben, die eine ästhetisch-symbolische Dimension haben, in der durch 1989 veränderte gesellschaftliche Verhältnisse zum Ausdruck kommen. Legt man also das Augenmerk auf diese Räume und Raumbeschreibungen, zeigt sich, dass räumliche Zuschreibungen auch hier als Chiffre für das sozialistische System funktionieren können, wobei teilweise eine ähnliche Bildlichkeit der Leere zum Tragen kommt. Leerstellen finden sich ebenfalls auf der narrativen Ebene, indem der politische Umbruch von 1989 ausgespart wird und dennoch ein zentrales, aber »unsichtbares Scharnier«[33] für die Erzählung darstellt.

Beispielsweise wird in Markéta Pilátovás (geb. 1973) recht bekanntem und auch ins Deutsche übersetzten Roman *Wir müssen uns irgendwie ähnlich sein,*[34] der zu großen Teilen in Brasilien spielt, über eine stereotype Raumsymbolik der Ost-West-Gegensätze ein Narrativ entwickelt, in dem 1989 als Moment der harmonischen Auflösung des Systemkonflikts zwischen Ost und West dargestellt wird, ohne dass die Ereignisse dieses Jahres auf der Handlungsebene eine explizite

---

33 Die Formulierung stammt aus der Laudatio von Jana Hensel anlässlich der Verleihung des Heidelberger Brentano-Preises im Jahr 2007 an Clemens Meyer: JANA HENSEL: Von einem, der übrig geblieben ist. Laudatio auf Clemens Meyer, Heidelberg 2007. Abgerufen unter der URL: https://www.fischerverlage.de/sixcms/media.php/308/Hensel.pdf.
34 MARKETA PILÁTOVÁ: Žluté oči vedou domů. Prag 2007/Wir müssen uns irgendwie ähnlich sein. Salzburg 2010.

Rolle spielen. Im Gegenteil – der Roman ist als Generationenroman konzipiert und spannt einen großen Bogen vom beginnenden 20. Jahrhundert bis in die Gegenwart. Erzählt wird von Tschech*innen, die während oder nach dem Zweiten Weltkrieg nach Brasilien emigrieren und deren Nachfahren nach 1989 nach Prag reisen, um das Land und die Kultur ihrer Vorfahren kennenzulernen – der Fall des Eisernen Vorhangs ist somit implizit der Schlüsselmoment, der die Rückkehr in die Heimat und auch die Aufarbeitung der Familiengeschichten erst ermöglicht. Im Zentrum stehen dabei die Reisen zweier in Brasilien aufgewachsener junger Frauen, die in der erzählten Gegenwart, einer nicht genau bestimmten Zeit nach dem Ende des Sozialismus, Interesse an ihrer tschechischen Herkunft entwickeln und sich auf eine Reise nach Prag begeben. Auch die älteren Protagonist*innen machen Reisen zwischen Brasilien und Tschechien; einige der Romanfiguren siedeln am Ende der Erzählung sogar aus Brasilien nach Prag um bzw. umgekehrt, womit sich lebensgeschichtliche Kreise schließen, die offenbar durch den Zweiten Weltkrieg und die kommunistische Herrschaft unterbrochen wurden.

Neben der Freundschaftsgeschichte der beiden jungen Frauen, die sich in Prag näher kennenlernen, ist eine Liebesgeschichte in der älteren Generation von zentraler Bedeutung, die auch raumsymbolisch betrachtet aufschlussreich ist – es geht um den Emigranten Jaromir und seine nach dem Zweiten Weltkrieg in der Tschechoslowakei verbliebene Jugendliebe Maruška sowie um seine spätere brasilianische Ehefrau Luiza. Jaromir arbeitet als Doppelagent für den tschechoslowakischen und amerikanischen Geheimdienst und hält sein ganzes Leben lang Briefkontakt zu seiner ehemaligen Geliebten in der ČSSR. Er ist eine zwischen den kulturellen Hemisphären zerrissene, heimatlose und für die beiden Frauen undurchsichtige Person. Kurz vor dem Jahr 1989 verstirbt er plötzlich. Daraufhin reist seine brasilianische Ehefrau nach Tschechien, um das Land ihres Mannes kennenzulernen. Dort trifft sie auch die ehemalige Geliebte und sie befreunden sich. Die Geliebte reist wiederum aus einer ähnlichen Neugier heraus am Ende des Romans nach Brasilien und bleibt dort. Die ausgeprägten Reisebewegungen der Romanprotagonistinnen nach 1989 folgen dabei einer symbolischen Raumordnung, die von einer binar angelegten Metaphorik von ›West‹ und ›Ost‹ bestimmt wird. Es wird recht holzschnittartig das lebensfrohe, freie und exotische Brasilien einem (post-)kommunistisch grauen Prag gegenübergestellt. Die Schauplätze Brasilien und Tschechien stehen also in einem bestimmten symbolischen Verhältnis zueinander, das sich im Verlauf der Erzählung verändert. Verkürzt gesagt: Zwei geografisch und kulturell weit entfernte Welten werden in Beziehung zueinander gesetzt, ihr Verhältnis und ihre Annäherung beschrieben. Dargestellt wird somit die Überwindung einer geografisch-kulturellen Distanz, die letztlich erst mit 1989 möglich wird und für die Protagonist*innen zu einem glücklichen Ende führt, bei dem man »zusammen Knödel kocht und sie dann mit lila gestreiften Blüten garniert [...]«.[35]

Es kommt also ein Narrativ über die kommunistische Vergangenheit zum Tragen, das eigentlich von der glücklichen Auflösung des Ost-West-Konflikts und der Befreiung von der sowjetischen Fremdherrschaft erzählt. Dennoch wurde der Roman in keiner Weise als ›Wenderoman‹ bzw. Text über die postkommunistische tschechische Gesellschaft wahrgenommen, da 1989 auf der Handlungsebene so gut wie keine Rolle spielt, sondern, wie es in einer Rezension heißt, von den »Wirren eines totalitären Jahrhunderts« erzählt werde.[36] In erster Linie wird er als Liebes- und auch Freundschaftsgeschichte vor historischem Hintergrund rezipiert. Es lässt sich aber behaupten, dass das Buch ein deutliches Narrativ über 1989 enthält, denn das Jahr ist Dreh- und Angelpunkt der Geschichte – es ist impliziter Auslöser für die Handlung und ermöglicht erst die Auflösung der biografischen Verwicklungen der Protagonistinnen. Weiterhin wird die Zeit der Diktatur ausschließlich negativ betrachtet bzw. die tschechoslowakische Nachkriegsgeschichte auf eine dichotome Vorstellung von den ›bösen Kommunisten‹ und der Freiheit der westlichen Welt reduziert, welche mit 1989 ein Ende findet. Der Text lässt sich somit durchaus als Nach-Wende-Narration lesen, die sich in einem antikommunistisch geprägten Aufarbeitungsdiskurs verorten lässt. Eine narrative Leerstelle offenbart sich hier also nicht nur in einer Erzählkonstruktion, die implizit eine bestimmte Deutung der Ereignisse von 1989 enthält, sondern auch in der Abwesenheit der Reflexion dieser Tatsache in der öffentlichen Rezeption.

Andere Texte entwickeln eine differenziertere Sicht, wie beispielsweise Petra Hůlovás (geb. 1979) Roman *Die Hüter des Gemeinwohls,* der in einer nordböhmischen Tagebaustadt in den Jahren um 1989 spielt, oder Marek Janotas (geb. 1977) *Alles, was ich sehe,* in dem ein junger Prager Architekt in den 1990er Jahren aus London nach Prag zurückkehrt, um sich an dem Abriss seines Kindheitsviertels und dem Bau einer Shoppingmall zu beteiligen, was bei ihm sehr zwiespältige Gefühle auslöst.[37] Auch in diesen beiden Werken sind die Raumkonnotationen und Raumsymboliken aufschlussreich. Ebenso kommt in beiden eine ähnliche Bildlichkeit wie in den oben genannten deutschen Texten zum Tragen, zum

---

35 Ebd. (deutsche Fassung), S. 189.
36 IRMA WEINREICH: Identitätsfindung in Sao Paolo und Prag. In: *Die Berliner Literaturkritik,* 1. Juni 2010. Abgerufen unter der URL: http://www.berlinerliteraturkritik.de/detailseite/artikel/identitaetsfindung-in-sao-paulo-und-prag.html?width=95%25&height=95%25&cHash=afd9821b1c014af484a3fbbc8137e2e0.
37 PETRA HŮLOVÁ: Strážci občanského dobra [Die Hüter des Gemeinwohls]. Prag 2010; MAREK JANOTA: Všechno, co vidím [Alles, was ich sehe]. Prag 2009 (alle Zitate aus beiden Romanen sind Übersetzungen der Verfasserin).

Beispiel wenn nordböhmische Industriegebiete oder Prager Stadtrandszenerien beschrieben werden, die peripher, desolat, düster oder zerstört sind. Ganz ähnlich funktioniert auch hier eine bestimmte Bildlichkeit als Chiffre für ein gescheitertes System und einen nicht mehr existierenden kulturellen Kosmos, der im Übrigen oft mit Schamdiskursen belegt ist.

Obwohl gerade Petra Hůlová als eine bekannte Vertreterin der ›Generation der Fliehenden‹ gilt und ihre Romane häufiger im Ausland spielen, wendet sie sich in *Die Hüter des Gemeinwohls* der tschechischen Gesellschaft zu. Der Text lässt sich viel offensichtlicher als Roman über die Samtene Revolution verstehen als Pilátovás Geschichtspanorama, denn Hůlovás Intention, die Folgen des Systemumbruchs für den Lebensalltag zu beschreiben, wird deutlich. Erzählt wird die Geschichte zweier jugendlicher Schwestern, die in den Jahren nach 1989 in einer ehemals sozialistischen Planstadt am Rande eines Tagebaus erwachsen werden und mit den Veränderungen in ihrem Lebensumfeld völlig unterschiedlich umgehen. Während die ältere Schwester eine grotesk übertriebene affirmative Haltung gegenüber der sozialistischen Erfahrung einnimmt und weiter die Werte des Sozialismus verteidigt – sie gründet beispielsweise eine Pioniergruppe mit den Kindern vietnamesischer Eingewanderter –, stand die jüngere Schwester bereits in den späten 1980er Jahren oppositionellen Kreisen nah und schließt sich nach 1989 einem alternativen Hausprojekt an. Gemeinsam mit den in Krakov, dem Ort der Handlung, lebenden Roma besetzen sie und ihr Freund leerstehende Plattenbauten im sogenannten Schwarzen Krakov und stellen dies als fortschrittliches europäisches Integrationsprojekt dar. Diese ideologischen Gräben zwischen altem und neuem Gesellschaftssystem werden zudem auch topografisch abgebildet: das Viertel »Schwarzes Krakov«, in dem Milada mit den Hausbesetzer*innen wohnt, symbolisiert Miladas an Freiheit und Individualismus orientiertes westliches Wertesystem, im anderen Teil der Stadt wacht die Erzählerin mit ihrer Pioniergruppe über das »Gemeinwohl«. Im Verlauf der Erzählung kommt es sogar zum Barrikadenbau und zu gewalttätigen Auseinandersetzungen zwischen den Stadtteilen. Das konflikthafte Verhältnis zwischen affirmativen und sich abgrenzenden Positionen in der Gesellschaft wird also räumlich sichtbar.

Der Roman weist gewisse inhaltliche Parallelen zu Julia Schochs *Mit der Geschwindigkeit des Sommers* auf: Auch Schochs Roman spielt schließlich in einem abgelegenen Musterort des Sozialismus (NVA-Stützpunkt) und erzählt über die Wendeereignisse aus der Perspektive zweier Schwestern, wobei auch bei ihr die beiden Schwestern sehr konträre Lebenswege gehen und dennoch die Wendeereignisse einen Schlüsselmoment in ihrem Leben darstellen. Gezeigt werden also in beiden Fällen Entwicklungswege der jüngeren Generation seit dem Systemwechsel 1989. Abgesehen von dieser inhaltlichen Parallele sind die Texte zwar sehr unterschiedlich konstruiert – so ist Hůlovás Text im Gegensatz zu Schochs Roman eine Groteske –, doch auch bei Hůlová funktionieren Orts- und Raumbeschreibungen wie eine Chiffre für das sozialistische Gesellschaftssystem. Ihr fiktiver nordböhmischer Ort Krakov erleidet als ehemals modernistisches Stadtprojekt einen plötzlichen Bedeutungsverlust und wird als Symbol des untergegangenen Staates stigmatisiert – marode und weltvergessen liegt er in der Einöde und wird in den 1990er Jahren von westlichen TV-Teams und sogar Tourist*innen aufgesucht, die dort wie »auf einem fremden Planten aus dem Mondmobil« steigen.[38] Rückständigkeit, Unwirtlichkeit und Provinzialität sind seine Kennzeichen. Allerdings wird Krakov auch schon vor 1989 als rückständiger Ort beschrieben, der seinem sozialistischen Fortschrittsanspruch nicht gerecht wird: Baufällig, bevor er überhaupt fertig gestellt ist, ist er eine nur notdürftig funktionierende Stadt an der Peripherie des Landes. Die Zeit der Samtenen Revolution wird von der Erzählerin als Phase des plötzlichen Aktionismus geschildert, die die gesellschaftliche Stratifikation in der Stadt zwar durcheinanderbringt, aber die Lebensqualität im Ort nicht wesentlich verbessert. Die Szenerie war und bleibt unwirtlich. Nun stehen die Plattenbauten leer und die Zufahrtsstraßen sind schlecht, der Ort erscheint hermetisch. Auch die neue politische Elite distanziert sich von den sozialistischen Schandflecken, wie am Beispiel eines ehemaligen Krakovers erzählt wird, der in den 1990ern politische Karriere in Prag macht und seinen Herkunftsort verleugnet, indem er behauptet, in Třebíč geboren zu sein, also einer Stadt, die für das reiche kulturhistorische Erbe des Landes steht.

Die Verquickung von Beschreibungen des Ortes mit Schamgefühlen zeigt sich häufiger, denn auch an anderen Stellen wird die Scham der Bewohner*innen gegenüber ihrem Ort geschildert: »und dann dieser Mantel aus Scham«[39] heißt es zum Beispiel über die veralteten Autos, mit denen die Krakover*innen fahren. Der schambesetzte, periphere Ort symbolisiert das Erbe des Kommunismus und den gesellschaftlichen Umgang mit diesem, und dies auch räumlich, denn er befindet sich zwar innerhalb der postsozialistischen tschechischen Gesellschaft, liegt jedoch unzugänglich am Rande und erscheint damit ausgegrenzt aus der sich nach 1989 neu konstituierenden Gesellschaft und als ein Erbe, das niemand so recht annehmen möchte. Er ist ebenso exotisch wie fremd, wie die »Safari«-Touren[40] ausländischer Tourist*innen zeigen, womit einerseits ein westlicher Blick auf den Kommunismus persifliert, aber auch vielfach die Internalisierung dieses Blicks durch die Bewohner*innen beschrieben wird. Bildet die Fremde bei

---

38 HŮLOVÁ: Strážci občanského dobra [Die Hüter des Gemeinwohls] (wie Anm. 37), S. 165.
39 Ebd., S. 430.
40 Ebd., S. 164.

Abb. 2 Leerstand

Markéta Pilátová eine Kontrastfolie zur postsozialistischen Gesellschaft, ist die Fremde in Hůlovás Roman die kommunistische Vergangenheit selbst, denn sie wird exotisiert und an der Peripherie des eigenen Landes verortet.

Auch Marek Janotas Schauplätze in seinem Roman *Alles, was ich sehe* stellen symbolhafte Orte dar, die etwas über das gesellschaftliche Verhältnis zur sozialistischen Vergangenheit aussagen. Sein Protagonist, der junge Prager Architekt David, der einige Jahre in London gelebt und gearbeitet hat, kehrt schließlich in seine Heimatstadt zurück, um sich an einem Bauvorhaben zu beteiligen, bei dem das sozial unterprivilegierte Vorstadtviertel, in dem er aufgewachsen ist, geräumt und abgerissen werden soll, um ein riesiges Einkaufszentrum zu errichten. Es wird erst langsam im Erzählverlauf klar, dass es sich dabei um das Viertel seiner Kindheit und damit verbundene Erinnerungen an sein Aufwachsen im sozialistischen Prag handelt, die damit für immer verschwinden und eine Leerstelle in seinem Leben hinterlassen – ähnlich wie in Schochs Roman durch den Tod der Schwester der Erzählerin die Möglichkeit ihres gemeinsamen Erinnerns verloren geht. Aufschlussreich sind auch in diesem Text die kontrastierenden Stadtbeschreibungen zwischen Prag und London, die ein wenig an Pilátovás Ost-West-Konstrukt erinnern: Während London als lebendiges, multikulturelles und fortschrittliches Zentrum dargestellt wird, erscheint der Prager Stadtrand als desolate Peripherie.

Die Gegenden sind oft menschenleer und heruntergekommen, charakterisiert durch verwitternde Wahlplakate, die Neonbeleuchtung einschlägiger Massagesalons und Autowracks.[41] Die Straßen sind geprägt von Leerstand, Zerstörung und Kriminalität, sie wirken sich selbst überlassen und sind oft dunkel. Im Viertel leben viele Ausländer*innen, doch wird im Gegensatz zu dem multikulturellen Miteinander in London ein diskriminierender Umgang beschrieben. Durch seine Auslandserfahrung hat der Erzähler einen anderen Blick auf seine Stadt entwickelt und beschreibt seine Herkunftskultur mit kritischer Distanz. Er mietet zwar eine Wohnung im Viertel und integriert sich in vorhandene soziale Strukturen, doch gleichzeitig ist er, teilweise ohne es zu offenbaren, Mitinitiator des Baus der Shoppingmall. Er verhält sich ambivalent und distanziert, und es wird nicht deutlich, wie die Erzählinstanz das Geschehen eigentlich bewertet. Eine Diskrepanz zwischen dem beruflichen Status des Erzählers und seiner Herkunftskultur wird jedoch immer wieder thematisiert. Sein beruflicher Erfolg wird mit dem Lebensumfeld kontrastiert, aus dem er stammt und in das er zurückgekehrt ist, zu dem sein Verhältnis aber ambivalent bleibt. Auch wird nicht deutlich, warum und wann genau er Prag verlassen hat, ersichtlich ist nur, dass es einen Bruch in seinem Leben gegeben hat und seine Intention zu gehen darin bestand, sich radikal von der Vergangenheit zu lösen. Der von ihm mitinitiierte Abriss des maroden Viertels markiert ein Ende und einen Neuanfang, und zwar auf persönlicher wie auf gesellschaftlicher Ebene, denn die Errichtung der »Neuen Oase«, so der Name der Shoppingmall, ist der Beginn einer neuen, konsumfixierten Zeit. Hier wird also vom Wechsel der Gesellschaftsordnungen erzählt, wobei die alte, als dysfunktional bewertete Ordnung, repräsentiert durch die ehemaligen sozial schwachen Bewohner*innen und die marode Bausubstanz, verschwindet. Das Thema des Romans, der radikale Wandel bzw. Umbau eines Stadtviertels und dessen soziale Folgen, wird zwar durch den Erzähler nicht explizit mit dem Systemwechsel in Zusammenhang gebracht, da die Ereignisse um 1989 im Plot ausgespart werden und hier ebenfalls eine narrative Leerstelle bilden. Doch durch die kontrastierenden Beschreibungen der kulturellen Räume, in denen David sich bewegt, wird deutlich, dass es eine einschneidende gesellschaftliche Veränderung und möglicherweise eine Art Spaltung auch in ihm selbst gegeben hat, deren Ursachen jedoch nicht deutlich gemacht werden und die möglicherweise zu seiner ausgeprägten Ambivalenz geführt hat. Ein überdimensioniertes Bauvorhaben als Zerrbild des entfesselten Kapitalismus steht dem symbolischen Abriss der Vergangenheit gegenüber; das eine wird durch das andere ersetzt, einen Diskurs über diese Veränderung scheint es nicht zugeben.

---

41 JANOTA: Všechno, co vidím [Alles, was ich sehe] (wie Anm. 37), S. 43.

3. Fazit

Liest man die hier ausgewählten tschechischen Texte als Nach-Wende-Narrationen, die von den Veränderungen der Gesellschaft seit 1989 erzählen, lassen sich also durchaus Deutungsmuster des Systemumbruchs und des Postkommunismus erkennen. Beschrieben wird eine Gesellschaft, in der – wie bei Pilátová – das Jahr 1989 recht unkritisch zur glücklichen Auflösung des Systemkonflikts führt und zum Ende der sowjetischen Fremdherrschaft glorifiziert wird oder – betrachtet man die Texte von Hůlová und Janota – als unüberwindbarer Bruch wahrgenommen wird, der die Gesellschaft spaltet und eine konstruktive Auseinandersetzung über die kommunistische Vergangenheit nicht zu ermöglichen scheint oder diese, so zumindest bei Hůlová, in einen aggressiven und fruchtlosen Deutungskampf um die sozialistische Vergangenheit ausarten lässt. Die eingangs erwähnten kommunikativen Leerstellen in der Aufarbeitung der jüngsten Vergangenheit, die im deutschen Diskurs der jüngeren Generationen öffentlich beklagt werden, lassen sich also auch in diesen Texten verfolgen. Somit zeigt sich, dass es, was die Aufarbeitung des Systemumbruchs von 1989 und seiner Folgen betrifft, doch mehr Gemeinsamkeiten in beiden Literaturen gibt, als es auf den ersten Blick den Anschein hat, da auch die tschechischen ›Reisetexte‹ ästhetische und symbolische Dimensionen aufweisen, mittels derer Perspektiven auf die jüngste Vergangenheit zum Ausdruck kommen. Während in den deutschen Texten die Ödnis der ländlichen Provinz im Osten als Chiffre für das gescheiterte sozialistische System und sein Erbe funktioniert, sind es in den tschechischen Beschreibungen eher periphere städtische Räume, auf die der Blick gerichtet wird. Eine Ästhetik der Leere lässt sich beiderseits beobachten: sei es auf der narrativen Ebene durch das Aussparen einer direkten Beschreibung oder Bezugnahme auf die Ereignisse von 1989, sodass der Systemumbruch erzählerisch ein ›unsichtbares Scharnier‹ bildet, oder hinsichtlich ästhetischer Elemente, denn Verfall und Verlassenheit kennzeichnen oftmals auch die beschriebenen Räume oder Landschaften in den tschechischen Texten. Sie rufen damit eine Bildlichkeit des ›grauen‹ Osteuropa auf, auch wenn diese weniger dekonstruiert oder subversiv umgedeutet wird, als es in den oben genannten deutschen Texten der Fall ist, sondern mehr auf die Beschreibung eines oftmals schambesetzen Verhältnisses abzielt. Deutlich wird in jedem Fall, dass die postsozialistischen Leerstellen nicht so leer sind, wie sie erscheinen, und dass sich auch im »großen Schweigen« Deutungsmuster der postsozialistischen Erfahrung offenbaren.

Ekaterina Makhotina

Das ›Eigene‹ und das ›Fremde‹

Orte des Gedenkens an die nationale Unabhängigkeit in Litauen im Kontext des erinnerungskulturellen Wandels nach 1990

»Das Ende kam plötzlich«, schrieb Thomas Venclova, der weltbekannte litauische Dichter und Dissident, über das Ende des sowjetischen Litauens.[1] Sowohl im Zentrum als auch in den nationalen Republiken erfuhr der Reformprozess Michail Gorbačëvs eine unerwartete Eigendynamik, der zum Ende des Kommunismus und des sowjetischen Staates führte. Auch in Litauen – seit 1940 Teil der Sowjetunion – rechnete man nicht mit so einem rasanten Ende des Sowjetsystems. Doch die neue Offenheit, Glasnost, erst dazu gedacht, Kritik an einer pervertierten Form des Sozialismus zu üben, ermöglichte auch Kritik an der politischen Gegenwart. In den nationalen Republiken kam zusätzlich die Intention der nationalen Befreiung hinzu. Die im Sommer 1988 in Litauen gegründete Bewegung ›Sąjūdis‹ schrieb die nationale Unabhängigkeit als Befreiungsweg aus dem Sowjetsystem auf ihre Fahnen.

Am 11. März 1990 proklamierte Litauen seine Unabhängigkeit von der Sowjetunion, obwohl niemand wusste, wann und wie sie faktisch Wirklichkeit werden würde. Die Führung der Sowjetunion nahm das nicht hin: Gorbačëv übte Druck auf die litauische Regierung aus, indem er eine Wirtschaftsblockade verhängte. Am 13. Januar 1991 versuchte die sowjetische Führung den sowjetischen Herrschaftsanspruch in Litauen mit Waffengewalt durchzusetzen. Bei Auseinandersetzungen zwischen Menschen, die sich zum Schutz des Parlamentes, des Fernsehturms und des Rundfunkgebäudes versammelt hatten, und Einheiten der sowjetischen Armee wurden 14 Menschen getötet, Hunderte verletzt. Das gewaltsame Vorgehen in Litauen wurde international scharf kritisiert. Auch in Moskau und Leningrad versammelten sich Hunderte Bürgerinnen und Bürger mit der Forderung »Hände weg von Litauen« und »Für eure und unsere Freiheit«. Das gewaltsame Vorgehen der Sowjetarmee in Vilnius im Januar 1991 verursachte einen weiteren tiefen Riss im sowjetischen Herrschaftssystem, das elf Monate

---

1 TOMAS VENCLOVA: Vilnius. Eine Stadt in Europa (edition suhrkamp, 2473). Frankfurt am Main 2006, S. 238.

später endete. Nach dem gescheiterten Moskauer Putsch im August 1991 wurde die litauische Staatssouveränität international, so auch von Moskau, anerkannt.

Der 13. Januar 1991 – der ›Blutsonntag‹ – gilt in der litauischen Erinnerung als Schlüsselereignis der politischen Wende mit einer vergleichbaren erinnerungspolitischen Ausstrahlung wie der Fall der Berliner Mauer in Deutschland. Als Staatsfeiertag – ›Tag der Gefallenen für die Freiheit‹ – gehört er zu den wichtigsten staatstragenden, identitätsstiftenden Gedenktagen. Die Erinnerung an ihn prägt jährlich den öffentlichen Raum der litauischen Hauptstadt. Drei Gedenkorte zeugen hier von dem gewaltsamen Vorgehen der sowjetischen Armee: der Fernsehturm (lit.: Vilniaus televizijos bokštas), das Parlament (lit.: Lietuvos Respublikos Seimas) sowie der Antakalnis-Friedhof (lit.: Antakalnio kapinės). Diese Orte wurden zu wichtigen Identitätsstützen für die litauische Gesellschaft in der Umbruchszeit: Hier wird an die Opfer der Auseinandersetzungen als »Verteidiger der Freiheit« erinnert.[2] Im Erinnerungsnarrativ wird die nationale Eigenstaatlichkeit und Freiheit Litauens als Ergebnis eines kämpferischen Prozesses dargestellt – verbunden mit Heroismus, Widerstand und Opfergeist. Wie groß die Bedeutung der Erinnerung an die ›Verteidigung der Freiheit‹ am ›Blutsonntag‹ ist, zeigt allein die Tatsache, dass das litauische Erinnerungsgesetz, das die Relativierung der »sowjetischen Okkupation« und des »sowjetischen Genozids«[3] bestraft, zum ersten Mal gegen den oppositionellen Politiker Algirdas Paleckis angewendet wurde, der die (Allein-)Täterschaft der sowjetischen Spezialeinheiten bei den Toten am Fernsehturm infrage stellte. Für seine Äußerung im Jahr 2010, am 13. Januar 1991 hätten am Vilniusser Fernsehturm »Litauer auf Litauer geschossen«, wurde Algirdas Paleckis – der ehemalige stellvertretende Bürgermeister von Vilnius – der Leugnung des sowjetischen Genozids für schuldig befunden.

Nehmen wir die Entstehung der Orte der nationalen Unabhängigkeit in den Blick, so ist der Kontext symbolpolitischer Veränderung in diesen Jahren äußerst relevant. Zu diesen gehören der Sturz kommunistischer und der Aufbau neuer Denkmale – nun für die ›Opfer des sowjetischen Terrors‹, für die Helden des

---

2   Für eine ausführliche Beschreibung und Bebilderung dieser Orte siehe MARTIN SCHULZE WESSEL/IRENE GÖTZ/EKATERINA MAKHOTINA (Hrsg.): Vilnius. Geschichte und Gedächtnis einer Stadt zwischen den Kulturen. Frankfurt am Main/New York 2010, S. 64–74.

3   Das Leugnen oder Bezweifeln des genozidalen Charakters sowjetischer Verbrechen soll auf der Grundlage des gesetzlichen Beschlusses zur Erweiterung des strafrechtlichen Codexes vom 15. Juni 2010 mit zwei Jahren Haft geahndet werden. Einen Kommentar und eine Übersetzung ins Englische siehe unter der URL: https://defendinghistory.com/red-brown-bill-with-two-years-of-jailtime-for-disagreeing-with-governments-position-is-signed-into-law/843, letzter Zugriff: 21.06.2021.

antisowjetischen Widerstands und für die Ritter und Fürsten des Mittelalters. Ich werde im Folgenden erstens die drei zentralen Orte des ›Vilniusser Blutsonntags‹ vorstellen und zweitens den historischen Kontext des symbolpolitischen Wandels der späten 1980er Jahre in den Blick nehmen.

1. Orte des ›nationalen Kampfes für die Freiheit‹

1.1 Das Parlamentsgebäude als ›Schauplatz der Verteidigung‹

Das Parlament der Republik Litauen wurde nach der Unabhängigkeitserklärung Litauens von der Sowjetunion am 11. März 1990 zum Schauplatz einer mehr als ein Jahr andauernden Auseinandersetzung um die Zukunft der einstigen Teilrepublik. Davon zeugen bis heute die Spuren der Barrikaden, meterhohe Betonblöcke, mit teilweise erhaltenen Graffiti, die seit 2007 in einer Gedenkstätte am Parlamentsgebäude aufbewahrt werden. Die Markierungen auf dem Gediminas-Prospekt weisen auf den einstigen Barrikadenverlauf hin. An der Frontseite der Gedenkstätte, die im Hintergrund von einer überdimensionalen Marienabbildung geziert wird, werden Objekte – wie beispielsweise improvisierte Panzersperren aus Eisenbahnschienen und Holzkreuze, die sowohl den Widerstand als auch die Opfer symbolisieren – ausgestellt.

1.2 Der Fernsehturm als ›Schauplatz der Gewalt‹

Gleich am Eingang zum Gelände erinnert eine Reihe von Holzkreuzen an die Opfer. Es sind erste, von Angehörigen errichtete Zeichen der Erinnerung. Das Mahnmal *Opfer* wurde 2005 aufgestellt: Am östlichen Ende des Geländes als halbliegendes Eisenkreuz ist es ein Denkmal für die von Panzern überrollten Menschen. Das einfache Eisenkreuz erinnert in seiner Gestaltung an die aus Eisenbahnschienen geschweißten improvisierten Panzersperren, die in den Jahren 1990 und 1991 vor dem Parlament errichtet wurden. Im Inneren des Fernsehturms ist eine Ausstellung zur Erinnerung an die Geschehnisse des Januar 1991 zu sehen. Die zentrale Gedenkstätte des 13. Januar 1991 befindet sich jedoch auf einem Friedhof – da, wo die Toten des ›Blutsonntags‹ bestattet sind. Es ist der Militärfriedhof Antakalnis im Nordosten der Stadt.

Abb. 1   Der Gedenkkomplex mit den erhaltenen Barrikaden der Jahre 1990 und 1991 an der Westseite des Parlamentsgebäudes, April 2009

Abb. 2   Kreuz mit den Opfern des 13. Januar 1991 am Fuße des Fernsehturms, April 2009

1.3 Der Antakalnis-Friedhof als Ort der kollektiven Trauerarbeit

Die Gräber der Opfer des ›Blutsonntags‹ liegen im Mittelfeld des Friedhofs. Die Skulptur *Pietà* (1995) bringt Trauer und Ehrung der Toten zum Ausdruck. In der Anlage befinden sich auch Gräber von Angehörigen der litauischen Grenztruppen und von Opfern des Angriffs sowjetischer Spezialeinheiten (OMON) auf die neu errichteten Grenzstationen im Sommer 1991. Somit sind hier sowohl Militärangehörige als auch zivile Opfer bestattet. Doch durch die Symbolik der *Pietà* werden alle Gräber in den Kontext des nationalen Gefallenengedenkens eingebunden. Das Motiv der individuellen Trauer verbindet sich mit jenem der nationalen Opfergabe: die Sinnstiftung ihres Todes bringt die Grabtafel »Gefallen für die Unabhängigkeit« zum Ausdruck.

Von Bedeutung ist die Spezifik des Ortes: Der Antakalnis-Friedhof, ein einstiger Militärfriedhof im Nordosten der Stadt, vereint die Toten verschiedenster Kriege und Kriegsparteien – von den Soldaten der napoleonischen Grande Armée über die (polnischen) Gefallenen des Polnisch-Sowjetischen Kriegs (1919–1921) bis zu sowjetischen Soldatengräbern aus dem Zweiten Weltkrieg. Durch die Platzwahl für die ›Blutsonntags‹-*Pietà* sollte ein Kontrastpunkt zu der nahe gelegenen monumentalen sowjetischen Ehrenanlage gesetzt werden.

In unmittelbarer Nähe befinden sich also zwei Denkmale, die in ihrer funktionalen Ausrichtung nicht gegensätzlicher sein können – zum einen die Ehrung der sowjetischen Soldaten als Befreier und zum anderen ihre Verdammnis als Täter. Das sowjetische Ehrenmal mit ca. 3.000 Soldatengräbern wurde in den 1950er Jahren angelegt und war die gesamte Sowjetzeit hindurch einer der Hauptplätze zur Feier des Sieges über das nationalsozialistische Deutschland am 9. Mai. Die *Pietà* ersetzte semantisch das sowjetische Ehrenmal als Hauptbezugspunkt des nationalen Gedenkens. Diese Konfliktbeziehung, der ›clash of commemorations‹, ist vor allem an Gedenktagen wie dem 9. Mai zu spüren.

Seit einigen Jahren hat die Zahl der Feiernden zugenommen: Es sind Veteranen, russischsprachige Litauerinnen und Litauer, linksorientierte litauische Politikerinnen und Politiker, Mitglieder der jüdischen Gemeinde und wenige Polinnen und Polen. So wurde das sowjetische Ehrenmal am Friedhof Antakalnis zu einer erinnerungskulturellen Insel. An diesem Ort und an diesem Tag wird explizit sowjetische Symbolik getragen, hier spricht man von ›Befreiung‹ und ›Sieg‹, hier stehen Veteranen im Mittelpunkt der Aufmerksamkeit. Durch die explizite Geste des Gedenkens an den Krieg wird eine Abgrenzung zum litauischen bzw. baltischen Diskurs von der Nation als Opfer beider Totalitarismen präsentiert. Von Litauerinnen und Litauern wird diese Gedenkpraktik als Beweis gedeutet, dass die Russinnen und Russen sich nicht assimilieren wollen – obwohl hier auch

Abb. 3 Die zentrale Gedenkstätte des 13. Januar mit der *Pietà* auf dem Antakalnis-Friedhof, hier mit dem Kranz des damaligen polnischen Präsidenten Lech Kaczyński, April 2009

Abb. 4 Das andere Antakalnis. Das sowjetische Gefallenendenkmal am 9. Mai 2013

Polinnen und Polen und Litauerinnen und Litauer gedenken. Während der Feierlichkeiten des 9. Mai führen nationallitauische Organisationen zur gleichen Zeit an der *Pietà* Gedenkfeiern durch, um ihren Protest gegen die ›andere‹ Erinnerung zum Ausdruck zu bringen.

1.4 Die ›singende‹ Revolution

Doch neben den historischen Orten der Gewalt und Trauer gibt es auch Denkmale, die den friedlichen Charakter der Revolution hervorheben: Der Weg in die Unabhängigkeit ist in den baltischen Republiken als ›singende Revolution‹ bekannt. Nationale Musik und Lieder spielen eine konsolidierende und Patriotismus stärkende Rolle während der Zeit der Perestrojka – sowohl in Litauen als auch in Estland und Lettland. Die nationale Tradition der Sängerfeste, die auch in der sowjetischen Zeit aufrechterhalten worden war, bekam auf einmal ein subversives Potential. Nicht von ungefähr wurde sehr früh – 1988 – die Nationalhymne Litauens aus der Zwischenkriegszeit wieder zur Staatshymne erklärt. Das spontane Singen wurde zum häufigen Bestandteil von Massenversammlungen – am sichtbarsten während des ›Baltischen Weges‹ am 23. August 1989, als die Reformbewegungen der baltischen Teilrepubliken eine Menschenkette zwischen den drei Hauptstädten Vilnius, Riga und Tallin bildeten und dabei ein gemeinsames dreisprachiges Lied sangen.[4] Der gebildete ›Weg‹ mit einer Gesamtlänge von 600 km war der symbolische Beginn der Abspaltung von der Sowjetunion. Das Ziel der Aktion war, internationale Aufmerksamkeit für das Schicksal der baltischen Republiken zu erzeugen. Im neuen Gedenkgesetz von 2005 wird am 23. August nicht nur der (sowjetischen) Okkupation gedacht (lit.: ›Juodojo kaspino diena‹, dt.: ›Tag des Schwarzen Bandes‹), sondern auch des ›Baltischen Weges‹.[5] Auch bei der Verteidigung des Parlaments am ›Blutsonntag‹ 1991 wurde gesungen – als Zeichen der friedlichen Absichten der Protestierenden. Dafür und auch für die Solidarität der baltischen Republiken untereinander steht das Denkmal *Der Weg der Freiheit* in Vilnius.[6]

---

4   Der Liedtext in den drei Sprachen (Lettisch, Litauisch und Estnisch) ist einsehbar unter der URL: http://ragutis.blogas.lt/bunda-jau-baltija-24.html, letzter Zugriff: 21.06.2021. Zum ›Baltischen Weg‹ siehe auch den Beitrag von Martina Baleva.
5   Eine Übersicht über die Gedenktage der litauischen Nation findet sich im *Gesetz des nationalen historischen Gedenkens der Litauischen Republik*. Abgerufen unter der URL: https://e-seimas.lrs.lt/portal/legalActPrint/lt?jfwid=rivwzvpvg&documentId=TAIS.432126&category=TAP, letzter Zugriff: 21.06.2021.
6   Weitere Informationen zum Denkmal *Der Weg der Freiheit* einsehbar unter der URL: http://www.laisveskelias.lt/en/apie-projekta, letzter Zugriff: 18.12.2020.

Es bleibt festzuhalten: In der öffentlichen Erinnerung an die Jahre 1988 bis 1991 stehen zwei Motive nebeneinander: die friedliche Revolution und die mit Blut erkämpfte Freiheit.

2. Zum Kontext der Veränderungen – die nationale ›Wiedergeburt‹

Nehmen wir nun den symbolpolitischen Wandel als Kontext der Entstehung neuer Orte in den Blick. Die Artikulation der nationalen Interessen fungierte als diskursiver Rahmen, in dem die litauische Gesellschaft auch Kritik an den ökologischen,[7] sozialen, erinnerungs- und kulturpolitischen Entscheidungen der Sowjetmacht formulierte.[8] Die Bewegung ›Sąjūdis‹,[9] die am 3. Juni 1988 gegründet wurde, propagierte die Befreiung vom sowjetischen System als nationale Angelegenheit. ›Sąjūdis‹ wurde zum Hauptakteur der Perestrojka-Zeit, sie mobilisierte Teile der Gesellschaft, die die nationale Protestrhetorik von ihr übernahm.[10] Die gegensätzlichen Positionen der Kommunistischen Partei Litauens (KPL, lit.: Lietuvos komunistų partija) und von ›Sąjūdis‹ verfestigten sich zunehmend. Erst das eindeutige Plädoyer Aleksandr N. Jakovlevs, des wichtigsten ›Architekten der Perestrojka‹, ›Sąjūdis‹ als Partner anzuerkennen, leitete im Spätsommer 1988 die Wende in der litauischen Politik ein. Jakovlev, der sich in Moskau für die Erforschung der stalinistischen Repressionen und für die Veröffentlichung der geheimen Zusatzprotokolle des Deutsch-Sowjetischen Nichtangriffsvertrages (Molotov-Ribbentrop-Pakt)[11] einsetzte, war gleichzeitig Befürworter der sogenannten Wiederherstellung der nationalen Geschichte. Auf ihn ist es zurückzuführen, dass im gesamten sowjetischen Raum der späten 1980er Jahre die Aufwertung des nationalen Bewusstseins und die Anerkennung der nationalen

---

7   Zur Umweltbewegung in der UdSSR vgl. OLEG JANICKIJ: Ekologičeskoe dviženie i kontekst: stanovlenie graždanskogo obščestva v posttotalitarnoj srede [Die Umweltbewegung und ihr Kontext. Die Entstehung einer Zivilgesellschaft in posttotalitärer Umgebung]. In: *Sociologičeskie issledovanija [Soziologische Forschungen]* 12 (1992), S. 40–51.
8   Vgl. BARBARA CHRISTOPHE: Staat versus Identität. Zur Konstruktion von »Nation« und »nationalem Interesse« in den litauischen Transformationsdiskursen von 1987 bis 1995 (Mittel- und Osteuropawissenschaften/Politik, 1). Köln 1997, S. 82.
9   Bei ›Sąjūdis‹ waren nicht nur Dissidentinnen und Dissidenten vertreten, sondern auch Vertreterinnen und Vertreter der künstlerischen Intelligenzija Sowjetlitauens sowie Vertreter des Mittelbaus der Partei. Ebd., S. 83.
10 Vgl. ebd., S. 83.
11 Da es im Folgenden um Um- und Neudeutungen geht, wird für den Beitrag die Bezeichnung ›Molotov-Ribbentrop-Pakt‹ verwendet, um dessen Charakter als Erinnerungsort hervorzuheben.

Geschichte(n) vonstatten gingen.¹² In den politischen Handlungen des Parteichefs Ringaudas Songaila sah Jakovlev einen »Selbstbetrug«, der die wahren Probleme ausblende und sich in eine klassenkämpferische Rhetorik flüchte.¹³ Die litauische Parteiführung wurde unter Billigung der sowjetischen Führung ausgewechselt: Ende Oktober 1988 löste der national orientierte Algirdas Brazauskas den sich an die alten Prinzipien klammernden Songaila ab.¹⁴

Diese Impulse aus Moskau hatten Auswirkungen auf die litauische Geschichts- und Symbolpolitik. Im August 1988 wurden die »Verbesserungen des Unterrichts in litauischer Sprache, Literatur und Geschichte« verkündet sowie die National- fahne und Nationalhymne aus der Zwischenkriegszeit wieder eingeführt.¹⁵ Die litauische Bewegung für die Perestrojka, die auf die Kategorie der Nation rekurrierte, agierte also zunächst mit Unterstützung der prodemokratischen, reformorientier- ten Unionsführung. Die Konflikte zwischen Moskau und Vilnius entstanden erst, wie Barbara Christophe feststellte, als im Sommer/Herbst 1988 die unterschied- lichen Zielsetzungen des Zentrums und der Peripherie klarer zutage traten.¹⁶

Von einer Anpassung der Parteifunktionäre an die Neuausrichtung zeugt auch, dass sich an der Umwertung der sowjetlitauischen Vergangenheit nicht nur kritisch gesinnte Journalistinnen und Journalisten und Historikerinnen und Historiker der jungen Generation beteiligten, sondern auch machtnahe Strukturen wie das Institut für Parteigeschichte des Zentralkomitees der KPL. Dass das Festhalten am kanonisierten sowjetischen Geschichtsbild fatal war, wurde der Parteielite vor allem durch den ›Baltischen Weg‹ am 23. August 1989 klar.

Im Dezember 1989 sagte sich die KPL von der KPdSU los und konnte so das Bild vom freiwilligen Beitritt zur UdSSR verwerfen und stattdessen die These der Annexion übernehmen. Die KPL nahm ähnlich wie ›Sąjūdis‹ die Forderung nach Eigenstaatlichkeit in ihr Programm auf. Am 7. Februar 1990 wurde der Beschluss des Volksparlaments vom 21. Juli 1940 über den Eintritt in die UdSSR außer Kraft gesetzt. Dies ebnete den Weg zur Unabhängigkeitserklärung am 11. März 1990.

Im Prozess der Wiedererlangung der staatlichen Unabhängigkeit spielte die ›Wiederkehr der Erinnerung‹ eine äußerst wichtige Rolle. Nicht zuletzt stellte die Konstruktion einer kohärenten historischen Erzählung für Litauen eine zentrale Legitimation für die Machtbestrebungen der ›Sąjūdis‹ während des politischen Umbruchs dar. Die Berichte zur Entlarvung ›historischer Lügen‹ nahmen in der

---

12 Vgl. CHRISTOPHE: Staat versus Identität (wie Anm. 8), S. 86.
13 Vgl. ebd., S. 84 f.
14 Vgl. ebd., S. 87.
15 Vgl. ebd., S. 87 f.
16 Vgl. ebd., S. 337.

Presse der Jahre 1988 bis 1991 den gleichen Platz ein wie die zu gegenwartspolitischen Prozessen. Mit der Dekonstruktion sowjetischer Mythen wurde der Existenz der litauischen Sowjetrepublik die geschichtspolitische Legitimitätsgrundlage entzogen: Die ›sozialistische Revolution‹ 1940 wurde als Mythos entlarvt, das System des Sozialismus als Schritt zur Ausweitung imperialer Interessen Moskaus gedeutet[17] und der Molotov-Ribbentrop-Pakt zum Symbol des gewaltsamen Anschlusses und somit zum negativen ›Gründungsmythos‹ erhoben.[18] So stand die Befreiung von der sowjetischen Fremdherrschaft im Mittelpunkt des Diskurses, während die Absage an den Sozialismus mehr einen zusätzlichen Gewinn, aber kein Primärziel der Perestrojka-Bewegung darstellte. Nicht mehr die Partei, sondern die Gesellschaft sollte die Deutungsmacht übernehmen und die »Stagnation der Gedanken«[19] zu überwinden helfen. Der Historiker Liudas Truska erklärte, es sei die Aufgabe der neuen Geschichtsschreibung, »auf die Bedürfnisse der Gesellschaft zu reagieren«, um die »historische Wahrheit« wiederherzustellen.[20]

Mit dem Jahr 1988 hielt nicht nur der Begriff der nationalen »Wiedergeburt« Einzug, auch die »Geschichte Litauens kehrte zurück«.[21] Diese bearbeitete nicht nur die Zeit der Sowjetherrschaft, sondern alle Etappen der litauischen Geschichte. Angefangen beim Mittelalter wurde Fürst Vytautas zum »ersten Antikommunisten« erklärt.[22] Die späten 1980er Jahre gingen als Epoche des ›Atgimimas‹ (dt.: Wiedergeburt) in die Geschichte ein.[23] Eine neue Bewertung sollte auch die Rolle der katholischen Kirche in der litauischen Geschichte erfahren.[24] Eine

---

17 Vgl. ebd., S. 89 und S. 336.
18 Vgl. ALVYDAS NIKŽENTAITIS: Die Epoche der Diktaturen. Erinnerungskonkurrenz in Litauen. In: *Osteuropa* 58 (2008), 6, S. 159–167, hier S. 161, und ALFRED ERICH SENN: Perestroika in Lithuanian Historiography: The Molotov-Ribbentrop Pact. In: *Russian Review* 49 (1990), 1, S. 43–56.
19 LIUDAS TRUSKA: Preodolet' zastoj mysli! [Überwinde die Stagnation des Denkens!] In: ALFONSAS EIDINTAS/GEDIMINAS RUDIS (Hrsg.): Novyj vzgljad na istoriju Litvy [Ein neuer Blick auf die Geschichte Litauens]. Kaunas 1991, S. 4–10, hier S. 4.
20 Ebd., S. 4.
21 Jvadas/Predislovie [Vorwort]. In: EIDINTAS/RUDIS (Hrsg.): Novyj vzgljad na istoriju Litvy [Ein neuer Blick auf die Geschichte Litauens] (wie Anm. 19), S. 3.
22 ALVYDAS NIKŽENTAITIS: Das Bild des Deutschen Ordens in der litauischen Geschichtsschreibung und Publizistik. In: ZENON HUBERT NOWAK (Hrsg.): Vergangenheit und Gegenwart des Ritterordens. Die Rezeption der Idee und der Wirklichkeit (Ordines Militares. Colloquia Torunensia Historia/Yearbook for the Study of the Military Orders, 11). Torun 2001, S. 115–131, hier S. 126.
23 Die Zeit der ›nationalen Renaissance‹ (1986–1992) bekam den Namen ›Atgimimas‹ (dt.: Wiedergeburt).
24 Unter anderem traf sich am 13. Mai 1988 die Staatsführung mit den Vertretern der katholischen Kirche und Historiker wurden zu einer »objektiven« Bewertung der Rolle der katholischen

Schlüsselrolle in der Ideologie der ›Sajūdis‹ nahm das Narrativ der gewaltsamen sowjetischen Entwurzelung ein. ›Sajūdis‹ gründete zudem Strukturen, die sich der Erforschung des Stalinismus und seiner Verbrechen widmeten. Die im Juli 1988 ins Leben gerufene ›Kommission zur Erforschung der stalinistischen Verbrechen‹ wandte sich mit der Bitte um Zusendung der Namen von Familienangehörigen, die Repressionen erlitten hatten, an die Bürgerinnen und Bürger Litauens.[25]

Die kommunikative Erinnerung, d. h. die in den Familien und im Alltagsgedächtnis überlieferten Geschichtsbilder, wurden in den 1990er Jahren zum Dreh- und Angelpunkt der Vergangenheitskommunikation. Bereits 1989 erschien mit dem Sammelband *Ein neuer Blick auf die litauische Geschichte* eine Zusammenschau der neuen Perspektiven.[26] Zusätzlich wurden historische Werke der Vorkriegszeit, unter anderem Schriften von Adolfas Šapoka, neu aufgelegt.[27] Auch in der Emigration entstandene Bücher, im Duktus des Kalten Krieges verfasst, wurden neu verlegt. Diese Veröffentlichungen der Diasporawerke erreichten in Litauen, wie Dovilė Budrytė schreibt, eine »sakrale Popularität«,[28] da auch sie das Selbstbild einer leidenden und kämpfenden Nation unterstrichen.

Kirche in Litauen aufgerufen.
25 Podelites' pamjat'ju [Teilt Eure Erinnerungen] (o. A.). In: *Komsomol'skaja pravda* (LSSR), 21. Juli 1988, S. 1.
26 EIDINTAS/RUDIS (Hrsg.): Novyj vzgljad na istoriju Litvy [Ein neuer Blick auf die Geschichte Litauens] (wie Anm. 19).
27 Vgl. VASILIJUS SAFRONOVAS: O tendencijach politiki vospominanija v sovremennoj Litve [Über die Tendenzen der Gedenkpolitik im gegenwärtigen Litauen]. In: *Ab Imperio* 3 (2009), S. 425–457, hier S. 429. Adolfas Šapoka war Gründer der wichtigsten historiografischen Schule Litauens vor dem Zweiten Weltkrieg. Spätestens seit dem Jahr 1936, als er zusammen mit vier weiteren Kollegen seine paradigmatische Synthese *Geschichte Litauens* herausgab, lässt sich für das Litauen der Zwischenkriegszeit von einem konsolidierten historischen Narrativ sprechen. Diese historische Meistererzählung entwickelte ein selektives Modell der litauischen Geschichte, in der der Nation als historischer Kategorie ein exkludierender und defensiver Charakter zugewiesen wurde. Das Ziel dieser Bemühungen war es, die litauische Geschichte vom Einfluss anderer Historiografien zu ›säubern‹ beziehungsweise zu retten. Nicht die Gemeinsamkeiten oder Verflechtungen wurden thematisiert, sondern Konfrontationen. Als Leitlinie der Erzählung diente das Motiv der litauischen Staatlichkeit, ihrer Entwicklung in der Vergangenheit und der steten Bedrohung ihrer Existenz. Litauen erhielt in diesem Geschichtsbild für die Epochen der nationalen Unselbständigkeit, also von der Gründung der Polnisch-Litauischen Union 1569 bis zum Ende des Ersten Weltkriegs 1918, die Rolle einer ›belagerten Festung‹, die von drei ›historischen Feinden‹ umzingelt war, nämlich den Deutschen, Russen und Polen. Siehe dazu: EKATERINA MAKHOTINA: Die Nähe Smetonas. Nationale Identitätskonstruktion und Demokratie in Litauen. In: *Vierteljahrshefte für Zeitgeschichte* 66 (2018), 2, S. 326–336.
28 DOVILĖ BUDRYTĖ: »We call it ›Genocide‹«: Soviet Deportations and Repression in the Memory of Lithuanians. In: ROBERT S. FREY (Hrsg.): The Genocidal Temptation: Auschwitz, Hiroshima, Rwanda, and Beyond. Lanham (Md.) 2004, S. 79–100, hier S. 93.

3. Neue nationale Erzählung

Im ersten Jahrzehnt nach dem Wiedererlangen der Unabhängigkeit sah man in der Zeit des Großfürstentums Litauens und in der Figur des Fürsten Vytautas des Großen die Grundlage der neuen sinnstiftenden Erinnerungskultur.[29] Die glorreiche Zeit der ›Großen Fürsten‹ sollte einen neuen Nationalstolz stiften. Auch gesellschaftlich genoss die Erinnerung an das litauische Großfürstentum eine hohe Popularität, wovon die breite Zustimmung zum Wiederaufbau des Großfürstenpalastes in Vilnius zeugt.[30] Im Kontext der ›Flucht‹ in die ferne Vergangenheit erfuhren auch die sowjetischen Erzählelemente eine Umdeutung: die Litauische Republik der Zwischenkriegszeit, die sozialistische ›Revolution‹ 1940 und der antisowjetische Kampf der Nachkriegszeit.

Für das Thema dieses Beitrags sind vor allem die sogenannte Revolution im Jahr 1940 und der damit einhergehende Beitritt Litauens zur Sowjetunion interessant. Die Veröffentlichung der Umstände der 1941 nach Sibirien deportierten Litauerinnen und Litauer hatte zur Folge, dass die litauische Gesellschaft die Rechtmäßigkeit der Inkorporation in die Sowjetunion in Zweifel zog. Als Fluchtpunkt der Umwertung fungierte der Molotov-Ribbentrop-Pakt vom 23. August 1939 mit seinen geheimen Zusatzprotokollen. Die Versuche des konservativen kommunistischen Flügels, die Version der legitimen Verbannung von ›sowjetfeindlichen‹ Elementen aufrechtzuerhalten, fanden kaum mehr Anklang.

Die junge Generation von Historikerinnen und Historikern beschäftigte sich im Sommer 1988 vor allem mit den Ereignissen des Jahres 1940 und schrieb die Geschichte des ›Revolutionsjahres‹ neu.[31] Wie in allen postsowjetischen Ländern hatten die Vertreterinnen und Vertreter konservativer (kommunistischer) Positionen in Litauen Schwierigkeiten, den Stalinismus vom Sozialismus zu trennen. Die einjährige Geschichte des sozialistischen Litauens vor der Annexion durch die Sowjetunion (1918–1919) bot eine viel zu schmale Plattform für die Neukonstruktion einer positiven kommunistischen Erzählung.

---

29 Vgl. ALVYDAS NIKŽENTAITIS/RASA ČEPAITIENE: Über die Brüchigkeit der homogenen Erinnerungskultur. Der Fall Litauen. In: HANS-JOACHIM VEEN/VOLKHARD KNIGGE: Denkmäler demokratischer Umbrüche nach 1945 (Europäische Diktaturen und ihre Überwindung, 20). Köln/Weimar/Wien 2014, S. 115–130, hier S. 118 ff.

30 Über 70 Prozent der Litauerinnen und Litauer sprachen sich für den Wiederaufbau aus, vgl. ebd., S. 118.

31 So wurde öffentlich, dass das Ultimatum Vjačeslav Molotovs vom 14. Juni 1940 an die Litauische Republik zwecks der Öffnung für sowjetisches Militär unrechtmäßig war, da der Vorwand, die Litauerinnen und Litauer hätten sowjetische Soldaten entführt, gefälscht war. Vgl. SENN: Perestroika in Lithuanian Historiography (wie Anm. 18), S. 46.

Die Debatte verstärkte sich erneut zum Jahrestag des Molotov-Ribbentrop-Paktes im August 1988. Das Gründungsstatut von ›Sajūdis‹ enthielt eine eindeutige Verurteilung des Paktes und die Forderung, der Begriff ›Okkupation‹ müsse in Anwendung auf die sowjetische Geschichtsperiode in den Sprachgebrauch übernommen werden. Der erste ›Sąjūdis‹-Kongress erklärte:

> Sajūdis asserts that the incorporation of the Lithuanian Republic into the USSR in 1940 was a result of the Ribbentrop-Molotov pact of 1939, violating treaties between Lithuania and Soviet Russia and Lithuania and the Soviet Union. The act of incorporation annulled the independence of the state of Lithuania.[32]

Sąjūdžio žinios (dt.: *Die Nachrichten der Sąjūdis*), die von der Bewegung herausgegeben wurden, war die erste Zeitung unionsweit, die am 5. August 1988 den Text der Geheimprotokolle publizierte.[33] Dies entzog der KPL in den Augen der litauischen Gesellschaft endgültig die Legitimation. Am 23. August 1988 versammelten sich Vilniusser Schriftstellerinnen und Schriftsteller, Künstlerinnen und Künstler, Historikerinnen und Historiker, Studentinnen und Studenten und andere im Vingis-Park, um des illegitimen Anschlusses der Republik an die Sowjetunion zu gedenken.

Auch auf justizieller Ebene wurden Maßnahmen getroffen. Der Ministerrat der Lettischen Sozialistischen Sowjetrepublik (LSSR) beschloss am 22. September 1988, nachdem er durch einen noch inoffiziellen Verein der Deportierten dazu aufgefordert worden war, eine Resolution zur Rehabilitierung der zwischen 1949 und 1951 nach Sibirien Deportierten.[34] Neben den geheimen Zusatzprotokollen wurden auch die Umstände des Einrückens der Roten Armee nach Litauen veröffentlicht.

Die geschichtswissenschaftlichen Debatten stellten das Bildungssystem vor die Herausforderung, neue Schulbücher entwickeln zu müssen, hatte doch die bisherige Darstellung der sozialistischen ›Revolution‹ und des Nachkriegswiderstands ausgedient. Die Verurteilung des Molotov-Ribbentrop-Paktes zog in den nächsten Monaten einen Schneeballeffekt nach sich: Eine öffentliche Organisation nach der anderen bezog Stellung zum Nichtangriffspakt. Auch die KPL unter Führung von Algirdas Brazauskas kam daher nicht mehr umhin, den Pakt zu verurteilen.

---

32 Zit. nach ALFRED ERICH SENN: Lithuania 1940. Revolution from above (On the boundary of two worlds, 9). Amsterdam/New York 2007, S. 53.
33 *Sąjūdžio žinios* [*Die Nachrichten der Sąjūdis*], Nr. 17, 5. August 1988.
34 SAFRONOVAS: O tendencijach politiki vospominanija v sovremennoj Litve [Über die Tendenzen der Gedenkpolitik im gegenwärtigen Litauen] (wie Anm. 27), S. 430.

Im Jahr 1989 wurde die Moskauer Führung auf die immer lauter werdenden Debatten in Litauen aufmerksam und erlaubte im Mai 1989 dem Obersten Rat der LSSR, eine offizielle Erklärung abzugeben, in der der Molotov-Ribbentrop-Pakt als »Fortsetzung der Münchener Appeasement-Politik« beschrieben und die stalinistische Politik des Jahres 1940 kritisiert wurde. Zur gleichen Zeit waren sich die ›Sąjūdis‹-Vertreterinnen und Vertreter darüber im Klaren, dass die Folgen des Paktes für Litauen nicht eindeutig negativ waren. Vilnius war aufgrund des Paktes, Protesten westlicher Diplomaten zum Trotz, Litauen zugeschlagen worden. Eine grundsätzliche Infragestellung der damaligen Beschlüsse konnte also auch die Zugehörigkeit der Stadt zu Litauen erneut virulent werden lassen.[35] Die Parteiführung in Moskau gab der KPL zu verstehen, dass sie den ›Beitritt‹ Litauens in die Familie der Sowjetrepubliken als rechtens zu bewerten habe und es keinen Anlass zum Zweifel gebe. Die KPL befand sich somit in einer äußerst misslichen Lage – von einer Seite drohte Moskau, von der anderen die Missgunst der litauischen Gesellschaft.[36]

Der Wandel des nationalen Narrativs in der populären Geschichtsvermittlung war also erfolgreich in Gang gesetzt worden. Mehr und mehr setzte sich ein Geschichtsbild durch, das in den sowjetischen Verfolgungspraktiken, und hier vor allem den Deportationen, das sowjetische Ziel erkannte, die litauische Nation physisch zu schwächen. Die litauische Geschichte zwischen 1939 und 1989 erhielt ein neues Paradigma: Das Land sei Opfer zweier Totalitarismen gewesen. Die Politik des nationalsozialistischen Staates und die der Sowjetunion wurden gleichgesetzt. Diese Nivellierung der Unterschiede hatte unmittelbare Auswirkungen auf die sowjetische Erinnerungskultur und das Kriegsgedenken.

4. ›Nation‹ als zentraler Begriff der Transformation

Die Unabhängigkeitsbewegung der Jahre 1988 bis 1991 erschuf einen neuen Nationsbegriff, der sich stark vom sowjetischen abgrenzte.[37] Die ›Nation‹ beinhaltete nun einerseits die kulturellen Traditionen der Zwischenkriegszeit. Andererseits wurde sie als Märtyrerin, ein Opfer der ›fremden Macht‹, die den Sozialismus eingeführt hatte, dargestellt. Durch diese gedankliche Verknüpfung konnte

---

35 SENN: Perestroika in Lithuanian Historiography (wie Anm. 18), S. 56.
36 Vgl. die Feststellung auch bei CHRISTOPHE: Staat versus Identität (wie Anm. 8), S. 120 ff.
37 NERINGA KLUMBYTE: Ethnographic Note on Nation: Narratives and Symbols of the Early Post-socialist Nationalism in Lithuania. In: *Dialectical Anthropology* 27 (2003), S. 279–295, hier S. 280.

die politische Ordnung des Sozialismus nicht unabhängig von einer ›Fremdherrschaft‹ gedacht werden, obwohl historische Studien – vor allem von Nijolė Maslauskienė – belegten, dass die Mehrheit der KPL-Mitglieder Litauerinnen und Litauer gewesen waren.[38] An der Interpretation des Staates als ›fremdbestimmt‹ konnte dies jedoch nichts ändern. Die litauische Nation wurde als eine Leidensgemeinschaft, als »größtes Opfer« der Geschichte gedeutet.[39]

Im Prozess der ›Befreiung‹ von sogenannten Geschichtslügen gewann eine ethnozentrische Nationsvorstellung an Popularität, die auf dem Bild eines ethnisch-litauischen, ›goldenen‹ Mittelalterreichs aufbaute.[40] Dieses sei in den darauffolgenden Jahrhunderten von mehreren Nachbarnationen erobert oder besetzt worden.[41]

Dass dem politischen Sturz der alten Ordnung der Sturz der symbolischen Ordnung voranging, bezeugt die Tatsache, dass das Feiertagsgesetz bereits einen Monat vor der Erklärung der staatlichen Unabhängigkeit im März 1990 in Kraft trat.[42] Zu den neuen staatlichen Feiertagen zählten Weihnachten und Allerheiligen wie auch der Tag der (ersten) litauischen Unabhängigkeit am 16. Februar.[43] Festtage mit sozialistischer Tradition wie der 8. März, der 9. Mai oder der 7. November wurden abgeschafft.[44] Vor allem aber wurde die Symbolik des Großfürstentums Litauens aktualisiert – so feierte das Land nun den 6. Juli als Tag der Krönung

---

38 Nijolė Maslauskienė: Lietuvos komunistų tautinė ir socialinė sudėtis 1939 pabaigoje – 1940 m rugsėjo mėn [Nationale und soziale Zusammensetzung der litauischen Kommunisten Ende 1939 – September 1940]. In: *Genocidas ir rezistencija [Genozid und Widerstand]* 1 (1999), S. 99; vgl. auch Thomas Remeikis: A Profile of the Lithuanian Ruling Elite. In: Ders.: The Lithuanian phoenix. Studies and Essays 1940–1990. Vilnius 2009, S. 205.
39 Nikžentaitis: Das Bild des Deutschen Ordens in der litauischen Geschichtsschreibung und Publizistik (wie Anm. 22), S. 125.
40 Guntis Smidchens: National Heroic Narratives in the Baltics as a Source for Nonviolent Political Action. In: *Slavic Review* 66 (2007), 3, S. 484–508.
41 Vgl. auch Rüdiger Ritter: Das Imperium entlässt seine Kinder. Identitätsbildung durch Geschichte in Belarus, Polen und Litauen nach 1989. In: Guido Hausmann/Angela Rustemeyer (Hrsg.): Imperienvergleich. Beispiele und Ansätze aus osteuropäischer Perspektive. Festschrift für Andreas Kappeler (Forschungen zur osteuropäischen Geschichte, 75). Wiesbaden 2009, S. 191.
42 Vgl. Safronovas: O tendencijach politiki vospominanija v sovremennoj Litve [Über die Tendenzen der Gedenkpolitik im gegenwärtigen Litauen] (wie Anm. 27), S. 430.
43 Seit 1990 wurde das Gesetz 692-mal (bis 2015) verändert. Vgl. Vasilijus Safronovas: Coming to Terms with the Dictatorial Past: Rising of Conservative Trend in Contemporary Lithuania. In: *Universitatis Cibiniensis. Series Historica* XI Supplement (2014), S. 133–162, hier S. 138.
44 Vgl. Safronovas: O tendencijach politiki vospominanija v sovremennoj Litve [Über die Tendenzen der Gedenkpolitik im gegenwärtigen Litauen] (wie Anm. 27), S. 431.

von Mindaugas im Jahr 1253. Der Verein der ehemaligen politischen Häftlinge regte die Einführung des ›Tags der Trauer und Hoffnung‹ am 14. Juni an. Weitere Gedenk- und Feiertage wurden der 23. August (›Tag des schwarzen Bandes‹), der 8. September (›Tag der Krönung von Vytautas dem Großen‹), der 23. November (›Tag der Gründung der litauischen Armee‹ 1918), der 15. Juli (›Tag der Schlacht bei Grunwald‹) und schließlich der 23. September als Gedenktag des jüdischen Genozids in Litauen. Während dieser Umbruchszeit wurden die wichtigsten Gedenkrituale entwickelt, die in der Folge die Form von Massenveranstaltungen annahmen.

Die erste Veranstaltung zum Gedenken an die ›Opfer des sowjetischen Terrors‹ fand am 14. Juni 1988 statt. An diesem Tag gedachten Litauerinnen und Litauer des Beginns der ersten großen Deportationswelle 1941. Ein ehemaliger Polithäftling schwenkte dabei die litauische Trikolore. Mit dem Sommer 1989 begann eine Reisebewegung zu den ehemaligen Verbannungsorten in Sibirien. Viele Litauerinnen und Litauer machten sich auf den Weg nach Igarka, Noril'sk, Krasnojarsk, Tomsk und in den Altai, um die Gräber ihrer Angehörigen zu besuchen bzw. die sterblichen Überreste nach Litauen zu überführen. Die in litauische Nationalfarben gehüllten Särge, durch die Straßen der litauischen Städte getragen, wurden zum Zeichen der Zeit.

Nationalismus war somit eine erfolgreiche und wirksame Mobilisierungsstrategie, die einen innerlitauischen Konsens schuf.[45] Die Befreiung von der sowjetischen ›Fremdherrschaft‹ stand im Mittelpunkt eines parteiübergreifenden Diskurses (abgesehen von der prosowjetischen Partei ›Jedinstvo‹ (dt.: Einigkeit)), während die Absage an den Sozialismus (oder an die Diktaturherrschaft) mehr einen zusätzlichen Gewinn, aber kein Primärziel der Unabhängigkeitsbewegung darstellte. Die Befreiung von der ›Fremdherrschaft‹ steckte den Rahmen für den Umgang mit den Denkmalen aus der Zeit des Kommunismus ab. Bemerkenswert ist, dass sie nicht als Spuren einer sozialwirtschaftlichen Ideologie gedeutet wurden, sondern als Zeichen der nationalen Fremdmacht.

›Sąjūdis‹ setzte sich von Anfang an zum Ziel, alle sowjetischen Denkmale zu beseitigen, denn in erster Linie ging es um die Symbolisierung des Bruchs mit Moskau. Die Demontage sowjetischer Gedenkorte war somit die Demontage der russischen Präsenz. Gleichzeitig wurden überall in Litauen Gedenkstätten für die ›Opfer des sowjetischen Terrors‹ errichtet.[46]

---

45 CHRISTOPHE: Staat versus Identität (wie Anm. 8), S. 338.
46 Siehe dazu SEMAŠKA ALGIMANTAS: Atgimimo paminklai: 1988–1991 [Die Denkmale der Wiedergeburt: 1988–1991]. Vilnius 1991.

In den Jahren des Umbruchs wurden die Gedenkorte für kommunistische Führer zu Schauplätzen öffentlicher Auseinandersetzungen, an denen der Streit um die >wahre< und >falsche< Erinnerung und Identität hoch emotional ausgetragen wurde. Auch die Medien spielten eine prominente Rolle, denn die Bilder von Menschenmassen, die empört Denkmäler demontierten, suggerierten eine >Revolution von unten<. Eine gewisse Ironie liegt in der Tatsache, dass das Dzeržinskij-Denkmal in Kaunas nicht nur die allererste kommunistische Gedenkstätte in Sowjetlitauen war (1947 errichtet), sondern auch die erste, die am 14. Juni 1990 demontiert wurde.

Nachdem das Scheitern des Augustputsches in Moskau (19./20. August 1991) gegen die Regierung Gorbačëvs in Litauen bekannt geworden war, wurde das Lenindenkmal in Vilnius am 23. August 1991 gestürzt. Ähnlich wie das Bild vom Sturz des Dzeržinskij-Denkmals vor der Lubjanka in Moskau in Russland ikonisch wurde, wurde jenes von der Sprengung des Lenindenkmals in Vilnius zum Symbol des politischen Umbruchs in Litauen. Das Bild des >verstümmelten< Lenin – bei der Sprengung der Statue blieben ihre Unterschenkel im Bronzesockel stecken, während der Oberkörper von einem Kran in die Luft gehoben wurde und über der begeisterten Menge schwebte – wurde zu einem Symbol für das Ende des Regimes im Baltikum. Auch bei Klaipėda wurden das Lenindenkmal und das Siegesdenkmal (die sogenannte *Puška* (dt.: *Kanone*)) am 23. August 1991 demontiert.

Die Zerstörung alles Sowjetischen und der Wiederaufbau des Vorsowjetischen im öffentlichen Raum fanden gleichzeitig statt. Für die Analyse der symbolischen Politik im postsowjetischen Litauen schlug der litauische Kulturwissenschaftler Rasa Čepaitienė eine begriffliche Trennung des »Vertrauten« vom »Fremden« vor.[47] Neben den mittelalterlichen Herzögen umfasste das »Vertraute« auch die Zwischenkriegszeit; das »Fremde« hingegen war alles Sowjetische oder Russische.

Das einzige Überbleibsel sowjetischer Kunst waren die Skulpturengruppen, die bis Juli 2015 von der Grünen Brücke in Vilnius übrigblieben. Im Zuge der erneuten Spannungen zwischen Russland und der EU während der russischen Annexion der Krim und der Intervention Russlands in den Krieg in der Ostukraine kam es in Litauen zu einer Intensivierung der Geschichtspolitik. So wurden litauische Gedenkstätten, die zu sowjetischen Zeiten errichtet worden waren,

---

47 RASA ČEPAITIENĖ: Homo Sovieticus muziejaus projektas: atvira erdvė sovietmečio vertinimams [Projekt des Museums Homo Sovieticus. Ein offener Raum für Bewertungen der Sowjetzeit]. In: NASTAZIJA KERŠYTĖ (Hrsg.): Muziejiniai Vilniaus istorijos kontekstai: Mokslinių straipsnių rinkinys [Der museologische Kontext der Geschichte von Vilnius: Eine Sammlung wissenschaftlicher Artikel]. Vilnius 2008, S. 44–57.

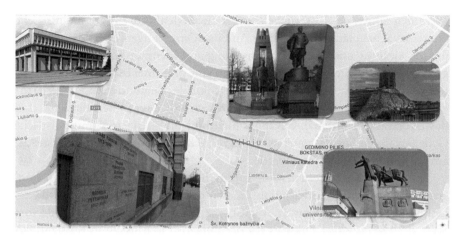

Abb. 5 Der Gediminas-Prospekt in Vilnius mit den neuen Gedenkorten der nationalen Unabhängigkeit

wieder zum Gesprächsthema. Die sowjetischen Soldaten symbolisierten erneut eine Bedrohung, sodass die Entscheidung getroffen wurde, die Figuren von der Grünen Brücke zu entfernen.[48] Vor allem an der Hauptstraße von Vilnius, dem Gediminas-Prospekt, lässt sich die Nationalisierung und Entsowjetisierung des öffentlichen Raumes gut ablesen.

Am östlichen Ende des Stadtzentrums erinnern mehrere neue Denkmale an die Ära des Großherzogtums Litauen: das Denkmal für den Großfürsten Gediminas, jenes für den litauischen König Mindaugas und der wiederaufgebaute Fürstenpalast. Das ›goldene Mittelalter‹ gilt hier als Grundlage für die positive Identitätsstiftung. Weiter den Prospekt entlang erinnert das Denkmal für den Nationaldichter Vincas Kudirka an die nationale Bewegung im 19. Jahrhundert; es wurde hier statt des Denkmals für den General Ivan D. Černjachovskij aufgestellt, dessen Divisionen an der Befreiung von der deutschen Besatzung teilnahmen. Zeitgleich mit dem Sturz der kommunistischen Denkmale wurden Mahnmale für die Opfer der Sowjetherrschaft – wie die Fassade des Museums für Okkupationen und Freiheitskämpfer – und Denkmale für die Helden des antisowjetischen Widerstands eröffnet – wie das *Grab des unbekannten Partisanen*. Schließlich wird am westlichen Ende des Gediminas-Prospekts mit dem *Platz*

---

48 Rasa Baločkaitė: The New Culture Wars in Lithuania: Trouble with Soviet Heritage. In: *Cultures of History Forum*, 12. April 2015. Abgerufen unter der URL: http://www.cultures-of-history.uni-jena.de/debates/lithuania/the-new-culture-wars-in-lithuania-trouble-with-soviet-heritage, letzter Zugriff: 21.06.2021.

der Unabhängigkeit und dem Parlament ein triumphierendes Ende des Kampfes für die nationalstaatliche Souveränität präsentiert.

Die Umgestaltung des öffentlichen Raumes soll somit im Kontext des symbolischen ›Nation Building‹ gesehen werden. Die Nation bedeutete einerseits eine Aktualisierung der kulturellen Traditionen des Mittelalters und der nationalen Symbole der Zwischenkriegszeit, andererseits wurde sie als Opfer einer ethnisch fremden Macht dargestellt. Das nationale Selbstbild wurde nicht nur in Abgrenzung von der sowjetischen Identität entwickelt, bedeutsam war zudem, dass das Russische oft als negative Identitätsprojektion für alles Sowjetische diente.[49] Im Umkehrschluss wurde alles Russische als Sowjetisch und damit als Bedrohung für die nationale Sicherheit wahrgenommen.[50] Zugleich muss hier darauf hingewiesen werden, dass aufgrund bestimmter Regelungen im Staatsbürgerschaftsgesetz der antisowjetische Diskurs in Litauen viel weniger antirussisch war als in Estland oder Lettland.[51]

5. Resümee

Die Gedenkorte der nationalen Befreiung haben nichts an ihrer gesellschaftlichen Anerkennung und politischen Relevanz verloren. Für den 13. Januar gibt es eine öffentliche Initiative ›Erinnerung lebt, da sie Zeugnis ablegt‹, die den »historischen Sieg« des Unabhängigkeitskampfes feiert.[52] National-konservative Politikerinnen und Politiker mahnen, dass die staatliche Souveränität keine Selbstverständlichkeit sei und immer wieder neu erkämpft und beschützt werden müsse.[53]

---

49 Vgl. KLUMBYTE: Ethnographic Note on Nation (wie Anm. 37), S. 280 und RICHARD MOLE: The Baltic States form the Soviet Union to the European Union. Identity, discourse and power in the post-communist transition of Estonia, Latvia and Lithuania (BASEES/Routledge series on Russian and East European Studies). London/New York 2012, S. 84.
50 Vgl. ØYVIND JÆGER: Securitizing Russia: Discursive practices of the Baltic states. In: *Peace and Conflict Studies* 7 (2000), 2, S. 17–36, hier S. 24.
51 Zur inkludierenden Strategie in Bezug auf die russischsprachigen Bürgerinnen und Bürger Litauens siehe MOLE: The Baltic States form the Soviet Union to the European Union (wie Anm. 49), S. 84.
52 Auf der Webseite der Initiative können Archivaufnahmen zum ›Blutsonntag‹ von 1991 und Informationen zu den Gedenkaktionen für die ›Gefallenen für die Freiheit‹ abgerufen werden: https://www.visaginietis.lt/naujienos/diena/lietuvos-laisves-gyneju-diena-sausio-13-d/, letzter Zugriff: 21.06.2021.
53 FELIX ACKERMANN: Der Majdan von Vilnius. In: *ZEIT Online,* 13. Januar 2016. Abgerufen unter der URL: https://www.zeit.de/kultur/2016-01/blutsonntag-vilnius-litauen-unabhaengigkeit/seite-2, letzter Zugriff: 21.06.2021.

So bewegt sich das Gedenken im Rahmen des Widerstandsnarrativs, das ein sehr wichtiges ist, um zu vermitteln, man habe die Okkupation nicht einfach so hingenommen. Zu solchen Widerstandsmomenten gehören ferner der nationalistische antisowjetische Aufstand am 23. Juni 1941, der Kampf der ›Waldbrüder‹ – litauischer Partisanen gegen die Sowjetstrukturen bis nach dem Krieg – und nun auch die Opfer des ›Blutsonntags‹, die zu den letzten für die Freiheit gefallenen litauischen Märtyrern stilisiert werden.

Das Motiv des ›gewaltfreien Widerstands‹ kommt mit der Erinnerung an den ›Baltischen Weg‹ 1989 ins Spiel. Der 23. August, der Tag der Unterzeichnung des Molotov-Ribbentrop-Paktes, weist mittlerweile erinnerungspolitische Vielschichtigkeit auf: Ursprünglich erinnerte er an die Okkupation und Annexion durch die Sowjets 1940 bis 1941. Heute steht die Aktion des ›Baltischen Wegs‹ am 23. August 1989 als Symbol für den sichtbaren friedlichen Protest und ist als solches ein Element der nationalen Identität. Außerdem ist der Tag seit 2009 der ›Europäische Gedenktag für die Opfer des Stalinismus und des Nationalsozialismus‹ – und erinnert damit an die Opfer beider Totalitarismen.

Daniel Logemann

Wie zeigt man lokale Weltgeschichte?

Das Europäische Solidarność-Zentrum in Gdańsk

Ganz zu Anfang seiner Biografie Danzigs (poln.: Gdańsk) schreibt Peter Oliver Loew über die Stadt: »Kaum ein anderer Ort Mitteleuropas verkörpert die Verwerfungen eines ganzen Säkulums so allumfassend. Sarajevo – Danzig.«[1] Dieser Hinweis darauf, dass an den mutmaßlichen Peripherien des Kontinents immer wieder Schlüsselmomente den Lauf der Geschichte entscheidend veränderten, ist so verblüffend wie – am Beispiel Danzigs/Gdańsks – einleuchtend. Loew verweist auf den einzigartigen Rhythmus der Danziger Geschichtsdaten im 20. Jahrhundert: 1919/20 Freie Stadt Danzig unter Verwaltung des Völkerbundes, 1939 Ausbruch des Zweiten Weltkrieges auf der Westerplatte und der Polnischen Post (verewigt in Günter Grass' *Blechtrommel*), 1945 wird das weitestgehend ›deutsche‹ Danzig zum ›polnischen‹ Gdańsk, 1970 blutige Niederschlagung der Streiks der Werftarbeiter*innen in Gdańsk und der Nachbarstadt Gdynia, 1980/81 erneute Streiks und die Entstehung der Gewerkschaft Solidarność.

Ergänzt werden könnte Loews Liste inzwischen durch die tödliche Attacke auf den Gdańsker Bürgermeister Paweł Adamowicz im Januar 2019 während eines Benefizkonzerts, das per Fernsehübertragung live in die polnischen Wohnzimmer gesendet wurde. In diesem Ereignis kulminierte gleichsam der Konflikt der heutigen Regierung der Partei PiS (Prawo i Sprawiedliwość, dt.: Recht und Gerechtigkeit) mit der Opposition in einem gewaltsamen Fanal,[2] dessen Folgen für die polnische Demokratie noch nicht endgültig abgeschätzt werden können. Dieser Konflikt ist fundamental und erstreckt sich über alle politischen und gesellschaftlichen Bereiche. Er hat nicht zuletzt soziale und geschichtspolitische Auswirkungen auf die Interpretation der Rolle Gdańsks in der Geschichte: Regierung und Opposition stehen für zwei unterschiedliche – und sich erbittert

---

1   PETER OLIVER LOEW: Danzig. Biographie einer Stadt. München 2011, S. 11.
2   Paweł Adamowicz war während seiner laufenden Amtszeit parteilos und gehörte davor zur oppositionellen Bürgerplattform (Platforma Obywatelska/PO). Zwischen Regierungspartei PiS und der PO als größter Gruppierung der Opposition besteht eine erbitterte Rivalität, die sich auch im Konflikt zwischen den Hauptfiguren Jarosław Kaczyński und Donald Tusk widerspiegelt. Relativ aktuell dazu: REINHOLD VETTER: Polnische Polarisierung. Nach dem Wahlsieg der Nationalkonservativen. In: *Osteuropa* 12 (2019), S. 39–53.

bekämpfende – Positionen in der Bewertung der Solidarność und ihres Erbes. Die unabhängige und selbstverwaltete Gewerkschaft ist die Wiege der polnischen Demokratie; ihr soziales wie politisches Erbe ist aber gleichzeitig ein ebenso inhaltliches wie emotionales Element im Konflikt darum, wie polnische Politik und Gesellschaft verfasst sein sollten.

Ungeachtet der von Loew hervorgehobenen Konzentration weltgeschichtlicher Dynamiken ragen die Streiks und die Entstehung der Gewerkschaft Solidarność aus den oben umrissenen Wendepunkten heraus. Völlig zu Recht kann man behaupten, dass die Jahre 1980/81 in Polen ein nicht zu unterschätzender Faktor zum Untergang des Kommunismus im sowjetisch dominierten Ostmitteleuropa waren. Der Sieg der oppositionellen Arbeiter*innen und Intellektuellen über die staatssozialistische Regierung Polens und die Ansprüche auf Mitgestaltung seitens der unabhängigen und selbstverwalteten Gewerkschaft untergruben den Herrschaftsanspruch der kommunistischen Regime grundsätzlich. Dennoch liegt der Fokus der internationalen Erinnerung auf den Jahren 1989/90 und hier auf dem Fall der Berliner Mauer, *dem* Symbol des Eisernen Vorhangs und seiner Überwindung. Nicht zufällig steht deshalb ein doppeltes Denkmal in Gdańsk und Berlin, das wiederum die Jahre 1980/81 und 1989/90 symbolisch gleichsetzt:[3] Eingeweiht von den Präsidenten Polens und Deutschlands, erinnern in beiden Städten Teile der Berliner Mauer und der ehemaligen Gdańsker Werftmauer an die Ereignisse vom August 1980 und November 1989. Wie dieser exemplarische Fall zeigt, suchen geschichtspolitische Akteur*innen aus Polen immer wieder Wege und Foren, polnische Nationalgeschichte international aufzuwerten und die vermeintliche oder tatsächliche Rolle Polens – immer häufiger auch mit großem politischem und finanziellem Aufwand – hervorzuheben.

Die diskrepante Konstellation von herausragenden geschichtlichen Phänomenen, die einerseits als – räumliches wie zeitliches – Ereignis an der Peripherie nicht zur Geltung gelangen und andererseits durch geschichtspolitische Initiativen in den Fokus gerückt werden, soll in diesem Beitrag am Beispiel des Europäischen Solidarność-Zentrums (ECS) näher betrachtet werden.[4] Das ECS ist Ausdruck

---

3   Siehe auch SARAH CZERNEY: Zwischen Nation und Europa. Nationalmuseen als Europamedien (Medien und kulturelle Erinnerung, 1). Berlin 2019, S. 208.
4   Einen lesenswerten und in seinen Einschätzungen zweifellos zutreffenden Text zum ECS hat Florian Peters geschrieben. Ich werde mich auf Peters' Artikel häufig berufen und trotzdem versuchen, den Akzent meiner Argumentation noch auf weitere Aspekte auszuweiten: FLORIAN PETERS: »Solidarność« Yesterday – Solidarity Today? The European Solidarity Center in Gdańsk endeavors to combine the past with the present. In: *Cultures of History Forum*, 12. Mai 2015. Abgerufen unter der URL: https://www.cultures-of-history.uni-jena. de/exhibitions/poland/solidarnosc-yesterday-solidarity-today-the-european-solidarity-center-

des Wunsches, polnische Geschichte zu kanonisieren und außenwirksam darzustellen,[5] und es ist – wenn man von politischen Grabenkämpfen in Polen einmal absieht – durch seine Lage in der ehemaligen Danziger Werft zentraler Erinnerungsort der Solidarność. Es beheimatet in einer ausdrucksstarken architektonischen Hülle eine Ausstellung zur Solidarność sowie zu deren politischen Folgen bis 1989/90 und bietet einen Ort für Forschung und Veranstaltungen.

Dieser Beitrag soll das ECS ausschnitthaft in die Repräsentationen von polnischer Geschichte nach 1989 einordnen: Wie stellt das Zentrum die Geschichte der Solidarność dar – als lokale Geschichte oder als Weltgeschichte? Wie verhält es sich zur Werft als historischem Ort? Inwiefern lassen sich am Beispiel des Europäischen Zentrums Tendenzen polnischer Geschichtspolitik beobachten? Kurz: Durch eine kondensierte Betrachtung von Architektur, Umgebung und Ausstellung des Zentrums sollen Annahmen darüber formuliert werden, wie die staatssozialistische Zeit, die Solidarność und auch die Transformation in Polen dargestellt werden. Im Folgenden werden Schlaglichter auf unterschiedliche und oft disparate geschichtliche, ästhetische oder geschichtskulturelle Phänomene geworfen. Ziel ist es, diese unterschiedlichen Aspekte herauszugreifen und thesenartig in miteinander verflochtene Zusammenhänge einzuordnen. Damit geraten Fragen in den Blick, die ein weitergefasstes Nachdenken über die Darstellung der Geschichte von Revolution, Systemwandel und Transformation in Polen anregen sollen.

1. Die postindustrielle Werft

Auf dem Weg aus der Gdańsker Innenstadt in Richtung Werft ragt auf dem *Platz der Solidarność* das *Denkmal der gefallenen Werftarbeiter von 1970* empor.[6] Doch bestimmt die Silhouette des 2014 fertiggestellten ECS den gesamten Horizont – als

---

in-gdansk-endeavors-to-combine-the-past-with-the-present/, letzter Zugriff: 21.06.2021. Zu den polnischen Deutungskämpfen um die Transformation siehe auch den Beitrag von Florian Peters in diesem Band.

5   Eine gute polnischsprachige Analyse des ECS und seiner Ausstellung bietet ANNA ZIĘBIŃSKA-WITEK: Muzealizacja komunizmu w Polsce i Europie Środkowo-Wschodniej [Musealisierung des Kommunismus in Polen und Ostmitteleuropa]. Lublin 2018, hier besonders S. 44–63; unter dem Gesichtspunkt der Darstellung Europas im ECS bietet Sarah Czerney eine ausführliche Besprechung der Ausstellung, die ebenfalls die Aufwertung polnischer Geschichte gegenüber internationalen Ereignissen diagnostiziert. Siehe CZERNEY: Zwischen Nation und Europa (wie Anm. 3).

6   Der 1970 in den Werften in Gdańsk und Gdynia ausgebrochene Streik wurde blutig niedergeschlagen, indem auf Werftarbeiter*innen und auch Unbeteiligte geschossen wurde. Eine

massiver, fensterlos scheinender Block aus Corten-Stahl, der an einen Schiffsrumpf erinnern soll. Das gleich daneben liegende historisch rekonstruierte Werfttor Nummer 2 – inklusive Schwarzer Madonna und Papstkonterfei, aber ohne den Zusatz, dass die Danziger Werft 1980 den Namen Vladimir I. Lenins trug – steht in diesem Ensemble im Abseits. An diesem Werfttor befestigten die Streikenden 1980 ihre 21 Forderungen, die als Replik wieder angebracht sind. Von hier sprach Lech Wałęsa an jedem Streiktag und nach erfolgreichem Ende des Streiks zu den Einwohner*innen Gdańsks. Erst hinter dem ECS und dem Tor befindet sich in einigen Hundert Metern Entfernung der durch den Neubau des ECS ganz unscheinbar gewordene Saal des Arbeitsschutzes, in dem im August 1980 eine Delegation streikender Arbeiter*innen aus mehreren Hundert Betrieben und oppositioneller Intellektueller aus ganz Polen der Regierung am Verhandlungstisch den historischen Kompromiss abrangen. Und wiederum erst dahinter beginnt das eigentliche Werftgelände bzw. das, was davon übrig geblieben ist.

Von der Dachterrasse des ECS kann man diese urbanistische Konstellation nochmals anders einschätzen. Zunächst einmal sieht man, wie dicht die Werft und das Stadtzentrum beieinander liegen – wie sehr Werft und Stadt zwei miteinander verwobene Organismen sind. Kirch- und Rathaustürme der alten Hansestadt Danzig/Gdańsk auf der einen und Werftkräne auf der anderen Seite prägen die Skyline. Von oben wird auch deutlich, wie viel Fläche das Werftgelände einnimmt und dass es sich früher mit weit über zehntausend Werftarbeiter*innen um eine Industriestadt innerhalb der Stadt gehandelt hat. Ins Auge fallen neben den Kränen auch die alten Werfthallen und Verwaltungsgebäude. Spätestens auf der Terrasse wird klar, dass die Geschichte der Werft ins ausgehende 19. Jahrhundert und in die Anfänge des 20. Jahrhunderts zurückreicht und damit eine lange Tradition von der Königlichen und Kaiserlichen Werft über die Schichau-Werft und die Leninwerft bis zur heutigen Stocznia Gdańska aufweist.[7] Was aber noch mehr ins Auge sticht, ist der Verfall, sind die Brachen und jene neuen Gebäude,

---

der zentralen Forderungen der Streikenden des Jahres 1980 war es, diesen Toten ein Denkmal zu errichten. Der Bau wurde durch landesweite Sammlungen unterstützt. Am 16. Dezember 1980, dem zehnjährigen Jahrestag der blutigen Niederschlagung der Demonstrationen, wurde es in Anwesenheit von 100.000 Menschen eingeweiht.

7   Zur Geschichte der Werft liefert die Enzyklopädie der Stadt Gdańsk auf Polnisch zuverlässige Informationen. Zur Kaiserlichen Werft siehe FUNDACJA GDAŃSKA [STIFTUNG DANZIGS] (Hrsg.): Genadopedia. Danzig 2012–2015 (= Artikel Stocznia Królewska [Königliche Werft]). Abgerufen unter der URL: https://www.gedanopedia.pl/gdansk/?title=STOCZNIA_KR%C3%93LEWSKA, letzter Zugriff: 21.06.2021; zur Schichau-Werft vgl. ebd. (= Artikel Stocznia Schichaua [Schichau-Werft]). Abgerufen unter der URL: https://www.gedanopedia.pl/gdansk/?title=STOCZNIA_SCHICHAUA, letzter Zugriff: 21.06.2021; zur Gdańsker Werft siehe ebd. (= Artikel Stocznia Gdańska [Danziger Werft]). Abgerufen unter

Wie zeigt man lokale Weltgeschichte? | 185

Abb. 1 Das Areal des ECS

die – wie so oft im immer noch boomenden Polen – von international operierenden Investor*innen erbaut werden.

Diese postindustrielle Landschaft lässt erahnen, welche ökonomischen Verwerfungen und materiellen Verluste die Transformationszeit mit sich gebracht hat und wie der Organismus der Werft mittels neuer Planungen in die Zeit nach der Jahrtausendwende überführt wurde. Wie Werften in ganz Europa war auch die Werft in Gdańsk von der Krise der Schwerindustrie betroffen: Von ca. 16.000 Arbeitsplätzen in den 1970er Jahren waren um 2007 noch knapp 3.000 erhalten geblieben, 2015 noch ca. 1.000.[8] Produziert werden vor allem Windkraftanlagen (da die heutige PiS-Regierung den Klimawandel bezweifelt und klar auf polnische Kohle zur Energiegewinnung setzt, ist diese Ausrichtung derzeit wohl nicht sonderlich zukunftsfähig). Weiterhin gibt es einige kleinere Reparaturwerften oder

---

  der URL: https://www.gedanopedia.pl/gdansk/?title=STOCZNIA_GDA%C5%83SKA, letzter Zugriff: 21.06.2021.
8 Siehe u. a. MICHAŁ BRANCEWICZ: Stocznia Gdańsk oddała grunty, nie ma długów, stawia na wiatraki [Die Danziger Werft gibt Boden ab, hat keine Schulden und setzt auf Windkraftanlagen]. In: *Gazeta Wyborcza* [*Wahlzeitung*], 3. Juni 2015. Abgerufen unter der URL: https://trojmiasto.wyborcza.pl/trojmiasto/1,35612,18040917,Stocznia_Gdansk_oddala_grunty__nie_ma_dlugow__stawia.html, letzter Zugriff: 21.06.2021.

neu angesiedelte Industriebetriebe. Doch ist die industrielle (Erfolgs-)Geschichte der Danziger Werft trotz alledem endgültig vorbei. Bis heute taucht die Frage nach der Wiederbelebung der ehemals staatssozialistischen Schwerindustrie als Wahlkampfthema in Programmen konservativer und populistischer Parteien auf – gewendet gegen (neo-)liberale Parteien und Eliten, die die ›einfachen Polen‹ zugunsten ihrer Eigeninteresen auf dem Altar des Kapitalismus geopfert hätten.[9]

Der Bankrott der Werft hatte für die Gdańsker Bevölkerung harte soziale Einschnitte zur Folge. Der einstmals stolze Werftarbeiter, Ikone zunächst der polnischen Schwerindustrie und danach des aufopferungsvollen und erfolgreichen Kampfes gegen den Kommunismus, ist zum sprichwörtlichen Taxifahrer geworden.[10] Alte Arbeiterviertel hinken dem gesamtwirtschaftlichen Aufschwung Polens deutlich hinterher. Zivilgesellschaftliche Bestrebungen der Wiederbelebung sowohl solcher Stadtteile als auch der Werft versuchen unter anderem, das Bewusstsein für die Vielschichtigkeit der Stadtgeschichte und für das Bewahrenswerte baulicher Strukturen zu wecken.[11]

Geblieben sind von der Werft die materiellen Relikte vor allem aus der industriellen Gründerzeit Danzigs in der Wende vom 19. zum 20. Jahrhundert. Obwohl es immer Bestrebungen gab, Gelände und Gebäude unter Denkmalschutz zu stellen oder in die Liste des Weltkulturerbes der UNESCO eintragen zu lassen, blieben viele dieser Bemühungen bisher vergeblich.[12] Erst vor kurzer Zeit ist es

---

9 So warb etwa Jarosław Kaczyński als Vorsitzender der PiS-Partei für den Wiederaufbau der Werft als Teil des Wirtschaftsprogramms seiner Partei. Siehe PIOTR KALLALAS: Konwencja PiS w Gdańsku. Jarosław Kaczyński: »Stocznia Gdańska zostanie odbudowana« [Parteitag der PiS in Gdańsk. Jarosław Kaczyński: »Die Danziger Werft wird wieder aufgebaut«]. In: *Dziennik Bałtycki* [*Baltische Tageszeitung*], 12. September 2019. Abgerufen unter der URL: https://dziennikbaltycki.pl/konwencja-pis-w-gdansku-jaroslaw-kaczynski-stocznia-gdanska-zostanie-odbudowana-zdjecia/ar/c1-14418665, letzter Zugriff: 21.06.2021.

10 Zur ökonomischen und gesellschaftlichen Degradierung der Arbeiter*innen der Werft siehe PIOTR FILIPKOWSKI/PETER WEGENSCHIMMEL: Kontrnarracja perspektywy oddolnej. Program badań transformacji przemysłu stoczniowego [Gegenzählung aus der Perspektive von unten. Ein Programm zur Erforschung der Transformation der Werftindustrie]. In: KONRAD KNOCH u. a. (Hrsg.): Historia Stoczni Gdańskiej [Geschichte der Danziger Werft] (Biblioteka ECS). Danzig 2018, S. 551–566, besonders S. 559. Abgerufen unter der URL: https://www.ecs.gda.pl/library/File/nauka/e-booki/Historia_Stoczni_Gdanskiej.pdf, letzter Zugriff: 21.06.2021.

11 So gibt es zum Beispiel das Institut der Städtischen Kultur (poln.: Instytut Kultury Miejskiej), das mit zivilgesellschaftlichen Projekten und Stadtrundgängen unter anderem die ehemalige Werft beleben möchte. Vgl. die Website des Instituts. Abgerufen unter der URL: https://ikm.gda.pl/en/, letzter Zugriff: 21.06.2021.

12 Einen Überblick über die Bemühungen der Denkmalpflege in Auseinandersetzung mit Inhaber*innen bietet MARCIN GAWLICKI: Wartości kulturowe terenów dawnej Stoczni

geglückt, 37 Flächen und 17 Objekte der Schichau-Werft auf einer Denkmalschutzliste des zuständigen Konservators zu vereinigen.[13] Dies ist ein möglicher erster Schritt, doch noch in die UNESCO-Liste aufgenommen zu werden, wofür sich inzwischen auch das polnische Kulturministerium engagiert.

Die Schwierigkeiten eines verbindlichen Schutzes des Werftgeländes und seiner Gebäude hängen auch damit zusammen, dass sie für Investor*innen von großem Interesse sind. Inzwischen sind die ersten Gebäude aus Inverstor*innenhand fertiggestellt. Wer im Internet sucht, findet zahlreiche Visualisierungen der sogenannten Jungen Stadt (poln.: Młode Miasto), die nicht zufällig sehr an gentrifizierte Hafenstädte wie etwa in Hamburg oder postindustrielle Anlagen wie in Leipzig etc. erinnert. Der Name ›Junge Stadt‹ lehnt sich an einen mittelalterlichen Stadtteil an, den der Deutsche Kreuzritterorden ungefähr auf dem ehemaligen Werftgelände als Konkurrenz zur Danziger Hauptstadt gegründet hatte. Dass diese historischen Bezüge auf multinationale und -kulturelle Vergangenheiten Danzigs/Gdańsks inzwischen – in der lange Zeit interethnisch erbittert umkämpften Stadt – selbstverständlich geworden sind und kein Anstoß an der Benennung der Jungen Stadt genommen wird, ist im Grunde Teil einer Erfolgsgeschichte deutsch-polnischer Annäherung.

Zwischen der alten Werft und der Jungen Stadt erstreckt sich eine Straße ins Nirgendwo, gedacht als Hauptader des hier zukünftig entstehenden Stadtteils. Auf einander gegenüberliegenden Straßenseiten liegen der Saal des Arbeitsschutzes, früher Produktionshalle für Torpedos und Ort der Geburtsstunde der Solidarność, und das Gebäude der Hauptverwaltung der ehemaligen Werft. Als das heutige Gebäude des ECS noch nicht fertiggestellt war, befanden sich hier die Büros der Mitarbeiter*innen. Im Treppenaufgang gab es damals nicht etwa eine Visualisierung des ECS zu sehen, sondern ein dreidimensionales Wandmodell der Jungen Stadt – ein Anzeichen dafür, wo Prioritäten verortet wurden.

Im Saal des Arbeitsschutzes befindet sich eine Ausstellung zu den Streiks und zur Unterzeichnung der Verständigung zwischen den Streikenden und der

---

Gdańskiej – szansa czy hamulec zrównoważonego rozwoju miasta? [Die kulturellen Werte der Gebiete der ehemaligen Danziger Werft – Chance oder Bremse einer nachhaltigen Entwicklung der Stadt?] In: KNOCH u. a. (Hrsg.): Historia Stoczni Gdańskiej [Geschichte der Danziger Werft] (wie Anm. 10), S. 613–632. Abgerufen unter der URL: https://www.ecs.gda.pl/library/File/nauka/e-booki/Historia_Stoczni_Gdanskiej.pdf, letzter Zugriff: 21.06.2021.

13 EWA KARENDYS: Stocznia Schichaua w rejestrze zabytków. ›Działania inwestorów będą bardziej ograniczone‹ [Die Schichau-Werft im Register des Denkmalschutzes. ›Die Tätigkeiten der Investoren werden stärker begrenzt‹]. In: *Gazeta Wyborcza* [*Wahlzeitung*], 15. Januar 2020. Abgerufen unter der URL: https://trojmiasto.wyborcza.pl/trojmiasto/7,35612,25596984,nie gotowe-stocznia-schichaua-w-rejestrze-zabytkow-nadrabianie.html, letzter Zugriff: 21.06.2021.

Regierung. Der historische Ort vermag aber seine Faszination nicht so recht zu entfalten. Getragen von der noch heute bestehenden konservativen und populistischen Gewerkschaft Solidarność, wird er zudem vom ECS-Gebäude an den Rand gedrängt. Symbolhaft manifestiert sich so die weltanschauliche Gegnerschaft zwischen der Gewerkschaft und dem ECS, dessen Initiator*innen mehrheitlich der Gruppierung des ersten Gewerkschaftsführers Lech Wałęsa angehören und die eine andere Vision des heutigen Polens vertreten (und längst von neuen Vorsitzenden abgelöst wurden).

Vom Dach des ECS erscheint das Gelände der Werft als zwar vielschichtige, aber auch sehr erklärungsbedürftige Industriebrache, in die neue Schneisen geschlagen werden und die langsam, aber sicher neue Dynamiken erfährt. Bisher ist die stadthistorische Bedeutung der Werft aber keineswegs erschlossen und auch noch lange nicht abschließend gesichert. Ökonomisch hat die Werft als Industriestandort keine Zukunft. Trotz andersartiger populistischer Verlautbarungen von Politiker*innen wird es keine Rückkehr in die Schwerindustrie geben. Die wirtschaftlichen Verluste der Transformation in Polen gingen dabei zumeist zu Lasten der Arbeiterschaft und anderer ›Wendeverlierer‹.

2. Das Europäische Solidarność-Zentrum

2.1 Gebäude

Das Gebäude des ECS überschreibt die ursprüngliche Topografie, die aus dem Werfttor Nummer 2, dem *Denkmal der gefallenen Werftarbeiter von 1970* und dem Arbeitsschutzsaal besteht – es wertet deren geschichtliche Rolle nicht per se ab, marginalisiert sie aber durch seine architektonische Wucht. Durch Materialität und Form symbolisch aufgeladen, lässt die Architektur bereits von außen nur einen Schluss zu: Trotz der Bedeutung der Symbole und Orte außerhalb des Gebäudes ist es doch das Zentrum und dessen Inneres, das die Bedeutung und Bestimmung der Solidarność definieren soll. Gleichzeitig markiert das ECS die Grenze zwischen Stadt und Werft neu. Wo vorher zumindest Blickbeziehungen möglich waren, versperrt es nun die Sicht auf und von beiden Seiten. Auch so sendet es ein Signal: Die Beziehungen zwischen städtischem Leben und der Arbeit der Stadtbewohner*innen auf dem ehemaligen Werft-Gelände werden neu verhandelt.

All dies führt dazu, dass Geschichte wie Gegenwart der Werft – gleichsam wie in einem Schrein oder einer Zeitkapsel – im ECS aufgehoben zu sein scheinen. Florian Peters argumentiert, dass der Ort und die Bauweise des ECS wohl kaum anders hätten gewählt werden können:

Perhaps such a grand gesture is the only appropriate one at this almost mythical location on the edge of Gdańsk's Old Town, where the museum was built. [...] This key location of memorial culture harking back to the Solidarity movement is a perfect example of how closely intertwined history and the present have always been in the discourse and practice of Solidarity. A movement that perceived itself from the very start as deeply historical seems almost predestined to have a museum in its name that combines the past and the present.[14]

Doch gerade weil Ort und Architektur so eindeutig auf die bereits vorhandenen Artefakte bezogen sind und diese gleichzeitig überschreiben (müssen), kann die ›Erzählung‹ des ECS an diesem Ort die vorgezeichneten Bahnen von mythologischer Geschichte nicht durchbrechen:

> In this respect, the European Solidarity Center's location is a blessing and a curse. On the one hand, the center clearly profits from the enormous symbolic capital of the historical shipyard gate and the now historical monument to the fallen shipyard workers. [...] On the other hand, there is a considerable risk of being awestruck by the historical myth and perpetuating the symbolic presentations of once subversive characters as part of a hegemonial and legitimatory historical discourse. An approach like this, blurring the historical breach between then and now, would aggravate rather than facilitate an understanding of the historical importance of Solidarity.[15]

Hätte etwa eine zum Museum umgebaute Halle der Werft eine Art Ausweg aus einer selbsterfüllenden Prophezeiung sein können, so läuft an dem gewählten Ort und durch die gewählte Form alles auf den Kanon einer romantisch-nationalen Geschichtsauffassung zu,[16] in der die Solidarność gleichzeitig zu einer Art Gründungsmythos des vereinten Europa wird.[17]

Das Innere des ECS lässt rasch erkennen, dass die Geschichte der Solidarność durch mehr repräsentiert werden soll als nur eine historische Ausstellung. Lässt man die funktionalen Elemente – wie Museumsshop, Café und Restaurant – des bewusst modern inszenierten Gebäudes außen vor, so fällt die von grünen Bäumen bewachsene große Innenhalle auf, von der die verschiedenen Stockwerke mit Büros, Seminarräumen, Archiven etc. einsehbar sind. Eindrucksvoll ist die Transparenz, die zwischen Bibliothek und Innenraum herrscht. So wird trotz

---

14 Siehe PETERS: »Solidarność« Yesterday – Solidarity Today? (wie Anm. 4).
15 Ebd.
16 Siehe auch ZIĘBIŃSKA-WITEK: Muzealizacja komunizmu w Polsce i Europie Środkowo-Wschodniej [Musealisierung des Kommunismus in Polen und Ostmitteleuropa] (wie Anm. 5), S. 54–62.
17 Siehe CZERNEY: Zwischen Nation und Europa (wie Anm. 3), S. 76 und S. 205.

Abb. 2   Die Empfangshalle des ECS

einiger Ähnlichkeiten zu Funktionsbauten wie Shoppingmalls, Multiplexkinos oder Universitäten eher eine Nähe zu Letzteren suggeriert.

Die Ausstellung selbst liegt den meisten Besucher*innen, die die Innenhalle betreten, im Rücken und wird über Rolltreppen angesteuert. Dies lässt sie bereits auf den ersten Blick seltsam peripher erscheinen – was einerseits der multifunktionalen Konzeption des ECS entspricht, andererseits aber auch deutlich werden lässt, dass die Architekt*innen kein genuines Ausstellungsgebäude geplant haben. So sind etwa alle sechs Ausstellungsräume mit einer großen Fensterfront ausgestattet, die einen Ausblick auf die ehemalige Werft bieten. Da natürliche Lichtquellen in Ausstellungsräumen generell vermieden werden, sind die meisten Fenster zum Lichtschutz mit Ausstellungsgegenständen verstellt – zum Beispiel einer Wand aus Paketkartons, in denen Hilfsgüter das von Mangelwirtschaft gezeichnete Polen der 1980er Jahre erreichten. Die Ausstellung erstreckt sich über zwei Etagen – der Besucherweg ist deswegen verschlungen, barrierefreie Aufzüge und Toiletten sind von den Ausstellungsräumen weit entfernt. Neben diesen infrastrukturellen Schwachpunkten ist auch die inhaltliche wie ästhetische Gestaltung der Ausstellung zu problematisieren.

2.2 Ausstellung

Der erste Raum der Ausstellung ist der atmosphärisch dichteste und führt in die Situation der bestreikten Werft im August 1980 ein. Das Zusammenspiel von originalen Objekten in einem künstlichen Raum funktioniert hier, weil viele Objekte in ihrer Relevanz für das Thema ausstellerisch erschlossen werden. Eingefangen wird die Industriekultur des Spätkapitalismus durch die Kranführerkabine der Ikone Anna Walentynowicz[18] und einen Wagen, auf dem Lech Wałęsa gefahren sein soll. Unter der Decke sind Helme von Werftarbeiter*innen montiert – ein Verweis auf die streikende Masse und eine Verbeugung vor denjenigen, die den Stein ins Rollen brachten. Zentral im Raum stehen die 21 Forderungen der Streikenden, die am Werfttor befestigt wurden, um die sich am Tor versammelnde Stadtbevölkerung in Kenntnis zu setzen.[19] So kann man gut erkennen, wie sich die ökonomischen und politischen Forderungen nach Reformen ergänzten. Der hintere Teil des Raumes ist der Unterzeichnung der Verständigung zwischen Opposition und Regierung gewidmet. Insbesondere die großformatigen Filmaufnahmen vom Verhandlungstisch lassen die ungeheure Energie dieses Moments erahnen. Unbestrittener Hauptdarsteller ist der selbstbewusste und schlagfertige Wałęsa. Der Darstellung im ersten Raum gelingt es, eine Ahnung von den Geschehnissen im Ballungszentrum der Solidarność-Revolution zu vermitteln. Treffend charakterisiert Peters diese dichte ästhetische Beschreibung:

> This is an impressive start, highlighting the social context of these workers' protests, an aspect not readily apparent at the museum location and its immediate surroundings. The museum-makers boldly present this aspect, at the risk of confusing visitors with little prior knowledge of the historical-political background of the strike movement.[20]

---

18 Anna Walentynowicz war Kranführerin in der Werft und setzte sich vor allem für die Rechte von Arbeiterfrauen ein. 1980 wurde sie aufgrund ihrer Proteste gegen die Werftdirektion fristlos entlassen – wenige Monate vor ihrer gesetzlichen Pensionierung. Die Forderung nach der Wiedereinstellung von Walentynowicz war der Ausgangspunkt des Streiks im August 1980. Zu Walentynowicz siehe auch ANNA MULLER: »The Mother of Solidarity«: Anna Walentynowicz's Quest in Live. In: *Rocznik Antropologii Historii [Jahrbuch der historischen Anthropologie]* 7 (2014), 2, S. 55–75. Abgerufen unter der URL: http://rah.pth.net.pl/uploads/2014_2_P%C5%82e%C4%87/Muller.pdf, letzter Zugriff: 21.06.2021.
19 Diese Tafeln befinden sich auf der Welterbeliste der UNESCO; vgl. GAWLICKI: Wartości kulturowe terenów dawnej Stoczni Gdańskiej [Die kulturellen Werte der Gebiete der ehemaligen Danziger Werft] (wie Anm. 12), S. 624.
20 PETERS: »Solidarność« Yesterday – Solidarity Today? (wie Anm. 4).

Abb. 3   Ausstellungsraum mit den Helmen von Werftarbeiter*innen an der Decke

Die soziale Schichtung der Opposition, die Eruption von antikommunistischer Energie, die Strahlkraft der Werft auf ganz Polen werden glaubwürdig dargestellt. Diesen Duktus beizubehalten, gelingt im Folgenden nicht.

Von den Ereignissen des Sommers 1980 wendet sich die Ausstellung der Vorgeschichte zu. Kurze Schlaglichter auf die Aufstandsjahre 1953 in der DDR, 1956 in Ungarn und 1968 in der Tschechoslowakei ordnen die Streikereignisse von 1970 und 1980 in Gdańsk (und Gdynia) kursorisch ein. Danach wird die Ausstellung wieder ganz ›polnisch‹: Man kann einen Blick in die sozialistische Dürftigkeit eines Wohnzimmers im Plattenbau werfen. Gleich daneben liegen eine Gefängniszelle und ein Verhörraum – vermeintlicher Ausdruck der latenten politischen Gewalt im Staatssozialismus. Erklärungspotential bieten die Installationen wenig: Inwiefern die Überschneidung bzw. Trennung von privaten und staatssozialistisch dominierten Räumen in einer Diktatur regimeerhaltende Relevanz hatte, wird so zwar angedeutet, aber eben nicht erläutert. Zumindest verweist die Darstellung darauf, dass die Kurator*innen politik- und sozialgeschichtliche Zusammenhänge nicht gänzlich ausblenden wollten. Die Hauptaspekte des Raumes liegen aber woanders. Im Stil einer Reliquie wird die blutige und von Schüssen zerfetzte Jacke eines getöteten Werftarbeiters der Streiks von 1970 präsentiert. Unweit davon blicken die neugierigen Besucher*innen in Jacek Kuroń[21] nachgestelltes Arbeitszimmer aus Originalmöbeln. Kurońs Telefon – so wird berichtet – war der ›heiße Draht‹ aus Polen in die Welt und vice versa. Die Ausstellung nimmt also schnell Abschied davon, argumentativ Gründe zur Entstehung der Solidarność anzubieten. Jenseits sozialgeschichtlicher Aspekte sollen bei Besucher*innen starke Symbole des Widerstands gegen politische Unterdrückung verfangen. Zum Ende des Saales gibt es ein Papamobil zu betrachten, um – wie auf der Website des ECS ausgeführt wird – die Rolle der katholischen Kirche im Kampf um die Freiheit zu unterstreichen:

> Recently, we have added a new prominent exhibit, a gift from the John XXIII Foundation for Religious Sciences in Bologna: the Fiat Campagnola off-road vehicle. Popularly known as the Popemobile, the car enriched the story of how the Catholic Church and Pope John Paul II contributed to freedom endeavours.[22]

Die Rolle des Papstes und der katholischen Kirche als geistliche und intellektuelle Instanz war tatsächlich von nicht zu unterschätzender Bedeutung, genauso wie die tiefe Religiosität der meisten Pol*innen. Die Schwarze Madonna am Werfttor, die Gebete und Beichten der streikenden Arbeiter*innen oder der überdimensionale Papstkugelschreiber, mit dem Wałęsa am 31. August 1981 das Abkommen mit der Regierung unterschrieb, sind nur einige Anzeichen dafür, wie einerseits der Glaube die oppositionelle Bewegung bestärkte und andererseits die katholisch geprägte Kultur gegen das Regime in Stellung gebracht wurde.[23]

Den dritten Saal erreicht man in etwas widersinniger Weise, indem der erste Raum nochmals gequert wird (hier zeigt sich erneut, dass Gebäude und Ausstellung in der Planung nicht gut aufeinander abgestimmt waren). Der dritte Raum widmet sich dem sogenannten Karneval der Freiheit, jener Zeit also, während derer die Solidarność legal war und Polen einen ungeahnten freiheitlichen und kulturellen Aufschwung nahm.[24] Die Ausstellungsbauten des Raumes sollen an dessen Spiegeldecke ein großes Solidarność-Zeichen entstehen lassen, was misslingt,

---

21 Jacek Kuroń war einer der wichtigsten oppositionellen Intellektuellen in Polen. Er ist unter anderem Gründer des Komitees zur Verteidigung der Arbeiter, das den Schulterschluss zwischen Intellektuellen und Arbeiter*innen suchte und organisierte. Siehe die Biografie von Jacek Kuroń: ANNA BIKONT/HELENA ŁUCZYWO: Jacek. Warschau/Wołowiec 2018.
22 Vgl. Website des ECS. Abgerufen unter der URL: https://ecs.gda.pl/title,Jezyk,pid,20,lang,2.html, letzter Zugriff: 21.06.2021.
23 Zum Verhältnis von Kirche, Papst und Staat siehe auch MARKUS KRZOSKA: Ein Land unterwegs. Kulturgeschichte Polens seit 1945. Paderborn 2015, besonders S. 127–141.
24 Siehe WŁODZIMIERZ BORODZIEJ: Geschichte Polens im 20. Jahrhundert (Europäische Geschichte im 20. Jahrhundert). München 2010, S. 360–368.

da die Besucher*innen das Zeichen im Spiegel nicht identifizieren können.²⁵ Stattdessen gleicht der Raum einem Labyrinth (da man das Solidarność-Logo als Stellwand beschreiben muss), das summarisch politische, ökonomische, kulturelle und andere Ereignisse bebildert. Es gibt durchaus international etwas bekanntere Namen und Daten (wie die Verleihung der Goldenen Palme an Andrzej Wajda oder des Literaturnobelpreises an Czesław Miłosz); doch selbst diese Beispiele zeigen, dass der Raum streng genommen nur für Kenner*innen der polnischen Szenerie einen Mehrwert bereithält.

Im vierten Raum wird atmosphärisch dicht, wenn auch nicht ganz ohne emotionale Vereinnahmung, der Kriegszustand als Antwort des Regimes auf die Solidarność behandelt. Der Staat hat hier ein Gesicht: Wojciech Jaruzelski, der aus einer Installation von meterhoch und -breit gestapelten Fernsehern mit jeweils dem gleichen Bild das Kriegsrecht verhängt. Das Regime hat auch eine Waffe: die Gewalt der Miliz, symbolisiert durch klaustrophobisch zusammengerückte Schutzschilde und ein Milizauto. Dieses kann man besteigen und hat so den Eindruck, selbst von der Miliz verhaftet worden zu sein. In der Realität war das Auto ein Transportfahrzeug für Milizionäre. Im Fahrzeug kann man auf einem Bildschirm Filmmaterial von Straßenkämpfen während des Kriegszustandes anschauen. Wieder mangelt es durch diese durchaus anschauliche szenische Verkürzung der Ereignisse an politik- wie gesellschaftsgeschichtlichen Einordnungen. Es bleibt der Eindruck von der Gewalt eines autoritären Staates gegen die polnische Gesellschaft. Beide Entitäten sind moralisch als ›böse‹ und ›gut‹ leicht unterscheidbar, soziale Praktiken, Einstellungen, Mentalitäten und Motive bleiben konturlos.

Die 1980er Jahre fast komplett überspringend (gezeigt werden unter anderem illegale Druckerwerkstätten, leere Geschäfte, humanitäre Hilfsaktionen für die notleidenden Pol*innen, neuerliche Streiks und Michail Gorbačëv), landen die Besucher*innen im fünften Raum ziemlich direkt am Runden Tisch, an dem Regierung und Opposition die gewaltfreie Systemtransformation einleiteten. Schlau ist an diesem ansonsten kitschigen Nachbau, dass der Runde Tisch als Medienereignis aufgegriffen wird – zusätzliche Informationen bekommen Besucher*innen an aufgestellten Fernsehkameras, die sie in die Perspektive medialer Beobachter*innen rücken. Gleich hinter dem Runden Tisch stürzen die ersten, noch eingeschränkten Wahlen das System (wiederum nur mit symbolischen und für Pol*innen leicht

---

25 Gerhard Paul weist darauf hin, dass das Logo eine der »wenigen autochthonen Ikonen und Symbole« des Umbruchgeschehens in Bezug auf das Ende des Kommunismus war. Siehe GERHARD PAUL: Bild und Umbruch. Gedanken aus der Perspektive der »Visual History«. In: MARTIN JUNG/ANA KARAMINOVA (Hrsg.): Visualisierungen des Umbruchs. Strategien und Semantiken von Bildern zum Ende der kommunistischen Herrschaft im östlichen Europa. Frankfurt am Main 2012, S. 29–45, besonders S. 38.

wiedererkennbaren visuellen Wahrzeichen markiert). Die polnische Opposition siegt und macht Polen zu einem freien und demokratischen Land.

Im sechsten Raum entsinnen sich die Ausstellungsmacher des ›Europäischen‹ im Namen des ECS.[26] Man erfährt, dass in einem Land des sogenannten Ostblocks nach dem anderen die kommunistischen Regime fielen. Auf einer großen, rot eingefärbten Europakarte kommen immer mehr weiße Flecken dazu – bis ganz Europa frei und demokratisch ist. Ergänzt wird diese Botschaft durch eine in der Mitte des Raumes befindliche Installation, die die *Allgemeine Erklärung der Menschenrechte* in den Sprachen der Welt abbildet. Diese Erklärung ist jedoch eine Folge des Zweiten Weltkriegs und der nationalsozialistischen Verbrechen, hier vor allem der Shoah, und nicht des Systemwandels 1989 gewesen. Wird so suggeriert, dass die Erkenntnis von der Universalität der Menschenrechte schließlich und monokausal zum Zusammenbruch des Ostblocks führen musste? Waren die Menschenrechte wirklich die Antriebskräfte dieses ungeheuren Wandels? Diese Diskrepanz von historischer Abfolge und damit einhergehend der Stringenz des Arguments nach dem Motto ›Auf die Menschenrechte folgt die Freiheit‹ bemängelt auch Peters:

> The concept of freedom that is suddenly foregrounded here with the catchphrase »triumph of freedom« is not really expanded on in any meaningful way. Instead, the room's central installation presents excerpts from the Universal Declaration of Human Rights in a multitude of languages.[27]

Paradigmatisch für diese simplifizierende, soziale und ökonomische Faktoren vollständig vernachlässigende Darstellung beschreibt auch die Website des ECS diesen sechsten Raum:

> The bloodless revolution in Poland led to the fall of the Berlin Wall and to the collapse of dictatorships in one Central and Eastern European country after another. The process of building Europe's new political and economic order began. Messages from the exhibition's visitors make up a giant SOLIDARNOŚĆ logo.[28]

Und so endet der erzählerische Strang in der visuell-haptischen Vereinigung aller Besucher*innen des ECS. Und doch bleibt ein Schlusswort zu finden: Die

---

26 Siehe auch CZERNEY: Zwischen Nation und Europa (wie Anm. 3), S. 229 ff.
27 PETERS: »Solidarność« Yesterday – Solidarity Today? (wie Anm. 4). Auch Czerney greift diese Vermischung auf; siehe CZERNEY: Zwischen Nation und Europa (wie Anm. 3), S. 249.
28 Vgl. Website des ECS (wie Anm. 22).

Besucher*innen gelangen ein Stockwerk weiter unten (nicht jeder und jedem ist dieser Umweg unmittelbar deutlich) in den abschließenden Raum. Unter dem Motto friedvoller Veränderungen und mit Johannes Paul II. als Namenspatron wird angedeutet, wie die Ideen der Solidarität – wohlmeinend gleichgesetzt mit friedlichem Kampf für Freiheit etc. – die Welt erfassten:

> The ideas of solidarity and the non-violent struggle for human rights in the name of freedom have been spread all over the world in all epochs by people of various nationality, race or creed with one thing in common – good will: Mahatma Gandhi, Mother Teresa, Martin Luther King, Andriej [sic] Sacharow, Nelson Mandela, Václav Havel, John Paul II, Lech Wałęsa... The room is named after Pope John Paul II (1920–2005).[29]

Von diesem Raum aus sieht man durch ein Fenster auf das *Denkmal der gefallenen Werftarbeiter von 1970:* drei Kreuze, die in den Himmel ragen. Auf diese Weise wird die Geschichte der Solidarność universalisiert und ihre katholisch-polnischen Akzente werden gleichzeitig unmissverständlich unterstrichen.[30] Johannes Paul II. bietet die Möglichkeit, den Streik zu entpolitisieren und aus den Streitigkeiten um das vermeintlich ›richtige‹ Erbe der Solidarność herauszuheben. Dieses überaus versöhnliche Ende ist aller realgeschichtlichen Argumentation entbunden. Florian Peters kommt ebenfalls zu einem ähnlich eindeutigen Urteil:

> The new permanent exhibition at the European Solidarity Center can hardly claim to be a multiperspective presentation of the still controversial history of the anticommunist opposition movement. Instead, it offers a fairly unambiguous interpretation of the past, the details of which get rather fuzzy when it comes to the question of what factors were crucial for Solidarity's success.[31]

Doch neben den geschichtlichen Entwicklungen bis zum Systemwandel in den Jahren 1989/90 gerät auch die gesamte Phase danach aus der Perspektive. Die politischen und insbesondere ökonomischen Folgen der Transformation werden nicht berücksichtigt. So wird die Frage, ob der politische Erfolg ökonomische und soziale Verwerfungen nach sich zog, nicht gestellt.

Eine weltgeschichtliche Perspektive, die die Solidarność als gewaltlose und siegreiche Bewegung in einen globalen Freiheitskampf einschreibt, wird deshalb

---

29 Siehe ebd. Zur Rolle von Wałęsa und Johannes Paul II. als Hauptpersonen der Erzählung vgl. auch ZIĘBIŃSKA-WITEK: Muzealizacja komunizmu w Polsce i Europie Środkowo-Wschodniej [Musealisierung des Kommunismus in Polen und Ostmitteleuropa] (wie Anm. 5), S. 52.
30 Czerney fügt dem nationalen und katholischen noch die männliche Dominanz hinzu. Siehe CZERNEY: Zwischen Nation und Europa (wie Anm. 3), S. 229 und S. 252.
31 PETERS: »Solidarność« Yesterday – Solidarity Today? (wie Anm. 4).

in zweierlei Weise der lokalen Geschichte nicht vollends gerecht. Zum einen wird die Solidarność zu einem geschichtslosen Mythos, der ohne sozialgeschichtliche Prozesse und Untiefen auskommt. Die Geschehnisse in der Weft werden nicht historisch, sondern geschichtsteleologisch eingeordnet. Zum anderen werden viele Spezifika der Streiks in Gdańsk, das auch im Staatssozialismus noch einige lokalgeschichtliche Besonderheiten aufwies und von jahrhundertelanger Migration geprägt blieb,[32] von ebenso traditionellen wie nationalen Geschichtsbildern überdeckt. Die Geschichte der Solidarność wird zu einer weiteren Facette des romantischen (und katholischen) polnischen Freiheitskampfes und zu einem »nationalen Branding« genutzt.[33] Die Funktion des ECS allein auf die Propagierung der polnischen (Vorreiter-)Rolle beim Sturz des Kommunismus zu verkürzen, wäre dennoch unsachgemäß. Denn seit seiner Eröffnung spielen das ECS und seine vielfältigen Bildungsprogramme und zivilgesellschaftlichen wie geschichtspolitischen Initiativen eine durchaus wichtige Rolle bei der Erschließung und Belebung der postindustriellen Werft.

3. Zivilgesellschaftliches Engagement und ›Revitalisierung‹ der ehemaligen Werft

In der polnischen Sprache bezeichnet das Wort ›Revitalisierung‹ (poln.: rewitalizacja) die Zurückgewinnung verfallender urbaner Räume. Es setzt sich theoretisch von einer stetig zunehmenden Gentrifizierung ab und meint die zivilgesellschaftliche Adaption und Belebung eines Stadtteils durch dessen Bewohner*innen mit der Hilfe zumeist kommunaler bzw. europäischer Gelder. Gerade im geschichtlich so zerklüfteten, uneindeutigen und vielfältigen Gdańsk ist ›Revitalisierung‹ ein beliebtes und manchmal euphemistisches Modewort (wenn etwa an alten Standorten teure Appartements entstehen) zivilgesellschaftlicher Akteur*innen und Politiker*innen. Für die ›Revitalisierung‹ des ehemaligen Werftgeländes nimmt das ECS eine wichtige Rolle ein.

Hervorgegangen ist das Europäische Solidarność-Zentrum aus einer Stiftung, in deren Rahmen viele – zunehmend zerstrittene – ehemalige Akteur*innen der Solidarność ein Gedenken an die Ereignisse und an ihre eigene Rolle anstrebten.

---

32 Siehe PIOTR PERKOWSKI: Gdańsk – miasto od nowa. Kształtowanie społeczeństwa i warunki bytowe w latach 1945–1970 [Gdańsk – Stadt von Neuem. Die Entwicklung der Gesellschaft und die Lebensbedingungen in den Jahren 1945–1970]. Danzig 2013.

33 Siehe ZIĘBIŃSKA-WITEK: Muzealizacja komunizmu w Polsce i Europie Środkowo-Wschodniej [Musealisierung des Kommunismus in Polen und Ostmitteleuropa] (wie Anm. 5), S. 62 f.

Eingebunden waren ehemalige Mitglieder und Funktionäre der Solidarność – allen voran Lech Wałęsa –, der 2019 ermordete Gdańsker Bürgermeister Paweł Adamowicz, der polnische Kulturminister oder der Erzbischof von Gdańsk. Am 31. August 2005, zum 25. Jahrestag der Geburt der Solidarność, unterschrieben über 20 Präsident*innen und Regierungschef*innen europäischer Länder den Gründungsakt des ECS.[34] Unterstützt von städtischen, regionalen und dann auch europäischen Politiker*innen und Geldgeber*innen nahm die Baustelle am Werfttor einige Jahre später Gestalt an, ohne dass Außendarstellung und Ausstellung inhaltlich wesentlich an Kontur gewonnen hätten. Unter anderem vor diesem Hintergrund wurde der Direktor des ECS, ein katholischer Geistlicher, von dem deutsch-polnischen Politikwissenschaftler Basil Kerski abgelöst. Kerski hatte sich als Herausgeber der Zeitschrift *Dialog* und Mitarbeiter von Thinktanks viele Verdienste um die deutsch-polnischen Beziehungen erworben. Unter seiner Ägide nahm die Arbeit an der Ausstellung Gestalt an und wurde tatsächlich bis zur Eröffnung des Zentrums abgeschlossen – eine wahre Herkulesaufgabe angesichts vorheriger Versäumnisse.

Fast wichtiger noch erscheint der Perspektivwechsel, den Kerski einleitete. Unter dem Motto »Think global, act local« lenkte er zunehmend den Blick auf die postindustrielle Landschaft der Werft und das Potential zivilgesellschaftlicher Teilhabe und Aktivität in der (Rück-)Eroberung dieses Terrains. Kerski beschrieb im Rückblick in einem Album zum zehnjährigen Bestehen des ECS, dass viele Einwohner*innen der Stadt dem Bau des (teuren) Zentrums skeptisch gegenüberstanden. So habe er auf einen »intensiven Dialog« gesetzt, um den Danziger*innen die »Ideen des ECS« zu erklären.[35] Gleichzeitig legte er Wert darauf, dass zur Gründungsphase des ECS die »Fähigkeit zum gemeinsamen Engagement über parteipolitische Grenzen« hinweg geherrscht habe.[36] Aus diesen Erklärungen ex post lässt sich herauslesen, wie sehr der neue Direktor einen im derzeitigen Polen längst vergessenen und politisch absichtlich beseitigten Willen zu Dialog und Kompromiss in die Geschichte des ECS einschreiben möchte.

Dieser Wille lässt sich an zwei weiteren Beispielen aufzeigen: Einerseits argumentierte Kerski, dass das ECS politische und gesellschaftliche Spaltungen bewusst ausgeglichen und in der Folge auch immer wieder überwunden habe. Zum Zweiten

---

34 Siehe BASIL KERSKI: Gdańska agora, europejskie centrum [Danziger Agora, europäisches Zentrum]. In: EUROPEJSKIE CENTRUM SOLIDARNOŚCI (Hrsg.): Portret pierwszego dziesięciolecia [Porträt des ersten Jahrzehnts]. Danzig 2017, S. 7–20, hier S. 14. Abgerufen unter der URL: https://www.ecs.gda.pl/library/File/nauka/e-booki/ECS_Portret_dziesieciolecia.pdf, letzter Zugriff: 21.06.2021.
35 Siehe ebd., S. 17 (alle Übersetzungen aus dem Polnischen stammen vom Verfasser).
36 Siehe ebd., S. 15.

schilderte er – damit durchaus im Zusammenhang stehend –, dass die Bewahrung der Werft als historisches und kulturelles Erbe ein stetes Bestreben während seiner Zeit als Direktor gewesen sei. Darin zeigt sich Kerskis Gespür für die Bedeutung historischer Landschaften für politische und gesellschaftliche Zusammenhänge. Ob diese Ziele jedoch tatsächlich gesellschaftliche Relevanz erhielten, müsste durch gezielte soziologische Untersuchungen aufgezeigt werden. Über die Übergabe und Eröffnung des Gebäudes schrieb Kerski:

> Dank einer ausgearbeiteten Philosophie der Eröffnung ist es uns gelungen, eine positive Atmosphäre um das ECS zu erschaffen und innerhalb weniger Stunden die Sympathie vieler Tausend Bürger zu gewinnen. Die Philosophie der Eröffnung war sehr einfach und charakterisiert unsere Institution bis heute. Wir behandelten alle Bürger gleich, wir gaben ihnen das Gefühl, dass das ihr Platz ist. Zusammen mit den Bürgern betraten um 10 Uhr der legendäre Anführer der »Solidarność«, Lech Wałęsa, der Bürgermeister Gdańsks, Paweł Adamowicz, und die Kulturministerin Małgorzata Omilanowska, der Marschall des Senats der Republik Polen Bogdan Borusewicz, Andrzej Wajda mit Krystyna Zachwatowicz und viele andere Helden der »Solidarność« das ECS. Es gab keinen Bereich für VIPs.[37]

In diesem Geist seien alle die »Helden dieses Tages« gewesen. Ich möchte nicht anzweifeln, dass diese Gedanken der Eröffnungsfeier zugrunde lagen. Ob damit gesellschaftliche Unterschiede mehr als nur symbolisch eingeebnet wurden, kann vor dem Hintergrund gerade der jüngeren politischen und gesellschaftlichen Verwerfungen in Polen bezweifelt werden.

Auch deshalb stellte sich Kerski weiterhin die Frage, durch welche Konzeption und welche Tätigkeiten das ECS Einfluss auf die gesellschaftliche Entwicklung nehmen könne. Die Antwort liege in der Wiege der Solidarność: »Nach meiner Überzeugung war die Solidarność die Gestaltwerdung einer einfachen Idee: denke universell, handle lokal.«[38] Tatsächlich ist diese Formel als Gedankengerüst attraktiv. Doch ist die Verknüpfung der historischen Solidarność der Augusttage 1980 mit dieser Handlungsmaxime einer globalisierten Welt nur aus ideengeschichtlicher Sicht plausibel. Inhaltlich nimmt diese Übertragung von historisch sehr Besonderem in das große Ganze den Mythos auf, der auch in der Ausstellung angelegt ist. Jenseits dieser teils recht verklärenden Sicht auf eine Deutung der Ereignisse in der Gdańsker Werft eröffnet die Präsenz des ECS am historischen Ort aber auch neue Spielräume, die Lesbarkeit des Ortes zu erhöhen. Kerski wies ebenfalls darauf hin, dass sich von der Aussichtsterrasse des ECS der

---
37 Ebd., S. 17.
38 Siehe ebd., S. 20.

Blick auf die »zweite Ausstellung« des Zentrums weite: die historische Werft und die Altstadt.[39] Dieser Ausblick rege »das Nachdenken über den Wert der Bedeutungen und kulturellen Codes, die sich tief in diesen Ort eingeschrieben haben, und deren Wirkung auf die Identität der Stadt und der Menschen an.«[40]

Den Wendepunkt im Umgang mit der postindustriellen Werft verortete Kerski in dem Moment, als eine Kunstkuratorin, zahlreiche ehemalige Solidarnośćmitglieder und er selbst die Initiative zum Schutz des alten Werftgeländes ergriffen. Anstoß dazu war der Abriss jener Werkhalle, in der Anna Walentynowicz[41] gearbeitet hatte. Ihre Entlassung aus der Werft und der Protest der Werftarbeiter*innen dagegen hatten im Jahr 1980 die Streiks initiiert; nun war es ausgerechnet der 33. Jahrestag der Ausrufung des Kriegsrechts am 13. Dezember 1981, an dem die Halle abgerissen wurde. Im Anschluss an den Abriss entstand bis 2014 ein Register von Gebäuden und Objekten, die unter Denkmalschutz gestellt werden sollten.[42] Man kann auf der Basis dieser Initiative von einem gewissen Grad der Institutionalisierung der Bewahrung des materiellen Erbes der Werft sprechen.[43]

Inzwischen ist der Schritt zum Denkmalschutz erfolgt; aus anfangs künstlerischem und zivilgesellschaftlichem Interesse am kulturellen und materiellen Erbe der Werft ist auch mithilfe des ECS eine relativ breite politische und kulturelle Unterstützung geworden. Allerdings ist nicht zuletzt wegen der attraktiven Lage in einer postindustriellen Kulturlandschaft der Schiffdocks sowie der Werftkräne und -hallen und wegen der unmittelbaren Nähe zum Stadtzentrum wie zur Ostsee aus einer Industriebrache ein beliebtes Gebiet für Investor*innen geworden. Im Sommer öffnen zwischen den Hallen alternativ geprägte Cafés und Bars. Aus einem Gebiet, das seit der Mitte des 19. Jahrhunderts durch Arbeiter*innen und Schwerindustrie geprägt wurde, wird wohl eine Wohn- und Arbeitsgegend der (gehobenen) Mittelschicht werden. Fußend auf den Fundamenten der Werft soll die Junge Stadt entstehen, die antizyklisch polnisch-deutsches Mittelalter mit polnisch-globalem 21. Jahrhundert verbindet. Die Geschichte des Ortes wird so – ein sich wiederholendes Muster der Ausstellung, der Rhetorik Kerskis und

---

39 Siehe BASIL KERSKI/ANDRZEJ TRZECIAK: Historyczna i nowa agora [Historische und neue Agora]. In: EUROPEJSKIE CENTRUM SOLIDARNOŚCI (Hrsg.): Portret pierwszego dziesięciolecia [Porträt des ersten Jahrzehnts] (wie Anm. 34), S. 23–35, hier S. 24.
40 Ebd.
41 Siehe Anm. 18.
42 Vgl. GAWLICKI: Wartości kulturowe terenów dawnej Stoczni Gdańskiej [Die kulturellen Werte der Gebiete der ehemaligen Danziger Werft] (wie Anm. 12), S. 624.
43 Vgl. KERSKI/TRZECIAK: Historyczna i nowa agora [Historische und neue Agora] (wie Anm. 39), S. 31.

nun der Stadtbebauung – stärker verdrängt als angeeignet. Die Orte, an denen Geschichte tatsächlich stattfand – wie der Arbeitsschutzsaal und das Werfttor – sind topografisch in ihrer Bedeutung an den Rand gedrängt; sie sind wieder so lokal wie bereits vor 1980. Die weltgeschichtliche Bedeutung der Solidarność wird im ECS verkapselt. Hier wird die sozialgeschichtliche Komponente der Streikbewegung zu einem universellen Freiheitskampf verklärt. Das ECS ist zugleich Schrein und Zeitkapsel dieser Geschichte: Auf der Schwelle zwischen Stadt und Werft trennt es beide Sphären, statt sie miteinander in Bezug zu setzen und so neue Betrachtungsweisen zu ermöglichen. So hat Kerski zwar Recht, dass auf dem Dach des ECS eine zweite Ausstellung wartet und hier tatsächlich zu erfassen ist, wie dicht Stadt und Werft zusammenhängen. Doch bietet das Innere des ECS keine Erklärungen, um diese Zusammenhänge oder die Widersprüche insbesondere der Transformationszeit besser zu verstehen.

4. Schlussbemerkung

Der von Loew beobachtete geschichtliche Rhythmus der lokalen Weltstadt Gdańsk gipfelte in den Ereignissen in der vormals deutschen, dann polnisch-staatssozialistischen Werft im August 1980. Vor die Herausforderung gestellt, diese Ereignisse nicht nur angemessen, sondern auch historisch gut begründet darzustellen, sieht sich jedes Kulturzentrum oder Museum kaum zu überwindenden Aporien gegenüber. Das ECS ist an dieser Aufgabe glorreich gescheitert. Nochmals in Florian Peters Worten:

> The greatest challenge faced by the Solidarity Center in Gdańsk, however, is conveying the specific social and cultural milieu which served as a breeding ground for the movement, a milieu that the majority of visitors today are not necessarily familiar with. Without putting things in this historical context, any attempt at museumizing this movement runs the risk of being nothing more than the sterile regurgitation of this myth.[44]

Die Entstehungsgeschichte, die Architektur und die Dauerausstellung des ECS stehen für einen eindeutigen Trend der nationalstaatlichen Erzählung der polnischen Transformationsgeschichte seit 1989. Sie schreiben sich ein in die Geschichte eines politischen und wirtschaftlichen Erfolgs, der in den städtischen Zentren Millionen von Menschen ein besseres Leben als zu staatssozialistischen Zeiten gebracht hat. Mentalitätsgeschichtlich ist die Transformation allerdings nicht

---

44 PETERS: »Solidarność« Yesterday – Solidarity Today? (wie Anm. 4).

ganz so glatt verlaufen, wie dies vor allem die wirtschaftlichen Kennziffern suggerieren. Soziologische Untersuchungen schlagen ein ganzes Bündel von Gründen vor, warum nach wirtschaftlich und politisch erfolgreichen Jahren die populistische und nationalkonservative PiS-Partei 2015 sowohl Präsidentschafts- wie Parlamentswahlen (diese auch ein zweites Mal 2019) gewann. Diese Gründe reichen von der Auffassung vieler Menschen, in der Politik nicht gehört zu werden, über das Anliegen, (größeren) gesellschaftlichen Einfluss zu gewinnen oder sich als überlegen gegenüber ›Fremden‹ zu generieren, bis zu dem Wunsch, dass der Staat sie durch sozialpolitische Maßnahmen besser absichere.[45] Diese oftmals fremdenfeindlichen und homophoben Einstellungen und Praktiken finden in der polnischen Gesellschaft wiederholte Mehrheiten.

Menschen, die so oder ähnlich denken, gehören eher nicht zu jenen, die mit den zivilgesellschaftlichen Zielen des ECS sympathisieren. Während das Zentrum eine offene Gesellschaft befördern möchte, setzen die PiS (und viele ihrer Wähler*innen) auf eine Strategie der Schließung von Gesellschaften entlang vermeintlicher ethnischer und kultureller Grenzen. Es ist sehr zu bezweifeln, ob die Bestrebungen zu Solidarität und Teilhabe, für die das ECS als Institution steht und die sich in der Rhetorik und Tätigkeit Kerskis gut aufzeigen lassen, diese gesellschaftlichen Gruppen erreichen.

Zu einem gewissen Grad steht sich das ECS trotz dieser deutlichen Bemühungen um einen Ausgleich zwischen den verschiedenen politischen, wirtschaftlichen und sozialen Fragmentierungen der polnischen Gesellschaft in seiner grundsätzlichen Verfasstheit selbst im Weg. Indem die Architektur symbolisch die postindustrielle Landschaft der Werft und die Ausstellung inhaltlich die Geschichte der Solidarność von der Sozialgeschichte der Transformationszeit abkapseln, läuft die Institution in eine rhetorische Sackgasse. Indem das ECS das große – und gelungene – Wagnis von Solidarność und Transformation als geschichtslose Erzählung vom Kampf um die Freiheit präsentiert und indem sie den zunächst lokalen historischen Ort und die dortigen Ereignisse zu einem Symbol der Weltgeschichte verklärt, gewinnen das ECS und andere liberal-demokratische Akteur*innen in Polen keine Deutungshoheit. Denn sie sparen gerade jene gesellschaftlichen Bereiche und Gruppen aus, in denen der (Rechts-)Populismus Erfolge verbucht. Man überlässt so die Erzählung der Transformation zunehmend jenen, die derzeit

---

45 Siehe MACIEJ GDULA: Dobra zmiana w miastku. Neoautorytaryzm w polskiej polityce z perspektywy małego miasta [Der gute Wandel in Miastko. Neoautoritarismus in der polnischen Politik aus der Perspektive einer kleinen Stadt]. Abgerufen unter der URL: https://krytyka polityczna.pl/instytut/wp-content/uploads/sites/4/2017/10/Dobra-zmiana-w-Miastku.pdf, letzter Zugriff: 21.06.2021.

in Polen mit den Mitteln des Nationalismus und der Geschichtsfälschung einen autoritären Staat aufbauen.

Institutionen wie das ECS müssen sich – nicht nur in Polen – fragen, wie es gelingen kann, sinnstiftende Erzählungen gegen rechtspopulistische Fake News zu verteidigen und trotzdem die Brüche unserer Zeit nicht unter dem Mantel eines globalen Universalismus zu verdecken. Genau auf diesen Komplex zielt Andreas Reckwitz, wenn er den Kuluressentialismus – unter den auch die Politik der PiS gefasst werden muss – als Gefahr und Herausforderung analysiert:

> Die politische Herausforderung des Liberalismus lautet dann, wie dieser nicht nur dem Kulturessenzialismus in seinen verschiedenen Spielarten unmittelbar in der politischen Auseinandersetzung begegnet, sondern auch und gerade wie er auf die sozialen und kulturellen Entwertungsprozesse antwortet, die dessen Entstehung begünstigt haben und weiter begünstigen.[46]

Vor dem Hintergrund der Erfahrungen und Praktiken in Polen, wie sie sich unter anderem am Beispiel des ECS zeigen, müssen andere Lösungen gesucht werden. Bei aller Ablehnung und auch grundlegender Gegnerschaft, auf die Politikmodelle wie die der PiS treffen müssen, dürfen Erklärungsversuche, warum sie an die Macht kommen konnten, nicht vereinfachen. Aus meiner Sicht sollten Erklärungen nicht die gewollte oder ungewollte Beteiligung des liberal-demokratischen Spektrums an den Entwicklungen ausblenden und sie dürfen vor allem die Populist*innen in ihrem Freund-Feind-Denken nicht auch noch bestätigen.

---

46 ANDREAS RECKWITZ: Die Gesellschaft der Singularitäten. Zum Strukturwandel der Moderne (Schriftenreihe/Bundeszentrale für Politische Bildung, 10213). Bonn 2018, S. 422 f.

Umdeutungen und Deutungskämpfe

Alexander Leistner · Anna Lux

Von der Uneindeutigkeit des Widerstands

Um- und Neudeutungen der ›Friedlichen Revolution‹ seit 1989

Das Erbe von 1989 war und ist Gegenstand intensiver Aushandlungen, '89[1] mithin ein umstrittener Erinnerungsort.[2] Die Frage, welche Narrative in den letzten 30 Jahren miteinander konkurrierten, ist der Ausgangspunkt dieses Beitrags. Dabei geht es zum einen darum, die verschiedenen Deutungsmuster für sich zu beobachten und zu ordnen, zum anderen darum, inhaltliche Akzent- und Bedeutungsverschiebungen ebenso sichtbar zu machen wie die sich wandelnden politisch heterogenen Trägergruppen. Der Untersuchung der Erinnerungen an 1989 liegt ein gegenwartsbezogenes Verständnis von erinnerungskulturellen Deutungskämpfen zugrunde. Diese bringen, so Edgar Wolfrum,

> Aspekte der politischen Kultur und des politischen Selbstverständnisses einer Gesellschaft zum Ausdruck und vermitteln Zugehörigkeiten. Mit der Auswahl, was und wie erinnert wird, und der Inszenierung des Erinnerns an vergangene politische Ereignisse wird gegenwärtige politische Ordnung gedeutet und legitimiert.[3]

Ausgehend von einer chronologischen Perspektive zeigen sich bereits früh (noch im Herbst 1989) politische Deutungsversuche von rechts. In den 1990er und Nullerjahren fanden die Aushandlungsprozesse dann vor allem zwischen Angehörigen der ehemaligen DDR-Opposition statt. Diese wurden ergänzt um symbolische Bezugnahmen auf '89, die sich mit der Montagsdemonstration als eigenständiges »Protestparadigma« etablierten.[4] Seit etwa fünf Jahren werden Motive und Praktiken dieser Auseinandersetzungen durch PEGIDA (Patriotische Europäer gegen

---

1 Im Text unterscheiden wir 1989 als Jahreszahl von ›'89‹ als Chiffre.
2 Siehe MARTIN SABROW: »1989« als Erzählung. In: *Aus Politik und Zeitgeschichte* 35–37 (2019), S. 25–33.
3 EDGAR WOLFRUM: Erinnerungskultur und Geschichtspolitik als Forschungsfelder. Konzepte – Methoden – Themen. In: JAN SCHEUNEMANN (Hrsg.): Reformation und Bauernkrieg. Erinnerungskultur und Geschichtspolitik im geteilten Deutschland (Schriften der Stiftung Luthergedenkstätten in Sachsen-Anhalt, 11). Leipzig 2010, S. 13–47, hier S. 15.
4 Siehe DIETER RINK: Die Montagsdemonstrationen als Protestparadigma. Ihre Entwicklung von 1991 bis 2016 am Beispiel der Leipziger Protestzyklen. In: PRISKA DAPHI u. a. (Hrsg.):

die Islamisierung des Abendlandes) und die Partei Alternative für Deutschland (AfD) übernommen, eigensinnig gewendet und radikalisiert. Zugleich eröffnen diese Neudeutungen neue Sinnbezüge und Resonanzräume, die, so unsere These, durch tieferliegende soziale Wandlungsprozesse in Ostdeutschland begründet sind: Spätestens mit dem Aufkommen von PEGIDA wurde ein schwelender Konflikt zwischen politischen Ordnungsvorstellungen sichtbar, der sich wesentlich aus den Bezügen auf '89 speist. Das dahinterliegende Narrativ bezeichnen wir als ›Widerstandsnarrativ‹. Topoi und Bezüge aus der bisherigen Auseinandersetzung mit '89 werden darin aufgegriffen, von rechts umgedeutet, inhaltlich entgrenzt und mit ganz unterschiedlichen gesellschaftlichen Konfliktthemen verknüpft. Das Widerstandsnarrativ ist dabei zu großen Teilen von der vorher dominierenden Trägergruppe im Diskurs (den ehemaligen DDR-Oppositionellen) losgelöst sowie deutlich radikaler und gewaltsamer in seiner Grundausrichtung.

1. Methodische Vorbemerkung: zur narrativen Struktur kollektiven Erinnerns und wissenschaftlichen Erklärens

Die Aneignung von Vergangenheit vollzieht sich auf privater wie öffentlicher Ebene meist narrativ, und auch geschichtspolitisch sind Vergangenheitsbezüge in der Regel als Narrativ wirksam. Ein Geschehen wird aus dem kontingenten, schweigsamen Ereignisstrom herausgelöst »und in eine verständliche, abgeschlossene Geschichte mit Anfang und Ende überführt [...] – eine Operation, bei der heterogenes Material selektiert und perspektivisch angeordnet wird.«[5] Im Falle geschichtspolitischer Narrative wird Vergangenes nicht eben nur ausgewählt, zusammengefügt, in übergeordnete Prozesse eingebunden und sinnhaft aufgeladen. Oft wird das Geschehen zudem heroisiert, szenenhaft verdichtet und mythisch imprägniert.[6] Geschichtspolitisch wirksame Narrative lassen sich auf solche Kompositionsprinzipien hin untersuchen und unterscheiden. Es macht dabei einen Unterschied, ob man den Herbst 1989 in einer aufeinander

---

Protest in Bewegung. Zum Wandel von Bedingungen, Formen und Effekten politischen Protests (Leviathan, Sonderband 33). Baden-Baden 2017, S. 284–307.

5 AXEL RÜTH: Narrativität in der wissenschaftlichen Geschichtsschreibung. In: MATTHIAS AUMÜLLER (Hrsg.): Narrativität als Begriff. Analysen und Anwendungsbeispiele zwischen philologischer und anthropologischer Orientierung (Narratologia, 31). Berlin 2012, S. 21–46, hier S. 24.

6 Siehe WOLFGANG BERGEM: Narrative Formen in Geschichtspolitik und Erinnerungskultur. In: WILHELM HOFMANN/JUDITH RENNER/KATJA TEICH (Hrsg.): Narrative Formen der Politik. Wiesbaden 2014, S. 31–48.

aufbauenden Kontinuität von Krisen erzählt;[7] ob man den 9. Oktober und die Leipziger Montagsdemonstrationen oder die Maueröffnung am 9. November als Wendepunkt konturiert oder ob man die Demonstration auf dem Berliner Alexanderplatz am 4. November und damit die Positionen, die auf eine Reform der DDR zielten, ins Zentrum rückt. Auch macht es einen Unterschied, wann und wie man die Narrative enden lässt, ob als abgeschlossene (Erfolgs-) Geschichte, die sich in der Wiedervereinigung erfüllt, oder ob man diese einbettet und verlängert in eine widersprüchliche und ambivalente Transformationsgeschichte.[8]

Die Erkenntnis der Bedeutung von Narrativen ist vielleicht trivial. Sie gewinnt an Relevanz durch die Einsicht, dass auch wissenschaftliche Erklärungen eine narrative Struktur besitzen.[9] Forscher*innen sind darauf angewiesen, Anfangs- und Endpunkte festzulegen, für eine Erklärung historisch weit auszuholen, über die Verknüpfung einzelner Elemente eine (scheinbare) Kohärenz herzustellen, Kontinuitäten zu konstruieren und mit impliziten theoretischen Teleologien zu operieren (etwa der Modernisierungstheorie).[10] Doch bereits die Reflexion über die Narrativität jeder historischen Darstellung kann für implizite Kausalitäten ebenso sensibilisieren wie routinierte Erzählmuster aufbrechen. Mögliche methodische Zugänge können sein, gedankenexperimentell Anfangs- und Endpunkte zu variieren, Erzählmuster kontraintuitiv zu kontrastieren, kontrafaktische Überlegungen anzustellen,[11] die

---

7   Siehe MATTHIAS STEINLE: Drei Krisen und das Wunder ihres Endes: Die DDR im deutschen Dokudrama. In: HANS-JOACHIM VEEN (Hrsg.): Das Bild der DDR in Literatur, Film und Internet. 25 Jahre Erinnerung und Deutung (Europäische Diktaturen und ihre Überwindung, 21). Köln/Weimar/Wien 2015, S. 81–100.
8   Siehe exemplarisch STEFFEN MAU: Lütten Klein. Leben in der ostdeutschen Transformationsgesellschaft. Frankfurt 2019; ILKO-SASCHA KOWALCZUK: Die Übernahme (C. H. Beck Paperback, 6355). München 2019.
9   Siehe für die Geschichtstheorie HAYDEN WHITE: Metahistory. Die historische Einbildungskraft im 19. Jahrhundert in Europa. Frankfurt am Main 1991; sowie für die Historische Soziologie HELLA DIETZ: Prozesse erzählen – oder was die Soziologie von der Erzähltheorie lernen kann. In: RAINER SCHÜTZEICHEL/STEFAN JORDAN (Hrsg.): Prozesse. Formen, Dynamiken, Erklärungen. Wiesbaden 2015, S. 321–335.
10 In einem bestimmten Maß ist das Problem aber schwer zu umgehen: »Da erstens weder Anfangs- noch Endpunkt durch die soziale Wirklichkeit festgelegt sind, müssen beide gesetzt und in Bezug auf ein zu klärendes (Forschungs-)Problem gerechtfertigt werden.« Ebd., S. 330.
11 Zum kontrafaktischen Denken als wissenschaftlicher Methodik siehe ROLAND WENZLHUEMER: Counterfactual Thinking as a Scientific Method. In: *Historical Social Research* 34 (2009), 2, S. 27–56. Die Frage ›Was wäre wenn …?‹ mit Blick auf '89 wird in verschiedenen Romanen aufgegriffen; ein besonders spannendes Gedankenexperiment stellt der britische Autor Max Hertzberg an, wenn er – nachdem sich die damalige Oppositionsbewegung durchgesetzt hat – im Jahr 1993 die politische Praxis eines demokratischen

Erzählperspektive zu dezentrieren und zu pluralisieren.¹² Für die Variation von Zeiträumen in Bezug auf 1989 stehen aktuelle Forschungen, die die Ereignisse in eine »lange Geschichte von Revolution und Transformation« einbetten und damit den Einfluss von Veränderungen in der DDR auf den Revolutionsherbst ebenso nachzeichnen wie die Widersprüchlichkeit seines Nachlebens.¹³ Das Durchbrechen routinierter Erzählmuster erfolgt auch, indem ostdeutsche Opfernarrative (als Selbst- und Fremdzuschreibung) mit Darstellungen kontrastiert werden, wonach die Ostdeutschen »als Avantgarde« zu verstehen sind.¹⁴ Dezentrierung könnte bedeuten, die Zäsur von 1989 aus der Perspektive der sozialistischen ›Bruderländer‹ oder aber der in die DDR entsandten Vertragsarbeiter*innen zu erzählen. Innerhalb solcher Geschichten von der friedlichen Revolution,¹⁵ von Wendezeit und der ostdeutschen Transformationsgesellschaft werden andere Ereignisse relevant und sichtbar – etwa solche, die auf die Entstehung exzeptionalistischer Identitätsangebote einer ostdeutschen Überlegenheit hindeuten. Methodologisch geht es dabei immer um Perspektivverschiebungen, Ein- und Entbettungen sowie um Sensibilisierungen.

Sozialismus nachzeichnet, der vor allem auf direkter und partizipatorischer Demokratie basiert. Siehe MAX HERTZBERG: Stealing the Future. An East German Spy Story. Leeds 2015.
12 Siehe KONRAD JARAUSCH: Die Krise der nationalen Meistererzählungen. Ein Plädoyer für plurale, interdependente Narrative. In: DERS./MARTIN SABROW (Hrsg.): Die historische Meistererzählung. Deutungslinien der deutschen Nationalgeschichte nach 1945. Göttingen 2002, S. 140–162.
13 Siehe KERSTIN BRÜCKWEH/CLEMENS VILLINGER/KATHRIN ZÖLLER (Hrsg.): Die lange Geschichte der »Wende«. Geschichtswissenschaft im Dialog. Berlin 2020.
14 Siehe WOLFGANG ENGLER: Die Ostdeutschen als Avantgarde. Berlin 2002.
15 Wir verwenden ›friedliche Revolution‹ hier als einen zeitgenössischen Begriff, der das dezidiert friedliche Moment der Proteste (»Keine Gewalt!«) im Herbst 1989 in den Vordergrund rückt. In Großschreibung und als fester Terminus ähnlich der ›Französischen Revolution‹ etablierte sich ›Friedliche Revolution‹ seit den Nullerjahren vor allem in Abgrenzung von dem Begriff ›Wende‹, der, weil von Egon Krenz verwendet, um den Versuch einer politischen Wende ›von oben‹ zu markieren, als untragbar galt. Gleichzeitig spielt ›Wende‹ lebensweltlich nach wie vor eine wichtige Rolle in biografischen Erzählungen, in den letzten Jahren ergänzt um das unspezifische ›Früher/Heute‹ oder das raum-zeitliche Kompositum ›zu Ostzeiten‹. Für die gegenwärtige historische Debatte um 1989 steht aus unserer Sicht eine (neue) Diskussion der Begriffe aus, die die geschichtspolitische und erinnerungskulturelle Dimension ihrer Verwendung und ihrer ›Setzungen‹ im Spannungsfeld von Lebenswelt, Aufarbeitungslandschaft und Geschichtswissenschaft reflektiert und historisiert. Vgl. zur Begriffsgeschichte BERND LINDNER: Begriffsgeschichte der Friedlichen Revolution. Eine Spurensuche. In: *Aus Politik und Zeitgeschichte* 24–26 (2014), S. 33–39, sowie zum Versuch einer Neujustierung des Wendebegriffs BRÜCKWEH/VILLINGER/ZÖLLER (Hrsg.): Die lange Geschichte der »Wende« (wie Anm. 13). Zu den Begrifflichkeiten zu 1989/90 siehe zudem den Beitrag von Ralph Jessen in diesem Band.

Was bedeutet das nun für die Um- und Neudeutungen von '89? Für die Darstellung des Wandels deutender Bezugnahmen heben wir weniger auf die dominierenden Narrative der öffentlichen Erinnerungskultur ab,[16] sondern präsentieren eine Auswahl von Beispielen aus der ostdeutschen Protestgeschichte, die für die Reflexion der Erinnerung an '89 bislang kaum eine Rolle spielten.

2. '89 als »erste deutsche Wende« – frühe ›völkische‹ Beobachtungen

Generell gilt, dass Deutungsmuster, die eine sichtbare Resonanz erfahren, häufig bereits länger existieren und ausformuliert wurden. Nicht selten aber sind sie zunächst noch randständig und isoliert. Sie sind quasi eigensinnige Artikulationen außerhalb der öffentlichen Arenen geschichtspolitischer Aushandlungen. Mit einer solchen Deutung vom Rande her wollen wir beginnen. Im Herbst 1989 bereist Peter Töpfer als selbsternannter »Revolutionsreporter« die DDR und filmt mit einer eingeschmuggelten Kamera die Demonstrationen in Leipzig und Dresden.[17] Er fährt auch nach Plauen, um Interviews zu führen,[18] eine mittelgroße Stadt im heutigen Sachsen, die ebenfalls im Herbst 1989 im Mittelpunkt der Ereignisse stand. Denn bereits zwei Tage vor der dammbrechenden Demonstration auf dem Leipziger Ring hatten im Vogtland 25.000 Plauener*innen demonstriert und damit ein Viertel der Stadtbevölkerung, ohne dass es die Sicherheitsorgane hätten verhindern können.

Peter Töpfer war 1961 in Leipzig geboren worden. Er war Leistungssportler, beschäftigte sich mit Maoismus und Neodadaismus, floh nach Paris und in die Bundesrepublik. Zur Zeit der Interviews war er Herausgeber der antikommunistischen Zeitung *Der Montag*, die er in Leipzig und Berlin verkaufte. In Leipzig war er Anfang Dezember 1989 Mitgründer der ›Partei für die Wiedervereinigung Deutschlands‹ (PWD), seit den 1990er Jahren als Vertreter des sogenannten Nationalanarchismus Teil des organisierten Rechtsextremismus in Deutschland.

Im November 1989 steht Töpfer im ›Zoohaus Exot‹. Auf Aquaristik spezialisiert, hatte das Zoohaus einen schillernden Ruf im Süden der DDR. Im Interview

---

16 Siehe u. a. SEBASTIAN KLINGE: 1989 und wir. Geschichtspolitik und Erinnerungskultur nach dem Mauerfall (Histoire, 61). Bielefeld 2015.
17 Siehe die Website von Peter Töpfer unter der URL: http://peter-toepfer.de/kommando_john_reed/kommando_john_reed.html, letzter Zugriff: 21.06.2021.
18 Die Interviews führte Peter Töpfer mit Arbeiter*innen, Jugendlichen sowie mit einem Mitglied der Bürgerinitiative Plauen.

Abb. 1 Am 30. Oktober 1989 demonstrieren in Plauen 40.000 Menschen für Reformen und die Zulassung des Neuen Forums

mit Töpfer berichtet der selbstständige Familienunternehmer und Eigentümer des Fachmarkts, zugleich Mitglied der Plauener Bürgerinitiative, über die Demonstrationen und ihre Forderungen sowie darüber, wie er zum Demonstrationsvertreter der Bürgerinitiative wurde. Gegen Ende des Gesprächs fragt Töpfer, warum in Plauen so früh und prozentual so viele Bürger*innen demonstrierten. Darauf die Antwort des Zooladenbesitzers:

> Ich habe kein Konzept dafür, das muss ich ehrlich sagen. Warum diese Demonstrationsbewegung in Plauen, dafür habe ich kein absolutes Rezept. Aber ich könnte mir gut vorstellen, dass die Plauener ganz besonders frustriert sind, weil der Umgang der Staatsorgane mit den Bürgern sicherlich dabei eine entscheidende Rolle spielt. Vor allen Dingen nehme ich an, dass die Bearbeitung von Reiseanträgen im VPKA [Volkspolizeikreisamt] hier eine ausschlaggebende Rolle spielt. Die Bürger sind – so wie ich das einschätze – gegenüber anderen Städten ganz einfach benachteiligt gewesen. [...] Dann muss man natürlich auch einsehen, Plauen war seit jeher ein – na sagen wir ruhig mal – revolutionäres Zentrum und für Dinge, die sich im Bereich des Volkes, der Bürger abspielen schon immer anfällig.[19]

---

19 Transkript der Videodokumentation PETER TÖPFER: *Wo die Wende begann: Plauen (Vogtland) im Oktober 1989, DDR*. F/BR/DDR 1989. Dokumentation abrufbar unter der URL: https://www.youtube.com/watch?v=35_GJRJoUfY, letzter Zugriff: 21.06.2021.

Mit dieser Aussage versucht der Zoohändler den Unmut der Bevölkerung zu plausibilisieren, indem er ihn auf Benachteiligungen durch staatliche Organe sowie auf die periphere Lage der Stadt zurückführt – nicht nur geografisch, sondern auch mit Blick auf die materielle Versorgungslage. Er fährt fort mit einer historischen Kontextualisierung, die gleichermaßen vage wie selbstbewusst ist und in der er die Region als »revolutionäres Zentrum« markiert. Was er damit genau meint, bleibt im Dunkeln. Denkbar wären zwei revolutionäre Ereignisse in der Zeitgeschichte des Vogtlandes, auf die er referieren könnte: das Wirken des Landarbeitersohnes Max Hoelz, der in den 1920er Jahren – gegen den Willen der KPD – bewaffnete Kampfgruppen aufstellte, im Vogtland einen bewaffneten Aufstand initiierte und damit einen Einmarsch der Reichswehr provozierte. Oder aber die Vorreiterrolle Plauens bei der ›Machtergreifung‹ der Nationalsozialisten. Der Nationalsozialismus war in der Region bereits früh verankert und besonders radikal; außerhalb Bayerns galt Plauen als Brückenkopf im »roten Sachsen«.[20]

Dem Gesprächsverlauf merkt man die tastenden Deutungsversuche inmitten des Umbruchs an. Dennoch dokumentiert sich in den Ausführungen des Zoohändlers der frühe Versuch einer historisch kontinuierenden Bezugnahme. Auch wenn diese vage ist, zeigt sich das Muster, politisches Handeln in der Gegenwart aus einer historischen Widerstandstradition abzuleiten.

Weit eindeutiger sind die Deutungen des »Revolutionsreporters« Töpfer selbst. Ein halbes Jahr später, im Frühjahr 1990, erregt er in Ost-Berlin Aufsehen mit seiner neu gegründeten Wochenzeitschrift *Der Montag*. Darin plädiert er für ein Großdeutschland in den Grenzen von 1937, was dazu führt, dass der Zentrale Runde Tisch fordert, ihm die Presselizenz zu entziehen. Spätestens ab 2015 wird Töpfer seine Reportagen aus der DDR als »Zeiten der ersten Deutschen Wende« rahmen. Plauen – so seine Interpretation – sei die Stadt gewesen, die sich 1989 als erste gegen die kommunistische Besatzung erhoben habe. Die »zweite Wende«, der Aufstand gegen die »globalistisch-kosmopolitische Besatzung«, so Töpfer, stehe in Deutschland noch aus und an.

Töpfer, sozialisiert in der DDR und politisch radikalisiert in der Bundesrepublik der späten 1980er Jahre, führt damit beide politischen Systeme als gleichermaßen überholt ins Feld. Seine Forderung nach einer »Wende« verweist auf ein politisches ›Drittes‹. Zugleich zeigen sich bei ihm früh Konturen eines auf '89 bezogenen Widerstandsnarrativs, das die Herbstereignisse als Aufstand deutet und Ostdeutschland zu einem Kollektivsubjekt idealisiert, das ›besser‹, weil weniger ›indoktriniert‹ sei als ›der Westen‹. Ein neuerlicher Aufstand könne

---

20 Siehe MIKE SCHMEITZNER/FRANCESCA WEIL: Sachsen 1933–1945. Der historische Reiseführer. Berlin 2014, S. 10.

nur in »Mitteldeutschland« losbrechen, meint Töpfer später, als er die aufkommende PEGIDA-Bewegung als »zweite Deutsche Wende« in die revolutionäre Kontinuität zu 1989 stellt.[21]

Das Deutungsmuster einer »zweiten Wende« hatte in den frühen 1990er Jahren wenig Resonanz, und Töpfer blieb lange Zeit (auch aufgrund seiner Querfrontpolitik) eine isolierte Stimme innerhalb der extremen Rechten. Zugleich ist er ein frühes Beispiel für ein exzeptionalistisches Identitätsangebot, das den Osten als ›authentischer‹, ›intakter‹ markiert. Das Beispiel illustriert also eine spezifische Bedeutungsaufladung von 1989 innerhalb eines politisch rechten Milieus, das vor allem in der jüngsten Vergangenheit durch die Aktualisierung von '89 durch PEGIDA und die AfD mobilisiert werden konnte.

3. '89 als Erfolgs- oder Abbruchsnarrativ sowie als Regierungskritik: Deutungen durch ehemalige DDR-Oppositionelle

In den 1990er und Nullerjahren erfolgten erinnerungskulturelle Bezugnahmen auf '89 vor allem durch Vertreter*innen der ehemaligen Oppositionsbewegung. Diese war in sich selbst hochgradig heterogen und gab daher Anlass für intensive Auseinandersetzungen. Idealtypisch können zwei Formen unterschieden werden: eine konservatorische Bezugnahme auf '89 im Sinne von bewahrend und historisierend sowie eine aktualisierende Bezugnahme im Sinne einer direkten Verknüpfung der historischen Bezüge mit gegenwärtigen politischen Forderungen und Anliegen.[22]

3.1 '89 als Erfolgsgeschichte

Die konservatorische Position geht zu großen Teilen in dem auf, was Martin Sabrow als ›Revolutionsnarrativ‹ beschrieben hat, repräsentiert durch einen Teil der ehemaligen Oppositionellen. Im öffentlichen Erinnern, in Geschichtspolitik und Jubiläumskultur, bei der Vermittlung von Geschichte in Schulbüchern,

---

21 Alle Zitate Peter Töpfers dieses und des vorigen Abschnitts zit. nach der Videodokumentation PETER TÖPFER: *Zweite Deutsche Wende – Kundgebungen 2015*. BRD 2015. Abrufbar unter der URL: https://www.youtube.com/watch?v=T0liAkpCNRQ, letzter Zugriff: 21.06.2021.
22 Siehe GRETA HARTMANN/ALEXANDER LEISTNER: Umkämpftes Erbe. Zur Aktualität von »1989« als Widerstandserzählung. In: *Aus Politik und Zeitgeschichte* 35–37 (2019), S. 18–24.

Gedenkstätten und populären Darstellungen werden die Ereignisse als etwas Abgeschlossenes behandelt. Höhepunkt der Erzählung ist der Fall der Mauer am 9. November 1989, von dem aus die Wiedervereinigung 1990 als der einzig naheliegende Schritt erzählt wird. Das politische Engagement der oppositionellen Gruppen in der DDR wird auf den Widerstand gegen die SED-Herrschaft reduziert, als gemeinsames Ziel der Umbruch des Systems in den Mittelpunkt gestellt. Mit der Wiedervereinigung habe sich dieses Ziel ›erfüllt‹. Die Geschichte gilt damit als abgeschlossen und zum Erinnern und Gedenken ›freigegeben‹.

Im Narrativ der friedlichen Revolution werden die Ereignisse als eine Helden-, Erfolgs- und Emanzipationsgeschichte erzählt, eingebunden in die »klassische moderne Erzählung von Emanzipation und Souveränität, an deren Ende der souveräne Bürger und der demokratische Staat als Erfüllung der Moderne«[23] stehen. Andere Deutungen der historischen Ereignisse – repräsentiert im Rahmen von »Wendegedächtnis« und »Arrangementgedächtnis« sowie Positionen eines Dritten Wegs – wurden geschichtspolitisch weitgehend marginalisiert und medial abgewertet.[24] Bis in die Gegenwart zeigt sich die öffentliche Geltungsdominanz des Narrativs der friedlichen Revolution. Als Wächterin dieses ›richtigen‹ Erinnerns werden konservatorische Bezugnahmen insbesondere dann sichtbar, wenn das Erinnern an 1989 durch Aktualisierungen und Politisierungen herausgefordert wird.

3.2 '89 als ›abgebrochene Revolution‹

Die aktualisierenden Bezugnahmen auf '89 sind in sich vielfältiger, auch widersprüchlicher, als die konservatorischen. Zwei Dimensionen sollen hier unterschieden werden: das appellative Einfordern von seinerzeit abgebrochenen Reformimpulsen und die narrative Struktur einer Parallelisierung der historischen Ereignisse mit politischen Problemlagen der jeweiligen Zeit.

Für einen Teil der ehemaligen Oppositionsbewegung war die politische Bewegung 1989/90 gescheitert. Sie sprachen von der »abgebrochenen« Revolution, von einer »Wende in der Wende«,[25] bei der die Potentiale eines Dritten Wegs, einer basisdemokratischen Erneuerung der DDR und einer gemeinsamen Verfassung preisgegeben worden seien. Im öffentlichen Erinnerungsdiskurs ist diese

---

23 KLINGE: 1989 und wir (wie Anm. 16), S. 170.
24 Siehe SABROW: »1989« als Erzählung (wie Anm. 2).
25 HARTMUT ZWAHR: Ende einer Selbstzerstörung. Leipzig und die Revolution in der DDR (Sammlung Vandenhoeck). Göttingen 1993, S. 139.

Deutung marginalisiert, doch erfuhr sie wiederholt eine Aktualisierung, um auf politische Prozesse einzuwirken. Ein Beispiel hierfür ist die *Erfurter Erklärung* von 1997, die auf einem Bündnis von ost- und westdeutschen Gewerkschafter*innen, Intellektuellen sowie ehemaligen DDR-Oppositionellen basierte und einen grundlegenden (linken) Politikwechsel nach 16 Jahren Kanzlerschaft von Helmut Kohl forderte. Nicht zuletzt durch die Ost-West-Konstellation bedingt, erfolgte hier eine quasi gleichberechtigte Bezugnahme auf 1989 und 1968, beide verknüpft mit Forderungen nach politischer Emanzipation und Reform:

> Wir brauchen eine andere Politik, also brauchen wir eine andere Regierung. Wer sie will, muß aus der Zuschauerdemokratie heraustreten. Wir brauchen eine außerparlamentarische Bewegung. Sie muß auf die Opposition in den Parlamenten überspringen. Die Erfahrung von 1968 und der Geist von 1989 sind für 1998 aufgerufen, den Machtwechsel herbeizuführen. [...] Wir brauchen eine Regierung, die das Volk nicht als Gegner behandelt, dessen Widerspruch es zu brechen gilt.[26]

Wurden 1968 und 1989 hier im Sinne eines Vermächtnisses aufgerufen, so wurde der Bezug auf 1989 als ›abgebrochene Revolution‹ in den Nullerjahren verstärkt zu einem Anker- und Ausgangspunkt insbesondere ostdeutscher linker Kritik an politischer Stagnation, Restauration und fehlendem Reformwillen der jeweiligen Bundesregierung. Andreas Schreier, in der DDR-Friedens-, Umwelt- und Antifabewegung aktiv, später Mitglied am Runden Tisch, griff das revolutionäre Potential von '89 als ›verhinderter Revolution‹ auf, wenn er 2009 schrieb:

> Der emanzipatorische Charakter, den eine vollendete Revolution gehabt haben müsste, wurde 1990 durch westdeutsches Recht [...] eingedämmt. Ein wirklich revolutionärer, qualitativer gesellschaftlicher Sprung wurde erfolgreich verhindert. Der Osten kam vom Regen in die Jauche. [...] Vielleicht gibt es, sagen wir einmal, in fünf Jahren, bei der nächsten großen Systemkrise erneut die Gelegenheit, die Verhältnisse zum Tanzen zu bringen und der Zusammenbruch des Ostens wäre am Ende nur der Prolog für den Zusammenbruch des Westens. Zeit wär's.[27]

Schreier greift die Idee einer zweiten Revolution auf und knüpft an Alltagskonzepte von Revolution an. Diese hatten jedoch – ganz anders als bei Peter Töpfer – einen

---

26 Erfurter Erklärung vom 9. Januar 1997, zit. nach *Dokumente Forum Bürgerbewegung* 1 (1997), S. 10f. Explizit wurde auf 1989 Bezug genommen in dem Text von EDELBERT RICHTER (Gründer der SDP): Warum die Revolution von 1989 noch nicht zu Ende ist. In: DANIELA DAHN u. a. (Hrsg.): Eigentum verpflichtet. Die Erfurter Erklärung (Distel-Hefte, 37). Heilbronn 1997, S. 149–158.

27 ANDREAS SCHREIER: Die gescheiterte Revolution. In: *telegraph* 118/119 (2009), S. 7.

biografischen Hintergrund. Mit der Aussage verfolgte Schreier zudem eine gänzlich andere politische Zielrichtung als Töpfer. Sie war in ihrer Zuspitzung Ausdruck jener tiefen Enttäuschung über die abgebrochene Revolution, die unter nicht wenigen ostdeutschen Linken zu einer Distanz zur parlamentarischen Demokratie als politischer Ordnung führte.

Wie sehr die Frage nach der Deutung von 1989/90 auch Ausdruck der Differenzen innerhalb der ehemaligen Bürgerrechts- und Oppositionsbewegung ist, wird deutlich in den Debatten um die Kandidatur von Joachim Gauck für das Amt des Bundespräsidenten im Jahr 2012. Im Vorfeld der Wahl wurde auch auf seine Bedeutung als Oppositioneller abgehoben. Doch wurde ihm diese Rolle von ehemaligen Weggefährt*innen abgesprochen. Als Pfarrer habe Gauck in der DDR sicher einiges bewirkt, so der Grundtenor, ein ›Bürgerrechtler‹ sei er jedoch nicht gewesen, zudem erst spät zum Neuen Forum hinzugekommen. Vor allem aber habe Gauck zu den Anhänger*innen einer schnellen Wiedervereinigung gehört und damit, so die retrospektive Kritik, die Revolution verraten. Akteure wie Gauck hätten verhindert, dass wichtige Reformansätze (konkret die Durchsetzung einer neuen Verfassung als Voraussetzung für die Wiedervereinigung) durchgesetzt wurden. Würde Gauck das Erbe der Oppositions- und Bürgerrechtsbewegung ernst nehmen, so etwa Heiko Lietz, ehemaliger Sprecher des Neuen Forums, müsse er als Bundespräsident den Verfassungsentwurf, wie er 1990 vom Zentralen Runden Tisch vorgelegt wurde,[28] jetzt auf die politische Agenda bringen.[29]

Konflikte innerhalb der Bürgerrechts- und Oppositionsbewegung in der DDR hatte es bereits in den 1980er Jahren gegeben, und sie waren auch 1989 präsent. Insbesondere im Neuen Forum engagierten sich Menschen mit zum Teil sehr unterschiedlichen Vorstellungen von der Zukunft der DDR. Der kleinste gemeinsame Nenner war, die Verhältnisse grundlegend zu verändern. Jenseits dessen war die Opposition gespalten in der Frage nach Bleiben oder Ausreisen, später in der Frage nach einer Reform der DDR oder (schneller) Wiedervereinigung. Die Opposition zerbrach endgültig mit der ersten freien Wahl zur

---

28 Siehe CHRISTOPHER BANDITT: Das »Kuratorium für einen demokratisch verfassten Bund deutscher Länder« in der Verfassungsdiskussion der Wiedervereinigung. In: *Deutschland Archiv* 2014 (bpb-Schriftenreihe, 1544). Bonn 2015, S. 45–59. Abgerufen unter der URL: https://www.bpb.de/geschichte/zeitgeschichte/deutschlandarchiv/193078/das-kuratorium-fuer-einen-demokratisch-verfassten-bund-deutscher-laender, letzter Zugriff: 21.06.2021.
29 Heiko Lietz zit. nach ANDREAS FROST: Das Etikett Bürgerrechtler hat er zu Unrecht. In: *DER TAGESSPIEGEL,* 28. Februar 2012. Abgerufen unter der URL: https://www.tagesspiegel.de/politik/ehemaliger-weggefaehrte-ueber-gauck-das-etikett-buergerrechtler-hat-er-zu-unrecht/6261414.html, letzter Zugriff: 21.06.2021.

Volkskammer am 18. März 1990. Viele der Oppositionellen waren grundlegend skeptisch gegenüber politischer Macht und lehnten es ab, Teil der parlamentarischen Demokratie zu werden. Andere kandidierten, kamen in die Parlamente oder nahmen in der Aufarbeitungslandschaft Schlüsselpositionen ein. Auch die unterschiedlichen politischen Positionen, vorher durch das repressive System der DDR überdeckt, wurden 1990 zum Konfliktfeld: Kapitalismuskritische und sozialistische Positionen standen nun rechtskonservativen, antikommunistischen Positionen teilweise unversöhnlich gegenüber und wirken bis heute fort. Die Auseinandersetzungen um Joachim Gauck sind Teil dieses Konfliktfeldes. Das Einfordern seinerzeit abgebrochener Reformimpulse diente dazu, erinnerungskulturelle und geschichtspolitische Schieflagen zu thematisieren und politisch zu mobilisieren.

Gegenwärtig, zuletzt im Rahmen des 30. Jubiläums des Mauerfalls 2019, erfahren die lange Zeit erinnerungskulturell marginalisierten Positionen eine neue Sichtbarkeit. Exemplarisch steht hierfür der Umgang mit der Demonstration vom 4. November 1989, als auf dem Berliner Alexanderplatz vor 500.000 Menschen Intellektuelle und Oppositionelle sowie Reformer*innen aus der SED einen demokratischen Sozialismus skizzierten. Anders als noch zehn Jahre zuvor wurde der 4. November 2019 nicht mehr als »vergessener Jahrestag« tituliert, sondern zum »schönste[n] Tag der DDR«[30] erklärt. Der Journalist Patrick Bauer, der den Tag, seine Vor- und Nachgeschichte, wie ein Mosaik zusammengesetzt hat, gab seinem Buch – anknüpfend an gesellschaftliche Utopien in Ost wie West und die Band *Ton Steine Scherben* zitierend – den Titel *Der Traum ist aus. Aber wir werden alles geben, dass er Wirklichkeit wird* (2019).[31]

Auch an anderer Stelle wurden die politischen Ideen der DDR-Opposition als »erstaunlich aktuell«, weil »basisdemokratisch, emanzipiert, transparent, menschenrechtlich, ökologisch nachhaltig, auf Diversität und Teilhabe bedacht, sozial gerecht, antifaschistisch, wissenschaftlich« rezipiert. So die Einschätzung in einem Artikel im Leipziger Stadtmagazin *Der Kreuzer,* in dem es weiter hieß:

---

30 PATRICK BAUER: Der schönste Tag der DDR. In: *Süddeutsche Zeitung Magazin* 40 (2019).

31 Aus der zeitlichen Distanz und angesichts der Wahlerfolge der AfD wird zunehmend diskutiert, wie die Transformation verlaufen wäre, wenn es keine schnelle Wiedervereinigung gegeben hätte. Dazu die ehemalige DDR-Bürgerrechtlerin Gesine Oltmanns: »[W]ir hätten eine gemeinsam diskutierte neue Verfassung, wir hätten eine andere Nationalhymne. Und ich glaube, dass dadurch auch die Einstellung der Leute eine andere wäre, weil sie ein anderes Gefühl hätten, sich eingebracht zu haben und selber eben auch gewachsen zu sein in diese Rolle als Staatsbürgerin.« Zit. nach ANDREAS RAABE/BRITT SCHLEHAHN: »War's das jetzt?« Die Dissidentin Gesine Oltmanns über das Erbe des Herbstes 89 und das Heute. Abgerufen unter der URL: https://kreuzer-leipzig.de/2019/10/08/wars-das-jetzt/, letzter Zugriff: 21.06.2021.

Es ist so ziemlich genau das, wofür Jugendliche und ihre Eltern nun wieder auf die Straße gehen. Fridays for Future ist nur ein kleines Beispiel dafür, wie populär solche Ideale heutzutage sind. Wenn es die 68er waren, die die alte Bundesrepublik verändert haben, dann können es die 89er sein, zumindest die Ideale ihrer verlorenen Revolution, die der neuen Bundesrepublik eine Zukunft zeigen. Man muss sich nur an sie erinnern, darüber reden und was verändern. Dann hätte der Herbst 89 doch noch ein gutes Ende gefunden.[32]

Die Aktualisierung von '89 als ›abgebrochene Revolution‹ erfolgte seit den 1990er Jahren vor dem Hintergrund unterschiedlicher Motivlagen, zum einen als Vermächtnis und Ausgangspunkt für die Forderung nach politisch-gesellschaftlichen Veränderungen, zum anderen zur Markierung von Differenzen in der DDR-Opposition. Damit war immer auch die Frage nach den legitimen Erben von '89 aufgerufen. Als ein zugrunde liegender sozialer Prozess kann hier das Nachwirken von Stabilisierungsmechanismen festgestellt werden, die in der soziologischen Forschung zu Protestbewegungen als »Sektenkonkurrenz« beschrieben werden.[33] Bewegungen stabilisieren sich vor allem über die Selbstvergewisserung der Akteure, ›auf dem richtigen Weg‹ (gewesen) zu sein, was die intensive wechselseitige Beobachtung und einen Abgleich der als geteilt unterstellten Protestnormen nach sich zieht. Derlei Selbstvergewisserungskonflikte führten nach 1989 zur Ausdifferenzierung der heterogenen Bewegung in fragmentierte Erinnerungsgemeinschaften.

4. '89 und Gegenwarten: Parallelisierungen als linke Kritik an der politischen Ordnung

Das Parallelsetzen der aktuellen Bundesrepublik mit der DDR als Diktatur wurde als Deutungsmuster vor allem in den ostdeutschen Landtagswahlkämpfen der AfD 2019 sichtbar. Die Wahlkämpfe standen unter dem Motto »Wende vollenden« und »DDR 2.0«. Die Kritik der Landeswahlleitung an Unregelmäßigkeiten bei der Listenaufstellung der sächsischen AfD wurde mit den Wahlfälschungen der SED im Frühjahr 1989 gleichgesetzt. Das Deutungsmuster lässt sich jedoch – wenn auch mit gänzlich anderer politischer Ausrichtung – bereits in den Nullerjahren finden. Vorgetragen wurde es durch ehemalige DDR-Bürgerrechtler*innen, die zum linken Rand der DDR-Opposition gehört hatten und bis heute weit davon entfernt sind, der AfD nahezustehen. Zudem ging es ihnen im Unterschied zu

---

32 Ebd.
33 Siehe ANDREAS PETTENKOFER: Die Zeugin und der Sündenbock. Zur informellen Ordnung sozialer Bewegungen. In: *Forschungsjournal soziale Bewegungen* 26 (2013), 4, S. 24–31.

den Wahlkampfslogans der AfD darum, *eigene* politische Traditionen und Positionen aus der Zeit der Opposition gegen die SED-Diktatur in der Gegenwart politisch wirksam zu machen.

Als konkretes Beispiel für Parallelisierung dient der Aufruf *Wir haben es satt* von 2001. Dieser muss im Kontext der DDR-Friedensbewegung verstanden werden, die Gewalt und Krieg als politisches Mittel konsequent ablehnte. Konkret richtete er sich gegen den nach dem Innenminister Otto Schily benannten ›Otto-Katalog‹ und die Verschärfung der Sicherheitsgesetze durch die rot-grüne Regierung nach dem 11. September 2001. Unterzeichnet hatten ihn ca. 40 ehemalige Bürgerrechtler*innen, die die rot-grüne Bundesregierung von links kritisierten. Unter ihnen waren mehrere Gründungsmitglieder des Neuen Forums und Vertreter*innen des Zentralen Runden Tisches sowie prominente Mitglieder von BÜNDNIS 90/ DIE GRÜNEN. Explizit verknüpften die beiden Initiatoren Sebastian Pflugbeil (Physiker und Gründungsmitglied des Neuen Forums) und Wolfgang Ullmann (Theologe und Gründungsmitglied von Demokratie Jetzt) ihre Kritik mit ihren politischen Erfahrungen in der DDR. Gleich zu Beginn hieß es:

> Aus eigener Erfahrung mit der Diktatur in der DDR, und aus guter Erinnerung an politischen Druck und Widerstehen, an Volksverdummung und Wahrhaftigkeit, an hohle Phrase und aufsässige Verse, an militaristisches Gehabe und grundsätzliche Gewaltlosigkeit, an Bevormundung und Solidarität und aus jüngster Erfahrung mit der parlamentarischen Demokratie in der Bundesrepublik wenden wir uns nicht an den Bundeskanzler, nicht an Rot-Grün, nicht an die Oppositionsparteien, sondern an Euch, einfache Bürger wie wir.
> »Die Kommunikation zwischen Staat und Gesellschaft ist offensichtlich gestört.«
> Das war 1989 so. Und das gilt heute wieder.[34]

Die Parallelisierung ist inhaltlich wie stilistisch der Mittelpunkt des Textes und behauptet damit quasi seriell die Ähnlichkeiten zwischen der Diktatur der DDR und einer ›Scheindemokratie‹ in der BRD. Konkret:

> Die politischen Losungen in der DDR waren selten lustig, sie werden in ihrer Hohlheit von den Wahlwerbungen der Parteien heute *übertroffen*. Wir haben uns über das Abstimmverhalten der Volkskammerabgeordneten amüsiert. Angesichts des Abstimmverhaltens der Bundestagsabgeordneten ist uns *das Lachen vergangen*.[35]

---

34 Wir haben es satt, Aufruf vom 13. Dezember 2001, zit. nach HARTMANN/LEISTNER: Umkämpftes Erbe (wie Anm. 22), S. 22.
35 Ebd. (Hervorhebung durch die Verfasser*innen).

Die Auswirkungen für die politische Kultur in einer Demokratie bewerteten die Initiatoren dabei als weit schwerwiegender. Die Anti-Terror-Maßnahmen würden eine Gefährdung der Demokratie bedeuten. Dies betonte noch einmal Sebastian Pflugbeil in Reaktion auf Kritiken an dem Aufruf:

> Die Gleichstellungsuntersteller mögen bedenken, daß in der DDR die von uns kritisierten Übel ganz normal, nicht weiter verwunderlich waren – handelte es sich doch um eine Diktatur. Ist es nicht – wirklich gleiche Probleme unterstellt – viel schlimmer, wenn diese Probleme unter dem Banner einer Demokratie auftreten? Wir sehen das so.[36]

Über den konkreten Anlass hinaus verweist der Aufruf auf eine grundsätzliche Kritik an der politischen Praxis der Bundesrepublik unter rot-grüner Regierung:

> Wir haben es einfach satt.
> Wir haben es satt, daß unter dem Banner von Freiheit und Demokratie gegen unsere Interessen regiert wird. Wir haben es satt, uns für dumm verkaufen zu lassen. Wir haben es satt, uns das platte Geschwätz auf Parteitagen anzutun. Wir haben Volksvertreter satt, die unsere Interessen nicht vertreten und das auch noch als Erfolg feiern.
>
> Wir haben einen Bundeskanzler satt, der um der Macht willen Abgeordnete dazu bringt, ja zum Krieg zu sagen, wenn sie nein meinen, und nein zu sagen, wenn sie ja meinen. Wir machen nicht mit, wenn Kriegseinsätze mit Worthülsen wie »Verantwortung übernehmen«, »der neuen Rolle Deutschlands in der Welt«, mit »Politikfähigkeit« und »der Durchsetzung der Rechte der Frauen« verharmlost werden. Wir verweigern uns diesem Krieg [gemeint ist der Einsatz deutscher Soldaten in Afghanistan, Anm. d. Verf.].
>
> Nur eine Diktatur braucht linientreue Parteisoldaten. Demokratie braucht mündige Bürger. Lassen wir Medien, Parteien, Kultur und Wissenschaft nicht von röhrenden Funktionären gleichschalten.[37]

Einer solchen politischen Praxis setzten die Initiatoren ein Demokratieverständnis entgegen, das auf ›echter‹ Partizipation, Mündigkeit und direkter Beteiligung basiert. Basisdemokratisch war bereits die Anrede formuliert, wenn sich der Aufruf eben nicht an die parlamentarischen Vertreter*innen und Repräsentant*innen

---

36 Siehe SEBASTIAN PFLUGBEIL: Erste Bilanz eines zornigen Protestes. In: *Ossietzky. Zweiwochenschrift für Politik/Kultur/Wirtschaft* 2 (2002). Abgerufen unter der URL: https://www.sopos.org/aufsaetze/3c7633e1938fd/1.phtml.html, letzter Zugriff: 21.06.2021.

37 Wir haben es satt (wie Anm. 34).

richtete, sondern an »Euch, einfache Bürger wie wir«. Mit diesen Worten knüpften die Initiatoren an den Gründungsaufruf des Neuen Forums an, der sich an die »Bürger und Bürgerinnen der DDR« gerichtet hatte, »die an einer Umgestaltung unserer Gesellschaft mitwirken wollen«.[38] Indem die Initiatoren von 2001 erneut und ausdrücklich ein widerständiges Kollektiv adressierten, referierten sie auf das Erbe von '89 als Legitimation und forderten zugleich das politische System der Bundesrepublik heraus, indem sie – durchaus provokativ gemeint – semantisch den Ausstieg aus der Parteipolitik vollzogen.[39]

Aus heutiger Perspektive fällt auf, dass sich im Aufruf von 2001 Ansätze einer Kritik an der parlamentarischen Demokratie zeigen, wie sie zugespitzt und nun rechts(extrem) gewendet in den letzten Jahren bei PEGIDA und der AfD zu finden sind. Umso wichtiger ist es, den Aufruf in seinem historischen Kontext und seiner erfahrungsgeschichtlichen Bedingtheit zu verstehen: Die Argumentation speist sich aus dem radikalen Pazifismus der DDR-Friedensbewegung, der mit einer pragmatisch argumentierenden Sicherheitspolitik durch die rot-grüne Bundesregierung in Konflikt geraten musste. Zudem ist der Text Ausdruck einer Reihe linker Enttäuschungserfahrungen seit dem Herbst 1989 (Volkskammerwahl im März 1990, zügige Wiedervereinigung nach Artikel 23 des Grundgesetzes, die sozialen und gesellschaftlichen Verheerungen im Zuge des Transformationsprozesses). Aber auch die Enttäuschung über die mit viel Hoffnung auf politische Veränderung begrüßte Politik von Rot-Grün unter Gerhard Schröder sowie die Erfahrung von tatsächlich begrenzter Einflussnahme auf politische Entscheidungsprozesse in einer parlamentarischen Demokratie provozierten die Kritik ehemaliger DDR-Oppositioneller. Im wiederholten Abgleich zwischen Sein und Sollen zeigte sich so eine Art idealisierte Vorstellung von direkter Demokratie, die mit der politischen Praxis der Bundesrepublik in Konflikt stand.

In dem Aufruf findet sich jedoch noch etwas Zweites, nämlich die Gegenüberstellung einer sozialen Welt der ›einfachen‹ und ›mündigen Bürger‹, die vermeintlich für eine besondere moralische Authentizität steht, mit einer Sphäre des Politischen, die unter generellen Korruptionsverdacht gestellt wird. Hier wirken als soziales Muster spezifische DDR-Prägungen nach: die Idealisierung einer *moralischen Ordnung* von Authentizität, Gleichheit und Machtabstinenz

---

38 Aufbruch 89, Gründungsaufruf des Neuen Forums, Anfang September 1989. Abschrift und Faksimile veröffentlicht durch die Bundeszentrale für politische Bildung und die Robert-Havemann-Gesellschaft unter der URL: https://www.jugendopposition.de/node/151133?guid=922, letzter Zugriff: 21.06.2021.

39 Siehe ALEXANDER LEISTNER: Soziale Bewegungen. Entstehung und Stabilisierung am Beispiel der unabhängigen Friedensbewegung in der DDR. Konstanz 2016, S. 354.

lässt die Spielregeln der *politischen Ordnung* der parlamentarischen Demokratie mit ihren Rollendifferenzierungen als fremd erscheinen.[40]

In der Kritik an politischen Eliten setzt sich so zum einen die in sozialwissenschaftlichen Forschungen beschriebene (Halb-)Distanz zu politischer Macht fort,[41] zum anderen ist darin der ganz grundsätzliche Dualismus zwischen ›unten‹ und ›oben‹ angelegt. In dieser doppelten Ausrichtung – Idealisierung von direkter Demokratie und Polarisierung zwischen ›oben‹ und ›unten‹ – zeigen sich Charakteristika einer eigensinnigen Demokratievorstellung in Ostdeutschland, die mit anderen Demokratiekonzepten konkurriert. Die Existenz unterschiedlicher Demokratievorstellungen in Ostdeutschland ist dabei keineswegs auf die ehemaligen DDR-Oppositionellen beschränkt, sondern weist – so unsere These – weit über deren individuellen Erfahrungsraum hinaus.

5. Reclaim the streets: Montagsdemonstrationen als Protestparadigma

Neben der Aktualisierung von '89 im Rahmen politischer Aufrufe und Stellungnahmen findet sich seit 1990 eine vor allem performative Aneignung der charismatischen Straßenproteste. Die Montagsdemonstrationen etablierten sich zu einem eigenständigen Protestparadigma, zu einem Teil der politischen Kultur der Bundesrepublik.[42] Dabei waren die jeweiligen Proteste inhaltlich sehr heterogen, wurden von verschiedenen Akteuren initiiert, hatten eine unterschiedliche Reichweite und politische Wirksamkeit. Zu nennen sind die Sozialproteste 1991, die Anti-Kriegs-Proteste 1991 und 2003, die Proteste gegen Stuttgart 21 (seit 2010), die Mobilisierung und Gegenmobilisierung im Kontext von PEGIDA 2014/15 und ihren Ablegern sowie zuletzt die sogenannten Proteste von Corona-Leugner*innen.[43]

---

40 Zur Unterscheidung von moralischer und politischer Ordnung siehe PIERRE BOURDIEU: Die feinen Unterschiede. Kritik der gesellschaftlichen Urteilskraft. Frankfurt am Main 1987, S. 678 (deutsche Erstausgabe 1982).
41 Siehe KARL-SIEGBERT REHBERG: Metamorphosen des Bürgertums. Reflexionen angesichts der Dresdner Entwicklung vom Residenzbürgertum zum Refugiumsbürgertum. In: *Dresdner Hefte* 26 (2008), 93/1, S. 90–97.
42 Allein für Leipzig konnte der Soziologe Rink zwischen 1991 und 2016 neun Protestzyklen ausmachen, die sich der Protestform der Montagsdemonstration bedienten; siehe RINK: Die Montagsdemonstrationen als Protestparadigma (wie Anm. 4).
43 Siehe SABINE STACH/GRETA HARTMANN: Friedliche Revolution 2.0? Zur performativen Aneignung von 1989 durch »Querdenken« am 7. November 2020 in Leipzig. In: *zeitgeschichte online* (November 2020). Abgerufen unter der URL: https://zeitgeschichte-online. de/geschichtskultur/friedliche-revolution-20, letzter Zugriff: 21.06.2021.

Abb. 2　Plakat auf einer Demonstration von Corona-Leugner*innen am 7. November 2020 in Leipzig

Als einer der wichtigsten Protestzyklen gelten die Proteste gegen die Hartz-IV-Gesetzgebung im Sommer 2004. Initiiert durch den Langzeitarbeitslosen Andreas Ehrholdt in Magdeburg, entwickelten sie sich zunächst spontan und ohne feste organisatorische Struktur, breiteten sich jedoch schnell aus. Als Höhepunkt der Proteste gilt der 30. August 2004, als sich allein in Leipzig 30.000 Demonstrierende den Sozialprotesten anschlossen. Ab September nahm die Zahl der Teilnehmenden rapide ab, mittelfristig konnten die Protestierenden ihre Ziele nicht durchsetzen.[44]

Befragt nach seiner Entscheidung, den Protest auf einen Montag zu legen, sagte Ehrholdt in einem Fernsehinterview: »Der Montag ist ja hier Tradition. Deshalb habe ich den ausgewählt. '89 haben wir schonmal gezeigt, dass man durch Abstimmen auf der Straße etwas bewegen kann.« In dem Zitat zeigen sich drei für das Protestparadigma Montagsdemonstration zentrale Aspekte: der Verweis auf die historische Dimension als Legitimation, die Vorstellung von Straßenprotest und Versammlungsdemokratie als wirksamer Protestform ›von unten‹ sowie der

---

44　Siehe RINK: Die Montagsdemonstrationen als Protestparadigma (wie Anm. 4).

Verweis auf implizites Wissen: Es war klar, wo und wann man sich zur Demonstration treffen und dass man nächste Woche wiederkommen würde. Der Erfolg der Montagsdemonstration als Protestparadigma – das zeigt sich in den folgenden Protestzyklen in ihrer ganzen Heterogenität – liegt also nicht nur in der legitimierenden Referenz auf '89, sondern auch darin, dass hier ein niedrigschwelliges Angebot des Protests und der Massenmobilisierung zur Verfügung steht.

Eng verknüpft mit der Protestform der Montagsdemonstration war und ist die symbolische Bezugnahme auf den Slogan »Wir sind das Volk«. PEGIDA übernahm ihn direkt, abgewandelt hieß es im Rahmen der Hartz-IV-Proteste: »Nieder mit Hartz IV – das Volk sind wir!« Den wiederkehrenden Bezug auf den Slogan erklärt Ralph Jessen mit einer bisher in der Forschung unterschätzten »populistischen ›Volks‹-Erinnerung« an '89. Darunter versteht er ein politisches Narrativ, das sich der Volkssemantik, wie sie 1989 revitalisiert wurde, zur Identitätsstiftung und Legitimation populistischer Mobilisierung bedient.[45] Bereits 1989 war der Volksbegriff mehrdeutig: Neben der semantischen Verschiebung von Volk als ›demos‹ in »Wir sind das Volk« zu einer stärker national konnotierten Deutung in »Wir sind ein Volk« fanden sich zeitgenössisch weitere Deutungen des Begriffs. Diese liefen erinnerungskulturell lange unter dem Radar, machen es aber heute möglich, dass sich Tausende unter dem Slogan »Wir sind das Volk« zusammenfinden können. Zum einen wurde und wird ›Volk‹ essentialistisch gedeutet und eine kulturelle, ethnische oder rassische Überlegenheit behauptet. Zum anderen – und diese Deutung erscheint uns ausgesprochen resonanzkräftig und in unterschiedlichen politischen Kontexten aktualisierbar – erfolgte die Deutung von ›Volk‹ bereits 1989 im Sinne von ›populus‹, im Sinne von das ›niedere Volk‹, die ›kleinen Leute‹. 1989 hatte der Widerstand gegen SED und Staatsapparat zwangsläufig eine elitenkritische Dimension, richtete sich gegen ›die da oben‹. Die Gegenüberstellung der ›einfachen Leute‹ und der politischen, gesellschaftlichen, wirtschaftlichen, auch kulturellen Eliten setzte sich aber auch nach 1990 fort, wobei nun vielfach ›die Westdeutschen‹ (infolge eines tatsächlich breit angelegten Elitenwechsels) als Elite wahrgenommen wurden. In den letzten Jahren erlebte dieser Dualismus in Verschränkung mit neuen elitenkritischen Strömungen und Ausdifferenzierungen eine erneute Dynamisierung.[46]

All diese unterschiedlichen Deutungen von ›Volk‹ waren 1989/90 auf der Straße präsent. Sie gehören zur Geschichte der (eben nur teilweise) friedlichen

---

45 RALPH JESSEN: Immer wieder montags. Warum wir über eine populistische »Volks«-Erinnerung reden müssen. In: *INDES. Zeitschrift für Politik und Gesellschaft* 1 (2019), S. 55–60, hier S. 56. Siehe dazu auch den Beitrag von Ralph Jessen in diesem Band.
46 Siehe MAU: Lütten Klein (wie Anm. 8), besonders S. 226 ff.

(und nur teilweise vollzogenen) Revolution mit dazu.[47] In seiner historischen Deutungsvielfalt wird und wurde der Slogan »Wir sind das Volk« in verschiedensten politischen Kontexten aktualisiert. Entsprechend heftig waren und sind die Reaktionen einiger prominenter ehemaliger DDR-Oppositioneller. Im Sinne einer konservatorischen Bezugnahme kritisierten so unterschiedliche Akteure wie Wolf Biermann, Vera Lengsfeld oder Joachim Gauck die Hartz-IV-Proteste als illegitime Vereinnahmung der friedlichen Revolution und als »geschichtsvergessen«.[48] Der Leipziger Bürgerrechtler Tobias Hollitzer fragte sogar, ob es »moralisch legitim [sei], sich bewusst in die Tradition von '89 zu stellen«.[49] Doch auch hier zeigten sich die Differenzen innerhalb der ehemaligen DDR-Opposition, als etwa 60 ehemalige DDR-Oppositionelle auf dem Höhepunkt der Hartz-IV-Proteste ihre Solidarität bekundeten und die Aktualisierung des politischen Erbes von '89 begrüßten. Sie erklärten sich »*einverstanden* mit der Wiederbelebung der Montagsdemonstrationen. Es ging und geht um Gerechtigkeit, Selbstbestimmung, Mündigkeit, Menschenwürde und Freiheit.«[50]

6. '89 als Widerstandsnarrativ

Die erinnerungskulturellen Deutungskämpfe um das Erbe von '89 haben sich spätestens seit PEGIDA verschärft. Konfliktlinien wurden auf eine neue Weise sichtbar, es entstanden neue Allianzen und andere (geschichts-)politische Arenen.

---

47 Diese Deutung von ›Volk‹ zeigt sich bspw. während der Montagsdemonstrationen auf Plakaten, auf denen die Machthaber als »Volksverräter«, »Schmarotzer«, »Parasiten« bezeichnet werden. Hintergrund war die Aufdeckung von Fällen von Korruption und Bereicherung durch Mitglieder des Politbüros im Dezember 1989. Siehe die Sammlungen von Sprechchören und Transparenttexten in WOLFGANG SCHNEIDER (Hrsg.): Leipziger DEMONTAGEBUCH. Leipzig 1990; sowie die Sammlung von Parolen von 1989 (auf Grundlage von MfS-Auswertungen) in HOLGER KULICK: »Es lebe die Oktoberrevolution 1989«. Gesammelt vom MfS – Parolen der Friedlichen Revolution in der DDR, 2. Oktober 2018. Abgerufen unter der URL: https://www.bpb.de/geschichte/deutsche-geschichte/stasi/242926/friedliche-revolution, letzter Zugriff: 21.06.2021.

48 THOMAS ROGALLA: Joachim Gauck nennt die Hartz-IV-Proteste berechtigt, sieht aber einen grundlegenden Unterschied zum Herbst 1989: »Wer gute Gründe für Demos hat, braucht kein falsches Etikett«. In: *Berliner Zeitung*, 9. August 2004. Abgerufen unter der URL: https://www.berliner-zeitung.de/joachim-gauck-nennt-die-hartz-iv-proteste-berechtigt-sieht-aber-einen-grundlegenden-unterschied-zum-herbst-1989-wer-gute-gruende-fuer-demos-hat-braucht-kein-falsches-etikett-li.6233, letzter Zugriff: 21.06.2021.

49 TOBIAS HOLLITZER: 15 Jahre Friedliche Revolution. In: *Aus Politik und Zeitgeschichte* 41–42 (2004), S. 3–6, hier S. 5.

50 Zit. nach RINK: Die Montagsdemonstration als Protestparadigma (wie Anm. 4), S. 299 (Hervorhebung durch die Verfasser*innen).

Seinen vorläufigen und symbolischen Höhepunkt fand der Kampf um die Deutungshoheit im Jahr 2019, als das Jubiläumsjahr der friedlichen Revolution mit drei ostdeutschen Landtagswahlkämpfen zusammenfiel. Fortgesetzt wird er in den Protesten gegen die Schutzmaßnahmen von Bund und Ländern zur Eindämmung von COVID-19.[51]

In der Analyse zeigt sich, dass sich Deutungskonstellationen und deren Resonanzmilieus verändert haben. '89 erfuhr eine massive Bedeutungsaufladung, die zwar eine längere Vorgeschichte hat, nun aber ganz unterschiedliche politische Milieus miteinander verbindet. Als Ergebnis entstand eine aktualisierende Bezugnahme auf '89, die in ihrer Verdichtung als Widerstandsnarrativ beschrieben werden kann.

Von den bisher eingeführten Bezugnahmen auf '89 unterscheidet sich das Widerstandsnarrativ dadurch, dass es sich stark von den Akteuren und programmatischen Bezügen auf die DDR-Opposition gelöst hat.[52] Zugleich greift es Topoi und Bezüge auf, deutet sie rechts um, entgrenzt sie inhaltlich und verknüpft sie mit den verschiedensten gesellschaftlichen Konfliktthemen wie Migrationspolitik, Erinnerungskultur, Gesundheitspolitik, Abwasserentsorgung, Elitenkritik,

---

51 Ein Stilmittel aktualisierender Parallelisierung zwischen der SED-Diktatur und der Gegenwartsgesellschaft ist das des ›raunenden Nebeneinanderstellens‹. Ein Beispiel (nicht als analytischer Befund, sondern als empirische Beobachtung) aus der Anfangszeit der Proteste liefert der Text des Münchner Kommunikationswissenschaftlers Michael Meyen. Dieser schreibt über die am Ende des folgenden Zitats erwähnten ›Hygienedemos‹ im Jahr 2020 und stellt die Coronaberichterstattung deutscher Medien dem Agieren des SED-Hausblattes *Leipziger Volkszeitung* im Oktober 1989 gegenüber: »Am 5. Oktober 1989 hat sie [die *Leipziger Volkszeitung*] unter der Überschrift ›Nicht nur zusehen‹ einen Kampfgruppenkommandeur gegen ›nichtgenehmigte Demonstrationen‹ hetzen lassen und einen Tag später in einem ›Leserbrief‹ unverhohlen gedroht: ›Wir sind bereit und willens, das von uns mit unserer Hände Arbeit Geschaffene wirksam zu schützen, um diese konterrevolutionären Aktionen endgültig und wirksam zu unterbinden. Wenn es sein muss, mit der Waffe in der Hand!‹ Innenminister und Polizisten denken im Moment [im Mai 2020] laut darüber nach, wie die nächsten Demos laufen könnten. Die Leipziger haben sich damals nicht abschrecken lassen.« MICHAEL MEYEN: Vom Kampf um die Öffentlichkeit. In: DERS. (Hrsg.): Medienrealität 2020. Abgerufen unter der URL: https://medienblog.hypotheses.org/9558, letzter Zugriff: 21.06.2021.
Die Bezüge der Demonstrationen auf 1989 wurden im Rahmen einer Fallstudie unseres Projektes *Das umstrittene Erbe von 1989* zur bundesweiten Demonstration am 7. November 2020 in Leipzig untersucht, die unter dem Motto *Geschichte wiederholen* stand und über den symbolisch aufgeladenen Leipziger Innenstadtring führte. Siehe STACH/HARTMANN: Friedliche Revolution 2.0? (wie Anm. 43).
52 Zugleich zeigen sich auch hier Differenzen unter den ehemaligen Oppositionellen, die sich in der Entstehung einer neuen Figur niedergeschlagen haben: des ehemaligen Oppositionellen als ›rechter Dissident‹.

Rechtsextremismus, Demokratie, Medien, kollektive Identität u. a.[53] Diese mehr oder weniger separierten Konfliktfelder werden nun zu Gegenständen einer gemeinsamen Aufmerksamkeit im Widerstandsnarrativ zusammengeführt. Dies trägt – so unsere Vermutung – »zur Entstehung eines neuen Klassifikationsschemas politischer Probleme« bei.[54]

Semantisch hat das Widerstandsnarrativ eine Nadelöhrfunktion, denn hinter dem Narrativ können sich ganz unterschiedliche Gruppen, Intentionen, politische Motivlagen zusammenfinden. Das wird begünstigt durch die einfache narrative Struktur der Deutung von '89. Darin sind die Komplexität der historischen Ereignisse, die Heterogenität der relevanten Akteure und ihrer Positionen sowie die Ursachen von 1989 weitgehend ausgespart. Die Erzählung ist vielmehr weitgehend auf den charismatischen Moment der Entmachtung reduziert. Analogiebildungen zwischen damals und heute (inklusive einer vermeintlichen Notwendigkeit, gegenwärtig wieder aktiv zu werden) sowie die Betonung der Differenz von ›Volk‹ und ›Regierung‹, in diesem Sinne also von ›oben‹ und ›unten‹, sind damit leicht möglich.

Auch die Frage, welche Teile der ostdeutschen Bevölkerung sich legitimerweise auf '89 beziehen können, wird im Widerstandsnarrativ neu beantwortet. ›Die Ostdeutschen‹ werden als Adressat*innen homogenisiert und kollektiviert, was in Aussagen wie »Wir waren '89 auf der Straße und sind es nun wieder« seinen Niederschlag findet. Das ›Wir‹ schließt jedes Individuum ein, unabhängig davon, ob die Person damals tatsächlich bei einer der Montagsdemonstrationen dabei war. Damit entkoppelt sich die Semantik von den historischen Erfahrungsträger*innen. Die Differenz zwischen Oppositionellen und Angepassten wird aufgehoben und es wird problemlos möglich, sich auch als unkritisches ehemaliges SED-Mitglied oder als westdeutsch sozialisierte*r Politiker*in (wie etwa Björn Höcke) positiv auf dieses Narrativ zu beziehen.[55]

Publizistisch verstärkt wurde das Narrativ in den letzten fünf Jahren durch eine intensive Thematisierung in Periodika der extremen Rechten wie *Compact*, *Zuerst!*, *Sezession* und *Junge Freiheit*.[56] Deren Autor*innen und Leser*innen verbinden

---

53 Das bedeutet im Umkehrschluss: Wenn die Erinnerung an 1989 zunehmend (auch) mit diesen gegenwärtigen Sinngehalten aufgeladen ist, dann müssten diese (gegenwärtigen) Themen und Konfliktfelder auch Gegenstände politisch-historischer Bildung sein.
54 Siehe ANDREAS PETTENKOFER: Die Entstehung der grünen Politik. Kultursoziologie der westdeutschen Umweltbewegung. Frankfurt am Main/New York 2014, S. 9.
55 Wie in den von uns geführten Gruppendiskussionen sichtbar wurde.
56 Einen umfassenden Überblick bietet eine ausführliche Dokumentation des *apabiz*. Siehe KILIAN BEHRENS u. a.: Der rechte Blick auf Ostdeutschland – Teil 1 und Teil 2. In: *magazine* 5 (2019). Abgerufen unter der URL: https://www.apabiz.de/2019/der-rechte-blick-auf-ostdeutschland-teil-1/, letzter Zugriff: 21.06.2021.

unterschiedliche lokale und politische Milieus: von der Neuen Rechten über das durch den Schriftsteller Uwe Tellkamp verkörperte Trutzmilieu eines sich im Exil wähnenden ostdeutschen Refugiumsbürgertums[57] bis hin zu einigen ehemaligen DDR-Oppositionellen, die sich heute erneut im Widerstand gegen eine Diktatur glauben.

Im Widerstandsnarrativ, das mit einer enormen Resonanz vor allem im Osten einherging, dokumentiert sich nach unserer Meinung der tiefgreifende Wandel in der politischen Kultur in Ostdeutschland. Um dies zu verdeutlichen, unterscheiden wir im Folgenden verschiedene Dimensionen des Widerstandsnarrativs und knüpfen daran vorläufige Beobachtungen und Überlegungen zum sozialen Wandel.

6.1 Räumliche Dimension

Im ostdeutschen Widerstandsnarrativ ist die Straße als politische Arena eigener Qualität symbolisch besonders aufgeladen. Eine ›Politik der Straße‹ ermöglichte und ermöglicht die kollektive Artikulation von Interessen außerhalb eines vorgesehenen Instanzenweges und mit körperlichen Mitteln. Bedeutsam sind Unmittelbarkeit und Körperlichkeit, sind Eigen-Sinn und die Eigenmacht alltäglicher Konflikte um gesellschaftliche Ordnungsvorstellungen.[58]

In dem geschichtspolitisch dominierenden Revolutionsnarrativ ist die herausragende Bedeutung der Straßenproteste von 1989 wesentlich angelegt und das situative Charisma der Ereignisse dominiert das offizielle wie private Erinnern.[59] Eine erste eigensinnige Bezugnahme auf 1989 als Straßenprotest erfolgte bereits Anfang der 2000er Jahre in den subkulturellen Rangordnungskämpfen ostdeutscher Hooligans. Selbstbewusst nahmen sie auf 1989 und eine ›ostdeutsche Identität‹ Bezug, indem sie eine gewaltförmige Überlegenheit gegenüber ›dem Westen‹ behaupteten.[60] Politisch relevant wurde dies nicht zuletzt dadurch, dass

---

57 Siehe REHBERG: Metamorphosen des Bürgertums (wie Anm. 41), S. 90–97.
58 Siehe THOMAS LINDENBERGER: Straßenpolitik. Zur Sozialgeschichte der öffentlichen Ordnung in Berlin 1900 bis 1914 (Politik und Gesellschaftsgeschichte, 39). Bonn 1995.
59 Das Charismatische der Ereignisse ist begründet in der Eigendynamik des politischen Umbruchs, in der Ungewissheit von Verlauf (friedlich) und Ausgang (unverhoffter Systemzusammenbruch) und schließlich in der Erfahrung der Aktionsmacht massenhaften Straßenprotestes.
60 So war etwa das Jahr 2003 eine möglicherweise wegweisende, viele Entwicklungen vorwegnehmende Zäsur innerhalb der gesamtdeutschen Fußballfanszenen. In diesem Jahr bzw. mit der Gründung des Fanzines *Blickfang Ost (BFO)* intensivierte sich eine Entwicklung gewaltförmiger Abgrenzung gegenüber westdeutschen Fanszenen und es stabilisierte sich das Selbstbild, ostdeutsche Ultras und Hooligans seien härter und gewaltbereiter. In einem Interview aus dieser Zeit wird dies von Szenevertretern so plausibilisiert: »Die meisten orientieren sich

Teile dieser subkulturellen Ermannungsbewegung (als Ordner*innen und/oder Organisator*innen) in der ab 2014 entstehenden PEGIDA-Bewegung und ihren lokal verzweigten Ablegern aufgingen. Mit ihren Gewaltkompetenzen wurde sie zum Bestandteil der straßenpolitischen Drohkulisse während der Montagsdemonstrationen. Das Deutungsmuster einer ostdeutschen ›Avantgarde des Widerstands‹ wandte sich gegen Eliten und wurde so politisch mobilisiert. Das Beispiel der Hooliganszene zeigt, wie situativ auf den regelmäßigen Straßendemonstrationen zwischen zuvor separierten Bevölkerungsgruppen und politischen Milieus Wahrnehmungen von Gemeinsamkeit hergestellt wurden, die sich zunehmend stabilisierten und zu unerwarteten Allianzen führten. Inwiefern hier neue politische Milieus entstehen oder entstanden sind, ist eine offene empirische Frage. Zu beobachten ist in jedem Fall eine Normalisierung und Entstigmatisierung von rechtsextremen Akteuren, die sich an den verschiedenen Protesten der letzten Jahre beteiligen oder diese sogar organisieren.[61]

Ebenfalls Teil der räumlichen Dimension ist die Beobachtung, dass sich innerhalb der Montagsdemonstrationen eine weitere Form des Protests herausgebildet hat, die in ihrer sozialen Form und symbolischen Inszenierung Gerichtsprozessen bzw. Tribunalen ähnlich ist.[62] Dabei sitzt der selbsternannte ›Straßensouverän‹ zu Gericht, legitimiert durch die als geteilt angenommenen Ordnungsvorstellungen. Man erhebt Anklage, erteilt Schuld- und Freisprüche und droht mit Sanktionen. Man sucht, erfindet und findet bei der Anklageerhebung lebensweltliche Ankerpunkte des Zorns, bei denen die Gleichsetzung von SED-Diktatur mit aktuellen politischen Verhältnissen wesentlicher Bezugspunkt ist. Die Form des Tribunals knüpft dabei nicht korrigierend an geltendes Recht an, sondern sie inszeniert sich als alternative politische Entscheidungsinstanz, die symbolisch eine revolutionäre Situation vorwegnimmt. Auch hier wird deutlich, dass und wie auf der Straße zunehmend ein Konflikt um konkurrierende Vorstellungen politischer Ordnung ausgetragen wird.

---

eher nach Osteuropa, wie nach Polen oder Ungarn, wo die Gewaltbereitschaft höher ist und es härter zugeht. [...] Der Osten hinkt überall hinterher, das will man im Stadion und dem Fußball-Umfeld dann umdrehen.« Interview mit den Machern von BFO (keine Namensnennungen). In: *Stadionwelt* 4 (2005), S. 24.

61 Dass dieses Deutungsmuster unterschiedlich aktualisiert werden kann, zeigen die aktuellen Proteste gegen die COVID-19-Schutzmaßnahmen. Das durch die Kritik an der Migrationspolitik stabilisierte Deutungsmuster wird nun erneut mobilisiert und vermag teilweise andere Gruppen und Milieus zu erreichen. Die Effekte dieser Prozesse auf die politische Kultur sind dabei nicht zu unterschätzen.

62 Siehe FRANZ ERHARD/ALEXANDER LEISTNER/ALEXANDER MENNICKE: »Soldiers for freedom, nation and blood«. Der Wandel von Anerkennungsordnungen kollektiver Gewaltausübung durch Fußballhooligans im Zuge der _GIDA-Bewegungen. In: *Zeitschrift für Fußball und Gesellschaft* 1 (2019), 1, S. 46–68.

6.2 Soziale Dimension

Deutende Bezüge auf '89 sind auch verbunden mit spezifischen Kollektivkonstruktionen. Häufig sind diese, nebeneinander stehend oder auch miteinander verschränkt, durch starke Innen-Außen-, Oben-Unten-, Wir-Die-Dualismen strukturiert. Um dies zu verdeutlichen, sei die *Oberlausitzer Erklärung* genannt. Diese wurde im Sommer 2018 von Unternehmer*innen und Vereinsfunktionär*innen aus Bautzen und Umgebung unter dem Titel *Oberlausitzer Erklärung der Bürgerinitiative ›Die '89er‹* veröffentlicht. Darin wenden sie sich scharf gegen die kritische Berichterstattung über rechtsextreme Vorfälle in ihrer Region:

> Es darf nicht sein, dass Menschen aufgrund ihrer politischen Überzeugung diskriminiert werden und zu deren gesellschaftlichem Ausschluss aufgerufen wird. Wohin dies führt, musste unser Volk bereits zweimal leidvoll erfahren. Wir sehen unsere Pflicht darin, dieser Entwicklung entgegenzutreten, um der seit 1989 überwunden geglaubten Ideologisierung Einhalt zu gebieten.[63]

Hier folgt der Dualismus vor allem einer lokalistischen Logik. Das ›Innen‹ ist die althergebrachte Ordnung des Zusammenlebens unter den Alteingesessenen. Das ›Außen‹ sind ›Ortsfremde‹, die rechtsextreme Vorfälle thematisieren und – so die Sicht der Einheimischen – skandalisieren: Politiker*innen, etablierte Medien, zugezogene Westdeutsche. Ihr Verhalten wird mit den Repressionen der SED-Diktatur gleichgesetzt und der lokale Konflikt findet seine generalisierende Zuspitzung in der Kollektivzuschreibung ›wir '89er‹. Damit werden nicht nur die anderen Konfliktbeteiligten delegitimiert (Außen), sondern zugleich die politischen Entwicklungen (Rechtsextremismus) in der lokalen Gemeinschaft normalisiert und die eigene Sprecherposition privilegiert (historisch abgeleitete Pflicht). In der Konstruktion der ›'89er‹ als Erfahrungsgemeinschaft vollzieht sich zudem eine selbstreferentielle Immunisierung gegen Kritik von ›außen‹ und von ›oben‹, die im Grunde einer Gesprächsverweigerung und einer Abschottung gegenüber einer kritischen Öffentlichkeit gleichkommt.

Ein anderer Dualismus dokumentiert sich in einer Gruppendiskussion, die im Rahmen unserer Forschungen durchgeführt wurde. Auch dort ist von den ›'89ern‹ die Rede und von der Verpflichtung, aus dieser historischen Erfahrung heraus aktiv zu werden und nicht noch einmal »40 Jahre zu warten«, um sich gegen das System zu wenden. Hier drückt sich eine Veränderungsromantik aus,

---

63 Oberlausitzer Erklärung der Bürgerinitiative »die '89er«. Für den Erhalt der Meinungsfreiheit. Abgerufen unter der URL: https://www.denkste-mit.de/images/download/oberlausitzer-erklarung_korrektur.pdf, letzter Zugriff: 21.06.2021.

die Wandel herbeisehnt, wiewohl dieser inhaltlich nur vage umrissen ist. Dieser unbestimmte Veränderungswunsch ist bei allen Unterschieden der kleinste gemeinsame Nenner der verschiedenen hier erwähnten politischen Akteure. In die historischen Selbstbezeichnungen als ›'89er‹ sind auch spezifische Vorstellungen einer überlegenen Kollektivität im Osten Deutschlands eingelassen. Angesprochen auf die kritischen Berichte über die Erfolge der AfD in den neuen Bundesländern heißt es in der Gruppendiskussion: »[W]ir sind diejenigen, die ein bissl aufpassen. Weil wir hatten das schon mal, die Diktatur, wie wir's jetzt eigentlich wieder haben«.[64] In Bezug auf '89 vollzieht sich damit eine Umdeutung: Kritik an der extremen Rechten wird mit der damaligen Unterdrückung der Kritik an der SED-Diktatur parallelisiert. Der Erfolg der AfD wird im Deutungsmuster ›Der Osten muckt auf‹ idealisiert. Für das derart konstruierte (historische) Kollektiv der ›'89er‹ sind die Zughörigkeitskriterien lose. Das unterscheidet das Widerstandsnarrativ von früheren Bezugnahmen auf '89, wo deren Legitimität gebunden war an den Status als ›Bürgerrechtler‹. Innerhalb des Widerstandsnarrativs wird Zugehörigkeit jedoch vor allem über die Kritik am heutigen politischen System hergestellt.

6.3 Symbolische Dimension

Das Widerstandsnarrativ hat, so unsere These, eine Nadelöhrfunktion für politische Diskurse und Milieus. Es ist somit Bestandteil eines größeren gesellschaftlichen Konflikts um legitime Kollektivität (plural oder ethnisch homogen) und konkurrierende Vorstellungen politischer Ordnung (Modi der Interessenvertretung). Das Narrativ ist auch verknüpft mit individuellen Weltsichten und allgemeinen Ordnungsprinzipien, die konkurrierende Vorstellungen von Gemeinwohl strukturieren – sogenannten Rechtfertigungsordnungen.[65] Sie erfüllen eine Vergemeinschaftungs- und Legitimationsfunktion und sind häufig eingelassen in die Refugien der »weitgehend homogenen Lebenswelten peripherere Sozialräume (ländliche Räume, Klein- und Mittelstädte)«.[66] Von diesen sozialen Welten der ›kleinen Leute‹ ausgehend sind für das Narrativ weitreichende Generalisierungen typisch. Die Erfahrungswelten in bestimmten ostdeutschen Regionen werden zu

---

64 Transkript der Gruppendiskussion 2019, Z. 715 ff.
65 Siehe LUC BOLTANKSI/LAURENT THÉVENOT: Über die Rechtfertigung. Eine Soziologie der kritischen Urteilskraft. Hamburg 2007.
66 ARMIN STEIL/KERSTIN PALLOKS: Religiöse Fremdheit im lokalen Konflikt. Moscheebaukonflikte zwischen moral panic und Islamfeindschaft. Weinheim 2020, S. 322.

einem ethnisch und interessenhomogenen Gesellschaftsbild generalisiert. Die Kritik an Deindustrialisierung, Peripherisierung, Migrationspolitik oder öffentlicher Berichterstattung wird zu einem Konflikt zwischen ›Ost‹ und ›West‹, ›unten‹ und ›oben‹ verallgemeinert. Auffällig ist, dass dabei eine Umkehr der Statushierarchie vollzogen wird. Ostdeutsche Lebenswelten werden als eine Sphäre der ›wirklichen Welt‹ idealisiert, die Politiker*innen, Westdeutschen oder Medienvertreter*innen verschlossen bleibt und aus der Selbstbewusstsein, ein Erkenntnisvorsprung und eine historisch aufgeladene Legitimität bezogen wird.

Vor diesem Hintergrund erscheint die Weltsicht innerhalb des Widerstandsnarrativs identisch mit und verräumlicht in Ostdeutschland. ›Der Osten‹ erscheint als deckungsgleich mit der sozialen Welt der ›kleinen Leute‹, die gegen die vermeintliche Herrschaft von Eliten aufbegehren. Die mehrsinnigen impliziten oder expliziten Idealisierungen, dass man ›hier‹ solidarischer, ethnisch homogener, historisch ›erfahrener‹, revolutionärer und näher an den Realitäten des ›wirklichen Lebens‹ sei, stehen dabei in Kontrast zu Opfernarrativen (der Selbstwahrnehmung als ›Bürger zweiter Klasse‹ sowie der Fremdzuschreibung als wirtschaftlich abgehängt und politisch reaktionär), mit denen Debatten um eine vermeintliche ostdeutsche Identität häufig grundiert sind.

Teil des Konfliktes um die symbolische Ordnung der Gesellschaft sind zudem holistische Ordnungskonstruktionen, die der Vielstimmigkeit der ›Parteiendiktatur‹ ein Kollektivsubjekt entgegenstellen als homogene Ganzheit ohne Binnendifferenzierungen, die den allgemeinen Willen repräsentieren. '89 als Widerstandsnarrativ ist auch deshalb so erfolgreich, weil es sedimentierte Deutungsmuster in Teilen der ostdeutschen Bevölkerung bedient. Denn im Widerstandsnarrativ verlängert sich jenes Misstrauen zwischen Regierten und Regierenden, das bereits für die DDR prägend war. In den letzten Jahren hat das Deutungsmuster an Attraktivität und Resonanz gewonnen, weil es anschlussfähig ist für kollektivistische Homogenitätsbegehren (›das Volk‹) und fatalistische Weltsichten, aber auch für die Wahrnehmung, dass sich gesellschaftlicher Wandel unberechenbar und unkontrollierbar vollzieht und dass Geschichte dem Einzelnen widerfährt.

Diese Entwicklungen verweisen erneut auf ein untergründiges Erbe von '89: die Beobachtung, dass es in Ostdeutschland seit Langem alltagsweltlich konkurrierende Vorstellungen von Demokratie gibt, die auf die Erfahrungen in der DDR und auf die Ereignisse von 1989 bezogen sind und die im Wesentlichen auf der Dualität von direkter und parlamentarischer Demokratie beruhen. Dass diese Unterscheidung sich keineswegs automatisch mit politischer Grundausrichtung von links und rechts decken muss, sie vielmehr quer zu dieser stehen kann, haben die verschiedenen Beispiele gezeigt.

Seit 1989 ist eine Fülle vergleichender Arbeiten zum politischen Bewusstsein im wiedervereinigten Deutschland entstanden. Diese Studien zeigen Diskrepanzen zwischen der Unterstützung der (abstrakten) Idee Demokratie und einer zugleich ausgeprägten Kritik an politischen Realitäten und den Institutionen der repräsentativen Demokratie. Das Aufkommen von PEGIDA und seinen Ablegern wirkte hier katalysatorisch: Bisher latente, eigensinnige Demokratievorstellungen bekamen über die Verknüpfung mit der Montagsdemonstration als *Form* und der Fluchtmigration als *Thema* eine bewegungsförmige Gestalt und spezifische Wucht. Diese populärdemokratischen Demokratieverständnisse speisen sich auch aus einem mythologisierenden Bezug auf '89. Hier schimmert eine Idealisierung von Volksversammlungsdemokratie durch, die von einer hohen Responsivitätserwartung an Politik gegenüber dem Willen des auf der Straße versammelten Volkes geprägt ist.

7. Zusammenfassung

Ziel des Beitrages war es, die kontinuierlichen, zugleich in ihren Intentionen, Repräsentationen und Rezeptionen höchst unterschiedlichen Rückbezüge auf '89 in den Blick zu nehmen. Heuristisch leitend war die idealtypische Unterscheidung von konservatorischen und aktualisierenden Bezugnahmen auf '89. Sie erscheint uns hilfreich, um geschichtspolitische Arenen allgemeiner als Konfliktarenen analytisch zu fassen. Konkurrierende Deutungen von 1989 waren im konkreten Fall zunächst Auslegungskonflikte oppositioneller Akteure um das ›richtige‹ Erbe der friedlichen Revolution, um (aktuelle) politische Implikationen sowie Abgrenzungskonflikte gegenüber geschichtspolitischen Vereinnahmungen und Vereindeutigungen.

Parallel dazu etablierten sich symbolisch-performative Bezüge auf '89 im Protestparadigma der Montagsdemonstration. Bei diesen spielten die ehemaligen Vertreter*innen der Oppositionsbewegung nur noch eine geringe, eher begleitende Rolle. Sowohl bei den Hartz-IV-Protesten als auch bei PEGIDA rutschten sie an den Rand der Proteste und führten in wechselnden Rollen Bystanderkonflikte zwischen Wohlwollen und Abwehr, Legitimierung und Delegitimierung dieser Aneignungen von '89.

Eine semantische Parallelisierung zwischen SED-Diktatur und Gegenwartsgesellschaft, der Forderung nach Protest und Widerstand sowie der Behauptung, in einer ›Scheindemokratie‹ zu leben, wurde öffentlich sichtbar in einem Aufruf, der über das Deutungsmuster der Parallelisierung von links die politische Praxis der Bundesrepublik kritisierte. Gut 15 Jahre später wurde sie von Akteuren der extremen Rechten aufgegriffen, rechts gewendet und radikalisiert. Verdichtet als Widerstandsnarrativ und verknüpft mit dem bereits in anderen Kontexten erfolgreichen Protestparadigma der Montagsdemonstration erlangte diese Deutung eine nicht zu unterschätzende politische Wirkmächtigkeit.

Die Bezugnahmen auf die friedliche Revolution seit 1990 waren häufig konflikthaft und blieben selten auf eine ausschließlich geschichtspolitische Arena beschränkt. Dabei ist zum einen die Diversifizierung gesellschaftlicher Konfliktlinien, in denen '89 relevant wurde, zu beobachten, zum andern eine ›Entgrenzung‹ der beteiligten Akteure und politischen Arenen. Was als Selbstverständigungs- und Selbstvergewisserungskonflikt zwischen Akteuren und Fraktionen innerhalb der ehemaligen DDR-Opposition um das ›richtige‹ Erinnern begann, hat sich zu einem Konflikt um konkurrierende gesellschaftliche Ordnungsmodelle, Kollektivkonstruktionen und Demokratievorstellungen gewandelt und generalisiert.

'89 als Widerstandsnarrativ fungiert – nicht zuletzt aufgrund seiner inhaltlichen Unbestimmtheit – als Nadelöhrsemantik, die es ermöglicht, verschiedene politische Milieus und Konfliktfelder zu integrieren. Damit ist eine gesellschaftliche Dynamik in Gang gesetzt, in der sich über politische Grenzen hinweg Akteure auf ein gemeinsames Deutungsmuster beziehen können und ursprüngliche, durchaus grundsätzliche Differenzen als irrelevant erscheinen. Da dieses Deutungsmuster aktuell wesentlich durch extrem rechte Positionen bestimmt und bespielt wird, besteht die Gefahr einer Erosion von politischer Kultur durch die Normalisierung von Einstellungen, die im Grunde jegliches Demokratiekonzept bekämpfen.

Florian Peters

»Nach 1989 wurde nur die Dekoration geändert«

Polens postsozialistische Transformation und der Kampf um ihre Deutung

Ob es nun um die Stilisierung des polnischen Königs Jan III. Sobieski zum Retter Wiens vor der türkischen Belagerung von 1683 geht oder um die Überhöhung des polnischen Sieges über die Rote Armee vor Warschau im August 1920 zum ›Wunder an der Weichsel‹ – die polnische historische Selbstdarstellung zielt nur zu gerne darauf ab, Polen wenn nicht als unbeugsames ›Bollwerk des Christentums‹, so doch zumindest als integralen und immer wieder zu Unrecht marginalisierten Akteur der europäischen Geschichte ins rechte Licht zu rücken. Vergleichbares läge auch für die Erinnerung an den inzwischen 30 Jahre zurückliegenden Zusammenbruch des osteuropäischen Staatssozialismus im Jahre 1989 nahe. Wer wollte schließlich ernsthaft bestreiten, dass der epochale Wandel, der mit dem Fall der Berliner Mauer und der Überwindung der Teilung Deutschlands und Europas endete, entscheidende Impulse vom polnischen Aufbegehren gegen die kommunistische Herrschaft erhielt, das sich seit 1980 in der Solidarność-Bewegung manifestiert hatte? Ohne die Übereinkunft zwischen polnischen Kommunisten und Oppositionsvertretern[1] am Runden Tisch und ohne die ersten teilweise freien Parlamentswahlen in Polen am 4. Juni 1989 wäre die turbulente Ereigniskette des osteuropäischen Wendejahres 1989 schlechterdings undenkbar.

Doch während die polnischen Regierungen zu den 20. und 25. Jahrestagen dieser Umbrüche noch kaum etwas unversucht gelassen hatten, um den polnischen Beitrag zum Sturz des Staatssozialismus ins Bewusstsein der in- und ausländischen Öffentlichkeit zu rücken, zeichnete sich die offizielle polnische Geschichtspolitik im Jubiläumsjahr 2019 durch vielsagendes Desinteresse aus. Anstatt Polens Vorreiterrolle im Kampf gegen Staatssozialismus und sowjetische

---

1 Am Plenum des Runden Tischs nahm sowohl auf Regierungs- wie auch auf Oppositionsseite je eine Frau (von jeweils 30 Vertretern) teil. In den thematischen Arbeitsgruppen waren die Verhältnisse ähnlich; an den entscheidenden Verhandlungen über Streitfragen in Magdalenka (siehe unten) waren Frauen gar nicht beteiligt. Angesichts dieser eklatanten Unterrepräsentation von Frauen wird hier und in vergleichbaren Fällen bewusst auf die Verwendung der weiblichen Form verzichtet.

Hegemonie hervorzuheben, spielte die von Jarosław Kaczyński geführte Regierungspartei Recht und Gerechtigkeit (Prawo i Sprawiedliwość, PiS) die historische Bedeutung des demokratischen Neuanfangs von 1989 konsequent herunter. Die Tonlage gab der seit 2016 als Präsident des Instituts für Nationales Gedenken (Instytut Pamięci Narodowej, IPN) amtierende Jarosław Szarek vor: Er meldete in einem Interview Zweifel an, ob damals überhaupt ein nennenswerter Wandel stattgefunden habe. »Nach 1989«, so Szarek, »wurde nur die Dekoration geändert, aber die Instrumente [der Macht] blieben in der Hand von Leuten des alten Systems.«[2] Bei anderer Gelegenheit verglich der IPN-Chef den Kompromiss, den Kommunisten und Oppositionelle am Runden Tisch erzielt hatten, sogar mit der Aufteilung Europas unter den Siegermächten des Zweiten Weltkriegs in Jalta – beide Male habe es sich um eine Einigung über die Köpfe der Polen hinweg gehandelt, noch dazu um eine Einigung auf ihre Kosten.[3]

Mit solchen, aus westlicher Perspektive einigermaßen unkonventionellen Interpretationen steht Jarosław Szarek in Polen keineswegs allein. Vielmehr knüpft er an die Tradition einer Fundamentalkritik am ausgehandelten Systemübergang von 1989 an, die bereits seit den 1990er Jahren unter rechtsgerichteten Intellektuellen virulent war. Während die aus der vormaligen Oppositionsbewegung stammenden Liberalen den Umbruch als Selbstbefreiung zur liberal-demokratischen Ordnung und als zivilisatorische ›Rückkehr nach Europa‹ feierten (eine Deutung, der sich die marktwirtschaftlich gewendeten Postkommunisten unter Verweis auf ihren eigenen Beitrag zum friedlich ausgehandelten Systemübergang gern anschlossen), zogen ihre meist auf dem rechten Flügel der antikommunistischen Opposition politisierten Gegner den Zäsurcharakter des Systemwechsels grundsätzlich in Zweifel. Ihre Sicht auf 1989 läuft in ihrer radikalsten Version auf die Behauptung hinaus, der Kommunismus habe seinen Untergang als politisches System unter tätiger Mithilfe der liberalen Eliten überdauert. Denn Letztere hätten lieber mit den Protagonisten und Nutznießern des alten Systems paktiert, als deren Machtpositionen in Wirtschaft und Gesellschaft konsequent

---

2   Jarosław Szarek zit. nach: Odzyskać bohaterów niepodległości. Z dr. Jarosławem Szarkiem, prezesem Instytutu Pamięci Narodowej, rozmawia Marcin Wikło [Die Helden der Unabhängigkeit zurückgewinnen. Mit Dr. Jarosław Szarek, dem Präsidenten des Instituts des Nationalen Gedenkens, spricht Marcin Wikło]. In: *Sieci [Netzwerke]*, Nr. 2, 8. Januar 2018, S. 40 ff. Alle Übersetzungen aus dem Polnischen stammen vom Verfasser.
3   Siehe OLGA ŁOZIŃSKA/PAP: Prezes IPN Jarosław Szarek: Okrągły stół jest polską Jałtą [IPN-Präsident Jarosław Szarek: Der Runde Tisch ist das polnische Jalta]. In: *Dzieje.pl [Geschichte.pl]*, 31. August 2018. Abgerufen unter der URL: https://dzieje.pl/aktualnosci/prezes-ipn-jaroslaw-szarek-okragly-stol-jest-polska-jalta, letzter Zugriff: 21.06.2021.

zu demontieren. »Was der Aufbau eines gänzlich neuen Polens hätte werden sollen, endete mit der Restitution des volkspolnischen Systems«, so der rechte Publizist Rafał Ziemkiewicz.[4] Aufgabe jedes ›wahren Patrioten‹ sei es folglich, die antikommunistische Revolution, die 1989 unvollendet geblieben sei, endlich entschlossen zu Ende zu führen.[5]

Zwar blieb das rechtsintellektuelle Milieu, in dem dieses Geschichtsbild gepflegt wurde, vergleichsweise überschaubar. Dennoch gelang es diesem, eine zunehmend wirkmächtige diskursive Alternative zu der in der Öffentlichkeit hegemonialen liberalen Deutung zu etablieren.[6] Bereits bei seiner ersten Regierungsübernahme 2005 machte sich Jarosław Kaczyński die Forderung nach der Überwindung der 1989 entstandenen, von rechten Intellektuellen als ›postkommunistisch‹ gebrandmarkten Dritten Republik durch Proklamation einer ›Vierten Republik‹ zu eigen. Seither hat sich der Konflikt zwischen liberalen und rechtskonservativen Deutungen von 1989 weiter zugespitzt und ist zu einem wesentlichen Bestandteil der politischen Polarisierung in der polnischen Gesellschaft geworden. Während die einen die damals wiedererrungene Demokratie als beispiellosen Höhepunkt der polnischen Freiheitsgeschichte feiern, wittern die anderen hinter den Verhandlungen am Runden Tisch und dem vermeintlichen Ausverkauf der verstaatlichten Wirtschaft Verrat und Kungelei der tonangebenden Eliten.

Seit dem neuerlichen Wahlsieg von Jarosław Kaczyńskis PiS im Jahr 2014 sind vormals marginale Narrative vom rechten Rand des diskursiven Spektrums erneut zur regierungsamtlichen geschichtspolitischen Doktrin aufgestiegen. Dabei liegt der instrumentelle Charakter des Narrativs der ›unvollendeten Revolution‹ offen zutage. Denn der Verweis auf reale oder vermeintliche Kontinuitäten zwischen dem kommunistischen ›Unrechtsregime‹ vor 1989 und der daran anschließenden Dritten Republik dient der PiS-Regierung zur Legitimierung ihrer umstrittenen Reformpolitik, die etwa beim Umbau der Justiz und auf dem Feld der ›Renationalisierung‹ wirtschaftlicher Schlüsselbereiche ostentativ mit der liberalen Hegemonie der vorangegangenen Jahrzehnte bricht. So verkündete der damalige Innenminister Mariusz Błaszczak Ende 2017, erst mit den

---

4 RAFAŁ ZIEMKIEWICZ: Myśli nowoczesnego endeka [Gedanken eines modernen Nationaldemokraten]. Lublin 2012, S. 123.
5 Siehe JAMES MARK: The Unfinished Revolution. Making Sense of the Communist Past in Central-Eastern Europe. New Haven 2010.
6 Siehe EWA DĄBROWSKA: New conservatism in Poland. The discourse coalition around Law and Justice. In: KATHARINA BLUHM/MIHAI VARGA (Hrsg.): New Conservatives in Russia and East Central Europe (Routledge Contemporary Russia and Eastern Europe Series, 85). London/New York 2019, S. 92–112.

Justizreformen der PiS-Regierung sei der Kommunismus in Polen endgültig zu einem Ende gekommen.[7]

Solche unverblümten tagespolitischen Indienstnahmen der Vergangenheit mögen aus geschichtswissenschaftlicher Sicht irritieren. Dennoch gilt es zur Kenntnis zu nehmen, dass der in der gegenwärtigen polnischen Geschichtskultur zu beobachtende Rechtsruck nicht allein auf geschichtspolitische Taschenspielertricks zurückzuführen ist. Zum einen haben die PiS-nahen Geschichtspolitikerinnen und Geschichtspolitiker mehr vom Sozialkonstruktivismus der poststrukturalistischen Geistes- und Kulturwissenschaften gelernt, als mancher Historikerin und manchem Historiker lieb sein dürfte. Zum anderen fügt sich die rechtskonservative Kritik an der hurra-optimistischen liberalen Erfolgsgeschichte von 1989, sieht man von schrillen denunziatorischen Obertönen einmal ab, in einen Trend zur skeptischen Neubewertung der postsozialistischen Transformation ein, der weit über Polen hinausreicht. Schließlich ist die in den öffentlichen Erinnerungskulturen der ostmitteleuropäischen Transformationsstaaten lange vorherrschende, einseitig positive Sichtweise auf die ›friedlichen Revolutionen‹ von 1989 inzwischen auch in anderen Teilen der Region einer differenzierteren und nachdenklicheren Betrachtungsweise gewichen.

Fragt man nach den Wurzeln dieser diskursiven Verschiebung, kommt man nicht umhin festzustellen, dass die Revision der bislang dominierenden liberalen Meistererzählungen ihre augenscheinliche Attraktivität nicht zuletzt aus deren Inkonsistenzen und blinden Flecken bezieht. Um die scharfe Polarisierung der gegenwärtigen polnischen Erinnerung an die Solidarność und den Systemwechsel analytisch in den Blick zu nehmen, soll deshalb im Folgenden zunächst skizziert werden, wie die meinungsführenden Liberalen die durchaus uneindeutige Gemengelage von oppositioneller Massenbewegung, Machtteilung am Runden Tisch und ökonomischer Schocktherapie, die sich im polnischen Fall mit dem Systemübergang verband, in einem triumphalistischen Narrativ der nationalen Selbstbefreiung aufgehen ließen. Anschließend richte ich den Blick darauf, wie sich die rechte Gegenerzählung als Alternative zu diesem liberalen Erfolgsnarrativ positioniert, indem sie dessen Verengungen und Leerstellen offenlegt und zur Grundlage der eigenen Deutung macht. Dabei frage ich insbesondere danach, wie die von den Liberalen meist stiefmütterlich behandelte Erfahrungsperspektive

---

7   Siehe ADAM LESZCZYŃSKI: Błaszczak: »Tydzień temu w Polsce skończył się komunizm«. O co mu chodzi? Rozszyfrowujemy [Błaszczak: »Vor einer Woche endete in Polen der Kommunismus«. Worum geht es ihm? Wir entziffern]. In: *OKO.press [Abk. für ›Zentrum für bürgerschaftliche Kontrolle‹/Auge]*, 27. November 2017. Abgerufen unter der URL: https://oko.press/blaszczak-tydzien-temu-polsce-skonczyl-sie-komunizm-o-mu-chodzi-rozszyfrowujemy/, letzter Zugriff: 21. 06. 2021.

der ökonomischen Transformation von der spätsozialistischen Mangelwirtschaft zur Marktgesellschaft der von der Rechten propagierten Rückbesinnung auf die Nation in die Hände spielt.

1. Ein demokratischer Neuanfang ohne revolutionären Gründungsakt

Die zentrale Herausforderung für jedes öffentliche Erinnern an den demokratischen Umbruch von 1989 in Polen besteht darin, dass es diesem an einem klar identifizierbaren revolutionären Gründungsakt fehlte. Anders als für die DDR, die Tschechoslowakei oder die baltischen Länder fällt es für Polen schwer, von den epochemachenden Ereignissen von 1989 als einer ›friedlichen‹, ›samtenen‹ oder ›singenden‹ Revolution zu sprechen. Während im Herbst 1989 von Leipzig bis Timișoara Bürgerinnen und Bürger zu Tausenden auf die Straße gingen, um die kommunistische Diktatur vom Sockel zu stoßen, hatten die polnischen Kommunisten ihr Machtmonopol bereits Monate zuvor recht prosaisch am Verhandlungstisch zur Disposition gestellt. Die Mehrheit der Polinnen und Polen verband den im Laufe jenes Jahres rasant an Fahrt gewinnenden politischen Wandel deshalb weder mit eigenen Erlebnissen noch mit medial vermittelten Bildern aktiver Aneignung des öffentlichen Raumes. Nach Jahren der Erschöpfung und Zermürbung durch die Repressionen des Kriegsrechts-Regimes und die Widrigkeiten der permanenten Wirtschaftskrise war Polen 1989 von einer revolutionären Situation weit entfernt.[8] Statt für Demonstrationen und basisdemokratische Partizipation interessierten sich viele eher für die allerorts aus dem Boden schießenden Märkte und Basare.[9] Selbst die durch die Übereinkunft am Runden Tisch ermöglichten teilweise freien Wahlen vom 4. Juni 1989 stießen jenseits der Hauptstadt und der urbanen Hochburgen der Oppositionsbewegung auf bestenfalls mäßiges Interesse. Wie viele Aktivistinnen und Aktivisten der improvisierten Wahlkampagne der Solidarność-Bürgerkomitees erleben mussten, erreichte ihr enthusiastisches Engagement nur begrenzte Segmente der polnischen Gesellschaft. Da die vernichtende Niederlage der Kommunisten ihren psychologischen Effekt

---

8 Siehe Michał Przeperski: Sytuacja nierewolucyjna. Polacy u progu obrad Okrągłego Stołu [Nichtrevolutionäre Situation. Die Polen am Vorabend des Runden Tisches]. In: *Więź [Bund]* 62 (2019), 1, S. 92–107.

9 Siehe Florian Peters: Vom »Polenmarkt« zum Millionär? Der Markt als Erfahrungsraum und Ordnungsmodell der Transformationszeit in Polen. In: Ulf Brunnbauer/Dierk Hoffmann (Hrsg.): Transformation als soziale Praxis. Mitteleuropa seit den 1970er Jahren (Zeitgeschichte im Gespräch, 32). Berlin 2020, S. 108–124.

erst im Nachhinein entfaltete, blieb der Wahltag selbst primär mit milieuspezifischen Erinnerungen verbunden, die von der Mehrheit der Bevölkerung nicht notwendigerweise geteilt wurden.[10]

Die Gründungserzählung der Dritten Republik hatte also von vornherein einen schweren Stand, denn der Preis für die polnische Vorreiterrolle beim Systemwechsel im östlichen Europa waren der Kompromiss mit dem *ancien régime* und die weitgehende Passivität der Mehrheitsgesellschaft. Die Bilder vom Runden Tisch vermittelten weder heroische Emphase noch emotionale Begeisterung.[11] Wie Lech Wałęsa im Rückblick treffend resümierte, konnte es überhaupt nur deshalb zu den Verhandlungen zwischen Regierungs- und Oppositionslager kommen, weil beide Seiten durch den jahrelangen politischen Stellungskrieg so geschwächt waren, dass sie ohne eine zumindest partielle Übereinkunft mit der Gegenseite nicht mehr weiterwussten – und jeweils versuchten, aus der Schwäche des Gegners politisches Kapital zu schlagen.[12] Der Runde Tisch wurde also nicht durch eine übermächtige Oppositionsbewegung erzwungen, sondern war eher Ausdruck der Ratlosigkeit der kommunistischen Führung angesichts der wirtschaftlichen Dauerkrise. Zwar wurde die nach dem überwältigenden Wahlerfolg des Solidarność-Lagers gebildete demokratisch legitimierte Regierung von Tadeusz Mazowiecki von einer breiten Welle der Hoffnung und des Vertrauens getragen. Als Symbol für einen revolutionären Aufbruch taugte das Kabinett des bedächtigen christdemokratischen Intellektuellen, in dem Schlüsselressorts noch von Kommunisten besetzt waren, jedoch nur bedingt. Dies galt umso mehr, als die Regierung Mazowiecki den grundlegenden Umbau von Staat und Verwaltung eher zögerlich und unsystematisch anging,[13] während sie auf dem zentralen Feld ihrer Reformpolitik alles daran setzte, öffentliche Debatten zu vermeiden: Mazowieckis Vizepremier und Finanzminister Leszek Balcerowicz, der den seither mit seinem Namen verbundenen Balcerowicz-Plan einer radikalen makroökonomischen Schocktherapie im Hauruck-Verfahren durch das Parlament brachte,

---

10 Siehe die anschauliche historische Reportage von ALEKSANDRA BOĆKOWSKA: Można wybierać. 4 czerwca 1989 [Man kann wählen. 4. Juni 1989]. Wołowiec 2019.

11 Zur Rezeption der Bilder vom Runden Tisch in Polen, Ungarn, der ČSSR und DDR siehe den Beitrag von Petra Mayrhofer in diesem Band.

12 Siehe LECH WAŁĘSA/LESZEK BALCEROWICZ/KATARZYNA KOLENDA-ZALESKA: Lech. Leszek. Wygrać wolność. Lech Wałęsa i Leszek Balcerowicz w rozmowie z Katarzyną Kolendą-Zaleską [Lech. Leszek. Die Freiheit gewinnen. Lech Wałęsa und Leszek Balcerowicz im Gespräch mit Katarzyna Kolenda-Zaleska]. Krakau 2019, S. 17.

13 Siehe die wohltuend sachliche und verlässliche Studie von ANTONI DUDEK: Od Mazowieckiego do Suchockiej. Pierwsze rządy wolnej Polski [Von Mazowiecki zu Suchocka. Die ersten Regierungen des freien Polens]. Krakau 2019.

verstand sich explizit als unpolitischer Experte, der auch im Nachhinein noch von sich sagt, er habe damals angesichts des immensen Problemdrucks »nun wirklich keine Zeit« gehabt, »sich mit Politik zu beschäftigen«.[14]

Angesichts des ausgeprägten Unwillens der neuen Regierung, eine breite gesellschaftliche Partizipation an zentralen Richtungsentscheidungen zu ermöglichen, nimmt es nicht wunder, dass der demokratische Neuanfang von 1989 in der polnischen Erinnerungskultur von Anfang an im Schatten anderer Ereignisse stand. Auf der einen Seite wurde er von der Erinnerung an das spektakuläre Aufbegehren der Solidarność in den Jahren 1980–1981 überstrahlt, das weite Teile der Gesellschaft erfasst und mit intensiven Erfahrungen kollektiver politischer Handlungsmacht zurückgelassen hatte. Im Gegensatz zum Umbruch von 1989 handelte es sich bei der Entstehung der unabhängigen Gewerkschaftsbewegung um ein veritables revolutionäres Ereignis, auch wenn diese die Reichweite ihrer Ziele mit Blick auf die geopolitischen Rahmenbedingungen selbst beschränkte.[15] Der erfahrungsgeschichtliche Ausnahmecharakter der 16 Monate, in denen die Solidarność als basisdemokratische Massenbewegung existierte, spiegelt sich etwa darin, dass diese Zeit im Rückblick oft als ›Karneval‹ erinnert wird. Es spricht einiges dafür, dass die Solidarność nicht zuletzt wegen ihrer Zerschlagung durch die repressive Übermacht des Kriegsrechts-Regimes zum Mythos wurde – blieb ihr somit doch der Realitätstest für ihre in mancher Hinsicht recht vage Programmatik verwehrt. Die sang- und klanglose Implosion der staatssozialistischen Herrschaft jedenfalls, der die polnische Bevölkerung mehrheitlich als passive Zuschauerin beiwohnte, musste vor diesem schillernden, für verschiedenste Projektionen anschlussfähigen Mythos verblassen.

Auf der anderen Seite hatte die 1989 endlich errungene politische Freiheit für viele Polinnen und Polen einen bitteren Beigeschmack, da sie rasch von den Begleiterscheinungen der wirtschaftlichen Transformation überschattet wurde. Die Gleichzeitigkeit von politischer und wirtschaftlicher Transformation, die den meisten Zeitgenossinnen und Zeitgenossen zunächst als unhinterfragte Rückkehr zur westeuropäischen ›Normalität‹ erscheinen mochte, verlor angesichts der grassierenden Inflation und der zuvor ungekannten existenziellen Unsicherheit rasch

---

14 WAŁĘSA/BALCEROWICZ/KOLENDA-ZALESKA: Lech. Leszek. Wygrać wolność [Lech. Leszek. Die Freiheit gewinnen] (wie Anm. 12), S. 176.

15 Siehe TOMASZ KOZŁOWSKI: Anatomia Rewolucji. Narodziny ruchu społecznego »Solidarność« w 1980 roku [Anatomie einer Revolution. Die Geburt der sozialen Bewegung »Solidarność« 1980] (Monografie IPN, 128). Warschau 2017, sowie aus geschichtskultureller Perspektive FLORIAN PETERS: Revolution der Erinnerung. Der Zweite Weltkrieg in der Geschichtskultur des spätsozialistischen Polen (Kommunismus und Gesellschaft, 2). Berlin 2016, S. 443–466.

ihre Unschuld. Einerseits bot die spontane Aneignung der neuen marktwirtschaftlichen Freiheiten vielen Polinnen und Polen jene lang ersehnten Erfahrungen subjektiver Handlungsmacht, die dem politischen Systemübergang unübersehbar fehlte – wenn auch nur auf individueller Ebene. Andererseits beruhte die aufblühende Basar-Ökonomie, deren Ausläufer bis zu den sogenannten Polenmärkten auf dem Wiener Mexikoplatz oder auf dem Potsdamer Platz in Berlin zu spüren waren, nicht notwendigerweise auf Euphorie für die neue wirtschaftliche Ordnung. Vielmehr war sie oft aus der Not geboren und hatte viel mit sozialer Entsicherung und Erniedrigung zu tun – wobei die nötigen Ressourcen zu deren erfolgreicher Bewältigung verschiedenen sozialen Gruppen in unterschiedlichem Maße zur Verfügung standen. Ähnliche Erfahrungsmuster sollten sich im Zuge des Niedergangs der staatlichen Industrie und Landwirtschaft in den frühen 1990er Jahren weiter vertiefen und verfestigen. Da die neuen demokratischen Eliten unter tätiger Mitwirkung der zeitgenössischen Sozialwissenschaften die Verantwortung für ökonomischen Misserfolg den betroffenen Individuen und der vermeintlich ›gelernten Hilflosigkeit‹ des *homo sovieticus* zuschoben, fühlten sich weite Teile der Gesellschaft beim Sprung ins kalte Wasser des neoliberalen Kapitalismus alleingelassen.[16]

2. 1989 als geglückte nationale Selbstbefreiung ...

Solche gesellschaftsgeschichtlichen Dimensionen des ausgehandelten Systemübergangs von 1989 werden im geschichtspolitischen Konflikt um dessen Deutung freilich von beiden Seiten zugunsten einer primär politikgeschichtlichen Betrachtungsweise ausgeblendet. Sowohl das liberale Lager als auch seine rechtskonservativen Widersacher betten den Umbruch von 1989 unter Rückgriff auf gängige Topoi der polnischen historischen Selbstverständigung in den Zusammenhang einer exzeptionalistischen Widerstands- und Freiheitsgeschichte ein, deren normativen Kern unbedingte Freiheitsliebe und prinzipieller Antikommunismus darstellen. Dieses historische Selbstbild gründet auf der von der nationalbewussten *inteligencja* (dt.: Intelligenz) gepflegten Tradition des Widerstands gegen jegliche Fremdherrschaft seit der Teilungszeit im 19. Jahrhundert, das man in

---

16 Siehe ALEKSANDRA LEYK: Between rejected socialism and desired capitalism. Social sciences' discourse on the transformation in Poland. In: *European Review of History/Revue européenne d'histoire* 23 (2016), 4, S. 643–663, sowie die vielbeachtete retrospektive Selbstkritik des kürzlich verstorbenen liberalen Publizisten MARCIN KRÓL: Byliśmy głupi [Wir waren dumm]. Warschau 2015.

den zyklisch wiederkehrenden polnischen Revolten gegen das kommunistische Regime in den Jahren 1956, 1968, 1970 und 1980 bestätigt fand.[17] Zudem nährt sich diese Geschichtsauffassung in erheblichem Maße aus romantisch-messianistischen Deutungsmustern, mit deren Hilfe politische Niederlagen routiniert in moralische Siege umgedeutet werden.

Der entscheidende Unterschied zwischen beiden Narrativen besteht jedoch darin, dass die liberale Meistererzählung den friedlichen Systemwechsel von 1989 als krönenden Abschluss dieser nationalen Freiheitsgeschichte und zugleich als Überwindung ihrer hergebrachten romantischen Struktur begreift, wohingegen die rechte Gegenerzählung den damaligen Wandel in Übereinstimmung mit dieser Struktur als weiteres Glied in einer langen Kette von Fehlschlägen auf dem Weg zum endgültigen Sieg interpretiert. Während die Liberalen die endlich errungene politische und ökonomische Freiheit als lang erkämpfte Rückkehr Polens in den Kreis >normaler< europäischer Nationen verstehen, spinnt die Rechte den Faden der romantischen Erzähltradition weiter, indem sie 1989 als Verrat prinzipienloser Kollaborateure brandmarkt. Im Ausbleiben einer kompromisslosen Abrechnung mit der kommunistischen >Fremdherrschaft< sieht sie die moralische Überlegenheit derjenigen beglaubigt, die damals in Treue fest zur antikommunistischen Sache standen. Internationale Kontexte wie Michail Gorbačëvs Perestrojka, die wirtschaftliche Implosion des Ostblocks oder der Einfluss westlicher Finanzinstitutionen mit ihrem neoliberalen *Washington Consensus* kommen in der nationalen Bauchnabelperspektive beider Großerzählungen allenfalls am Rande vor.

Aus der Sicht der liberalen Oppositionellen lag es durchaus nahe, den Zusammenbruch des kommunistischen Regimes als krönenden Abschluss ihres jahrelangen politischen oder kulturellen Widerstands gegen dessen Herrschaft zu betrachten. Ihre Begeisterung über den liberal-demokratischen Neuanfang war keineswegs geheuchelt. Allerdings neigten sie dazu, ökonomische und soziale Fragen zu vernachlässigen[18] und ihre eigenen politischen Prioritäten mit dem breiten Spektrum von Zielen und Hoffnungen gleichzusetzen, das die Anhänger und Sympathisantinnen an der Basis der Oppositionsbewegung umgetrieben hatte. Während es den meisten nonkonformistischen Intellektuellen tatsächlich schon seit der Etablierung der Alternativkultur des >Zweiten Umlaufs< in den späten 1970er Jahren vorrangig um politische (und künstlerische) Freiheitsrechte gegangen war, lag dem Gros der Industriearbeiterinnen und Industriearbeiter, denen

---

17 Siehe etwa PETERS: Revolution der Erinnerung (wie Anm. 15), S. 92–103.
18 Siehe zur lebensweltlich bedingten Vernachlässigung finanzieller und sozialer Fragen in der oppositionellen Intelligenz: KRÓL: Byliśmy głupi [Wir waren dumm] (wie Anm. 16), S. 122–126 und S. 136 ff.

die Solidarność 1980/81 ihre Massenbasis und Durchschlagskraft verdankte, in erster Linie an materiellen Verbesserungen, kollektiver Mitsprache und Anerkennung – ein Wunsch, der sich im damals ubiquitären Begriff der ›Würde‹ (poln.: godność) artikulierte. Das liberale Erfolgsnarrativ blendet recht nonchalant aus, dass die basisdemokratischen und egalitaristischen Dimensionen der Gewerkschafts- und Streikbewegung von 1980/81 sich in der von oben orchestrierten marktorientierten Transformation von 1989/90 kaum wiederfanden.

Dies lässt sich etwa in der ansonsten durchaus beeindruckenden Dauerausstellung des Europäischen Solidarność-Zentrums (ECS) in Danzig besichtigen, das 2014 als geschichtspolitisches Prestigeprojekt des liberal-konservativen Danziger Stadtpräsidenten Paweł Adamowicz eröffnet wurde. Dort kommt dem Kriegsrecht und der zweiten Hälfte der 1980er Jahre allenfalls die Rolle eines dramatischen Suspense auf dem Weg in die Freiheit zu, dessen Ziel- und Endpunkt mit der Bildung der Regierung Mazowiecki identifiziert wird. Während zum Auftakt des Ausstellungsrundgangs noch mit Spinden und Schutzhelmen der dezidiert arbeiterliche, großindustriell geprägte Erfahrungsraum der Danziger Werftarbeiterinnen und Werftarbeiter inszeniert wird, bleibt an dessen Ende völlig unklar, was aus dieser Lebenswelt eigentlich geworden ist – obwohl diese Frage angesichts der weitläufigen Brache auf dem ehemaligen Werftgelände, die den imposanten Museumsneubau heute umgibt, auf der Hand liegt. Stattdessen widmet sich der letzte Saal der Ausstellung programmatisch dem europaweiten ›Triumph der Freiheit‹, ohne aber dessen vielschichtige gesellschaftliche Konsequenzen weiter zu problematisieren. Dass die 1989 errungene Freiheit nicht ganz genau dasselbe war wie die 1980 eingeforderte Solidarität, fällt irgendwo unterwegs unter den Tisch.[19]

Nun mag man die auf Verteilungsgerechtigkeit und Arbeiterselbstverwaltung orientierte wirtschafts- und sozialpolitische Programmatik der gewerkschaftlichen Solidarność von 1980/81 für unrealistisch oder gar utopisch halten – den tiefen Bruch schlicht zu ignorieren, der zwischen dem kollektivistischen Überschwang dieser Ziele und der marktradikalen Schocktherapie von 1989/90 lag, erwies sich aber schon früh als wenig überzeugende narrative Strategie, gerade aus der Sicht vieler Basisaktivistinnen und Basisaktivisten der Oppositionsbewegung.[20]

---

19 Siehe ausführlicher FLORIAN PETERS: Solidarność Yesterday – Solidarity Today? The European Solidarity Center in Gdańsk endeavors to combine the past with the present. In: *Cultures of History-Forum*, 12. Mai 2015. Abrufbar unter der URL: https://digital.herder-institut.de/publications/frontdoor/deliver/index/docId/85/file/Peters_Solidarnosc_Yesterday_Solidarity.pdf, letzter Zugriff: 21.06.2021. Zum ECS siehe auch den Beitrag von Daniel Logemann in diesem Band.
20 Siehe ADAM MIELCZAREK: Przemiany roku 1989 w oczach szeregowych działaczy podziemia [Der Wandel von 1989 in den Augen von Basisaktivisten des Untergrunds]. In: KRZYSZTOF

Schließlich knüpfte die Wirtschaftspolitik der aus der Opposition hervorgegangenen Regierung Mazowiecki weniger an das Erbe der Solidarność an als an die marktorientierte Reformpolitik der letzten kommunistischen Regierungen, die Moskauer Analysten Anfang 1989 bereits auf dem Weg in einen »sozialistischen Thatcherismus« sahen.[21] Während der letzte kommunistische Industrieminister Mieczysław Wilczek schon seit Ende 1988 mit der angekündigten Schließung von unrentablen Staatsbetrieben und der radikalen Liberalisierung privatwirtschaftlicher Aktivitäten für Aufsehen sorgte,[22] setzten sich die Vertreter der Opposition am Runden Tisch noch für Arbeitnehmerrechte und eine weitreichende Abfederung eventueller sozialer Härten ein.[23] Mit ihrem plötzlichen Schwenk zugunsten einer radikalen, von den neoliberalen Rezepten des Internationalen Währungsfonds inspirierten Schocktherapie brach die Regierung Mazowiecki im Herbst 1989 nicht nur mit den noch kurz zuvor bekräftigten wirtschaftspolitischen Positionen der Solidarność, sondern auch mit deren betont basisdemokratischer, konsensorientierter Kultur politischer Entscheidungsfindung. Entsprechend inkonsistent erscheint die liberale Deutung des Umbruchs, die einerseits die Bereitschaft beider Seiten zum Kompromiss am Runden Tisch zum nachahmenswerten Musterbeispiel eines vernünftigen, unblutigen Systemübergangs verklärt, andererseits aber die kurze Halbwertszeit dieses Kompromisses (und übrigens auch des Wahlprogramms des Solidarność-Lagers für die Juni-Wahlen) geflissentlich verschweigt.

Ungeachtet dessen ist die retrospektiv konstruierte Eindeutigkeit der triumphalistischen Meistererzählung, die das gesamtgesellschaftliche Aufbegehren von 1980/81 mit dem ausgehandelten Systemübergang von 1989 zu amalgamieren

---

BRZECHCZYN (Hrsg.): Interpretacje upadku komunizmu w Polsce i w Europie środkowowschodniej [Interpretationen des Niedergangs des Kommunismus in Polen und Ostmitteleuropa] (Studia i materiały poznańskiego IPN/Instytut Pamięci Narodowej Oddział w Poznaniu [Studien und Materialien des IPN/Institut für Nationales Gedenken in Poznań], 14). Posen 2011, S. 251–262.

21 Siehe FLORIAN PETERS: »Rette sich, wer kann!« Die wirtschaftlichen Reformanläufe der polnischen Kommunisten in den 1980er-Jahren. In: *Jahrbuch für Historische Kommunismusforschung* (2020), S. 105–119.

22 Siehe MICHAŁ PRZEPERSKI: Ostatnia próba modernizacji PRL. Rząd Mieczysława F. Rakowskiego (1988–1989) [Der letzte Versuch zur Modernisierung der Volksrepublik Polen. Die Regierung Mieczysław F. Rakowski (1988–1989)]. In: *Pamięć i Sprawiedliwość [Erinnerung und Gerechtigkeit]* 27 (2016), 1, S. 197–230.

23 Siehe ANDRZEJ ZAWISTOWSKI: Kapitalizm albo śmierć? Ekonomiczne kulisy upadku władzy Polskiej Zjednoczonej Partii Robotniczej w 1989 roku [Kapitalismus oder der Tod? Die ökonomischen Hintergründe des Machtverlusts der Polnischen Vereinigten Arbeiterpartei 1989]. In: KONRAD BIAŁECKI/STANISŁAW JANKOWIAK/RAFAŁ RECZEK (Hrsg.): Krok ku wolności. Wybory czerwcowe 1989 i ich konsekwencje [Schritt zur Freiheit. Die Juni-Wahlen 1989 und ihre Folgen]. Posen 2015, S. 20–46, hier S. 39 ff.

sucht, bis heute ungebrochen. Dies führt etwa ein Gesprächsband mit Lech Wałęsa und Leszek Balcerowicz anschaulich vor Augen, den ein renommierter polnischer Publikumsverlag im Jubiläumsjahr 2019 auf den Markt gebracht hat und mit der großspurigen Ankündigung bewarb, es handle sich um »das wichtigste Gespräch zum 30. Jubiläum des demokratischen Wandels in Polen«. Das Coverfoto zeigt den Volkstribun Lech und den neoliberalen Ökonomen Leszek, wie sie einträchtig Seit' an Seit' »die Freiheit gewinnen«. Die zur Wahrung dieser ostentativen Eintracht nötige Verdrängungsleistung deutet sich freilich dort an, wo beide die zaghaften Fragen der Moderatorin nach den Kosten und Widersprüchen der Transformation unwirsch zurückweisen (»Hätten Sie lieber den Sozialismus behalten?«) und polemisch vorschlagen, wer mit der Bilanz der polnischen Transformation nicht zufrieden sei, könne ja immer noch nach Belarus auswandern.[24]

Ähnliche diskursive Ausgrenzungsprozesse waren im Rahmen eines Jubiläumsfestivals zu beobachten, das die Danziger Stadtregierung gemeinsam mit dem ECS im Juni 2019 zur Feier des 30. Jahrestags der Juni-Wahlen organisierte. Wie ein Reporter des unabhängigen regierungskritischen Internet-Portals *OKO. press* (*Ośrodek Kontroli Obywatelskiej*, dt.: Zentrum für bürgerschaftliche Kontrolle/AUGE) berichtete, war die mit großem Aplomb geplante Festwoche, die in einer Rede des ehemaligen Ministerpräsidenten und Präsidenten des Europäischen Rates Donald Tusk im Zentrum der Danziger Innenstadt kulminierte, trotz ihrer »konzilianten Atmosphäre« von einem merklichen »Rigorismus der Mehrheit« gegenüber »Andersdenkenden« geprägt. Die im Publikum spürbare Sehnsucht nach Gemeinschaft umfasste sichtlich nur die liberal orientierte Hälfte der polnischen Gesellschaft, während kritische Wortbeiträge zur »wilden Privatisierung der 90er-Jahre« ausgebuht wurden und die Anhängerinnen und Anhänger des Regierungslagers außen vor blieben. Die aus dem masowischen Sochaczew angereiste Krystyna brachte die liberale Perspektive auf die Transformationszeit treffend auf den Punkt: »Es gab Entlassungen, es gab Arbeitslosigkeit. Es war schwer für die Menschen, aber schauen Sie: Heute haben wir ein schönes Polen. Wir sind in der [Europäischen] Union und in der NATO. Stolz? Das bin ich. Sehr.«[25]

---

24 Wałęsa/Balcerowicz/Kolenda-Zaleska: Lech. Leszek. Wygrać wolność [Lech. Leszek. Die Freiheit gewinnen] (wie Anm. 12), S. 194 und S. 249.
25 Siehe Anton Ambroziak: 4 czerwca. W Gdańsku znów miało wydarzyć się coś wielkiego [4. Juni. In Danzig sollte sich wieder etwas Großes ereignen]. In: *OKO.press,* 6. Juni 2019. Abgerufen unter der URL: https://oko.press/4-czerwca-w-gdansku-znow-mialo-wydarzyc-sie-cos-wielkiego-reportaz/, letzter Zugriff: 21.06.2021.

Abb. 1   *Festtage der Freiheit und Solidarität*, Danzig, 4. Juni 2019. Die Festtagstorte in den polnischen Farben trägt das Motto »'89 2019 Gdańsk«

3. ... oder als liberal-postkommunistische Elitenverschwörung

Während das Jubiläum der Juni-Wahlen in Danzig als *Festtage der Freiheit und Solidarität* groß gefeiert wurde, war die PiS-geführte Warschauer Regierung sichtlich bemüht, dem symbolträchtigsten Datum des polnischen Umbruchs von 1989 keine größere Bedeutung beizumessen. Ministerpräsident Mateusz Morawiecki reiste zwar am 4. Juni 2019 nach Danzig – allerdings nicht, um an den dortigen Feierlichkeiten teilzunehmen. Vielmehr besuchte er eine von der Gewerkschaft Solidarność, einem treuen Bündnispartner der PiS, organisierte Gedenkveranstaltung zum 40. Jahrestag des ersten Besuches des ›polnischen Papstes‹ Johannes Paul II. in seinem Heimatland vom 2. bis 10. Juni 1979. Dort betonte Morawiecki, seine Regierung wolle der »schweigenden Mehrheit« der Polinnen und Polen wieder eine Stimme geben, die sich während des Papstbesuches erstmals zu Wort gemeldet habe.[26] Im Staatsfernsehen verurteilte

---

26 Mateusz Morawiecki zit. nach ADAM LESZCZYŃSKI: Papież, pomnik Olszewskiego, rekonstrukcja rządu. Jak PiS »przykrywa« niewygodną rocznicę 4 czerwca [Papst, Olszewski-

Morawieckis Kabinettschef Marek Suski das Danziger Freiheits-Festival als »Verfälschung der Geschichte«. Der Runde Tisch und die dort ausgehandelten Juni-Wahlen seien keinesfalls als Höhepunkt auf dem polnischen Weg in die Freiheit zu verstehen, so der langjährige politische Weggefährte Jarosław Kaczyńskis im Einklang mit dem etablierten Geschichtsbild des rechten Lagers, sondern als »fauler Kompromiss« zwischen »Führungsoffizieren und ihren Agenten«.[27]

Unterdessen gedachte die Führungsriege der PiS in Warschau eines anderen 4. Juni, der aus Sicht der polnischen Rechten nicht weniger mit Verrat und Verschwörung verbunden ist. Vor dem Amtssitz des Ministerpräsidenten wurde im Beisein von Jarosław Kaczyński und zahlreichen Regierungsmitgliedern der Grundstein für ein Denkmal für den wenige Monate zuvor verstorbenen Jan Olszewski gelegt. Dessen kurzlebige konservative Minderheitsregierung war im Rahmen einer turbulenten Nachtsitzung des Sejm am 4. Juni 1992 per Misstrauensvotum gestürzt worden, nachdem der damalige Innenminister Antoni Macierewicz einen ebenso umstrittenen wie dilettantischen Versuch zur Lustration führender Mandatsträgerinnen und Mandatsträger unternommen hatte. Die Abwahl der Regierung Olszewski wird von der polnischen Rechten seither als nächtliche Verschwörung gegen die vermeintlich »erste nichtkommunistische Regierung des wiedergeborenen Polens« mystifiziert.[28] Bei der Grundsteinlegung trat Antoni Macierewicz, der bis 2018 als Verteidigungsminister der PiS-Regierung amtiert hatte, neben Ministerpräsident Mateusz Morawiecki als Hauptredner auf und beschwor den Sturz der Olszewski-Regierung als Ursprungsmythos des PiS-Lagers: Die »Verschwörer« jenes 4. Juni 1992 hätten den »Seilschaften des Runden Tisches« (poln.: układu okrągłego stołu) den Weg zurück an die Macht geebnet, um »ein für allemal die Herrschaft einer auf russische Agenten zurückgehenden Regierungsmannschaft über Polen zu garantieren«. »Die

---

Denkmal, Regierungsumbildung. Wie PiS den unbequemen Jahrestag des 4. Juni »versteckt«]. In: *OKO.press,* 4. Juni 2019, https://oko.press/papiez-pomnik-olszewskiego-rekonstrukcja-rzadu-jak-pis-przykrywa-niewygodna-rocznice-4-czerwca/, letzter Zugriff: 21.06.2021.

27 Marek Suski, Kabinettschef von Ministerpräsident Morawiecki, in: Kwadrans Polityczny [Die politische Viertelstunde]. In: *TVP 1 [Polnisches Fernsehen 1],* 4. Juni 2019. Abgerufen unter der URL: https://vod.tvp.pl/video/kwadrans-polityczny,04062019,42633640, letzter Zugriff: 21.06.2021.

28 Zur Abwahl der nur fünf Monate während Regierung Jan Olszewski und zur daran anschließenden Legendenbildung siehe DUDEK: Od Mazowieckiego do Suchockiej [Von Mazowiecki zu Suchocka] (wie Anm. 13), S. 444–462; siehe auch die Website des Instytut Pamięci Narodowej [Institut für Nationales Gedenken]: Hołd dla Jana Olszewskiego [Ehrerbietung für Jan Olszewski], 4. Juni 2020. Abgerufen unter der URL: https://ipn.gov.pl/pl/aktualnosci/100863,Hold-dla-Jana-Olszewskiego.html, letzter Zugriff: 21.06.2021.

Polen« hätten darauf jedoch mit einem »Aufbäumen für die Unabhängigkeit« (poln.: zrywem niepodległościowym) geantwortet, das heute von der »großen patriotischen Bewegung« der PiS verkörpert werde.[29]

Im Mittelpunkt der rechten Gegenerzählung über 1989 steht also der Vorwurf an die liberalen Oppositionellen, mit den Verhandlungen am Runden Tisch den heroischen Unabhängigkeitskampf der polnischen Nation quasi auf der Zielgeraden sabotiert und sich über die Köpfe der ›schweigenden Mehrheit‹ hinweg zu einvernehmlichen Gesprächen mit den kommunistischen ›Verbrechern‹ bereitgefunden zu haben. Nicht die mit den Kommunisten verabredeten Juni-Wahlen (poln.: wybory kontraktowe) und die anschließende Bildung der Regierung Mazowiecki im Sommer 1989 seien der entscheidende Durchbruch zur Demokratie gewesen, sondern die ersten vollständig freien Parlamentswahlen im Oktober 1991 und die daraufhin ins Amt gekommene, entschieden antikommunistische (Minderheits-)Regierung von Jan Olszewski. Bei deren parlamentarischem ›Sturz‹ am 4. Juni 1992 hätten Liberale und Postkommunisten erneut gemeinsame Sache gemacht, um ›die wahren polnischen Patrioten‹, in deren Tradition das PiS-Lager sich selbst sieht, fortan von der Macht fernzuhalten. Hier macht sich die Fortwirkung älterer romantischer Motive bemerkbar, die Kompromissbereitschaft und Pragmatismus grundsätzlich verdächtig erscheinen lassen, wohingegen sie in der Niederlage gegen sinistre Gegner die moralische Überlegenheit und ideelle Stärke der Unterlegenen bestätigt sehen.

Auffällig ist zudem die Fixierung dieses Narrativs auf konspirative Machenschaften und die Rolle der (polnischen und sowjetischen) Geheimdienste, die sich insbesondere in den Legenden um die vertraulichen Gespräche der Verhandlungsführer des Runden Tischs in einer Villa des Innenministeriums in dem Warschauer Villenvorort Magdalenka kristallisiert. So wird das Bild des Runden Tischs im Diskurs der polnischen Rechten weniger von dessen regulären Plenar- und Arbeitsgruppensitzungen bestimmt (geschweige denn von den Themen, um die dort gerungen wurde) als von den spätabendlichen Verhandlungen in Magdalenka und der Frage, wer dort in den Verhandlungspausen mit

---

29 Antoni Macierewicz zit. nach: M. N. (Autorenkürzel wird auf der Seite des Fernsehsenders nicht aufgelöst): Pomnik Jana Olszewskiego będzie przypominać rządzącym o ich powinnościach [Macierewicz: Das Denkmal Jan Olszewskis wird die Regierenden an ihre Pflichten erinnern]. In: *Telewizja Republika [Republikanisches Fernsehen]*, 4. Juni 2019. Abrufbar unter der URL: https://telewizjarepublika.pl/macierewicz-pomnik-jana-olszewskiego-bedzie-przypominac-rzadzacym-o-ich-powinnosciach,80850.html; sowie der Videobeitrag zur Einweihung des Denkmals bei *Telewizja Republika [Republikanisches Fernsehen]*, 4. Juni 2019. Abrufbar unter der URL: https://www.youtube.com/watch?v=7aN8uHMUn3c, letzter Zugriff auf beide: 21.06.2021.

dem kommunistischen Innenminister und Kriegsrechtsgeneral Czesław Kiszczak Wodka getrunken habe.[30]

Einen wichtigen Baustein für die Bemühungen, den Systemwechsel von 1989 als von der Geheimpolizei inszenierte Farce zu entlarven, stellt auch die fortgesetzte Diskreditierung des damaligen Oppositionsführers und späteren Staatspräsidenten Lech Wałęsa als mutmaßlichen Agenten der kommunistischen Staatssicherheit dar.[31] Entsprechende Unterstellungen wurden durch 2016 aufgefundene Dokumente des polnischen Sicherheitsdiensts erhärtet, die belegen, dass der politisch noch unerfahrene Wałęsa sich als 27-Jähriger nach der blutigen Niederschlagung der Danziger Unruhen von 1970 kurzfristig auf eine Zusammenarbeit mit der Geheimpolizei einließ. Dabei wurde er offenbar auch als Inoffizieller Mitarbeiter unter dem Tarnnamen ›Bolek‹ registriert und lieferte seinen Führungsoffizieren anfangs einige mehr oder weniger wertvolle Informationen, bis diese den Kontakt spätestens 1976 entnervt beendeten.[32] Diese Episode aus den frühen 1970er Jahren wird heute von den staatlich kontrollierten Medien bei jeder sich bietenden Gelegenheit genutzt, um die spätere politische Rolle des Gewerkschaftsführers ins Zwielicht zu rücken, ohne dass es dafür auch nur den Hauch eines Belegs gäbe. Sogar der »50. Jahrestag der Verpflichtung von IM ›Bolek‹« (!) war der Hauptnachrichtensendung des polnischen Staatsfernsehens *TVP* einen tendenziösen Bericht wert.[33] Auf diese Weise wird der unter

---

30 Siehe ADAM LESZCZYŃSKI: Pił, ale się nie fraternizował? Co robił Lech Kaczyński w Magdalence [Er trank, aber fraternisierte sich nicht? Was Lech Kaczyński in Magdalenka tat]. In: *OKO.press,* 6. Juni 2019. Abgerufen unter der URL: https://oko.press/pil-ale-sie-nie-fraterni zowal-co-robil-lech-kaczynski-w-magdalence/, letzter Zugriff: 21.06.2021.
31 Die einschlägige Enthüllungsliteratur hat bereits ihre eigenen Klassiker, namentlich SŁAWOMIR CENCKIEWICZ/PIOTR GONTARCZYK: SB a Lech Wałęsa. Przyczynek do biografii [Der Sicherheitsdienst und Lech Wałęsa. Beitrag zu einer Biografie] (Monografie IPN, 40). Danzig/Warschau/Krakau 2008; PAWEŁ ZYZAK: Lech Wałęsa – idea i historia. Biografia polityczna legendarnego przywódcy »Solidarności« do 1988 roku [Lech Wałęsa – Idee und Geschichte. Politische Biografie des legendären »Solidarność«-Führers bis 1988]. Krakau 2009.
32 Für eine sachliche Analyse des wissenschaftlichen Kenntnisstands über Lech Wałęsas frühe Kooperation mit dem Staatssicherheitsdienst siehe JAN SKÓRZYŃSKI: Od informatora do kontestatora. Akta »Bolka« – próba lektury [Vom Informanten zum Gegner. Die »Bolek«-Akten – ein Lektüreversuch]. In: *Wolność i Solidarność [Freiheit und Solidarität]* 9 (2016), S. 7–25.
33 50. rocznica zobowiązania TW »Bolka« [50. Jahrestag der Verpflichtung von IM »Bolek«]. In: Wiadomości [Nachrichten]. In: *TVP 1 [Polnisches Fernsehen 1],* 21. Dezember 2020, 19:30 Uhr. Abgerufen unter der URL: https://wiadomosci.tvp.pl/51436381/50-rocznica-zobowiazania-tw-bolka, letzter Zugriff: 21.06.2021; siehe auch ADAM LESZCZYŃSKI: »Wiadomościom« nie wystarczą fakty, więc chwytają się insynuacji. Kuriozalny materiał o Wałęsie [Den »Nachrichten« reichen die Fakten nicht, also greifen sie zu Unterstellungen. Kurioser Beitrag über

maßgeblicher Beteiligung Wałęsas ausgehandelte Kompromiss am Runden Tisch als Teil einer von den Geheimdiensten gesteuerten fassadenhaften Demokratisierung dargestellt, die den kommunistischen Eliten den Verbleib an der ökonomischen Macht sichern sollte.

Auch wenn diese Version der polnischen Transformationsgeschichte eine offensichtliche Nähe zu verschwörungstheoretischen Mutmaßungen aufweist, erschöpft sie sich doch nicht in diesen. Ebenso wie die liberale Erfolgsgeschichte wurzelt auch sie in den zeitgenössischen Erfahrungshorizonten ihrer maßgeblichen Protagonistinnen und Protagonisten. Konservative Oppositionelle wie Antoni Macierewicz und eine Reihe radikaler Splittergruppen, aber auch alte Widersacher Lech Wałęsas aus dem Danziger Solidarność-Umfeld wie Andrzej Gwiazda hatten sich bereits vor Beginn des Runden Tischs entschieden gegen jedwede Verhandlungen mit den Kommunisten positioniert. Die intransparente und alles andere als basisdemokratische Entstehung des im Vorfeld des Rundes Tisches gegründeten und auf die Person Wałęsas zugeschnittenen ›Bürgerkomitees beim Vorsitzenden der Gewerkschaft Solidarność‹ bestärkte diese Gruppen in ihrer Wahrnehmung, vom linksliberalen Mainstream der Oppositionselite ausgegrenzt zu werden.[34] Ihre Kritik daran, dass die strategischen Köpfe der Opposition sich des Mythos der Solidarność instrumentell bedienten, um die Kommunisten Stück für Stück von der Macht zu verdrängen, ist kaum von der Hand zu weisen. Allerdings waren sie ihrerseits nicht bereit, sich einzugestehen, dass ihre Hoffnungen auf eine revolutionäre Abrechnung mit dem Regime nicht etwa wegen eines vermeintlichen Verrats des verhandlungsbereiten Flügels der Oppositionsbewegung unerfüllt blieben, sondern weil weite Teile der polnischen Gesellschaft nach Kriegsrecht und jahrelanger Wirtschaftskrise in politischer Desillusionierung und Apathie verharrten.[35] Ohnehin entsprach die antikommunistische Revolutionsromantik, der diese Gruppen weiter nachhingen, schon mit Blick auf die Solidarność von 1980/81 nur einer Seite der

---

Wałęsa]. In: *OKO.press,* 22. Dezember 2020. Abgerufen unter der URL: https://oko.press/wiadomosci-kuriozalny-material-o-walesie/, letzter Zugriff: 21.06.2021.

34 Siehe etwa HARTMUT KÜHN: Das Jahrzehnt der Solidarność. Die politische Geschichte Polens 1980–1990. Berlin 1999, S. 419ff.

35 Symptomatisch dafür ist ein kritischer Kommentar von Antoni Macierewicz zum Ausgang des ersten Wahlgangs am 4. Juni 1989: Darin machte Macierewicz zu Recht auf die niedrige Wahlbeteiligung von nur 62 Prozent aufmerksam, deutete diese jedoch nicht etwa als Zeichen politischer Passivität, sondern stilisierte die Wahlenthaltung zum Vorzeichen einer weiteren politischen Radikalisierung. Siehe ANTONI MACIEREWICZ: Zwycięstwo i bojkot [Sieg und Boykott]. In: JUSTYNA BŁAŻEJOWSKA (Hrsg.): Głos niepodległości. Wybór publicystyki środowiska czasopisma »Głos« 1977–1989 [Stimme der Unabhängigkeit. Auswahl der Publizistik des Umfelds der Zeitschrift »Stimme« 1977–1989]. Krakau 2016, S. 245.

historischen Medaille. Dass die damalige Gewerkschaftsbewegung von Anfang an auf vertraglichen Übereinkünften der Streikkomitees mit der kommunistischen Regierung basierte und insbesondere die sozialen Grundlagen des Systems keineswegs infrage stellte, blendeten sie schlicht und einfach aus.

Hingegen waren die Brüder Kaczyński gerade mit dieser kompromissorientierten Seite der Solidarność-Bewegung bestens vertraut, waren sie doch bereits 1980/81 und dann wieder 1989 als aufstrebende Juristen in der zweiten Reihe der Opposition in verschiedenste Verhandlungen mit Regierungsvertretern involviert. Lech Kaczyński nahm sogar an den skandalumwitterten Gesprächen im kleinen Kreis in Magdalenka teil.[36] Nichtsdestoweniger sah insbesondere Jarosław Kaczyński seine beträchtlichen politischen Ambitionen schon bald nach der Bildung der Regierung Mazowiecki unzureichend gewürdigt.[37] Deshalb begann er im Bündnis mit anderen Unzufriedenen und Zukurzgekommenen, sich die wachsende Frustration über die durch den Balcerowicz-Plan zunächst noch verschärfte wirtschaftliche Krise für den Aufbau einer eigenen politischen Partei zunutze zu machen, die später zur Keimzelle von ›Recht und Gerechtigkeit‹ werden sollte.

Bei diesem Unterfangen spielten Bezugnahmen auf die wirtschaftlichen Folgen der Schocktherapie, die die Liberalen schulterzuckend als unausweichliche Übergangsprobleme herunterspielten, von Anfang an eine Schlüsselrolle. Anstatt aber die marktradikale Wirtschaftspolitik der ersten nichtkommunistischen Regierungen zu hinterfragen, präsentierten Jarosław Kaczyński und seine politischen Weggefährtinnen und Weggefährten mit dem Zerrbild eines verdeckten linksliberal-postkommunistischen Agreements, das die Polinnen und Polen um die verdienten Früchte ihres Erfolges gebracht habe, einen eingängigen Sündenbock. Sie knüpften damit an eine bereits seit Ende der 1970er Jahre unter den Anhängerinnen und Anhängern der Opposition verbreitete Sichtweise an, wonach die Verantwortung für die wirtschaftliche Misere primär in der Inkompetenz der staatssozialistischen Nomenklatura zu suchen sei. Nun machten sie die Regierenden aus dem liberalen Flügel der vormaligen Oppositionsbewegung für die andauernden wirtschaftlichen Schwierigkeiten verantwortlich, weil sie

---

36 Siehe (auch zur Rolle von Jarosław Kaczyński am Runden Tisch) PIOTR PACEWICZ: Morawiecki przygniata Frasyniuka Okrągłym Stołem i Jaruzelskim. Ale przy Stole byli też bracia Kaczyńscy [Morawiecki attackiert Frasyniuk wegen des Rundes Tisches und Jaruzelskis. Aber am Tisch saßen auch die Brüder Kaczyński]. In: *OKO.press,* 15. Februar 2018. Abgerufen unter der URL: https://oko.press/morawiecki-przygniata-frasyniuka-okraglym-stolem-jaruzelskim-przy-stole-byli-tez-bracia-kaczynscy/, letzter Zugriff: 21.06.2021.

37 Siehe DUDEK: Od Mazowieckiego do Suchockiej [Von Mazowiecki zu Suchocka] (wie Anm. 13), S. 48 f.

angeblich zu zaghaft gegen die alten Eliten vorgingen. Dabei war es unerheblich, dass die von der Politikwissenschaftlerin Jadwiga Staniszkis zeitgenössisch als Herausbildung eines »politischen Kapitalismus« analysierte Verwandlung von politischem in ökonomisches Kapital in Polen aufgrund der wachsamen Augen einer kritischen Öffentlichkeit weitaus geringere Ausmaße als etwa im postsowjetischen Raum annahm.[38] Öffentlich skandalisierbare Einzelfälle von Selbstbereicherung boten angesichts der schweren Rezession hinreichend Gelegenheiten für Neiddebatten und Spekulationen über Seilschaften alter Geheimdienstler.[39] Die politische Rechte nutzte diese als Anlass, um ihren Ruf nach einer radikalen Lustration als vermeintliches Allheilmittel gegen die sozialen Härten der Transformation zu lancieren.[40]

Die rechte Gegenerzählung bezog ihre Plausibilität also zunächst daraus, dass sie das hegemoniale Narrativ des von den Liberalen verkündeten glorreichen Sieges über den Kommunismus beim Wort nahm und mit der zeitgenössischen Erfahrungsperspektive vieler Normalbürgerinnen und Normalbürger konfrontierte. Der augenfällige Widerspruch zwischen dem Triumphalismus des liberalen Mainstreams und den vielfältigen, meist ökonomisch begründeten Erfahrungen individuellen und kollektiven Verlusts an Handlungsmacht während der ersten Jahre der Transformation bot den Ausgangspunkt dafür, den Systemübergang von 1989 nicht als Erfüllung des Vermächtnisses der Solidarność zu akzeptieren, sondern als Abkehr von diesem zu diffamieren. Dementsprechend sieht sich die heutige polnische Rechte selbst als einzig legitime Erbin der Solidarność-Tradition, während sie deren am Runden Tisch beteiligten liberalen Repräsentanten das Recht abspricht, sich auf deren Erbe zu berufen.

---

38 Siehe JADWIGA STANISZKIS: The Dynamics of the Breakthrough in Eastern Europe. The Polish Experience (Societies and Culture in East-Central Europe, 6). Berkeley 1991; vgl. TOMASZ KOZŁOWSKI: Spółki nomenklaturowe – patologia transformacji gospodarczej [Nomenklatura-Firmen – eine Pathologie der wirtschaftlichen Transformation]. In: KAROL NAWROCKI/DANIEL WICENTY (Hrsg.): Brudne wspólnoty. Przestępczość zorganizowana w PRL w latach siedemdziesiątych i osiemdziesiątych XX wieku [Schmutzige Gemeinschaften. Organisierte Kriminalität in der Volksrepublik Polen in den 1970er und 1980er Jahren]. Danzig/Warschau 2018, S. 98–111.
39 Diese Aspekte betonte insbesondere der heute als Kronzeuge der PiS-Regierung auftretende Soziologe ANDRZEJ ZYBERTOWICZ: W uścisku tajnych służb specjalnych. Upadek komunizmu i układ postnomenklaturowy [Unter dem Druck der geheimen Sonderdienste. Der Niedergang des Kommunismus und die Post-Nomenklatura-Konstellation]. Komorów 1993; DERS./MARIA ŁOŚ: Privatizing the Police-State. The Case of Poland. Basingstoke 2000.
40 Siehe DAVID OST: The Defeat of Solidarity. Anger and Politics in Postcommunist Europe (Cornell paperbacks). Ithaca (New York) 2006, S. 65–74.

4. Vom Imperativ der Nachahmung zum Primat der Nation

Auf längere Sicht lag die Attraktivität der von rechts lancierten Geschichtsdeutung allerdings nicht darin, dass sie ökonomisch bedingte Frustrationen der Transformationsverliererinnen und -verlierer aufgriff. Schließlich schlug ihre große Stunde erst, nachdem die schwierigen Jahre der Transformationskrise längst überwunden waren und Polen mit dem Beitritt zu NATO und Europäischer Union formal zweifelsfrei im Westen ›angekommen‹ war. Außerdem scherten sich Jan Olszewski, Jarosław Kaczyński oder andere Politikerinnen und Politiker vom rechten Flügel der einstigen Oppositionsbewegung ebenso wenig wie ihre linksliberalen Konkurrentinnen und Konkurrenten um die ursprüngliche sozial- und wirtschaftspolitische Programmatik der Solidarność. Wenn sie sich auf Schlüsselbegriffe der Solidarność wie ›Würde‹ (poln.: godność) und ›kollektive Handlungsmacht‹ (poln.: podmiotowość) beriefen, dann verengten sie diese ausschließlich auf ihre nationale Dimension. Sie taten damit nichts anderes als das, was die Wortführer des linksliberalen Oppositionsflügels wie Adam Michnik vor 1989 in ähnlicher Weise getan hatten: Sie reduzierten das vielschichtige gesellschaftliche Aufbegehren der Solidarność auf die Dimension des nationalen Freiheitskampfes gegen die als ›totalitär‹ gebrandmarkte kommunistische Fremdherrschaft. Während die Liberalen sich jedoch bereits seit Ende der 1980er Jahre schrittweise von diesem binären Deutungsmuster distanzierten, beharrte die Rechte nach 1989 umso vehementer darauf.[41] Der Sinneswandel führender linksliberaler Oppositioneller, die erst die Kommunisten mit moralischer Verve bekämpft hatten, um sich dann (in einer veränderten politischen Konstellation) mit ihnen an einen Tisch zu setzen, bestärkte ihre rechten Konkurrenten nur in deren Präferenz für die romantische Traditionslinie des polnischen Nationalismus, die unbedingte Prinzipientreue selbst in aussichtsloser Lage dem Kompromiss vorzog. Entsprechend hoch im Kurs stehen in der rechten Geschichtskultur die sogenannten ›Verfemten Soldaten‹ (poln.: żołnierze wyklęci), die in den 1940er und 1950er Jahren einen bewaffneten Partisanenkampf gegen das kommunistische Regime führten. Als Repräsentanten eines streng antikommunistischen Paradigmas werden diese versprengten Kämpfer nun zu ideellen Vorläufern der (prinzipiell gewaltfreien) Solidarność-Bewegung und des heutigen Polens geadelt.[42]

---

41 Siehe FLORIAN PETERS: Rethinking History and Memory in the Transformation Era: How Solidarity's Struggle for History Shaped Recent Polish Conflicts over the Past. In: ALEXANDER DROST u. a. (Hrsg.): Collapse of Memory – Memory of Collapse. Narrating Past, Presence and Future about Periods of Crisis. Köln/Weimar/Wien 2019, S. 75–92.

42 Siehe MARIA KOBIELSKA: Die »Verstoßenen Soldaten«. Embleme eines Erinnerungsbooms. In: *zeitgeschichte online*, 1. Juli 2016. Abgerufen unter der URL: https://zeitgeschichte-online.de/

Die rechte Deutung der Systemtransformation nimmt also für sich in Anspruch, dem liberalen Erfolgsnarrativ eine dezidiert moralische, wertebasierte Alternative entgegenzusetzen. Sie greift dabei auf die intellektuelle Vorarbeit einer ausdifferenzierten »Diskurskoalition« zurück, die sich über die Jahre aus konservativen Intellektuellen, zivilgesellschaftlichen Think-Tanks und rechten Politikerinnen und Politikern formiert hat und weit über Jarosław Kaczyńskis PiS-Partei hinausreicht.[43] Während die Liberalen auf die unbestreitbaren Wohlstands- und Freiheitsgewinne verweisen können, die seit Mitte der 1990er Jahre mit der wirtschaftlichen und politischen Reorientierung Polens in Richtung Westen verbunden waren,[44] kommt der rechtskonservative Geschichtsdiskurs der latenten Sehnsucht nach immaterieller Sinnstiftung entgegen, indem er die ideell-moralischen Dimensionen der Systemtransformation betont. Von dieser Warte aus verurteilt er die Ambivalenzen und Unzulänglichkeiten des verhandelten Systemübergangs, auch wenn diese angesichts der Offenheit der damaligen historischen Situation wohl kaum ganz vermeidbar waren. Zugleich zieht er den moralischen Wert ökonomischen Erfolgs in Zweifel, indem er Erfolge einstiger Nomenklatura-Angehöriger, westlicher Großkonzerne oder ideologisch genehmer polnischer Unternehmen moralisch ganz unterschiedlich bewertet.

Auch in der enthusiastischen Westorientierung der nach 1989 tonangebenden liberalen Eliten vermögen rechte Intellektuelle keinen entscheidenden Bruch zu erkennen. Vielmehr sehen sie darin eine Fortsetzung jener opportunistischen Unterwürfigkeit, die ihnen bereits an der von der Sowjetunion abhängigen Volksrepublik mehr als alles andere verhasst war. Ihre Irritation über die eilfertige Übernahme westlicher Maßstäbe äußert sich in einer empörten Zurückweisung der (neo-)liberalen Transformation, die der konservative Historiker und intellektuelle Vordenker Andrzej Nowak 1996 prägnant formulierte:

> Polen ist nicht irgendeine wilde, barbarische Gemeinschaft, an der man sozioökonomische Reformmodelle ausprobieren kann, die irgendwo in der Begegnung zwischen dem Institut für Grundlagenprobleme des Marxismus-Leninismus und der Wirtschaftswissenschaftlichen Fakultät der Harvard-Universität zusammenspekuliert wurden.[45]

---

themen/die-verstossenen-soldaten, letzter Zugriff: 21. 06. 2021; sowie die Diskussion zwischen Tomasz Łabuszewski, Rafał Wnuk, Andrzej Friszke und Zbigniew Nosowski: »Żołnierze wyklęci« – między historią, popkulturą a polityką [Die »verfemten Soldaten« – zwischen Geschichte, Popkultur und Politik]. In: *Więź [Bund]*, 665 (2016), 3, S. 7–27.

43 DĄBROWSKA: New conservatism in Poland (wie Anm. 6).
44 So etwa MARCIN PIĄTKOWSKI: Europe's Growth Champion. Insights from the Economic Rise of Poland. Oxford 2018.
45 ANDRZEJ NOWAK: Nasze zasady, nasz naród [Unsere Prinzipien, unsere Nation]. In: DERS.: Powrót do Polski. Szkice o patriotyzmie po »końcu historii« 1989–2005 [Rückkehr nach

In diesem Credo ist die landläufige Unterstellung einer Verschwörung zwischen liberalen und postkommunistischen Elitenfraktionen gleichsam auf die Höhe ideengeschichtlicher Abstraktion gehoben: Kommunistische (östliche) und liberale (westliche) Hegemonie verschwimmen zu einem Konglomerat, das die von Nowak beschworene ›reife Nationalkultur‹ Polens mit kolonialer Überheblichkeit ignoriert und ohne Rücksicht auf nationale Traditionen als Experimentierfeld missbraucht. Auf diese Weise wird der historisch im Grunde gegenstandslos gewordene Antikommunismus als *raison d'être* der polnischen Rechten aktualisiert und als Argumentationsfolie für die nationale Selbstbehauptung gegen die Dominanz des westlichen Liberalismus herangezogen. Nebenbei werden hier die erheblichen Schnittmengen mit postkolonialen Theorieangeboten sichtbar, die von rechten Intellektuellen und Politikern wie Jarosław Kaczyński dankbar aufgegriffen werden, um die von ihnen behauptete Kontinuität der polnischen Opferrolle zu untermauern.[46]

Der rechte Gegenentwurf zur liberalen Westorientierung erschöpft sich jedoch nicht in dem Rückzug in die nationale Schmollecke, sondern zeichnet sich zugleich durch eine gesteigerte Sensibilität für das von den Liberalen eher vernachlässigte Bedürfnis nach symbolischer Anerkennung aus. Der von Andrzej Nowak zum Ausdruck gebrachte gekränkte Stolz nationaler intellektueller Eliten, der sich vorrangig gegen anmaßend auftretende westliche Wirtschaftsberater und ihre einheimischen Epigonen richtete, korrespondierte nämlich mit der Erfahrungsgeschichte alltäglicher Erniedrigungen, die viele Polinnen und Polen während der Transformationszeit am eigenen Leib erlebten – sei es als irreguläre Kleinhändler auf den ›Polenmärkten‹ Mitteleuropas, als temporäre oder dauerhafte Arbeitsmigrantinnen in Westeuropa oder in den radikal flexibilisierten Arbeitsbeziehungen in der privatisierten Wirtschaft daheim.[47] Die ersten Transformationsgenerationen schluckten die Demütigungen durch pedantische Zollbeamte, präpotente Manager oder überhebliche Westler, die ergriffen zu *Wind of change* schunkelten und bei Polen doch vor allem an geklaute Autos dachten, noch

---

Polen. Skizzen über den Patriotismus nach dem »Ende der Geschichte« 1989–2005] (Arkana historii). Krakau 2005, S. 29–42, hier S. 35 (Erstveröffentlichung in: *Arcana* (1996)); vgl. auch DĄBROWSKA: New conservatism in Poland (wie Anm. 6), S. 103.

46 Siehe CLAUDIA SNOCHOWSKA-GONZALEZ: Post-colonial Poland – On an Unavoidable Misuse. In: *East European Politics and Societies and Cultures* 26 (2012), 4, S. 708–723.

47 Siehe MAŁGORZATA IREK: Der Schmugglerzug. Warschau – Berlin – Warschau. Materialien einer Feldforschung. Berlin 1998; ELIZABETH C. DUNN: Privatizing Poland. Baby Food, Big Business, and the Remaking of Labor (Culture and Society after Socialism). Ithaca (New York) 2004.

stumm herunter.⁴⁸ Die Erinnerung an wirtschaftliche Tristesse und Perspektivlosigkeit in den letzten Jahren des polnischen Spätsozialismus ließ diese Generationen vieles in Kauf nehmen, um ihren Traum von einem materiell besseren und freieren Leben zu verwirklichen. Dagegen waren spätere Generationen von Polinnen und Polen nicht mehr in gleichem Maße bereit, Herablassung, Desinteresse oder auch wohlmeinende Ratschläge vonseiten ihrer westlichen Nachbarn demütig hinzunehmen und sich dauerhaft mit der Rolle von Europäerinnen und Europäern zweiter Klasse abzufinden.

Angesichts dessen stößt die von rechts vorgebrachte Kritik an der zu Beginn der Transformation noch weitgehend unumstrittenen Westorientierung Polens in den letzten Jahren zunehmend auf offene Ohren. Nach drei Jahrzehnten der wirtschaftlichen Aufholjagd, in deren Namen die Transformationseliten ihren Landsleuten die ständige Bereitschaft abverlangten, sich immer wieder aufs Neue im Wettbewerb zu bewähren und westlichen kulturellen Vorbildern nachzueifern, hat sich eine gewisse Ernüchterung über das Narrativ der triumphalen ›Rückkehr nach Europa‹ eingestellt. Denn je länger diese Aufholjagd andauerte, desto deutlicher zeichnete sich ab, dass der von den Liberalen propagierte Imperativ der Nachahmung zwar beachtliche Erfolge aufzuweisen hatte, jedoch nicht die plausible Aussicht zu eröffnen vermochte, dem westlichen Vorbild jemals auf Augenhöhe zu begegnen.⁴⁹

Die von der Rechten lancierte Negativerzählung über 1989 nimmt diese gestiegenen Ansprüche an ideelle und symbolische Anerkennung auf und ermöglicht es ihren Anhängerinnen und Anhängern, sich von dem aus ihrer Sicht würdelosen Selbstverständnis der Transformationsgesellschaft zu distanzieren. Die Verantwortung für die damaligen wirtschaftlichen und politischen Verhältnisse, die vor dem Hintergrund rapide gewachsenen Wohlstands und etablierter Institutionen naturgemäß nicht mehr als strahlende Errungenschaften erscheinen, wird dabei kurzerhand den liberalen Eliten in die Schuhe geschoben. Diese hätten sich als unfähig erwiesen, die Werte und die Würde polnischer Durchschnittsbürgerinnen und Durchschnittsbürger zu verteidigen, da sie – ebenso wie die Kommunisten vor ihnen – vor allem damit beschäftigt gewesen seien, durch Anbiederung an

---

48 Siehe dazu den anschaulichen Essay des Schriftstellers und Publizisten ZIEMOWIT SZCZEREK: Czesi, Węgrzy, Jugosłowianie na Zachodzie tak się nie wstydzili. »Co oni o nas pomyślą«, to polska specjalność [Tschechen, Ungarn, Jugoslawen schämten sich im Westen nicht so. »Was denken sie über uns«, das ist eine polnische Spezialität]. In: *Gazeta Wyborcza [Wahlzeitung]*, 11. Mai 2019. Abgerufen unter der URL: http://wyborcza.pl/magazyn/7,124059,24772830,szczerek-czesi-wegrzy-jugoslowianie-na-zachodzie-tak-sie.html, letzter Zugriff: 21.06.2021.
49 Siehe IVAN KRASTEV/STEPHEN HOLMES: Das Licht, das erlosch. Eine Abrechnung. Berlin 2019.

Abb. 2   Der Abgeordnete Rafał Wójcikowski († 2017) der Fraktion ›Kukiz 15‹ im Sejm mit einem gegen den Runden Tisch gerichteten T-Shirt der Marke ›Red is Bad‹, 9. Februar 2016

einen fremden Hegemon die eigene Position zu sichern. Es liegt auf der Hand, dass dieses Deutungsmuster eine Steilvorlage für die politische Rhetorik von Jarosław Kaczyńskis PiS liefert, die alles daran setzt, sich mit autosuggestiven Slogans (etwa: »Polen erhebt sich von den Knien«) und deklamatorischen Bekenntnissen zu einem starken Staat, der seine Interessen gerade gegen übermächtige ausländische Gegner verteidigt, vom vermeintlichen Versagen der Liberalen abzugrenzen.

Die Negation des demokratischen Aufbruchs von 1989 erweist sich allerdings nicht nur für die überwiegend ältere Kernwählerschaft der Konservativen in katholisch geprägten ländlichen Regionen als attraktiv. Vielmehr ist sie auch in der Popkultur angekommen und bereichert etwa das Symbolreservoir der unter nationalbewussten jungen Polinnen und Polen seit einigen Jahren beliebten (und entsprechend kommerziell erfolgreichen) ›patriotischen‹ Modemarken.[50] Neben Kleidung mit martialisch-militaristischer Symbolik radikal antikommunistischer Provenienz hat ›Red is Bad‹, einer der Marktführer, auch ein stylisches T-Shirt

---

50 Siehe JOANNA CIEŚLA (unter Mitarbeit von SZYMON KUBIAK): Znaki plemienne [Stammesabzeichen]. In: *Polityka [Politik]*, Nr. 33, 9. August 2016, S. 26. Abgerufen unter der URL: https://www.polityka.pl/tygodnikpolityka/spoleczenstwo/1671534,1,odziez-patriotyczna-co-w-sercu-to-na-piersi.read, letzter Zugriff: 21. 06. 2021.

in seiner Kollektion, auf dem das ikonische Schwarz-Weiß-Foto des Runden Tisches mit einem dicken roten Balken durchgestrichen ist. Unter dieser unmissverständlichen Grafik prangt der Abzählreim *Entliczek pętliczek czerwony stoliczek* (ungefähr zu übersetzen als: ›Ene, mene, rotes Tischlein‹), der den Runden Tisch als kommunistische Inszenierung karikiert.[51] Der innerpolnische Konflikt um die historische Deutung von 1989 ist also längst auch zu einer modischen Stilfrage geworden.

5. Fazit

Obwohl der demokratische und wirtschaftliche Umbruch von 1989 inzwischen eine ganze Generation zurückliegt, ist die öffentliche Erinnerung an die damaligen Ereignisse in Polen heftiger umstritten als je zuvor. Die immense politische Aufladung der historischen Deutung des Runden Tischs, der teilfreien Wahlen vom Juni 1989 und der daran anschließenden politischen und ökonomischen Transformation ist Teil einer weit über geschichtskulturelle Fragen hinausgehenden Polarisierung der polnischen Gesellschaft, die durch den Politikstil der Rechtsregierung von Jarosław Kaczyńskis PiS weiter geschürt wird. Dieser politische Konflikt wird – nicht anders als zu Zeiten der demokratischen Oppositionsbewegung der 1980er Jahre – in besonderer Schärfe auf dem Feld der Geschichtskultur ausgetragen. Entsprechend wurden die jüngsten runden Jahrestage der Entstehung der Solidarność von 1980 und der Juni-Wahlen von 1989 von Repräsentanten und Anhängern der beiden Lager mit separaten Feierlichkeiten begangen. Dabei ist der liberalen Danziger Stadtregierung und dem dortigen Europäischen Solidarność-Zentrum die Rolle des zentralen erinnerungskulturellen Antipoden der PiS-Regierung und der mit ihr verbündeten Gewerkschaft Solidarność zugewachsen.

Zwischen den konkurrierenden historischen Deutungen von 1989 besteht noch nicht einmal über die grundlegende Frage Einigkeit, ob es sich bei dem damaligen Systemübergang überhaupt um eine historisch bedeutsame Zäsur handelte. Während die Liberalen den Systemwechsel als triumphalen Abschluss des unbeugsamen polnischen Strebens nach Freiheit betrachten, diskreditieren die Konservativen ihn als undemokratischen, in den Hinterzimmern des Runden

---

51 Dazu hieß es auf der Website des Anbieters: »Dieses T-Shirt ist Ausdruck des Protests gegen den sog. Runden Tisch. 1989 ging der Kommunismus in Polen nur scheinbar unter. Den Profiteuren des alten Systems wurde die Unantastbarkeit ihrer Interessen garantiert, und die früheren Verbrecher wurden nicht abgeurteilt.« Abgerufen unter der URL: https://www.redisbad.pl/okragly-stol-entliczek-pentliczek-czerwony-stoliczek-damska, letzter Zugriff: 09.10.2019.

Tischs ausgehandelten Elitenkompromiss, der eine moralisch gebotene Abrechnung mit den Kommunisten verhindert habe. Einig sind sich das liberale und das rechtskonservative Narrativ allenfalls darin, die kommunistische Volksrepublik in den schwärzesten Tönen zu verurteilen – obgleich sowohl das kollektivistische Ethos der Solidarność-Bewegung als auch die marktwirtschaftliche Reformpolitik der Regierung Mazowiecki und erst recht die nationalistisch-autoritären Neigungen des PiS-Lagers auf Wurzeln zurückgehen, die weit in den allseits verteufelten Staatssozialismus zurückreichen.

Die mediale Dominanz der von der PiS-Regierung und ihren Verbündeten verbreiteten Verratserzählung sollte allerdings nicht darüber hinwegtäuschen, dass ein großer Teil der Polinnen und Polen nach neueren Umfragen anderer Meinung ist. In einer 2019 durchgeführten repräsentativen Befragung des Meinungsforschungsinstituts IPSOS bewerteten beinahe zwei Drittel (63 Prozent) der Befragten die von der Rechten diskreditierten Wahlen vom 4. Juni 1989 als Erfolg; eine relevante Minderheit von einem Viertel (25 Prozent) betrachtete sie als Niederlage. Selbst unter den Anhängerinnen und Anhängern der Regierungspartei waren die Meinungen geteilt (40 Prozent zu 40 Prozent), während die Ablehnung der damaligen Wahlen mit 49 Prozent bei den mehrheitlich jungen Unterstützerinnen und Unterstützern der nationalistisch-libertären Partei ›Konfederacja‹ (dt.: Konföderation) am höchsten ausfiel.[52] In dieser Gruppe dürfte aufgrund ihres niedrigen Durchschnittsalters der Anteil klassischer Transformationsverlierer eher gering sein; vielmehr scheint sich hier der beachtliche Einfluss der rechtsnationalistischen Popkultur auf historische Deutungsmuster widerzuspiegeln.

Der Runde Tisch, den die rechte Geschichtspolitik noch aggressiver als die Juni-Wahlen als Elitenverschwörung brandmarkt, wurde in einer Umfrage des staatlichen Meinungsforschungsinstituts CBOS vom Januar 2019 immerhin von 37 Prozent der Befragten positiv bewertet. Fast ebenso viele (36 Prozent) äußerten sich gleichgültig, während nur 15 Prozent eine negative Einschätzung zu Protokoll gaben. Allerdings ist der Anteil derer, die den Runden Tisch als Schlüsselmoment für das Ende des Kommunismus in Polen betrachten, im Verlauf der letzten zehn Jahre von 40 Prozent auf 22 Prozent gefallen. Demgegenüber werden die von der Rechten als entscheidende Zäsur propagierten ersten vollständig freien

---

52 Siehe ADAM LESZCZYŃSKI: Dwie trzecie Polaków uważa wybory 4 czerwca 1989 roku za sukces. Porażka narracji o zdradzie [Zwei Drittel aller Polen betrachten die Wahlen vom 4. Juni 1989 als Erfolg. Niederlage des Verratsnarrativs]. In: *OKO.press*, 3. Juni 2019. Abgerufen unter der URL: https://oko.press/dwie-trzecie-polakow-uwaza-wybory-4-czerwca-1989-r-za-sukces-porazka-narracji-o-zdradzie/, letzter Zugriff: 21. 06. 2021.

Parlamentswahlen von 1991, die der Bildung der Regierung Olszewski vorangingen, inzwischen von 25 Prozent der Befragten als bedeutendster Schritt auf dem Weg zur Demokratie betrachtet (gegenüber nur 9 Prozent, die bereits 2009 dieser Ansicht waren).[53]

Auch wenn diese Verschiebungen auf einen gewissen Einfluss des offiziell geförderten rechten Geschichtsdiskurses hindeuten, verweisen die insgesamt relativ gefestigten Urteile über den Systemübergang von 1989 darauf, dass die bestehenden Meinungsverschiedenheiten nicht allein auf das geschichtspolitische Trommelfeuer des gegenwärtigen Regierungslagers zurückzuführen sind. Zu erheblichen Teilen gehen die konkurrierenden Geschichtsdeutungen auf die divergierenden zeitgenössischen Perspektiven von linksliberalen und konservativ-nationalistischen Oppositionellen zurück. Dagegen treten postkommunistisch geprägte Narrative, die der Soziologe Adam Mielczarek auf der Basis von Umfragedaten von 2012 noch als konkurrierende erinnerungskulturelle Strömung herausgearbeitet hat,[54] inzwischen zugunsten einer neueren linken Kritik am neoliberalen Transformationsparadigma zurück.[55] Während Mielczarek den innerpolnischen ›Krieg der Interpretationen‹ über die Solidarność und den politischen Systemwechsel noch in hohem Maße auf die erinnerungskulturellen Nachwirkungen des Konflikts zwischen Kommunisten und Opposition in den 1980er Jahren zurückgeführt hat, scheint sich die Akzeptanz der heute dominierenden post-oppositionellen Geschichtsbilder nicht zuletzt daran zu bemessen, inwieweit sie auch die Erfahrungen der Transformationszeit nach 1989 in ihre historische Sinnstiftung zu integrieren imstande sind.

In dem Maße, in dem die gesellschaftsgeschichtlich und individualbiografisch einschneidenden Entwicklungen nach dem politischen Systemwechsel zum Gegenstand historischer Reflexion werden, wirkt es zunehmend schal, diese Erfahrungen unter dem eindimensionalen Slogan *25 Jahre Freiheit* zu subsumieren, wie es noch 2014 geschah, als die polnischen und deutschen Staatspräsidenten

---

53 Siehe DARIA PORYCKA/PAP: CBOS: 37 proc. badanych pozytywnie ocenia porozumienia zawarte przy okrągłym stole [CBOS: 37 Prozent der Befragten bewerten die Übereinkunft am Runden Tisch positiv]. In: *Dzieje.pl [Geschichte.pl]*, 1. Februar 2019. Abgerufen unter der URL: https://dzieje.pl/aktualnosci/cbos-37-proc-badanych-pozytywnie-ocenia-porozumienia-zawarte-przy-okraglym-stole, letzter Zugriff: 21.06.2021.
54 Siehe ADAM MIELCZAREK: Wojna interpretacji. Lata osiemdziesiąte XX wieku i upadek komunizmu w świadomości potocznej Polaków [Krieg der Interpretationen. Die 1980er Jahre und der Niedergang des Kommunismus im Alltagsbewusstsein der Polen]. In: *Working Papers on the Solidarity Movement*, 1 (2013), S. 3–27. Abgerufen unter der URL: http://is.uw.edu.pl/wp-content/uploads/Mielczarek_sem_IS.pdf, letzter Zugriff: 21.06.2021.
55 Siehe z. B. JAKUB MAJMUREK: Odczarujmy Balcerowicza [Entzaubern wir Balcerowicz]. In: *Gazeta Wyborcza [Wahlzeitung]*, 21./22. Januar 2017, S. 16.

Bronisław Komorowski und Joachim Gauck die Autobahn Berlin–Warschau in einem Festakt auf den hochtrabenden Namen *Autobahn der Freiheit* tauften.[56] Die augenscheinliche Attraktivität der rechten Verratserzählung auch für nachgeborene jüngere Polinnen und Polen resultiert mithin nicht zuletzt aus den Ermüdungserscheinungen, die der jahrzehntelang dominierende liberale Triumphalismus hinterlassen hat. Denn die scharfe moralische Abgrenzung gegenüber der unkritischen, zuweilen epigonenhaften Westorientierung der Transformationseliten reproduziert nicht allein die Opferperspektive der politischen oder ökonomischen Transformationsverliererinnen und -verlierer, sondern vermittelt all denjenigen ein Gefühl moralischer Überlegenheit und wiedergewonnener Deutungshoheit, die nicht länger von oben herab über die ›Alternativlosigkeit‹ spezifischer Politikmodelle belehrt werden möchten. In der zumindest deklamatorischen Befriedigung der verbreiteten Sehnsucht nach einem symbolischen Schlussstrich unter die Transformationszeit, in der der imaginäre Westen als ökonomisches und kulturelles Maß aller Dinge galt, dürfte ein wesentlicher Teil des politischen Erfolgsgeheimnisses von Jarosław Kaczyński und seiner PiS liegen. Nicht trotz, sondern gerade wegen des unübersehbaren wirtschaftlichen Erfolgs der polnischen Transformation meinen sich seine Anhängerinnen und Anhänger ein größeres Maß an kultureller Deutungshoheit und nationalem Selbstbewusstsein leisten zu können.

---

56 Siehe Krzysztof Śmietana: Autostrada Wolności prosto z Konotopy [Autobahn der Freiheit direkt ab Konotopa]. In: *Gazeta Wyborcza Warszawa [Wahlzeitung, Regionalausgabe Warschau]*, 5. Juni 2014. Abgerufen unter der URL: https://warszawa.wyborcza.pl/warszawa/1,34862,16097150,A2_to_teraz_Autostrada_Wolnosci__Zaczyna_sie_w_Konotopie.html, letzter Zugriff: 21.06.2021.

Martin Jung

Eine ›echte‹ oder eine ›gestohlene Revolution‹?

Die fortdauernde Auseinandersetzung um die Deutung des Endes der kommunistischen Herrschaft in Rumänien

A fost sau n-a fost? – zu Deutsch etwa: *Gab es etwas oder nicht?* – lautet der Titel eines rumänischen, international erfolgreichen Spielfilms aus dem Jahre 2006.[1] Der Film spielt in einer nicht näher benannten Kleinstadt östlich von Bukarest und genau 16 Jahre nach den revolutionären Ereignissen vom Dezember 1989, die zum Ende der kommunistischen Herrschaft in Rumänien führten. In ihm versucht eine Diskussionsrunde im Lokalfernsehen die Frage zu klären, ob es auch in dieser Stadt die ›Revolution‹ gab oder nicht. Diese Frage spitzt sich im Verlauf des Films dahingehend zu, ob jemand am 22. Dezember 1989 *vor* 12:08 Uhr öffentlich gegen den Kommunismus und Diktator Nicolae Ceaușescu protestierte. 12:08 Uhr deswegen, weil Ceaușescu zu diesem Zeitpunkt Bukarest per Hubschrauber verließ, kurz darauf festgenommen, zum Tode verurteilt und anschließend erschossen wurde.

Der Einzige, der im Film von sich behauptet, mit drei weiteren Männern *vor* 12:08 Uhr öffentlich protestiert zu haben, ist ein Lehrer. Seine Glaubwürdigkeit wird aber durch verschiedene Aspekte infrage gestellt: Zum einen ist er ein langjähriger und stadtbekannter Trinker, der im Suff ausfällig wird und ständig bei vielen Menschen Schulden macht; zum anderen gibt es niemanden, der seine Behauptung stützt – seine damaligen vorgeblichen Mitstreiter sind bereits verstorben oder ausgewandert und können daher nicht befragt werden. Andere Personen, die telefonisch in die Sendung geschaltet werden, bezichtigen den Lehrer der Lüge und behaupten ihrerseits, dass es keinen Protest gegeben habe und die Menschen in der Stadt erst *nach* der Flucht Ceaușescus auf die Straße gegangen seien. Ob der Lehrer und seine Kollegen tatsächlich *vor* 12:08 Uhr protestierten oder einfach nur getrunken haben, lässt der Film offen. Dementsprechend wird auch die im Titel gestellte Frage nicht aufgelöst, ob es die ›Revolution‹ in der Kleinstadt östlich von Bukarest gab oder nicht. Grundsätzlich greift der Film

---

1 Corneliu Porumboiu: *A fost sau n-a fost?* RO 2006 [Spielfilm]. Der Film lief international unter dem Titel *12:08 East of Bucharest* und gewann 2006 die Goldene Kamera beim Filmfestival in Cannes.

damit eine Frage auf, die bis heute viele Menschen in Rumänien bewegt und die weiter umstritten ist: War das, was sich im Dezember 1989 ereignete, eine »Revolution«?[2] Diese Frage spitzt der Film auf absurd-tragikomische Weise zu, indem er sie an eine genaue Uhrzeit koppelt.

Gleichzeitig setzt sich der Film in verschiedener Hinsicht von der bisherigen Art und Weise ab, in der in Rumänien seit 1989 an das Ende der kommunistischen Herrschaft erinnert wird: Erstens steht eine Einzelperson im Vordergrund, die in der Darstellung des Films aber alles andere als ein Held ist und keinerlei Anerkennung erfährt; zweitens fokussiert der Film nicht auf die Brennpunkte wie Timișoara und Bukarest, sondern richtet den Blick auf die östliche Provinz des Landes; drittens spielt Gewalt eine deutlich untergeordnete Rolle. Dieser letzte Aspekt erscheint umso bemerkenswerter, als das Ende der kommunistischen Herrschaft in Rumänien von massiver Gewalt begleitet war:[3] Ende des Jahres 1989 waren laut offiziellen Angaben 1.104 Tote und 3.352 Verletzte zu beklagen. Dabei hatte das im Film herausgehobene Datum des 22. Dezember auch in diesem Kontext eine besondere Bedeutung: Erst nach diesem Zeitpunkt kamen 942 Menschen ums Leben und wurden weitere 2.245 verletzt. Das war die überwiegende Mehrheit.[4]

Die massive Gewalt und der extrem kurze Verlauf unterschieden die Ereignisse in Rumänien deutlich von denen anderer Länder des östlichen Europa: Ausgehend vom westrumänischen Timișoara breitete sich der Protest gegen das kommunistische Regime ab dem 16. Dezember 1989 wie ein Flächenbrand über das Land aus. Ebenfalls im Unterschied zu anderen Ländern wurde in Rumänien mit dem obersten kommunistischen Machthaber, Nicolae Ceaușescu, buchstäblich kurzer Prozess gemacht: Nachdem am 22. Dezember 1989 eine letzte, vom

---

2   Gemäß Ruxandra Cesereanu lassen sich mehrere Deutungen der Ereignisse vom Dezember 1989 unterscheiden: erstens als »Revolution«, zweitens als »Staatsstreich« infolge eines »internen« oder »externen Komplotts« sowie drittens als »Revolution«, die von einem »Staatsstreich« unterlaufen worden sei: RUXANDRA CESEREANU: Decembrie '89. Deconstrucția unei revoluții [Dezember '89. Die Dekonstruktion einer Revolution] (Plural M, 109). Iași 2004.
3   Zum Verlauf siehe PETER SIANI-DAVIES: The Romanian Revolution of December 1989. Ithaca (NY) 2005. Einen umfassenden Erklärungsversuch bietet DRAGOȘ PETRESCU: Explaining the Romanian Revolution of 1989: Culture, Structure, and Contingency. Bukarest 2010. Zur Frage der Gewalt siehe PETER ULRICH WEISS: Traumatische Befreiung. Die rumänische Revolution von 1989/90 als unbewältigte Gewalterfahrung. In: MARTIN SABROW (Hrsg.): 1989 und die Rolle der Gewalt. Göttingen 2012, S. 304–336.
4   RALUCA GROSESCU: Interpretationen der rumänischen Dezemberereignisse von 1989. In: BERND FLORATH (Hrsg.): Das Revolutionsjahr 1989. Die demokratische Revolution in Osteuropa als transnationale Zäsur (Analysen und Dokumente, 34). Göttingen 2011, S. 123–136, hier S. 128.

kommunistischen Regime organisierte Massenveranstaltung gescheitert war, verließ Ceaușescu Bukarest per Hubschrauber. Kurz darauf wurde er verhaftet und in Târgoviște in einer Kaserne interniert. Dort verurteilte ihn ein außerordentliches Militärstandgericht am 25. Dezember 1989 in einem ca. 45-minütigen Prozess unter Ausschluss der Öffentlichkeit zum Tode. Das Urteil wurde unmittelbar vollstreckt und Nicolae Ceaușescu im Hof der Kaserne erschossen. Die Öffentlichkeit wurde einen Tag später, am 26. Dezember 1989, über den Prozess, das Urteil und die Erschießung Ceaușescus informiert.[5]

Angesichts dieser Besonderheiten lohnt es sich umso mehr, genauer zu analysieren, wie sich der Umgang mit den Ereignissen vom Dezember 1989 in Rumänien gestaltete.[6] Im Fokus stehen zunächst Bukarest und die Zeit unmittelbar nach 1989. Beleuchtet wird, welche Akteure auf welche Weise versuchten, eine Deutung des Umbruchs als ›Revolution‹ im öffentlichen Raum zu verankern und welche Rolle die Toten und Verletzten dabei spielten. Dazu werden geschichtspolitische Strategien herausgearbeitet und es wird nach etwaigen Leerstellen gefragt.

1. Der Umbruch als ›Revolution‹

Den Umbruch als ›Revolution‹ zu deuten, hatte sowohl für die ›Front der Nationalen Rettung‹ (rumän.: Frontul Salvării Naționale) als auch für die rumänische Armee besondere Priorität. Ihre Motive und ihr Vorgehen waren allerdings unterschiedlich akzentuiert. Für die ›Front der Nationalen Rettung‹ ging es in erster Linie um ihre politische Legitimation: Sie hatte sich am 22. Dezember 1989 unmittelbar nach der Flucht Ceaușescus gebildet und zur alleinigen politischen Führung des Landes erklärt, allerdings mit betont provisorischem Charakter.[7] Im

---

5   Die Anklagepunkte lauteten: »Genozid« mit »über 60.000 Opfern«, »Untergrabung der Staatsmacht durch bewaffnete Aktionen gegen das Volk und die Staatsmacht«, »verbrecherische Zerstörung öffentlicher Güter« und »Untergrabung der nationalen Wirtschaft«. Daneben wurde Ceaușescu vorgeworfen, »unter Nutzung von 1 Milliarde Dollar, die bei ausländischen Banken lagen«, aus Rumänien zu fliehen versucht zu haben. Über die Anklagepunkte, das Urteil und seine sofortige Vollstreckung informierte ein offizielles Kommuniqué: Comunicat [Kommuniqué]. In: *Monitorul Oficial al României [Offizielles Amtsblatt Rumäniens]*, Nr. 3, 26. Dezember 1989. Alle Übersetzungen aus dem Rumänischen stammen vom Verfasser.

6   Siehe dazu grundlegend MARTIN JUNG: In Freiheit. Die Auseinandersetzung mit Zeitgeschichte in Rumänien (1989–2009) (Forum: Rumänien, 32). Berlin 2016.

7   Comunicatul către țară al Consiliului Frontului Salvării Naționale [Kommuniqué des Rates der Front der Nationalen Rettung an das Land]. In: *Monitorul Oficial al României [Offizielles Amtsblatt Rumäniens]*, Nr. 1, 22. Dezember 1989.

Februar 1990 wandelte sich die ›Front‹ dann doch in eine politische Partei um und gewann im Mai 1990 die ersten Wahlen. Bis 1996 war sie federführend an den Regierungen Rumäniens beteiligt. Ihr Vorsitzender Ion Iliescu bekleidete in diesem Zeitraum das Amt des Präsidenten.[8]

Demgegenüber stand für die rumänische Armee ihre durchaus fragwürdige Rolle im Dezember 1989 im Vordergrund: Die Armee hatte maßgeblich an der Verhaftung, Verurteilung und Erschießung Nicolae Ceaușescus mitgewirkt und war personell eng mit der ›Front‹ verwoben.[9] Zudem war sie vom 16. bis 22. Dezember 1989 unmittelbar in die Versuche des Regimes eingebunden, die gegen Ceaușescu und den Kommunismus gerichteten Demonstrationen in Timișoara und dann in Bukarest gewaltsam niederzuschlagen. Unter den Menschen, die nach dem 22. Dezember 1989 ums Leben kamen, waren 325 Angehörige der Armee und weitere 618 unter den Verletzten. Spätere Untersuchungen kamen zu dem Schluss, dass die Armee »für 333 Tote und 649 Verwundete verantwortlich« war.[10] Prekärerweise zählten dazu auch Angehörige der Armee selbst, wofür beispielhaft die tragischen Ereignisse vom 23. Dezember 1989 am internationalen Flughafen Otopeni stehen: Während eine Armee-Einheit den Flughafen vor Angriffen vermeintlicher Ceaușescu-treuer »Terroristen«[11] schützen und verteidigen sollte, sollte eine zweite Einheit den Flughafen, der von vermeintlichen Ceaușescu-treuen »Terroristen« besetzt gehalten sei, befreien. Der wechselseitige Beschuss führte zu über 50 Toten.[12] Ein Militärgericht kam später zu dem Schluss, dass der Tod dieser Menschen einer mangelnden Koordination und fehlerhaften Kommunikation der Armee-Einheiten geschuldet war.[13]

---

8   Ion Iliescu amtierte von 2000 bis 2004 nochmals als Präsident Rumäniens.
9   Frühzeitig wurden drei hohe Offiziere der Armee – Victor Atanasie Stănculescu, Mihai Chițac und Ștefan Gușă – in die ›Front der Nationalen Rettung‹ eingebunden. Stănculescu fungierte von Ende Dezember 1989 bis Februar 1990 als Minister für Wirtschaft und bekleidete anschließend bis Mai 1991 das Amt des Verteidigungsministers. Mihai Chițac wiederum fungierte von Ende Dezember 1989 bis Mitte Juni 1990 als Innenminister. Demgegenüber übte Ștefan Gușă hohe Posten in der Armee aus. RALUCA GROSESCU/RALUCA URSACHI: Justiția penală de tranziție. De la Nürnberg la postcomunismul românesc [Transitional Justice. Von Nürnberg zum rumänischen Postkommunismus]. Iași 2009, S. 165.
10 GROSESCU: Interpretationen der rumänischen Dezemberereignisse von 1989 (wie Anm. 4), S. 128.
11 Siehe zu den vermeintlichen »Terroristen«: RUXANDRA CESEREANU: The Romanian Anticommunist Revolution and the »Terrorists« of December 1989. In: *Caietele Echinox [Die Tagundnachgleiche-Hefte]* 10 (2010), 19: Communism – Negotiation of Boundaries, S. 315–328.
12 SIANI-DAVIES: The Romanian Revolution of December 1989 (wie Anm. 3), S. 131.
13 GROSESCU/URSACHI: Justiția penală de tranziție [Transitional Justice] (wie Anm. 9), S. 178 ff.

Wie sehr die ›Front der Nationalen Rettung‹ und die Armee an einem Strang zogen, zeigte sich bereits am 25. Dezember 1989, als in der Öffentlichkeit noch völlige Unklarheit über den Verbleib Ceaușescus herrschte: Ungeachtet dessen verkündete die ›Front‹ offiziell, dass »die Revolution gesiegt« habe.[14] Gleichzeitig versicherten hochrangige Offiziere im Fernsehen,[15] dass die Armee aufseiten der »Revolution« stehe und diese gegen vermeintlich Ceaușescu-treue »Terroristen« verteidigen werde.[16] Vor diesen Hintergründen ergänzten sich die Strategien, welche die ›Front‹ und die Armee zur Verankerung einer Deutung des Umbruchs als ›Revolution‹ intiierten, komplementär.

Übergreifend stand ein ehrendes Gedenken an die Toten und Verletzten im Vordergrund. Dies entsprach unmittelbar nach 1989 dem Bedürfnis der Bevölkerung nach Trauer: Aus der Bevölkerung heraus wurden spontan Gedenkzeichen zu Ehren der Toten errichtet, Kerzen aufgestellt sowie Blumen und Kränze niedergelegt.[17] Daran anknüpfend erklärte die ›Front‹ den 12. Januar 1990 zum »Tag der Nationalen Trauer«.[18] Während den Hinterbliebenen der Toten und den Verletzten auf Anordnung der ›Front‹ frühzeitig Mindestrenten gewährt wurden,[19] verlieh das Parlament ab Ende 1990 Ehrentitel: Tote konnten fortan zu »Märtyrer-Helden der rumänischen Revolution vom Dezember 1989« erklärt werden, Verletzte zu »Kämpfern für den Sieg der Revolution im Dezember 1989«. Entscheidend war, dass sich mit diesen Ehrentiteln Privilegien verbanden, die den Lebensalltag erleichterten.[20]

---

14 Comunicat al Consiliului Frontului Salvării Naționale [Kommuniqué des Rates der Front der Nationalen Rettung]. In: *Monitorul Oficial al României [Offizielles Amtsblatt Rumäniens]*, Nr. 2, 25. Dezember 1989.
15 Zur Rolle des Fernsehens siehe PETER SPANGENBERG: Die Revolution in Rumänien und ihre mediale Wirklichkeitskonstruktion. In: *Comparativ* 1 (1991), 3, S. 26–36; sowie DANA MUSTATA: »The Revolution Has Been Televised...«. Television as Historical Agent in the Romanian Revolution. In: *Journal of Modern European History* 10 (2012), S. 76–97.
16 SIANI-DAVIES: The Romanian Revolution of December 1989 (wie Anm. 3), S. 105.
17 GAIL KLIGMAN: Reclaiming the Public: A Reflection on Creating Civil Society in Romania. In: *East European Politics and Societies*, 4 (1990), S. 393–438, besonders S. 401.
18 Decret Nr. 40 privind măsuri pentru comemorarea eroilor Revoluției [Dekret Nr. 40 bzgl. von Maßnahmen zum Gedenken an die Helden der Revolution]. In: *Monitorul Oficial al României [Offizielles Amtsblatt Rumäniens]*, Nr. 6, 10. Januar 1990.
19 Decret-lege Nr. 76 din 8 februarie 1990 privind stabilirea unor pensii minime pentru răniții și urmașii celor decedați în timpul revoluției [Gesetz-Dekret Nr. 76 vom 8. Februar 1990 bzgl. der Festlegung von Mindestrenten für die Verletzten und die Hinterbliebenen derer, die während der Revolution verstarben]. In: *Monitorul Oficial al României [Offizielles Amtsblatt Rumäniens]*, Nr. 27, 10. Februar 1990.
20 Lege Nr. 42 din 18 decembrie 1990 pentru cinstirea eroilor-martiri și acordarea unor drepturi urmașilor acestora, răniților, precum și luptătorilor pentru victoria Revoluției din Decembrie 1989 [Gesetz Nr. 42 vom 18. Dezember 1990 zur Ehrung der Märtyrer-Helden und der

Abb. 1   Der *Friedhof der Helden der Revolution*, 2006

Parallel dazu versuchte die ›Front‹, die Deutung des Umbruchs als ›Revolution‹ sichtbar im öffentlichen Raum zu verankern. Dem diente beispielsweise die Umbenennung von Straßen,[21] aber auch des Platzes vor dem Zentralkomitee der Rumänischen Kommunistischen Partei (RKP; rumän.: Partidul Comunist Român, PCR) in Bukarest, von dem aus Nicolae Ceaușescu am 22. Dezember 1989 die Flucht ergriffen hatte, in *Platz der Revolution* (rumän.: *Piața Revoluției*). Zusätzlich wurde hier ein erstes, recht unscheinbares Denkmal zu Ehren der »Märtyrer« des Dezember 1989 errichtet und fanden in der Folgezeit offizielle Gedenkveranstaltungen statt. Welche übergreifende Strategie seitens der ›Front‹

Gewährung verschiedener Rechte für deren Hinterbliebene, für Verletzte sowie für Kämpfer für den Sieg der Revolution vom Dezember 1989]. In: *Monitorul Oficial al României [Offizielles Amtsblatt Rumäniens]*, Nr. 147, 19. Dezember 1990. Die mit den Ehrentiteln verbundenen Privilegien umfassten beispielsweise finanzielle Unterstützung und Vorteile beim Erwerb von Wohnraum und in der Gesundheitsversorgung, die kostenlose Nutzung öffentlicher Verkehrsmittel sowie Steuerbefreiungen für Einkommen.

21 Die Umbenennung von Straßen war allerdings kein ›Top-down-Prozess‹, sondern erfolgte teilweise auf Gesuch von Angehörigen und Hinterbliebenen: DUNCAN LIGHT: Street names in Bucharest 1990–1997: Exploring the modern historical geographies of post-socialist change. In: *Journal of Historical Geography* 30 (2004), S. 154–172, besonders S. 161.

und der Armee verfolgt wurde, welche Schwerpunkte in der Darstellung gesetzt wurden und welche Leerstellen sich daraus ergaben, zeigt beispielhaft der *Friedhof der Helden der Revolution* (rumän.: *Cimitirul Eroilor Revoluției*) in Bukarest.[22] Der *Friedhof der Helden der Revolution* entstand spontan. Bestattet wurden hier ca. 400 bis 500 Menschen,[23] die ab dem 23. Dezember 1989 zu Tode gekommen waren. Dazu zählten sowohl Zivilist*innen als auch Angehörige der Armee. Seit der zentralen Gestaltung Mitte 1990 gleicht der Ort einem Soldatenfriedhof.

Die Gräber in weißem Marmor sind in Reih und Glied angeordnet und ähnlich gestaltet; auf diese Weise werden die Toten einander gleichgestellt. Individuelle Bezugnahmen sind lediglich Beiwerk, etwa in Form von Inschriften auf den Grabsteinen oder in Gestalt von Objekten, die am Grab angebracht wurden. Im Ergebnis schafft die Gestaltung ein einheitlich scheinendes Kollektiv, das die im Dezember 1989 zu Tode gekommenen Menschen zu »Märtyrern« und »Helden« verklärt, die sich für die rumänische Nation »aufgeopfert« hätten.[24]

Diese Sinngebung erscheint auf den ersten Blick zwar schlüssig und nachvollziehbar. Sie wird allerdings fragwürdig, wenn sich unter den Toten ein einmonatiges Baby befindet, das am 23. Dezember 1989 ums Leben kam und als Teil des vermeintlichen Kollektivs der »Märtyrer-Helden« ebenfalls auf dem Friedhof begraben ist. Hinzu kommt, dass mit der Erhebung der Toten zu »Märtyrer-Helden« die konkreten Umstände, die zum Tode führten, verschleiert statt aufgeklärt wurden.

Inwiefern auf diese Weise weitere problematische Aspekte ausgeblendet wurden, macht auf prägnante Art und Weise der *Saal der Revolution* (rumän.: *Sala Revoluției*) deutlich.[25] Der Saal wurde 1990 im zentralen Nationalen Militärmuseum

---

22 Der Friedhof wurde vom Verfasser seit 2006 mehrfach besucht. Ein letzter Besuch fand im September 2019 im Rahmen einer wissenschaftlichen Exkursion der Friedrich-Schiller-Universität Jena statt.
23 KLIGMAN: Reclaiming the Public (wie Anm. 17), S. 402. Der Beitrag beinhaltet auch Fotos.
24 MIHAELA GRANCEA: Retorica morții eroice în epitaful revoluționarilor din decembrie '89 [Die Rhetorik des heroischen Todes bei Grabschriften der Revolutionäre vom Dezember '89]. In: BOGDAN MURGESCU (Hrsg.): Revoluția română din decembrie 1989. Istorie și memorie [Die rumänische Revolution vom Dezember 1989. Geschichte und Erinnerung] (Colecția document). Iași 2007, S. 45–78.
25 Der Ausstellungsraum wurde vom Verfasser seit 2006 mehrfach in Augenschein genommen. An Besuche im Frühjahr 2010 schlossen sich ein Gespräch mit dem damaligen Direktor Oberst Vasile Popa und eine mehrstündige individuelle Führung durch Ioan Scafeș, Mitarbeiter des Militärmuseums und Spezialist für Blankwaffen, durch die gesamte Dauerausstellung an. Für eine ausführliche Analyse des *Saals der Revolution* siehe MARTIN JUNG: Visualisierung als Vermeidungsstrategie. Die Armee und der Umbruch von 1989 in Rumänien. In: ANA KARAMINOVA/DERS. (Hrsg.): Visualisierungen des Umbruchs. Strategien und Semantiken

Abb. 2 Passbilder der im Dezember 1989 umgekommenen Armee-Angehörigen im *Saal der Revolution* des Nationalen Militärmuseums in Bukarest, 2010

in Bukarest eingerichtet und nach Auskunft des Museums 2013 geschlossen.[26] Wie der Friedhof konstruierte der Raum ein Kollektiv an »Märtyrer-Helden« und stellte die einzelnen Menschen, ausschließlich Angehörige der Armee, auf eine Ebene. Dies geschah beispielsweise durch Auflistungen der Namen der Getöteten, in Reih und Glied angeordnete Passbilder von ihnen sowie die Möglichkeit, wie in rumänisch-orthodoxen Kirchen üblich, Kerzen für die »Helden« vom Dezember 1989 aufzustellen. Dies unterstreicht, dass im *Saal der Revolution* Gedenken, nicht aber die Vermittlung von Wissen oder Informationen im Vordergrund stand.[27]

---

von Bildern zum Ende der kommunistischen Herrschaft im östlichen Europa. Frankfurt am Main 2012, S. 127–138.

26 Laut einer E-Mail des Museums an den Verfasser vom 26. März 2020 wurde der *Saal der Revolution* geschlossen, um in den freigewordenen Räumlichkeiten kulturelle Veranstaltungen und Sonderausstellungen realisieren zu können.

27 VASILE POPA/EUGEN ICHIM: Armata română și revoluția din decembrie 1989. Mărturii muzeografice [Die rumänische Armee und die Revolution vom Dezember 1989. Museologische Erläuterungen]. In: MUZEUL NAȚIONAL DE ISTORIE A ROMÂNIEI [NATIONALES GESCHICHTSMUSEUM RUMÄNIENS] (Hrsg.): România. Decembrie 1989. Catalogul expoziției [Rumänien. Dezember 1989. Ausstellungskatalog]. Târgoviște 2009, S. 45 ff.

Abb. 3 »Objekte von Helden, die während der Revolution vom Dezember gefallen sind«, im *Saal der Revolution* des Nationalen Militärmuseums in Bukarest, 2010

Gleichwohl vermittelte der Raum die grundsätzliche Aussage, dass die Armee aufseiten der »Revolution« gestanden und viele Opfer zu beklagen habe.[28] Diese Aussage wurde allerdings nicht sprachlich formuliert, sondern ergab sich rein aus der Gestaltung. Der Raum zeigte vor allem spärlich kommentierte Fotos und Objekte, die zu einem Großteil von Armee-Angehörigen stammten, die im Dezember 1989 verletzt wurden oder gar zu Tode kamen.[29] In einem Falle waren gar die Kugeln zu sehen, die aus dem Körper eines Getöteten entfernt worden waren.

---

28 So lautete der ursprüngliche Titel des Raumes *Die Revolution vom Dezember 1989 – Armee und Volk, ein einziger Wille*. ION JIANU: Sanctuar al eroilor revoluției [Sanktuarium der Helden der Revolution]. In: *Viața Armatei [Das Armeeleben]* (1992), 12, S. 2. Ein solches Bild sollten auch Publikationen der Armee zementieren. Siehe beispielhaft COSTACHE CODRESCU u. a.: Armata Română în Revoluția din Decembrie 1989. Studiu documentar-preliminar [Die Rumänische Armee während der Revolution vom Dezember 1989. Eine präliminär-dokumentarische Studie]. Bukarest 1994.

29 Informationen zu den ausgestellten Objekten und ihrer Provenienz liefern POPA/ICHIM: Armata română și revoluția din decembrie 1989 [Die rumänische Armee und die Revolution vom Dezember 1989] (wie Anm. 27), S. 46.

Den *Saal der Revolution* im Militärmuseum und den *Friedhof der Helden der Revolution* verbindet, dass die individuellen Lebenswege der Toten genauso wenig eine Rolle spielen wie die konkreten Umstände, unter denen die einzelnen Menschen ums Leben kamen. Dementsprechend gab der *Saal der Revolution* keine Antwort oder auch nur einen Hinweis darauf, gegen wen die Armee überhaupt gekämpft und die ›Revolution‹ verteidigt hatte und wer für die Toten – auch aus ihren Reihen – verantwortlich war. Gleichzeitig erschienen durch das vordergründige ehrende Gedenken der Toten Fragen einer Mitverantwortung der Armee für die Eskalation der Gewalt obsolet. Wie konsequent und programmatisch die Armee ihr Anliegen verfolgte, ein positives Bild ihrer Rolle im Dezember 1989 zu zeichnen, führte im *Saal der Revolution* die besondere Würdigung von Vasile Milea prägnant vor Augen.

Vasile Milea war der letzte Verteidigungsminister unter Ceaușescu und als solcher direkt in die Versuche des kommunistischen Regimes involviert, die Proteste in Timișoara und dann in Bukarest gewaltsam niederzuschlagen. Am Morgen des 22. Dezember 1989 wurde Milea erschossen aufgefunden, wobei bis heute unklar ist, ob er ermordet wurde oder Selbstmord beging. Ungeachtet seiner Rolle im Dezember 1989 und in der kommunistischen Zeit wurde Vasile Milea im *Saal der Revolution* positiv dargestellt und in das vermeintliche Kollektiv der »Märtyrer-Helden« integriert. In einer Art Schrein stellte das Militärmuseum die Uniformjacke und das Hemd mit Einschussloch und Blutfleck aus, in denen Milea tot aufgefunden worden war; sie hatten im *Saal der Revolution* den Status von Reliquien. Zusätzlich wurde ein Funkgerät ausgestellt, mit dem Milea befohlen haben soll, »nicht auf das Volk zu schießen«, wie ein Bericht in einer Zeitschrift der Armee von 1991 über den Ausstellungsraum behauptete.[30]

Die besondere Würdigung Vasile Mileas im *Saal der Revolution* und seine Integration in das Kollektiv der »Märtyrer-Helden« machen deutlich, dass die Armee mit ihrem zentralen Anliegen, ein positives Bild ihrer Rolle im Dezember 1989 zu zeichnen, an oberster Spitze ansetzte. Rückendeckung erhielt sie dabei von der ›Front der Nationalen Rettung‹. In deren offizieller Trauerrede beim Begräbnis Mileas, die in Auszügen in der Tageszeitung *Adevărul* (dt.: *Die Wahrheit*), welche die ›Front‹ offen unterstützte, veröffentlicht wurde, hieß es: Vasile Milea sei ein »heroisch gefallener Märtyrer des Volkes«, der sich »mit Würde dem Terror, dem er vonseiten des Ceaușescu-Clans ausgesetzt war, entgegengestellt« habe und dadurch zum »Opfer der widerwärtigen Diktatur« geworden

---

30 V. Brezeanu: Scrisoarea neterminată a eroului din decembrie 1989 [Der unvollendete Brief des Helden vom Dezember 1989]. In: *Viața Armatei [Das Armeeleben]* (1991), 2, S. 19.

Abb. 4　Der Schrein Vasile Mileas im *Saal der Revolution* des Nationalen Militärmuseums in Bukarest, 2010

sei.³¹ In der Folge wurden Straßen in Bukarest und anderen Städten nach Milea benannt.³² Gleichzeitig wurde er – wie alle anderen Angehörigen der Armee, die im Dezember 1989 zu Tode kamen – post mortem befördert. Dies galt auch für die Toten vom Flughafen Otopeni, die nachweislich durch andere Angehörige der Armee zu Tode gekommen waren. Zu ihrem Gedenken wurde Anfang der 1990er Jahre ein Denkmal errichtet,³³ das aus einem Obelisken, einem steinernen Tisch und gut fünfzig keilförmigen Grabsteinen in Form eines Dreiecks besteht.

31　Funeraliile lui Vasile Milea [Das Begräbnis von Vasile Milea]. In: *Adevărul [Die Wahrheit]*, 30. Dezember 1989, S. 1 und S. 5.
32　Light: Street names in Bucharest (wie Anm. 21), S. 161.
33　Das Datum der Denkmalserrichtung ist unbekannt. Eine Publikation von 1993 erwähnt es bereits, sie ist allerdings mit großer Vorsicht zu genießen. Die Autorin sieht Nicolae Ceaușescu als Opfer eines Komplotts der Gruppe um Ion Iliescu. Der Tod der Soldaten am Flughafen Otopeni sei Teil eines geplanten Szenarios gewesen, das die Existenz von »Terroristen« beweisen sollte: Elizabeth Spencer: Masacrul de la Otopeni. »Cu aripi de înger«. Povestea membrilor unei unități de la Câmpina care și-au dat viața pentru patrie în 23 decembrie 1989 la Aeroportul Otopeni București [Das Massaker von Otopeni. »Mit Engelsflügeln«. Die Geschichte der Angehörigen einer Einheit aus Câmpina, die am 23. Dezember 1989 am Flughafen Otopeni Bukarest ihr Leben für das Vaterland gaben]. Bukarest 1993.

Abb. 5   Denkmal für die im Dezember 1989 am internationalen Flughafen Otopeni umgekommenen Armee-Angehörigen, 2006

Auf den Steinen sind die Namen und militärischen Ränge der toten Soldaten vermerkt, zu denen sie post mortem befördert wurden. Auf dem Obelisk verweist die mehrfache Inschrift »'89« beziehungsweise »1989«, die vom Flughafen aus und bei der Vorbeifahrt deutlich zu sehen sind, auf die Ereignisse vom Dezember 1989.

Die Widmung an der Vorderfront des Obelisken lautet: »Sagt unserem Vaterland die Wahrheit: Wir waren da, wo wir sein mussten!«; sie unterstreicht das Pflichtbewusstsein der toten Soldaten und deutet ihren Tod als ›patriotische Tat‹. Worin diese Tat bestand, bleibt allerdings genauso unklar wie die Umstände ihres Todes.

Insgesamt wird deutlich, dass die Armee und die ›Front‹ die gleiche Strategie verfolgten. Um die Deutung des Umbruchs als ›Revolution‹ im öffentlichen Raum zu verankern, stellten beide ein vermeintliches Kollektiv von »Märtyrer-Helden« in den Vordergrund, das ein einmonatiges Baby genauso einschloss wie den letzten Verteidigungsminister unter Ceaușescu und von der Armee zu verantwortende Tote aus ihren eigenen Reihen. Auf diese Weise wurden Fragen nach Verantwortung und Schuld für die vielen Toten und Verletzten und die Eskalation der Gewalt systematisch und programmatisch ausgeblendet, was insbesondere die fragwürdige Rolle der Armee betraf. Dies führt unmittelbar zu der Frage, wie sich der strafrechtliche Umgang mit den Ereignissen vom Dezember 1989 gestaltete und inwieweit dadurch für Aufklärung über die Geschehnisse gesorgt wurde.

2. Der strafrechtliche Umgang mit den Ereignissen vom Dezember 1989

Der strafrechtlichen Auseinandersetzung mit den Ereignissen vom Dezember 1989 waren durch ein Dekret der ›Front‹ vom Januar 1990 frühzeitig enge Grenzen gesetzt worden.[34] Mit dem Dekret wurden zahlreiche Gewalttaten, die im Dezember 1989 begangen worden waren, von vornherein amnestiert und konnten strafrechtlich nicht verfolgt werden.[35] Daher kam es während der Präsidentschaft Ion Iliescus in den Jahren 1990 bis 1996 nur zu wenigen Strafverfahren, die im Übrigen allesamt vor Militärgerichten verhandelt wurden. Auch wenn die »strafrechtliche Aufarbeitung« der Dezemberereignisse in diesem Zeitabschnitt insgesamt als »undurchsichtig« charakterisiert werden muss, waren zumindest deutliche Tendenzen zu beobachten.[36]

Eine wesentliche Richtung hatte das Militärstandgericht vorgegeben, das Nicolae Ceaușescu am 25. Dezember 1989 zum Tode verurteilte: Es deutete Ceaușescus Flucht am 22. Dezember aus Bukarest »als Niederlegung der Ämter« und konstatierte einen damit einhergehenden »eindeutigen Systemwechsel, von der Diktatur zur Demokratie«.[37] Dies hatte für die wenigen Strafrechtsverfahren in der ersten Hälfte der 1990er Jahre zur Folge, dass die Militärgerichte zwar die Versuche einer gewaltsamen Niederschlagung der Demonstrationen gegen Ceaușescu und das kommunistische Regime verurteilten; gleichzeitig aber gingen sie durchgängig davon aus, dass die Armee ab dem 22. Dezember 1989 aufseiten der ›Revolution‹ gestanden habe. Anklage wurde allenfalls mit Blick auf Ereignisse vor diesem Datum erhoben, während einer Auseinandersetzung mit späteren Gewalttaten, durch welche die meisten Menschen zu Tode gekommen oder verwundet worden waren, weitestgehend ausgewichen wurde. Eine Ausnahme stellten die tragischen Ereignisse vom 23. Dezember 1989 am internationalen Flughafen Otopeni dar: Nachdem ein Militärgericht Ende 1993 Anklage erhoben hatte, wurden Anfang 2001 – nach mehreren Verzögerungen – zwei Offiziere der Armee und ein Offizier der Securitate zu mehrjährigen Haftstrafen

---

34 Decretul-lege nr. 3 din 4 ianuarie 1990, privind amnistierea unor infracțiuni și grațierea unor pedepse [Dekret-Gesetz Nr. 3 vom 4. Januar 1990 bzgl. der Amnestierung bestimmter Gesetzesübertretungen und der Begnadigung bestimmter Bestrafungen]. In: *Monitorul Oficial al României [Offizielles Amtsblatt Rumäniens]*, Nr. 2, 5. Januar 1990.
35 GROSESCU/URSACHI: Justiția penală de tranziție [Transitional Justice] (wie Anm. 9), S. 113.
36 JULIE TRAPPE: Rumäniens Umgang mit der kommunistischen Vergangenheit. Eine Untersuchung aus strafrechtlicher Perspektive (Diktaturen und ihre Überwindung im 20. und 21. Jahrhundert, 3). Göttingen 2009, S. 65.
37 Ebd., S. 39 f.

verurteilt.[38] Generell aber wurde in Strafrechtsverfahren in der ersten Hälfte der 1990er Jahre die Verantwortung für Gewaltakte tendenziell beim Geheimdienst Securitate, der Miliz und der obersten Führungsriege der RKP verortet. Sie dienten gewissermaßen als Blitzableiter, der von der rumänischen Armee ablenkte und ihre fragwürdige Rolle während des Umbruchs verschleierte.[39] Die Armee wiederum wurde durchgängig als »Garant des Systemwechsels« dargestellt.[40]

Dieses Bild wurde in der zweiten Hälfte der 1990er Jahre, als das bürgerlich-konservative Lager die Regierung und den Präsidenten stellte, durch weitere strafrechtliche Untersuchungen und Gerichtsverfahren zumindest ansatzweise modifiziert. Nach wie vor lag der Fokus aber auf der Zeit vor dem 22. Dezember 1989. Herausgehobene Bedeutung hatte der Prozess gegen die beiden Generäle Victor Atanasie Stănculescu und Mihai Chițac; sie wurden 1998 wegen Anstiftung zum Mord zu 15 Jahren Haft verurteilt. Da beide nach dem Ende der kommunistischen Herrschaft, ernannt durch die ›Front der Nationalen Rettung‹, Ministerämter bekleidet hatten,[41] wurde mit ihrer Verurteilung die Legitimität der ›Front‹ und Ion Iliescus zumindest indirekt infrage gestellt.[42] Allerdings wurde das Urteil gegen die beiden Generäle erst im Jahre 2008 vom Obersten Gericht bestätigt. Zu dieser erheblichen Verzögerung trugen die politischen Entwicklungen bei. Der erneute Machtwechsel im Jahr 2000 und die Rückkehr Iliescus in das Amt des Präsidenten sorgten nicht nur im Falle der beiden Generäle zu einem »Aufschub einer endgültigen Entscheidung«, sondern verzögerten und vereitelten auch andere Strafrechtsverfahren gegen Angehörige der Armee und die Vollstreckung von Urteilen.[43]

Auch wenn von 1990 bis 2008 eine politische Einflussnahme offensichtlich war, trugen die Gerichtsverfahren zu den Ereignissen vom Dezember 1989 durchaus zur Aufklärung bei; vor allem konnte die Verantwortlichkeit für Gewalttaten geklärt werden, was sich allerdings auf den Zeitraum vom 16. bis 22. Dezember

---

38 Ebd., S. 102 f. sowie GROSESCU/URSACHI: Justiția penală de tranziție [Transitional Justice] (wie Anm. 9), S. 179 f.
39 Ebd., S. 164.
40 TRAPPE: Rumäniens Umgang mit der kommunistischen Vergangenheit (wie Anm. 36), S. 125 f.
41 Stănculescu hatte von Ende Dezember 1989 bis Februar 1990 als Wirtschaftsminister und dann bis Mai 1991 als Verteidigungsminister fungiert. Chițac war von Ende Dezember 1989 bis Juni 1990 Innenminister.
42 Siehe insbesondere den Abschnitt *The Early Trials of the Revolution: Partial Justice and Political Instrumentalization* bei RALUCA GROSESCU: The Trials of the Romanian Revolution. In: *Cultures of History Forum*, 17. Januar 2019, einsehbar unter der URL: https://www.cultures-of-history.uni-jena.de/politics/romania/the-trials-of-the-romanian-revolution/, letzter Zugriff: 21.06.2021.
43 TRAPPE: Rumäniens Umgang mit der kommunistischen Vergangenheit (wie Anm. 36), S. 102.

1989 begrenzte. Weiterhin unklar blieb, wieso nach dem 22. Dezember 1989 die Gewalt eskaliert war und unter welchen Umständen die überwiegende Mehrheit an Menschen zu Tode gekommen oder verletzt worden war. Diese Leerstelle wie generell die Verzögerungen beim strafrechtlichen Umgang mit den Ereignissen vom Dezember 1989 hatten direkte Auswirkungen auf die Deutung des Umbruchs.

3. Der Umbruch als ›gestohlene Revolution‹

Die mangelnde Aufklärung über die Ereignisse vom Dezember 1989 durch strafrechtliche Verfahren war zwar nicht die Ursache, bekräftigte aber Zweifel an der Deutung des Umbruchs als ›Revolution‹, wie sie Ion Iliescu, die ›Front der Nationalen Rettung‹ und die rumänische Armee vertraten. Diese Akteure verfolgten zwar die gleiche Strategie, die politischen wie gesellschaftlichen Reaktionen darauf unterschieden sich aber deutlich. Im Falle der Armee wurde weder eine Diskussion über ihre Rolle während des Umbruchs ausgelöst, noch musste sie sich für ihre »institutionelle Implikation in die Repression vom Dezember 1989« verantworten.[44] Im Gegenteil traf sie auf breite gesellschaftliche Akzeptanz und genoss großes Vertrauen in der Bevölkerung.[45] Daran änderte auch nicht, dass die Armee nachweislich für einen guten Teil der Toten aus ihren Reihen verantwortlich war, wie die tragischen Ereignisse vom internationalen Flughafen Otopeni belegen.

Demgegenüber standen die ›Front‹ und ihr Vorsitzender Iliescu frühzeitig im Zentrum harscher Kritik. Diese Kritik wurde als eine der ersten von der Bürgerrechtlerin Doina Cornea artikuliert. Sie warf der ›Front‹ und Iliescu bereits im Januar 1990 vor, »die Revolution konfisziert« zu haben.[46] Dieser Vorwurf gründete auf dem Umstand, dass die ›Front der Nationalen Rettung‹ von ehemaligen Mitgliedern der RKP dominiert wurde.[47] Dies traf insbesondere auf den

---

44 DANIEL BARBU: Die abwesende Republik (Forum: Rumänien, 3). Berlin 2009, S. 258.
45 RALUCA GROSESCU/RALUCA URSACHI: The Romanian Revolution in Court: What Narratives about 1989? In: VLADIMIR TISMĂNEANU/BOGDAN C. IACOB (Hrsg.): Remembrance, History, and Justice. Coming to Terms with Traumatic Pasts in Democratic Societies. Budapest/New York 2015, S. 257–293, hier S. 286.
46 ALINA MUNGIU: Correspondence from Bucharest. Intellectuals as Political Actors in Eastern Europe: The Romanian Case. In: *East European Politics and Societies* 10 (1996), S. 333–364, hier S. 350.
47 CRISTINA PETRESCU/DRAGOȘ PETRESCU: The Pitești Syndrome: A Romanian *Vergangenheitsbewältigung?* In: STEFAN TROEBST (Hrsg.): Postdiktatorische Geschichtskulturen im Süden und Osten Europas (Diktaturen und ihre Überwindung im 20. und 21. Jahrhundert, 5). Göttingen 2010, S. 502–618, besonders S. 512.

Vorsitzenden Ion Iliescu zu, der vor 1989 zeitweise hohe Posten in den kommunistischen Machtstrukturen bekleidet hatte.⁴⁸

Die Kritik an Iliescu und der ›Front‹ wurde durch weitere Aspekte untermauert: An erster Stelle stand der Prozess gegen Nicolae Ceaușescu, der abseits der Öffentlichkeit geführt worden war und nicht als rechtsstaatlich zu bewerten ist.⁴⁹ Zudem wurden im Nachhinein nur ausgewählte Szenen des Prozesses im Fernsehen gezeigt. Dies bekräftigte die Einschätzung derjenigen, die in kritischer Distanz zu Iliescu und der ›Front‹ standen, dass es sich lediglich um einen »Schauprozess« gehandelt habe, dem es nicht um »Aufklärung« gegangen sei, sondern der »allein politisch geführt wurde.«⁵⁰ In diesem Klima des Misstrauens und Zweifels lieferte die Ankündigung der ›Front‹ vom Februar 1990, entgegen ihres vorher betont provisorischen Charakters nun doch als Partei bei den ersten Wahlen im Mai 1990 anzutreten, einen konkreten Anlass für breiten Protest.

Dieser Protest nahm in der massenhaften Demonstration auf dem Bukarester Universitätsplatz, den die Demonstrierenden zur »vom Neo-Kommunismus freien Zone« erklärten, konkrete Gestalt an. An der von Mai bis Juni 1990 andauernden Demonstration, die ursprünglich von Studierenden ausging, beteiligten sich verschiedene bekannte Intellektuelle, darunter die national wie international renommierte Dichterin Ana Blandiana. In ihren Reden auf dem Universitätsplatz sprach sie davon, dass sich die »Revolution« im Dezember 1989 nur »physisch« geäußert habe und nun eine Fortführung, einen »geistigen Niederschlag, eine symbolische, moralische Wiedergeburt der Rumänen« brauche.⁵¹ Gleichzeitig unterteilte Blandiana in ihren Reden die Menschen in Rumänien in »diejenigen,

---

48 Nach mehrjährigen Tätigkeiten in kommunistischen Jugendverbänden fungierte Ion Iliescu, geboren 1930, von 1967 bis 1971 als Minister für Jugend und wurde Ende 1970 zum Sekretär des Zentralkomitees der RKP sowie zum stellvertretenden Mitglied des Politischen Exekutivkomitees ernannt. Bereits 1971 dieser hohen Funktionen enthoben, fungierte er von 1971 bis 1974 als Vizepräsident für den Kreis Timiș und anschließend von 1974 bis 1979 als Präsident für den Kreis Iași. Nachdem er Ende 1984 seinen Status als Mitglied des Zentralkomitees verloren hatte, war er bis zum Umbruch Direktor des Technischen Verlags. Siehe den biografischen Eintrag in COMISIA PREZIDENȚIALĂ PENTRU ANALIZA DICTATURII COMUNISTE DIN ROMÂNIA [PRÄSIDIALE KOMMISSION ZUR ANALYSE DER KOMMUNISTISCHEN DIKTATUR IN RUMÄNIEN]: Raport final [Abschlussbericht], hrsg. von Vladimir Tismăneanu, Dorin Dobrincu, Cristian Vasile. Bukarest 2007, S. 795.
49 Siehe die Analyse des Prozesses aus strafrechtlicher Perspektive bei TRAPPE: Rumäniens Umgang mit der kommunistischen Vergangenheit (wie Anm. 36), S. 34–62. Die Abschrift der Anklageschrift und der Urteilsbegründung finden sich bei GROSESCU/URSACHI: Justiția penală de tranziție [Transitional Justice] (wie Anm. 9), S. 215–222.
50 ARMIN HEINEN: Der Tod des Diktators und die Gegenwart der Vergangenheit: Rumänien 1989–2003. In: *Leviathan. Zeitschrift für Sozialwissenschaft* 31 (2003), S. 168–184, hier S. 176.
51 CESEREANU: Decembrie '89 (wie Anm. 2), S. 69.

die für die Freiheit kämpften, und diejenigen, die um die Macht kämpfen«.⁵² Mit der zweiten Kategorie hatte sie vor allem Ion Iliescu im Blick. Ganz in diesem Sinne legten Blandiana und weitere Intellektuelle, welche die Demonstration auf dem Universitätsplatz unterstützten, die Entscheidung der ›Front‹, als Partei bei den Wahlen im Mai 1990 anzutreten, als »Machtmissbrauch und Versuch, einen neuen Parteistaat zu schaffen« aus.⁵³

Im Falle Blandianas resultierte diese Einschätzung aus der persönlichen Erfahrung mit Iliescu und der ›Front‹. Gemeinsam mit Doina Cornea und dem Dichter Mircea Dinescu hatte Blandiana ganz oben auf der Liste von Personen gestanden, die dem Leitungsgremium der ›Front‹ angehören sollten, wie Iliescu am 22. Dezember 1989 bekannt gab.⁵⁴ Dass sie ungefragt auf diese Liste geraten war, war für Blandiana nur ein Aspekt, um sich wie Doina Cornea bereits im Januar 1990 offiziell aus der ›Front‹ zurückzuziehen. Entscheidender war ihre Erkenntnis, auf die Entscheidungen der ›Front‹ kaum Einfluss zu haben und lediglich ein »Feigenblatt« zu sein, das der ›Front‹ Glaubwürdigkeit und moralisches Kapital verleihen solle. Iliescu, so das Fazit Blandianas, sei es nur um ihre Bekanntheit gegangen.⁵⁵

---

52 RUXANDRA CESEREANU: Imaginarul violent al românilor [Das gewalttätige Image der Rumänen] (Istorie). Bukarest 2003, S. 149. Die dichotomische Sichtweise Blandianas bestimmte auch ihre Überlegungen zur Rolle von Eliten in einer Gesellschaft. Dies war prägend für die Ausgestaltung der ›Gedenkstätte für die Opfer des Kommunismus und für den Widerstand‹ (rumän.: Memorialul Victimelor Comunismului și al Rezistenței), für deren Einrichtung im ehemaligen Gefängnis von Sighetu Marmației sich Ana Blandiana ab 1993 mit Unterstützung des Europarates engagierte. Siehe dazu MARTIN JUNG: Zivilgesellschaft als Elitenveranstaltung? Das Memorial Sighet im Norden Rumäniens als Erinnerungsort kommunistischer Gewaltverbrechen. In: *Südost-Forschungen* 67 (2008), S. 277–294; sowie DERS.: Die Entstehung des Memorial Sighet, der »Gedenkstätte für die Opfer des Kommunismus und für den Widerstand«. In: THEDE KAHL/LARISA SCHIPPEL (Hrsg.): Kilometer Null. Politische Transformation und gesellschaftliche Entwicklungen in Rumänien seit 1989 (Forum: Rumänien, 10). Berlin 2011, S. 143–168.
53 MUNGIU: Correspondence from Bucharest (wie Anm. 46), S. 349 (Übersetzung des Verfassers).
54 Comunicatul către țară al Consiliului Frontului Salvării Naționale [Kommuniqué des Rates der Front der Nationalen Rettung an das Land]. In: *Monitorul Oficial al României [Offizielles Amtsblatt Rumäniens]*, Nr. 1 vom 22. Dezember 1989.
55 ANA BLANDIANA: Cei care au de partea lor istoria [Die die Geschichte auf ihrer Seite haben]. In: ROMULUS RUSAN (Hrsg.): O enigmă care împlinește șapte ani. Comunicări prezentate la Simpozionul cu același titlu de la Timișoara (18–19 decembrie 1996) [Ein Rätsel, das seit sieben Jahren andauert. Beiträge des Symposiums mit gleichem Titel in Timișoara (18.–19. Dezember 1996)] (Biblioteca Sighet, 4). Bukarest 1997, S. 273–277, besonders S. 274 ff.; sowie JAKOB HORSTMANN: Die Enttäuschung einer Schaufensterpuppe. In: *Allgemeine Deutsche Zeitung für Rumänien*, 29. August 2008.

Dass sich die Gegnerschaft zu Iliescu und damit die Kritik an seiner Deutung des Umbruchs als ›Revolution‹ verhärteten, lag nicht nur an der Demonstration auf dem Bukarester Universitätsplatz an sich,[56] sondern vor allem an ihrem gewaltsamen Ende: Mitte Juni 1990 kamen Bergarbeiter aus dem Schiltal (rumän.: Valea Jiului) nach Bukarest, prügelten die verbliebenen Demonstrierenden von der Straße und verwüsteten die Zentralen oppositioneller Parteien und Presseorgane. Auf den Straßen von Bukarest veranstalteten die Bergarbeiter eine regelrechte Jagd auf Personen, die sie für Intellektuelle hielten. Dazu zählten Menschen mit Brille, Bart, einem Buch oder einer oppositionellen Tageszeitung in der Hand. Diese Menschen wurden verprügelt, der Polizei übergeben und für einige Tage inhaftiert.[57]

Ion Iliescu, der aus den Wahlen vom Mai 1990 als Sieger hervorgegangen war und mittlerweile als Präsident Rumäniens amtierte, trug wesentlich dazu bei, dass er als Drahtzieher der Gewalt vermutet wurde: Frühzeitig hatte er die anfänglich vornehmlich studentischen Demonstrierenden als »Lumpen« (rumän.: golani) verunglimpft und die »bewussten und verantwortlichen Kräfte des Landes« dazu aufgerufen, gegen die Demonstration einzuschreiten.[58] Nachdem diese ihr gewaltsames Ende gefunden hatte, sprach Iliescu den Bergarbeitern offiziell seinen Dank für ihren »Einsatz« aus. Dass ihnen Sonderzüge bereitgestellt worden waren, untermauerte die Ansicht, dass es sich um eine konzertierte Aktion gehandelt habe, die von der politischen Führung um Iliescu ausging.[59]

Wie stark sich dies auf die Deutung der Ereignisse vom Dezember 1989 auswirkte, verdeutlicht die ›Präsidiale Kommission zur Analyse der kommunistischen Diktatur in Rumänien‹ (rumän.: Comisia Prezidențială pentru Analiza Dictaturii Comuniste din România). Die Kommission wurde im April 2006 von Präsident Traian Băsescu, seit Ende 2004 Nachfolger Iliescus, eingesetzt. Damit

---

56 Gemäß Alina Mungiu hatte die Demonstration insbesondere für die beteiligten Intellektuellen eine »vereinigende« und »karthatische Funktion«. Siehe MUNGIU: Correspondence from Bucharest (wie Anm. 46), S. 352. Mit Cristina und Dragoş Petrescu lässt sich eine kompensatorische Funktion ergänzen. Diese bestand darin, öffentliche Kritik an den Machthabenden zu üben, was intellektuelle Kreise vor 1989 – mit wenigen Ausnahmen – unterlassen hatten. Siehe dazu CRISTINA PETRESCU/DRAGOŞ PETRESCU: Resistance and Dissent under Communism – The Case of Romania. In: *Totalitarismus und Demokratie* 4 (2007), S. 323–346.
57 MUNGIU: Correspondence from Bucharest (wie Anm. 46), S. 353.
58 ALIN RUS: Mineriadele. Între manipulare politică şi solidaritate muncitorească [Die Mineriaden. Zwischen politischer Manipulation und Arbeitersolidarität]. Bukarest 2007, S. 83 f. Die Bezeichnung ›Mineriade‹ leitet sich von rumän. ›miner‹ = Bergarbeiter ab.
59 Diese These vertritt unter anderem JOHN GLEDHILL: States of Contention: State-Led Political Violence in Post-Socialist Romania. In: *East European Politics and Societies* 19 (2005), 1, S. 76–104.

war Băsescu der mehrfachen Aufforderung verschiedener Gruppen und Gruppierungen nachgekommen, hinsichtlich der Zeit des Kommunismus geschichtspolitisch aktiv zu werden und den Kommunismus offiziell als »illegitim und kriminell« zu verurteilen.[60] Die hinter diesen Aufforderungen stehenden Gruppen und Gruppierungen einte, dass sie vornehmlich in intellektuellen Kreisen beheimatet waren, seit 1990 in betonter Opposition zu Iliescu standen und sich durch eine strikt antikommunistische Haltung auszeichneten.[61] Aus diesen Kreisen stammte ein guter Teil der Mitglieder der Kommission und der unterstützenden Expert*innen.[62]

In ihrem Abschlussbericht ging die Kommission auch auf die Ereignisse vom Dezember 1989 und die unmittelbar folgende Zeit ein. Der Umbruch, so die Kommission, sei »eine Revolte mit spontanem Charakter« gewesen, die aus »der Unzufriedenheit der verarmten, gedemütigten, belogenen Massen« resultiert habe. Den »ausdrücklich antikommunistischen Charakter der Revolution« aber habe die ›Front‹ »veruntreut«. Dies habe verschiedene »Formen der Opposition« hervorgerufen, wie etwa die Demonstration auf dem Bukarester Universitätsplatz.[63] Analog zu dem Bild, das die Kommission von der Zeit des Kommunismus zeichnete,[64] seien die Jahre nach 1989 von einem »andauernden Kampf zwischen den

---

60 Die erste Aufforderung stammte vom Juni 2005: Apel pentru România – iunie 2005 [Appell für Rumänien – Juni 2005]. In: *Revista 22 [Zeitschrift 22]*, 14.–20. Juni 2005. Weitere Aufforderungen wurden im März 2006 veröffentlicht: Condamnarea comunismului. Apel către președintele României, Traian Băsescu [Die Verurteilung des Kommunismus. Ein Aufruf an den Präsidenten Rumäniens, Traian Băsescu]. In: *Revista 22 [Zeitschrift 22]*, 14.–20. März 2006; sowie SORIN ILIEȘIU: Raport pentru condamnarea regimului politic comunist ca nelegitim și criminal [Bericht für die Verurteilung des politischen kommunistischen Regimes als illegitim und kriminell]. In: *Revista 22 plus [Zeitschrift 22 plus]*, Nr. 188, 21. März 2006.
61 Zu nennen sind insbesondere die ›Gruppe für den gesellschaftlichen Dialog‹ (rumän.: Grupul pentru Dialog Social), die ›Bürgerallianz‹ (rumän.: Alianța Civică), das ›Memorial Sighet – Gedenkstätte für die Opfer des Kommunismus und für den Widerstand‹ (rumän.: Memorialul Victimelor Comunismului și al Rezistenței) sowie die ›Vereinigung ehemaliger politischer Häftlinge aus Rumänien‹ (rumän.: Asociația Foștilor Deținuți Politici din România).
62 Siehe die Auflistung der Kommissionsmitglieder und unterstützenden Expert*innen in: COMISIA PREZIDENȚIALĂ PENTRU ANALIZA DICTATURII COMUNISTE DIN ROMÂNIA [PRÄSIDIALE KOMMISSION ZUR ANALYSE DER KOMMUNISTISCHEN DIKTATUR IN RUMÄNIEN]: Raport final [Abschlussbericht] (wie Anm. 48), S. 4. Zu ihrer Verortung siehe JUNG: In Freiheit (wie Anm. 6), S. 382 ff.
63 COMISIA PREZIDENȚIALĂ PENTRU ANALIZA DICTATURII COMUNISTE DIN ROMÂNIA [PRÄSIDIALE KOMMISSION ZUR ANALYSE DER KOMMUNISTISCHEN DIKTATUR IN RUMÄNIEN]: Raport final [Abschlussbericht] (wie Anm. 48), S. 454 f.
64 Siehe dazu ausführlich JUNG: In Freiheit (wie Anm. 6), S. 387–402, besonders S. 390 f. Zur generellen Rezeption und Kritik am Kommissionsbericht siehe VASILE ERNU u. a. (Hrsg.): Iluzia anticomunismului. Lecturi critice ale Raportului Tismăneanu [Die Illusion des

Kräften des alten Systems [...] und demjenigen Teil Rumäniens, der eine offene Gesellschaft wollte und will«, geprägt gewesen.[65]

Aus Sicht der Kommission wurde »der Kommunismus« im Dezember 1989 nur »offiziell« gestürzt, wie die Wahl Iliescus im Mai 1990 zum Präsidenten verdeutlicht habe.[66] Dabei zählte die Kommission Iliescu ausdrücklich zu den »Schuldigen«, die für das »auf Verbrechen und Gesetzlosigkeit« basierende kommunistische »System« verantwortlich seien.[67] Dass über den Umbruch 1989 hinaus »autoritäre kryptokommunistische Strukturen« aufrechterhalten worden seien, zeige vor allem das gewaltsame Ende der Demonstration auf dem Bukarester Universitätsplatz im Juni 1990. Damit sei unstrittig, dass die »Methoden« der ›Front‹ und von Präsident Iliescu denen der Kommunisten »ähnlich« gewesen seien.[68]

Wie tief der Kommissionsbericht in den Auseinandersetzungen verhaftet ist, die nach 1989 einsetzten, machen zudem verschiedene Empfehlungen deutlich. Dazu zählt die explizite, an Präsident Băsescu gerichtete Empfehlung, den »antikommunistischen Charakter« des Umbruchs offiziell anzuerkennen. Zusätzlich empfahl die Kommission, diejenigen Personen, die »wegen Beteiligung an der antikommunistischen Demonstration auf dem Universitätsplatz verhaftet worden waren«, als »politische Häftlinge« anzuerkennen.[69]

Präsident Băsescu kam zwar der Hauptforderung nach und versicherte bei der offiziellen Annahme des Berichts Ende 2006 »mit voller Verantwortlichkeit: Das kommunistische Regime in Rumänien war illegitim und kriminell.«[70] Er ließ in seiner Rede allerdings alles außer Acht, was sich auf die Ereignisse vom Dezember 1989, die Zeit danach und seinen Amtsvorgänger Ion Iliescu bezog. Dementsprechend unterstützte er auch die diesbezüglichen Empfehlungen nicht.

Antikommunismus. Kritische Lektüren des Tismăneanu-Berichts]. Chişinau 2008. Der in den USA lehrende Politikwissenschaftler Vladimir Tismăneanu war Vorsitzender der Kommission.
65 COMISIA PREZIDENŢIALĂ PENTRU ANALIZA DICTATURII COMUNISTE DIN ROMÂNIA [PRÄSIDIALE KOMMISSION ZUR ANALYSE DER KOMMUNISTISCHEN DIKTATUR IN RUMÄNIEN]: Raport final [Abschlussbericht] (wie Anm. 48), S. 23.
66 Ebd., S. 34 und S. 776.
67 Ebd., S. 34 und S. 770 f.
68 Ebd., S. 28.
69 Ebd., S. 779 ff.
70 Mesajul preşedintelui României, domnul Traian Băsescu, adresat Parlamentului cu prilejul prezentării Raportului Comisiei Prezidenţiale pentru Analiza Dictaturii Comuniste din România (Parlamentul României, 18 decembrie 2006) [Botschaft des Präsidenten Rumäniens, Herrn Traian Băsescu, an das Parlament anläßlich der Vorstellung des Berichts der Präsidialen Kommission zur Analyse der kommunistischen Diktatur in Rumänien (Parlament Rumäniens, 18. Dezember 2006)]. In: ebd., S. 11–18, hier S. 15.

Gleichzeitig macht der Kommissionsbericht deutlich, wie stark die Diskussion über die Deutung der Dezemberereignisse die Jahre seit 1989 durchzog und maßgeblich von den Geschehnissen der unmittelbaren Umbruchszeit geprägt war. Angesichts dessen kann kaum erstaunen, dass die geschichtspolitischen Maßnahmen Iliescus von Mitte der 2000er Jahre von vorneherein harscher Kritik ausgesetzt waren.

4. Die zerbröckelnde Deutung des Umbruchs als ›Revolution‹

Abgesehen von den geschichtspolitischen Maßnahmen in der unmittelbaren Umbruchzeit hatte sich Ion Iliescu seit 1989 darauf beschränkt, den »authentischen« Charakter der »Revolution« als »Neubeginn« und »Wendepunkt in der Geschichte der Nation« in seinen jährlichen Ansprachen zum Jahrestag des Umbruchs[71] sowie in verschiedenen Publikationen zu betonen.[72] Dies änderte sich, als Ende 2004 seine letzte Amtszeit als Präsident Rumäniens ablief. Erst in diesem Kontext initiierte Iliescu die Gründung eines Forschungsinstituts und die Errichtung eines weiteren Denkmals auf dem *Platz der Revolution* in Bukarest. Beide Maßnahmen zielten darauf ab, eine Deutung des Umbruchs als ›Revolution‹ und Iliescus eigene Rolle als ›Revolutionär‹ über seine Präsidentschaft hinaus zu bekräftigen. Es lag allerdings nicht allein an dieser äußerst durchsichtigen Zielsetzung, dass die seit dem Umbruch bestehenden Polarisierungen bekräftigt wurden; vielmehr trugen die konkrete Umsetzung und Ausgestaltung einen wesentlichen Teil dazu bei.

Das ›Institut der rumänischen Revolution vom Dezember 1989‹ (rumän.: Institutul Revoluției Române din Decembrie 1989) wurde im Dezember 2004 unmittelbar vor Ablauf des Mandats von Präsident Iliescu als staatliche Einrichtung gegründet.[73] Es sollte den seit Januar 1990 andauernden Versuchen entgegenwirken,

---

71 CRISTIAN TILEAGĂ: What is a ›revolution‹? National commemoration, collective memory and managing authenticity in the representation of a political event. In: *Discourse & Society* 19 (2008), 3, S. 359–382, hier S. 364.
72 Dazu zählen beispielsweise ION ILIESCU: Revoluție și reformă [Revolution und Reform]. Bukarest 1994; DERS.: Revoluția trăită [Die erlebte Revolution]. Bukarest 1995; DERS.: Revoluție Română [Die Rumänische Revolution]. Bukarest 2001. Siehe auch die auf Deutsch erschienene Zusammenstellung: DERS.: Aufbruch nach Europa. Rumänien – Revolution und Reform 1989 bis 1994. Köln 1995.
73 Lege nr. 556 privind înființarea Institutului Revoluției Române din Decembrie 1989 [Gesetz Nr. 556 bzgl. der Gründung des Instituts der Rumänischen Revolution vom Dezember 1989]. In: *Monitorul Oficial al României [Offizielles Amtsblatt Rumäniens]*, Nr. 1.194, 14. Dezember 2004.

»die Essenz der Ereignisse vom Dezember 1989 zu manipulieren und die Rolle des internen Faktors, also des rumänischen Volkes und einiger Persönlichkeiten, die an der Revolution teilhatten, zu leugnen.«[74]

Noch vor der Aufnahme seiner Tätigkeit war das Institut öffentlich umstritten und wurde »sowohl von erklärten Gegnern als auch von verschiedenen mehr oder weniger neutralen Beobachtern« als »Institut von Iliescu« betrachtet.[75] Unterfüttert wurde diese Sichtweise dadurch, dass Iliescu noch als Präsident zunächst die Mitglieder des Leitungsgremiums ernannte[76] und diese ihn anschließend zum Vorsitzenden des Instituts wählten.[77] Die anhaltende Skepsis gegenüber dem Institut, dessen Vorsitzender Ion Iliescu bis zuletzt war, spiegelt auch die Dringlichkeitsverordnung, mit der die Regierung Rumäniens das Institut Ende Dezember 2019 auflöste.

Die in der Dringlichkeitsverordnung ins Feld geführten Gründe lassen sich auf mehreren Ebenen verorten. Ein erster Aspekt betrifft die Finanzierung und den Status als öffentliche Einrichtung: Von Beginn an sei das Institut vollständig aus öffentlichen Mitteln finanziert worden und habe entgegen vorheriger Ankündigungen keine eigenen Einnahmen zu seiner Finanzierung generiert. Allerdings habe das Institut nicht den Anforderungen an eine öffentliche Einrichtung entsprochen, sondern sei von Beginn an eine »politische Plattform« gewesen. Sobald die »Rumänische Revolution«[78] von 1989 in der Öffentlichkeit zum Thema geworden sei, habe das Institut »gesellschaftliche Spannungen« hervorgerufen, seien seine Aktivitäten »von einer anhaltenden Kontroverse geprägt« gewesen. Dies sei einer öffentlichen Einrichtung und ihrem Auftrag nicht angemessen und wurde in der

---

74 INSTITUTUL REVOLUȚIEI ROMÂNE DIN DECEMBRIE 1989 [DAS INSTITUT DER RUMÄNISCHEN REVOLUTION VOM DEZEMBER 1989]: Raport de activitate 2005–2009 [Tätigkeitsbericht 2005–2009]. Bukarest 2010, S. 3 f.
75 BOGDAN MURGESCU: Cuvânt înainte. 1989 – povestea unei reviste [Vorwort. 1989 – Geschichte einer Zeitschrift]. In: DERS. (Hrsg.): Revoluția română din decembrie 1989 [Die rumänische Revolution vom Dezember 1989] (wie Anm. 24), S. 7–17, hier S. 7.
76 PREȘEDINTELE ROMÂNIEI [DER PRÄSIDENT RUMÄNIENS]: Decret nr. 1.151 pentru numirea Colegiului național al Institutului Revoluției Române din Decembrie 1989 [Dekret Nr. 1151 zur Ernennung des Nationalkollegiums des Instituts der Rumänischen Revolution vom Dezember 1989]. In: *Monitorul Oficial al României [Offizielles Amtsblatt Rumäniens]*, Nr. 1.224, 20. Dezember 2004. Zur personellen Zusammensetzung des Leitungsgremiums siehe: *Caietele Revoluției [Die Hefte der Revolution]* 1 (2005), 1, S. 25–32.
77 INSTITUTUL REVOLUȚIEI ROMÂNE DIN DECEMBRIE 1989 [DAS INSTITUT DER RUMÄNISCHEN REVOLUTION VOM DEZEMBER 1989]: Proces-verbal [Protokoll]. In: *Caietele Revoluției [Die Hefte der Revolution]* 1 (2005), 1, S. 34.
78 Mittlerweile werden die Ereignisse vom Dezember 1989 gängigerweise als ›Rumänische Revolution‹ bezeichnet. Inwieweit das Konzept ›Revolution‹ zutrifft, diskutiert ausführlich DRAGOȘ PETRESCU: Explaining the Romanian Revolution of 1989 (wie Anm. 3), S. 27–42.

Dringlichkeitsverordnung mit inhaltlichen Aspekten begründet: Als »hermetisch abgeschlossenes Forum« und bestimmt vom »Willen seiner Leitung« hätten die Aktivitäten des Instituts darauf abgezielt, »bestimmte Interpretationen der Rumänischen Revolution von 1989 in der Öffentlichkeit zu propagieren«. Diese Interpretationen stünden aber nicht nur aktuellen strafrechtlichen Ermittlungen entgegen und sollten diese untergraben, sondern seien auch »systematisch von Zusammenschlüssen der Revolutionäre angefochten« worden. Die Erforschung der »Revolution« vom Dezember 1989 sei »in der Realität kein Desiderat des Instituts« gewesen. Insgesamt werde das Institut »aufgrund der Notwendigkeit« aufgelöst, um

> schwerwiegende Dysfunktionalitäten bei öffentlichen Einrichtungen zu eliminieren, gesellschaftliche Zwischenfälle zu verhindern und die Verausgabung öffentlicher Mittel zu stoppen, die nicht dem öffentlichen Interesse dienen, sondern dem guten Funktionieren der Gesellschaft Schaden zufügen.[79]

In ähnlicher Weise wie das Revolutions-Institut war das ebenfalls von Iliescu initiierte Denkmal, das auf dem *Platz der Revolution* in Bukarest errichtet wurde, von Beginn an umstritten sowie scharfer und polemischer Kritik ausgesetzt. Sobald der Entwurf – offiziell wurde es betitelt als *Denkmal der Wiedergeburt. Ewiger Ruhm den Helden und der rumänischen Revolution vom Dezember 1989* (rumän.: *Monumentul Renașterii. Glorie eternă eroilor și revoluției române din decembrie 1989*)[80] – bekannt wurde, machten spöttische Bezeichnungen die Runde: So wurde (und wird) das Denkmal beispielsweise als »Vektor mit Krönchen« bezeichnet, als »Gehirn am Stil«, als »aufgespießte Kartoffel« oder als »Kartoffel der Revolution«.[81]

---

79 Ordonanță de urgență nr. 91 din 30 decembrie 2019 privind desființarea Institutului Revoluției Române din Decembrie 1989 [Dringlichkeitsverordnung Nr. 91 vom 30. Dezember 2019 bzgl. der Auflösung des Instituts der Rumänischen Revolution vom Dezember 1989]. In: *Monitorul Oficial [Offizielles Amtsblatt Rumäniens]*, Nr. 1059, 31. Dezember 2019.

80 Der Titel wie der Entwurf stammten von Alexandru Ghilduș. Seine Erläuterungen des Denkmals wurden in der Zeitschrift des Instituts der Rumänischen Revolution vom Dezember 1989 veröffentlicht: ALEXANDRU GHILDUȘ: Memorialul Renașterii [Das Denkmal der Wiedergeburt]. In: *Caietele Revoluției [Die Hefte der Revolution]* 1 (2005), 1, S. 37–41.

81 MIRON MANEGA: »Memorialul Renașterii«, țeapa cu »Țeapa« [Das »Denkmal der Wiedergeburt«, der Stachel mit dem »Stachel«]. In: *Săptămâna Financiară [Finanzwoche]*, 8. August 2005, S. 7. Den Hohn und Spott verdeutlichen auch verschiedene Presseberichte anlässlich der Einweihung des Denkmals. Siehe beispielhaft: »Țepușa cu cartof« se dezgolește treptat [Das »Stachelchen mit Kartoffel« wird langsam enthüllt]. In: *Adevărul [Die Wahrheit]*, 1. August 2005, S. 13; N. C. MUNTEAN: Ultima țeapă [Der letzte Stachel]. In: *Formula As [Formel As]*,

Abb. 6 Das *Denkmal der Wiedergeburt* auf dem *Platz der Revolution* in Bukarest, 2005

Die öffentliche Kritik an dem Denkmal ließ praktisch keinen Aspekt außen vor, wie beispielhaft die Beiträge in der Ausgabe der Kulturzeitschrift *Revista 22* (dt.: *Zeitschrift 22*) vom August 2005 unter dem bezeichnenden Obertitel *Eine Beleidigung: Das Denkmal der Revolution* deutlich machen:[82] Kritisiert wurden gestalterische, künstlerische und ästhetische Aspekte, der Ablauf und die mangelnde Transparenz des Verfahrens von der Auswahl des Entwurfs bis zum Bau des Denkmals, die Kosten, der Standort, die Eignung des Architekten und insbesondere eine direkte Einflussnahme durch Ion Iliescu.[83] Insgesamt wurde die Errichtung des monumentalen *Denkmals der Wiedergeburt* als Versuch einer »primitiven Manipulation der kollektiven Erinnerung« durch Iliescu gedeutet.[84]

18.–24. Juli 2005, S. 10; Țeapa din Piața Revoluției, sfințită de un sobor bisericesc. Lui Iliescu îi place cartoful înfipt în ceva [Der Stachel vom Platz der Revolution, geweiht von einer kirchlichen Versammlung. Iliescu gefällt die von irgendetwas aufgespießte Kartoffel]. In: *România Liberă [Freies Rumänien]*, 6. September 2005, S. 8.

82 O ofensă. Memorialul Revoluției [Eine Beleidigung. Das Denkmal der Revolution]. In: *Revista 22 [Zeitschrift 22]*, 16.–22. August 2005.

83 Presseberichten zufolge hatte Iliescu eigenmächtig den Denkmalsentwurf ausgewählt und den Standort bestimmt. Siehe MANEGA: »Memorialul Renașterii« [Das »Denkmal der Wiedergeburt«] (wie Anm. 81), S. 7.

84 MAGDA CÂRNECI: Un defazaj stilistic graitor [Eine markante Stilphase]. In: *Revista 22 [Zeitschrift 22]*, 16.–22. August 2005.

Abb. 7   Das *Denkmal der Wiedergeburt* auf dem *Platz der Revolution* in Bukarest, 2019

Wesentlicher scheint allerdings, dass Ion Iliescu und weitere prominente Vertreter der ›Front der Nationalen Rettung‹ seit Ende 2018 unter Anklage für Verbrechen gegen die Menschheit stehen.[85] Darunter ist Gelu Voican Voiculescu: Er gehörte zu den Personen, die den Prozess gegen Ceaușescu vom 25. Dezember 1989 organisierten, fungierte von Ende Dezember 1989 bis Ende Juni 1990 im Rahmen der ›Front‹ als stellvertretender Ministerpräsident und war seit 2018 bis zur Auflösung Generaldirektor des ›Instituts der rumänischen Revolution vom Dezember 1989‹.[86] Im laufenden Prozess wird den Angeklagten vorgeworfen, nach dem 22. Dezember 1989 eine Desinformationskampagne inszeniert und bewusst ein von Gewalt geprägtes Chaos herbeigeführt zu haben, um die politische Macht zu erlangen. Dementsprechend seien sie für den Tod von gut 800 Menschen verantwortlich.[87]

---

85 Dieser Paragraph wurde 2012 in das Strafgesetzbuch Rumäniens aufgenommen, um eine Verjährung von Verbrechen aus der Zeit des Kommunismus zu verhindern. Zu den Hintergründen siehe RALUCA GROSESCU: Judging Communist Crimes in Romania: Transnational and Global Influences. In: *International Journal of Transitional Justice* 11 (2017), S. 505–524, besonders S. 519 f.

86 Für eine Einschätzung zu Voiculescu und dem Revolutions-Institut siehe VALESKA BOPP-FILIMONOV: Männer, Macht und »Mörder«. 30 Jahre nach der rumänischen Revolution oder Über die letzten Monate des Instituts der Rumänischen Revolution vom Dezember 1989. In: *Südosteuropa-Mitteilungen* 60 (2020), 1–2, S. 99–116.

87 GROSESCU: Trials of the Romanian Revolution (wie Anm. 42), S. 2.

Ob es tatsächlich zu einer Verurteilung kommt, ist genauso offen wie die Frage, inwieweit der Prozess für weitere Aufklärung über die Geschehnisse vom Dezember 1989 sorgen wird bzw. sorgen kann. Dies gilt insbesondere mit Blick darauf, warum die Gewalt nach dem 22. Dezember eskalierte und wer für die vielen Toten und Verletzten verantwortlich ist. Unstrittig ist allerdings, dass die Deutung als ›Revolution‹, so wie sie seit 1989 von Ion Iliescu vertreten wird, weiterhin infrage steht. Sinnbildlich dafür erscheint der heutige Zustand des von Iliescu initiierten Revolutionsdenkmals.

Beschmiert mit Graffitis und vielfach beschädigt, verweist es darauf, dass Iliescus Deutung der Ereignisse vom Dezember 1989 nicht nur von Beginn an auf wackeligen Beinen stand, sondern deutlich am Bröckeln ist. Gleichzeitig unterstreicht dies die fortbestehende Relevanz der Frage, die der eingangs erwähnte Film im Titel trägt: *A fost sau n-a fost?* – Gab es die »Revolution« in Rumänien oder nicht?

5. Fazit

Die Auseinandersetzung um die Deutung des Endes der kommunistischen Herrschaft in Rumänien durchzieht die Jahre seit 1989 wie ein roter Faden. Dies beschränkte sich allerdings auf die politische Ebene und schlug sich in der fortdauernden Kritik an einer Deutung des Umbruchs als ›Revolution‹ nieder, wie sie insbesondere Ion Iliescu vertrat und bis heute vertritt. Gleichzeitig gerät durch diesen verengten Fokus die Armee aus dem Blick, die ein ebenso relevanter Akteur nicht nur während der Ereignisse vom Dezember 1989, sondern auch hinsichtlich ihrer nachträglichen Deutung war. Die Armee und ihre (Selbst-)Positionierung kritisch zu hinterfragen, könnte aber nicht nur ein neues Licht auf das Ende der kommunistischen Herrschaft werfen, sondern generell auf die Geschichte Rumäniens im 20. Jahrhundert. Dies schließt neben der Zeit des Kommunismus die Militärdiktatur unter Marschall Ion Antonescu in den Jahren 1940 bis 1944 und den Holocaust in Rumänien ein, an dessen Umsetzung die Armee institutionell unmittelbar beteiligt war.[88] Bezogen auf die Ereignisse vom Dezember 1989 verbinden sich mit der Armee aber vor allem die vielen Toten und Verletzten. Wünschenswert wäre es, diese Menschen – statt in ein vermeintliches Kollektiv von »Märtyrer-Helden« zu pressen und damit gesichtslos zu machen – als Individuen ernst zu nehmen und die konkreten Umstände ihres Todes und ihrer Verletzung genau zu beleuchten. Auch dies könnte die Ereignisse vom Dezember 1989 und deren Deutung in neuem Licht erscheinen lassen.

---

88 Siehe dazu grundlegend INTERNATIONAL COMMISSION ON THE HOLOCAUST IN ROMANIA: Final report, hrsg. von Tuvia Friling, Radu Ioanid, Mihail E. Ionescu. Bukarest 2005.

Autorinnen und Autoren

Baleva, Martina, Prof. Dr. phil.; geb. 1972 in Sofia (Bulgarien); 1997–2004 Studium der Kunstgeschichte, Ost- und Südosteuropäischen Geschichte sowie der Klassischen Archäologie an der Freien Universität (FU) Berlin; 2010 Promotion an der Friedrich-Alexander-Universität Erlangen-Nürnberg mit einer Arbeit zu Kunst und Nationalismus auf dem Balkan im 19. Jahrhundert; 2006–2008 wissenschaftliche Mitarbeiterin am Osteuropa-Institut der FU Berlin; 2009–2010 wissenschaftliche Mitarbeiterin beim Forschungsprojekt *Erinnerungskulturen* des Geisteswissenschaftlichen Zentrums Geschichte und Kultur Ostmitteleuropas in Leipzig; 2010–2011 wissenschaftliche Mitarbeiterin in der interdisziplinären Arbeitsgruppe *Bildkulturen* der Berlin-Brandenburgischen Akademie der Wissenschaften; 2012–2017 FAG Stiftungs-Assistenzprofessorin für Kulturelle Topographien Osteuropas im 19. und 20. Jahrhundert am Kompetenzzentrum *Kulturelle Topographien* der Universität Basel (Schweiz); seit 2019 Universitätsprofessur für Kunstwissenschaft mit Schwerpunkt Neueste Geschichte an der Universität Innsbruck (Österreich).

Publikationen (Auswahl): Bulgarien im Bild. Die Erfindung von Nationen auf dem Balkan in der Kunst des 19. Jahrhunderts (Visuelle Geschichtskultur, 6). Köln/Weimar/Wien 2012; (Hrsg.) mit INGEBORG REICHLE und OLIVER LERONE SCHULTZ: Image Match. Visueller Transfer, »Imagescapes« und Intervisualität in globalen Bildkulturen. München 2012; Von Basel nach Bursa und zurück. Die Geschichte eines Fotoalbums von Sébah und Joaillier. Köln/Weimar/Wien 2017.

Doßmann, Axel, Dr. phil.; geb. 1968 in Ost-Berlin; 1989–1995 Studium der Geschichte und Kulturwissenschaften in Leipzig, Rotterdam und Jena; 1992 Mitbegründer und Mitherausgeber von *WerkstattGeschichte;* 1995–1997 Wissenschaftsjournalismus für das *FAZ*-Feuilleton, für *Deutschlandradio Kultur, MDR Kultur* sowie für Film- und Videoproduktionen; 1997–1999 wissenschaftlicher Mitarbeiter für eine Ausstellung an der Gedenkstätte Buchenwald; 2002 Promotion an der Friedrich-Schiller-Universität (FSU) Jena zur Kulturgeschichte der Autobahnen in der DDR; PostDoc-Projekte und freier Mitarbeiter für internationale Bildungsinitiativen; 2007–2019 wissenschaftlicher Mitarbeiter am Lehrstuhl für Geschichte in Medien und Öffentlichkeit des Historischen Instituts der FSU Jena; danach Leitung des fotohistorischen Forschungs- und Ausstellungsprojektes *Sozialismus im Bild* im BMBF-Forschungsverbund *Diktaturerfahrung und Transformation.* Seit September 2021 Leiter der Forschungs- und Bildungsstätte Villa ten Hompel in Münster.

Publikationen (Auswahl): Begrenzte Mobilität. Eine Kulturgeschichte der Autobahnen in der DDR. Essen 2003; mit JAN WENZEL und KAI WENZEL: Architektur auf Zeit. Baracken – Pavillons – Container. Berlin 2006; mit SUSANNE REGENER: Fabrikation eines Verbrechers. Der Kriminalfall Bruno Lüdke als Mediengeschichte. Leipzig 2018 und (bei der Bundeszentrale für politische Bildung) Bonn 2020.

Ganzenmüller, Jörg, Prof. Dr. phil.; geb. 1969 in Augsburg; Studium der Neueren und Neuesten Geschichte, Osteuropäischen Geschichte und Wissenschaftlichen Politik an der Albert-Ludwigs-Universität in Freiburg; 2000–2001 und 2002–2004 wissenschaftlicher Mitarbeiter am Lehrstuhl für Neuere und Osteuropäische Geschichte an der Universität Freiburg; 2003 Promotion an der Universität Freiburg mit einer Studie zum belagerten Leningrad; 2004–2010 wissenschaftlicher Mitarbeiter am Lehrstuhl für Osteuropäische Geschichte der Friedrich-Schiller-Universität (FSU) Jena; 2008–2009 Stipendiat des Historischen Kollegs in München; 2010 Habilitation an der FSU Jena mit einer Studie zum polnischen Adel in den westlichen Provinzen des russischen Zarenreichs; 2010–2014 Vertreter des Lehrstuhls für Osteuropäische Geschichte an der FSU Jena; seit 2014 Vorstandsvorsitzender der Stiftung Ettersberg in Weimar, seit 2017 zudem Inhaber der Professur für Europäischen Diktaturenvergleich am Historischen Institut der FSU Jena.

Publikationen (Auswahl): (Hrsg.): Verheißung und Bedrohung. Die Oktoberrevolution als globales Ereignis (Europäische Diktaturen und ihre Überwindung, 25). Köln/Weimar/Wien 2019; (Hrsg.): Recht und Gerechtigkeit. Die strafrechtliche Aufarbeitung von Diktaturen in Europa (Europäische Diktaturen und ihre Überwindung, 23). Köln/Weimar/Wien 2017; Das belagerte Leningrad 1941 bis 1944. Die Stadt in den Strategien von Angreifern und Verteidigern (Krieg in der Geschichte, 22). Paderborn u. a. 2005, 2., durchges. Aufl. 2007.

Jessen, Ralph, Prof. Dr. phil.; geb. 1956 in Schwerin; 1977–1984 Studium der Geschichte und Sozialwissenschaften in Münster und Bielefeld; 1989 Promotion an der Universität Bielefeld; 1989–2002 wissenschaftlicher Assistent, Mitarbeiter und Oberassistent am Friedrich-Meinecke-Institut der Freien Universität (FU) Berlin; 1998 Habilitation an der FU Berlin; 1999–2002 Gastprofessor für Neuere Geschichte an der Technischen Universität Berlin; 2002 wissenschaftlicher Mitarbeiter am Wissenschaftszentrum Berlin, Arbeitsgruppe *Zivilgesellschaft: historisch-sozialwissenschaftliche Perspektiven;* seit 2002 Professor für Neuere Geschichte am Historischen Institut der Universität zu Köln; 2007–2008 Stifterverband visiting fellow am St Antony's College (European Studies Centre) Oxford.

Publikationen (Auswahl): Akademische Elite und kommunistische Diktatur. Die ostdeutsche Hochschullehrerschaft in der Ulbricht-Ära (Kritische Studien zur Geschichtswissenschaft, 135). Göttingen 1999; Polizei im Industrierevier. Modernisierung und Herrschaftspraxis im westfälischen Ruhrgebiet 1848–1914 (Kritische Studien zur Geschichtswissenschaft, 91). Göttingen 1991; (Hrsg.): Konkurrenz in der Geschichte. Praktiken – Werte – Institutionalisierungen. Frankfurt am Main 2014.

Jung, Martin, Dr. phil.; geb. 1976 in Bendorf/Rhein; 1996–1998 Ausbildung zum Industriekaufmann; 1998–2000 Freiwilligendienste beim Kolpingwerk Polen und beim Kolpingwerk Rumänien; 2000–2006 Studium der Osteuropäischen Geschichte, Westslawistik (Polnisch) und Romanistik (Rumänisch) an der Friedrich-Schiller-Universität (FSU) Jena; 2006–2007 Koordinator des Praktikumsprojekts *Buchenwald und Sighet – Gedenkstättenkonzeptionen im Vergleich* der FSU Jena und der Stiftung Gedenkstätten Buchenwald und Mittelbau-Dora; 2007–2009 Kulturmanager beim *Demokratischen Forum der Deutschen in Bukarest;* 2009–2012 Promotionsstipendiat des DFG-Graduiertenkollegs *Kulturelle Orientierungen und gesellschaftliche Ordnungsstrukturen in Südosteuropa* an der FSU Jena und der Universität Erfurt; 2013–2016 Referent bei *SoFiA – Soziale Friedensdienste im Ausland e. V.,* Trier; 2018–2020 wissenschaftlicher Geschäftsführer am *Europäischen Kolleg Jena. Das 20. Jahrhundert und seine Repräsentationen;* seit 2019 Koordinator für die Profillinie *Liberty* an der FSU Jena.

Publikationen (Auswahl): In Freiheit. Die Auseinandersetzung mit Zeitgeschichte in Rumänien (1989–2009) (Forum: Rumänien, 32). Berlin 2016; (Hrsg.) mit ANA KARAMINOVA: Visualisierungen des Umbruchs. Strategien und Semantiken von Bildern zum Ende der kommunistischen Herrschaft im östlichen Europa. Frankfurt am Main 2012; Ein schwieriges Erbe. Der Umgang mit der Securitate im heutigen Rumänien. In: JOACHIM VON PUTTKAMER/STEFAN SIENERTH/ ULRICH A. WIEN (Hrsg.): Die Securitate in Siebenbürgen (Siebenbürgisches Archiv, 43). Köln 2014, S. 97–115.

Lange, Rainette, Dr. phil.; geb. 1978 in Stralsund; Studium der Bohemistik und Europäischen Ethnologie an der Humboldt-Universität zu Berlin; 2007–2011 Projektassistentin für das Forschungsprojekt *Sozialistische Diktatur als Sinnwelt* am Zentrum für Zeithistorische Forschung (ZZF) Potsdam; ab 2011 assoziierte Doktorandin am ZZF Potsdam, Promotion zum literarischen Umgang mit der ›Wende‹ in der deutschen und tschechischen Gegenwartsliteratur (Universität Potsdam); seit 2018 Mitarbeiterin bei der Bundestagsfraktion BÜNDNIS 90/ DIE GRÜNEN.

Publikationen (Auswahl): Erzählen vom Umbruch. Die »Wende« von 1989/90 in der deutschen und tschechischen Gegenwartsliteratur (Zeithistorische Studien, 61). Köln/Weimar/Wien 2020; Deutsch-tschechische postsozialistische Erinnerungen. Die ›sozialistische Stadt‹ nach 1989/90 und das Erbe des Kommunismus in Texten von Julia Schoch und Petra Hůlová. In: CAROLIN FÜHRER (Hrsg.): Die andere deutsche Erinnerung. Tendenzen literarischen und kulturellen Lernens (Deutschsprachige Gegenwartsliteratur und Medien, 18). Göttingen 2016; mit JANNA DÜRINGER: Dresden bleibt Dresden – Die Stadt in der Reiseliteratur. In: ROLF LINDNER/JOHANNES MOSER (Hrsg.): Dresden – Ethnografische Erkundungen einer Residenzstadt. Leipzig 2006.

Leistner, Alexander, Dr. phil.; geb. 1979 in Werdau; 1999–2004 Studium der Soziologie, Erziehungswissenschaft und Evangelischen Theologie an der Technischen Universität Dresden; 2005–2009 wissenschaftlicher Mitarbeiter im Sächsischen Landtag; 2007–2014 Promotion mit einer Arbeit zur Theorie sozialer Bewegungen am Beispiel der unabhängigen Friedensbewegung in der DDR (2016 ausgezeichnet mit dem Max-Weber-Preis für Nachwuchsforschung); 2012–2018 wissenschaftlicher Referent am Deutschen Jugendinstitut (DJI); seit 2018 wissenschaftlicher Mitarbeiter an der Universität Leipzig in zwei Projekten des BMBF-Forschungsverbundes *Das umstrittene Erbe von 1989.*

Publikationen (Auswahl): mit JULIA BÖCKER: »Im Osten geht die Sonne auf« – Nostalgie als soziologische Erklärung der Gegenwart von Vergangenheit in Ostdeutschland? In: *Zeithistorische Forschungen* (i. V.); Oppositionelle Akteurskonstellationen im Herbst 1989 – Vorgeschichte und Nachleben. In: ILKO-SASCHA KOWALCZUK u. a. (Hrsg.): »Umbruch, Abbruch, Aufbruch« – (Ost)Deutschlands Weg in die Zukunft seit 1989. 70 Studien und Essays zur Lage des Landes. Bonn (i. V.); Soziale Bewegungen. Entstehung und Stabilisierung am Beispiel der unabhängigen Friedensbewegung in der DDR. Konstanz 2016.

Logemann, Daniel, Dr. phil.; geb. 1979 in Brake (Unterweser); 2000–2007 Studium der Osteuropäischen Geschichte, Polnischen Literaturwissenschaft und Südosteuropastudien in Jena, Lublin und Krakau; 2007–2010 Promotion im Rahmen des von der Volkswagenstiftung finanzierten Projekts *Schleichwege. Inoffizielle Begegnungen und Kontakte sozialistischer Staatsbürger 1956–1989. Zwischen transnationaler Alltagsgeschichte und Kulturtransfer;* 2010–2015 wissenschaftlicher Mitarbeiter und Kurator im *Museum des Zweiten Weltkriegs* in Gdańsk; 2015–2018 wissenschaftlicher Geschäftsführer des *Europäischen Kollegs Jena. Das 20. Jahrhundert und seine Repräsentationen;* seit 2018 Kustos der *Kustodie 3 NS-Zwangsarbeit/Topographie der Moderne* in der Stiftung Gedenkstätten Buchenwald und Mittelbau-Dora.

Publikationen (Auswahl): Das polnische Fenster. Deutsch-polnische Kontakte im staatssozialistischen Alltag Leipzigs 1972–1989 (Europas Osten im 20. Jahrhundert, 2). München 2012; Rosenkranz vs. Bordell oder polnische Geschichte im Kontext. Eine kursorische Einschätzung zum Museum des Zweiten Weltkriegs in Gdańsk. In: LJILJANA RADONIĆ/HEIDEMARIE UHL (Hrsg.): Das umkämpfte Museum. Zeitgeschichte ausstellen zwischen Dekonstruktion und Sinnstiftung (Erinnerungskulturen, 8). Bielefeld 2020, S. 55–72; Eine polnische Insel in Leipzig? Das Polnische Informations- und Kulturzentrum in Leipzig (1969–1989). In: *Journal of Modern European History* 8 (2010), 2, S. 243–265.

Lux, Anna, Dr. phil.; geb. 1978 in Leipzig; 1997–2004 Studium der Fächer Geschichte, Germanistik und Französisch an den Universitäten Leipzig und Lyon; 2011 Promotion mit einer Arbeit über das Verhältnis von Wissenschaft und Politik am Beispiel der Germanistik zwischen 1918 und 1961; 2011–2017 wissenschaftliche Mitarbeiterin an der Albert-Ludwigs-Universität in Freiburg/Br. im Rahmen des DFG-Projektverbundes *Gesellschaftliche Innovation durch nicht-hegemoniale Wissensproduktion* mit einem Projekt über die Geschichte der deutschen Parapsychologie; seit 2018 wissenschaftliche Mitarbeiterin an der Universität Freiburg im Rahmen des BMBF-Forschungsverbunds *Das umstrittene Erbe von 1989* mit einem Projekt über populäre Geschichtskultur und 1989.

Publikationen (Auswahl): Räume des Möglichen. Germanistik und Politik in Leipzig, Berlin und Jena (1918–1961) (Pallas Athene, 50). Stuttgart 2014; Wissenschaft als Grenzwissenschaft. Hans Bender (1907–1991) und die deutsche Parapsychologie (Okkulte Moderne, 5). Berlin/Boston 2021; mit ALEXANDER LEISTNER: »Letztes Jahr Titanic«. Untergegangene Zukünfte in der ostdeutschen Zusammenbruchsgesellschaft seit 1989/90. In: *Historische Anthropologie* 29 (2021), 1, S. 98–124.

Makhotina, Ekaterina, Dr. phil.; geb. 1982 in St. Petersburg; Studium der Geschichte und Bohemistik in Sankt Petersburg, Karlsruhe, Regensburg und München; 2011–2016 wissenschaftliche Mitarbeiterin an der Abteilung für Geschichte Ost- und Südosteuropas der Ludwig-Maximilians-Universität München; seit 2016 wissenschaftliche Assistentin am Lehrstuhl für Osteuropäische Geschichte der Universität Bonn. Forschungsschwerpunkte: Erinnerungskulturen in Russland und in Ostmitteleuropa; Geschichte Litauens im 20. Jahrhundert; Sozialgeschichte und Geschichte der Strafpraxis im frühneuzeitlichen Russland (Habilitationsprojekt). Leitung mehrerer Projekte zu den unbekannten Orten der NS-Gewalt in Deutschland, vor allem zu den Schicksalen der Zwangsarbeiterinnen und Zwangsarbeiter und sowjetischen Kriegsgefangenen *(Münchner Leerstellen,*

Bonner Leerstellen). Für ihre wissenschaftliche und zivilgesellschaftliche Arbeit wurde sie 2017 mit dem Preis der Peregrinus-Stiftung der Bayerischen Akademie der Wissenschaften ausgezeichnet.

Publikationen (Auswahl): Erinnerungen an den Krieg – Krieg der Erinnerungen. Litauen und der Zweite Weltkrieg. Göttingen 2017; Stolzes Gedenken und traumatisches Erinnern. Gedächtnisorte der Stalinzeit am Weißmeerkanal. Frankfurt am Main 2013; mit MISCHA GABOWITSCH und CORDULA GDANIEC (Hrsg.): Kriegsgedenken als Event. Der 9. Mai 2015 im postsozialistischen Europa. Paderborn 2017.

Mayrhofer, Petra, Dr. phil.; geb. 1982 in Linz (Österreich); 2000–2005 Magisterstudium der Geschichte, Politikwissenschaft sowie 2001–2006 der Publizistik- und Kommunikationswissenschaften (Bakkalaureat) in Wien und Paris; 2017 Promotion an der Universität Wien zur *Topografie des Erinnerns an >1989<;* 2015 Forschungsaufenthalt am Institute of Slavic, East European and Eurasian Studies an der University of California in Berkeley (USA); gegenwärtig Historikerin am Institut für Zeitgeschichte der Universität Wien; seit 2015 Tätigkeiten im Bereich Dokumentarfilm (Co-Regie, Drehbuch, historische Recherche und wissenschaftliche Beratung) für *ORF III;* Forschungsschwerpunkte: Cold War Studies, visuelle Repräsentationen von Geschichte, Geschichte der Republik Österreich, Diplomatiegeschichte, Biografieforschung.

Publikationen (Auswahl): Searching for »1989« on the Transnational Remembrance Landscape: A Topography. In: *zeitgeschichte* 46 (2019), 2, S. 275–291; mit LUCIA HALDER: Two become One? Visual Memories of Regime Change 1989/1990 in Germany. In: MARJA VUORINEN/AKI-MAURI HUHTINEN/ TUOMAS KURONEN (Hrsg.): Regime Changes in 20th Century Europe: Reassessed, Anticipated and in the Making. Newcastle-upon-Tyne 2016, S. 263–287; mit MAXIMILIAN GRAF: Austria and Yugoslavia in the Cold War, 1945–1991. From Postwar Cold War to Détente and Dissolution. In: MARTIN PREVIŠIĆ (Hrsg.): Breaking Down Bipolarity. Yugoslavia's Foreign Relations during the Cold War. Berlin/Boston 2021, S. 151–170.

Peters, Florian, Dr. phil.; geb. 1981 in Bremerhaven; 2002–2008 Studium der Osteuropäischen Geschichte, Politikwissenschaft und Germanistik an der Christian-Albrechts-Universität Kiel und der Adam-Mickiewicz-Universität in Poznań; 2009–2014 Doktorand am Zentrum für Zeithistorische Forschung Potsdam (ZZF) sowie an der Humboldt-Universität Berlin; 2014 Promotion; anschließend wissenschaftlicher Mitarbeiter am Institut für Zeitgeschichte München – Berlin (IfZ); seit April 2021 wissenschaftlicher Mitarbeiter an der Friedrich-Schiller-Universität

Jena. Aktuelles Forschungsprojekt: Von Solidarność zur Schocktherapie. Ökonomische Leitbilder in der polnischen Transformation 1975–1995.

Publikationen (Auswahl): Revolution der Erinnerung. Der Zweite Weltkrieg in der Geschichtskultur des spätsozialistischen Polen (Kommunismus und Gesellschaft, 2). Berlin 2016; mit MICHEL CHRISTIAN und JENS GIESEKE: Die SED als Mitgliederpartei. Dokumentation und Analyse (Kommunismus und Gesellschaft, 9). Berlin 2019; Vom »Polenmarkt« zum Millionär? Der Markt als Erfahrungsraum und Ordnungsmodell der Transformationszeit in Polen. In: ULF BRUNNBAUER/DIERK HOFFMANN (Hrsg.): Transformation als soziale Praxis. Mitteleuropa seit den 1970er Jahren (Zeitgeschichte im Gespräch, 32). Berlin 2020, S. 108–124.

Abbildungsverzeichnis

Doßmann: Wer soll ›das Volk‹ gewesen sein?
Abb. 1 © Bernd Heinze, Bautzen; Erstveröffentlichung in: NEUES FORUM LEIPZIG (Hrsg.): Jetzt oder nie – Demokratie! Leipziger Herbst '89. Zeugnisse, Gespräche, Dokumente. Mit einem Vorwort von Rolf Henrich. Leipzig 1989, S. 129.
Abb. 2 © Harald Kirschner, Leipzig.
Abb. 3 © Evelyn Richter, Dresden; mit freundlicher Genehmigung von Peter Richter und dem Forum Verlag Leipzig; Erstveröffentlichung in: NEUES FORUM LEIPZIG (Hrsg.): Jetzt oder nie – Demokratie! (1989), S. 126 f.
Abb. 4 © Andreas Kämper Archiv in der Fotosammlung der Robert-Havemann-Gesellschaft, Signatur: RHG_Fo_AnKae_3931.
Abb. 5 © Andreas Schoelzel, Berlin und Klartext-Verlag, Essen.
Abb. 6 © Harald Hirsch, Potsdam; Erstveröffentlichung in: Leipziger DEMONTAGEBUCH. Demo. Montag. Tagebuch. Demontage, zusammengestellt und mit einer Chronik von Wolfgang Schneider. Leipzig/Weimar 1990, S. 68.
Abb. 7 © Aram-Radomski-Archiv in der Fotosammlung der Robert-Havemann-Gesellschaft, Signatur: RHG_Fo_HAB_21005; Original: farbig.
Abb. 8 © Mit freundlicher Genehmigung von Curt Röder und dem Vogtländischen Heimatverlag Neupert, Plauen. Erstveröffentlichung in: Es war das Volk. Die Wende in Plauen. Eine Dokumentation, hrsg. von Thomas Küttler und Jean Curt Röder. Plauen 1991, S. 99.
Abb. 9 Linkes Foto: © Sieghard Liebe, Leipzig; rechts: © Gerhard Gäbler, Leipzig; Erstveröffentlichung in: NEUES FORUM LEIPZIG (Hrsg.): Jetzt oder nie – Demokratie! (1989), S. 24 f.
Abb. 10 © Matthias Hoch/VG Bild-Kunst, Bonn 2021; Erstveröffentlichung in: NEUES FORUM LEIPZIG (Hrsg.): Jetzt oder nie – Demokratie! (1989), S. 22 f.
Abb. 11 © Matthias Hoch/VG Bild-Kunst, Bonn 2021; Erstveröffentlichung in: Leipziger DEMONTAGEBUCH (1990), S. 87.
Abb. 12 Linkes Foto: © Volkmar Heinz; rechts: © Gerhard Gäbler, Leipzig; Erstveröffentlichung in: Leipziger DEMONTAGEBUCH (1990), S. 98 f.
Abb. 13 © Gerhard Gäbler, Leipzig; Erstveröffentlichung in: Leipziger DEMONTAGEBUCH (1990), S. 2 (Frontispiz).
Mayrhofer: Bilder vom Runden Tisch
Abb. 1 © PAP/Jan Bogacz, Signatur: pap_19890405_009.
Baleva: Menschen in der Reihe
Abb. 1, 7, 8, 9 © Ivan Salabašev, Sofia.
Abb. 2 © Privatarchiv Peyo Kolev, Nr. 1047.
Abb. 3 © Privatarchiv Aivars Liepiņš.
Abb. 4, 5 © Privatbesitz Martina Baleva/Fotograf: Aleksandăr Popov.

Abb. 6 © Privatarchiv Peyo Kolev, Nr. 1140.

Lange: Leerstellen des Postsozialismus

Abb. 1, 2 © Robert Lorenz.

Makhotina: Das ›Eigene‹ und das ›Fremde‹

Abb. 1, 2 © Johannes Kontny.

Abb. 3, 4, 5 © Ekaterina Makhotina.

Logemann: Wie zeigt man lokale Weltgeschichte?

Abb. 1 © Europejskie Centrum Solidarności (2019), zur Verfügung gestellt von ›Fallaner‹, lizensiert unter der Creative Commons Attribution-Share Alike 4.0 International Lizenz, das Foto wurde nicht bearbeitet, Quelle: https://pl.wikipedia.org/wiki/Europejskie_Centrum_Solidarno%C5%9Bci#/media/Plik:Gdansk_Shipyard_aerial_photograph_2019_P03.jpg, letzter Zugriff: 01.06.2021.

Abb. 2 © Wnętrze siedziby Centrum, zur Verfügung gestellt von ›Yanek‹/Fotopolska.eu, lizensiert unter der Creative Commons Attribution-Share Alike 3.0 Unported Lizenz, das Foto wurde nicht bearbeitet, Quelle: https://pl.wikipedia.org/wiki/Europejskie_Centrum_Solidarno%C5%9Bci#/media/Plik:Europejskie_Centrum_Solidarno%C5%9Bci_w_Gda%C5%84sku_wn%C4%99trze_(1).JPG, letzter Zugriff: 01.06.2021.

Abb. 3 © Sala A wystawy stałej z tablicami 21 postulatów, zur Verfügung gestellt von ›Yanek‹/Fotopolska.eu, lizensiert unter der Creative Commons Attribution-Share Alike 3.0 Unported Lizenz, das Foto wurde nicht bearbeitet, Quelle: https://pl.wikipedia.org/wiki/Europejskie_Centrum_Solidarno%C5%9Bci#/media/Plik:Europejskie_Centrum_Solidarno%C5%9Bci_w_Gda%C5%84sku_wn%C4%99trze_(5).JPG, letzter Zugriff: 01.06.2021.

Leistner, Lux: Von der Uneindeutigkeit des Widerstands

Abb. 1 © Bundesarchiv (BArch), Bild 183-1989-1106-405/Fotograf: Wolfgang Thieme.

Abb. 2 © Alexander Leistner.

Peters: »Nach 1989 wurde nur die Dekoration geändert«

Abb. 1 © FORUM/Fotograf: Daniel Frymark, 04.06.2019, Signatur: forum-0442969057.

Abb. 2 © PAP/Jacek Turczyk, Signatur: pap_20160209_0G1.

Jung: Eine ›echte‹ oder eine ›gestohlene‹ Revolution?

Abb. 1-7 © Martin Jung.

Personenregister

A
Adamec, Ladislav 110
Adamowicz, Paweł 181, 198 f., 246
Antonescu, Ion 290

B
Balcerowicz, Leszek 242, 248, 254
Barthes, Roland 120 f., 131
Băsescu, Traian 282 ff.
Benjamin, Walter 120
Bergmann, Klaus 18
Betts, Paul 51, 88
Biermann, Wolf 226
Blandiana, Ana 280 f.
Bohley, Bärbel 54
Borusewicz, Bogdan 199
Bourdieu, Pierre 127 f.
Brandt, Willy 37, 103
Brazauskas, Algirdas 169, 173

C
Čalfa, Marián 110
Ceaușescu, Nicolae 11, 69, 265–270, 274–277, 280, 289
Chițac, Mihai 268, 278
Cornea, Doina 279, 281

D
Dimitrov, Georgi 119
Dinescu, Mircea 281
Dubček, Alexander 110

E
Ehrholdt, Andreas 224
Eppelmann, Rainer 47

F
Farocki, Harun 67, 74
Fontane, Theodor 147
Fukuyama, Francis 21, 34

G
Gäbler, Gerhard 81, 84, 91 f.
Gandhi, Mahatma 196
Gauck, Joachim 12, 14, 217 f., 226, 264
Gorbačëv, Michail 17, 35 f., 38, 42 f., 84, 161, 177, 194, 245
Grass, Günter 181
Gross, Martin 26 f., 88 f.
Gușă, Ștefan 268
Gysi, Gregor 31, 40

H
Habermas, Jürgen 16 f.
Hartung, Klaus 68, 88
Havel, Václav 10, 110, 114, 196
Heinze, Bernd 60
Heinz, Volkmar 91
Heise, Thomas 73 f.
Hensel, Jana 137 f., 145, 153
Herger, Wolfgang 40
Herzog, Roman 15
Hirsch, Harald 68
Hoch, Matthias 60, 63, 79, 81, 83 f., 87
Höcke, Björn 228
Hoelz, Max 213
Hollitzer, Tobias 226
Honecker, Erich 52, 67
Honecker, Margot 67
Horn, Gyula 122
Hůlová, Petra 155 ff., 160
Hünniger, Andrea Hanna 144 f.

I

Iliescu, Ion 268, 275, 277–290

J

Jackisch, Holger 79, 84 f.
Jahn, Roland 69
Jakovlev, Aleksandr N. 168 f.
Janota, Marek 155, 158 ff.
Jaruzelski, Wojciech 98, 194
Johannes Paul II. 193, 196, 249
Johnson, Uwe 147, 150 f.

K

Kaczyński, Jarosław 24, 181, 186, 238 f., 250, 254, 256 ff., 260 f., 264
Kaczyński, Lech 24, 166, 254
Kämper, Andreas 60, 64
Kempowski, Walter 72 ff.
Kerski, Basil 198–202
King, Martin Luther 196
Kirschner, Harald 61
Kohl, Helmut 13, 17, 37, 40, 48, 109, 143, 216
Kowalczuk, Ilko-Sascha 13, 31, 35, 46
Krenz, Egon 17, 37, 40, 47 f., 210
Kuczynski, Jürgen 38
Kuroń, Jacek 193

L

Lambsdorff, Otto Graf 38
Lengsfeld, Vera 226
Lenin, Vladimir I. 34, 177, 184
Liebe, Sieghard 81
Lietz, Heiko 217
Lindner, Bernd 36, 51, 85 f., 89, 91 f., 210

M

Macierewicz, Antoni 250, 253
Mandela, Nelson 196
Mazowiecki, Tadeusz 10, 104, 242, 246 f., 251, 254, 262
Meyen, Michael 227
Meyer, Clemens 138, 153
Michnik, Adam 256

Milea, Vasile 274 f.
Miłosz, Czesław 194
Mock, Alois 122
Modrow, Hans 109
Molotov, Vjačeslav M. 172
Momper, Walter 37 f., 40, 89
Morawiecki, Mateusz 249 f.
Mutter Teresa 196

N

Nagy, Imre 44, 113
Nichelmann, Johannes 137 ff., 142

O

Olszewski, Jan 250 f., 256, 263
Omilanowska, Małgorzata 199
Orbán, Viktor 24, 44

P

Paleckis, Algirdas 162
Pflugbeil, Sebastian 220 f.
Pilátová, Markéta 153, 156, 158, 160
Pollack, Detlef 31

R

Radomski, Aram 69 ff., 73
Rau, Johannes 14, 50
Richter, Evelyn 60, 63
Rost, Andreas 93

S

Sacharov, Andrej 196
Šapoka, Adolfas 171
Schabowski, Günter 73
Schalansky, Judith 142 f., 148
Schefke, Siegbert 69 ff., 73
Schily, Otto 220
Schoch, Julia 138, 142 f., 145–148, 150, 156 ff.
Schoelzel, Andreas 61
Schreier, Andreas 216 f.
Schröder, Gerhard 222
Schulz, Werner 31
Sievers, Hans-Jürgen 69

Songaila, Ringaudas 169
Stănculescu, Victor Atanasie 268, 278
Steinmeier, Frank-Walter 51
Szarek, Jarosław 238
Szűrös, Mátyás 107

T

Tellkamp, Uwe 229
Töpfer, Peter 211–214, 216 f.
Tusk, Donald 181, 248

U

Ullmann, Wolfgang 220

V

Voiculescu, Gelu Voican 289
Vollmer, Antje 38

W

Wajda, Andrzej 194, 199
Walentynowicz, Anna 191, 200
Wałęsa, Lech 184, 188, 191, 193, 196, 198 f., 242, 248, 252 f.
Weizsäcker, Richard von 14 f., 79
Wenzel, Jan 93
Wilczek, Mieczysław 247
Wolf, Markus 73

Z

Zachwatowicz, Krystyna 199
Zander, Judith 138, 142 f., 149, 151 f.
Ziegler, Martin 108
Ziemer, Gudula 79, 84 f.
Ziemkiewicz, Rafał 239
Živkov, Todor 11, 117, 119